James Dyson

Sturm gegen den Stillstand

Hoffmann und Campe

Der Autor James Dyson wurde 1947 in Norfolk geboren
und ist Gründer der Dyson Ltd., Malmesbury

Die englische Originalausgabe dieser Fassung erschien 2000 unter
dem Titel »Against The Odds: An Autobiography« by South Western
(a division of Thomson Learning, ISBN: 587990148).

Alle Rechte vorbehalten.

1. Auflage 1997 by ORION Group Publishing
Copyright © 1997, 2001, 2003 by Giles Coren
Für die deutschsprachige Ausgabe
Copyright © 2004 by Hoffmann und Campe Verlag GmbH, Hamburg
www.hoffmann-und-campe.de

Projektleitung Dyson GmbH: Christiane Herzhauser
Übersetzung: Peter Schreiber
Lektorat: Michael Habel
Umschlaggestaltung: Wolf Dammann, Redaktion 4 GmbH, Hamburg
Verlag: Hoffmann und Campe Verlag GmbH, Hamburg
Ein Unternehmen der GANSKE VERLAGSGRUPPE
Harvestehuder Weg 42, 20149 Hamburg
Geschäftsführung: Manfred Bissinger, Dr. Kai Laakmann
Kaufmännische Gesamtkoordination: Dr. Andreas Siefke
Chefin vom Dienst: Simone Schneider
Objektmarketing: Julia Bramfeld
Schlussredaktion: Andreas Feßer
Satz: Prill Partners | producing, Berlin
Druck und Bindung: Clausen & Bosse GmbH, Leck
Printed in Germany

ISBN: 3-455-09460-0

Ein Unternehmen der
GANSKE VERLAGSGRUPPE

Inhalt

Danksagung   7

Vorwort   9

Einleitung   11

ERSTES BUCH: WIE ICH MICH SELBST ERFAND

1   Als Außenseiter durch die Kindheit   20
2   Wie ich zu träumen lernte   44

ZWEITES BUCH: ERSTE ERFOLGE

3   Das schnellste Sperrholz der Welt   70
4   Die Neuerfindung des Rades   95
5   Ich werde um meinen Ball betrogen   116

DRITTES BUCH: VORSICHT VOR DEM WIRBELWIND

6   Die Idee meines Lebens   128
7   Im Zentrum des Wirbelsturms   139
8   Die Herrschaft der Blinden   146
9   Der doppelte Zyklon   154
10   Die Lizenz zum Saugen   164
11   Der große Deal   187
12   Die Rettung aus Japan   192
13   Ein Alien in Amerika   211
14   Endlich frei!   224

VIERTES BUCH: DOING A DYSON

15   Der Dyson Dual Cyclone   236
16   Jetzt legen wir richtig los   258
17   Die Hitparade der Verkaufszahlen   267

Vorwort

Es muss 1979 gewesen sein, als ich zum ersten Mal die Worte hörte: »Aber, James, wenn es einen besseren Typ Staubsauger geben würde, dann hätten Hoover oder Electrolux ihn schon erfunden.« Dennoch verließ ich meine erste Firma. Ich gab Sicherheit, Einkommen und Ansehen auf und überredete einen alten Freund, mit mir in ein Projekt einzusteigen, das ich im ehemaligen Schweinestall hinter meinem Haus auf die Beine stellte.

Zuvor hatte ich eine neuartige Schubkarre, eine Hochgeschwindigkeits-Barkasse und einige Luftschlösser entwickelt. Zwölf Jahre lang schuftete ich nun für einen Staubsauger, während meine Schulden größer und größer wurden. Ich versuchte erfolglos, die großen Hersteller für mein Produkt zu interessieren. Ich kämpfte entsetzliche Schlachten vor Gericht aus, um meinen Staubsauger vor Raubkopien zu schützen. 1992 nahm ich ohne fremde Hilfe die Produktion auf. Als alleiniger Eigentümer der Maschine, die ich erdacht, gestaltet, gebaut und getestet hatte.

Nach Hunderten von Prototypen, Tausenden von Veränderungen und Millionen von Tests war ich hoffnungslos verschuldet. Und verliebt in den *Dual Cyclone*. Heute, im Jahr 2004, besitzen 40 Prozent der über 16jährigen Briten einen *Dyson*, beinahe drei Mal so viele verglichen mit dem nächsten Wettbewerber (Quelle: BMRB International, Mai 2004). Ich verkaufe 1,5 Millionen Staubsauger im Jahr in weltweit 37 Ländern. In 2003 habe ich einen Umsatz von 277 Millionen Pfund gemacht. Weltweit habe ich inzwischen 12 Millionen Staubsauger verkauft. Der *Dyson* ist in Großbritannien schnell zum meistverkauften Staubsauger geworden. Schon 1996 war mein Unternehmen zum ersten britischen Hersteller geworden, der elektrische Haushaltswaren nach Japan exportierte. In Deutschland werden *Dyson*-Staubsauger seit 1998 verkauft, und in diesem von lokalen Herstellern geprägten Markt haben wir inzwischen mehr als 50 Prozent Anteil am Bodenstaubsaugermarkt in der Premiumpreisklasse über 300 Euro. 2002 haben wir angefangen, den amerikanischen Markt zu erobern. Wie ich das geschafft habe? Hier ist meine Geschichte.

Einleitung

Das Witzige an der Geschichte des *Dyson Dual Cyclone*: Ich wusste von Anfang an, dass es so kommen würde. Trotz aller Rückschläge, Gerichtsprozesse, Finanzkrisen, der endlosen Patentierungsprozesse. Trotz aller Zweifel, trotz der Abzocker (leider zu viele) und aller Versuche von Trittbrettfahrerei. Obwohl ich lächerlich gemacht wurde und sehr verletzt war. Tief in mir wusste ich, dass am Ende mehr als ein Billigprodukt entstehen würde.

Irgendwie ist es schon peinlich, über sich selbst zu schreiben. Über die eigene Leistung, das Geld, den Erfolg und all das. Daher ist dies mehr ein Buch über das, was ich geschaffen habe: die Produkte, die Firmen. Manchmal auch über Feinde und oft über meine Fehler. Natürlich dreht sich alles um Staubsauger. Meine Motivation, ein Buch zu schreiben, hatte niemals etwas damit zu tun, dass ich meinen Namen gedruckt sehen wollte. Das, denke ich, ist ungewöhnlich für Männer, die sich entscheiden, ihre Lebenserinnerungen niederzuschreiben.

Ich schaffe Produkte, und mein Name steht darauf. Damit verdiene ich meinen Lebensunterhalt. Und dadurch ist mein Name in mindestens einer Million Haushalten bekannt geworden. Ich kann nicht behaupten, er sei für jeden ein Begriff. Doch heimlich hege ich den Traum, dass er einmal zum Synonym wird. Manchmal stelle ich mir vor, dass das Wort »*Dyson*« in vielen Jahren den Begriff »Staubsauger« ersetzt haben wird. So wie »Tempo« oder »Tesa« zu Synonymen für Papiertaschentuch und Klebestreifen geworden sind.

Ich hoffe, »*der Dyson*« wird auch so ein Begriff, ganz unabhängig davon, dass es jemals einen Mann mit diesem Namen gegeben hat. Mir gefällt einfach folgende Vorstellung: Irgendwann im 21. Jahrhundert – wenn meine Knochen längst verrottet sind – sagt ein Kind zu seinen Freunden, es könne nicht nach draußen kommen, weil »Mama will, dass ich erst mit dem *Dyson* durch mein Zimmer gehe«. Es klingt prosaisch, doch das ist eben die Art und Weise, nach der Unsterblichkeit zu greifen. Dieses Buch aber soll mich weder reicher noch berühmter, weder respektierter noch beliebter machen.

Zum Teil hat der Wunsch nach dem Buch auch etwas mit der Korrespondenz zu tun, die ich von anderen Erfindern bekomme. Nach einem Zeitungsartikel oder Fernsehbericht über mich kommen sie gewöhnlich säckeweise. Mit Erfindern meine ich keineswegs Männer wie Diplomingenieure mit eigenem Labor und registrierten Patenten. Ich meine ganz gewöhnliche Leute mit einer Idee. Glauben Sie mir, davon gibt es sehr viele. Sie bitten mich wegen der Entwicklung ihrer Erfindung um Rat. Ob so etwas überhaupt machbar ist. Um zu erfahren, ob es so etwas schon gibt. Wie man es vermarkten kann. Wie man sich selbst vermarkten kann. Wie man die Kontrolle über seine Erfindung behält, statt sie einem Hai von einem großen Konzern abzutreten, der Blut gewittert hat. Und natürlich – wie man mit seiner Erfindung reich wird.

Ich kann schlecht jeden Einzelnen beraten. Daher ist dieses Buch gewissermaßen der Versuch, in einen Dialog einzutreten und die häufigsten Fragen zu beantworten. Ich schreibe hier kein Handbuch »Wie man ...«. Davon gibt es schon genug. Ich hoffe eher, durch meine Geschichte zu ermutigen.

Darüber hinaus ist dies auch die Darstellung einer neuen Geschäftsphilosophie. Sie unterscheidet sich vermutlich sehr von denen, die Sie kennen. Natürlich hat jede Philosophie ihre Grenzen, selbst wenn sie noch so aufregend erscheint. Und »Geschäft« ist sowieso ein scheußliches Wort, bei dem sich alles nur um das Verfahren dreht, wie man Geld verdient. Diese Geschäftsphilosophie wurde auch nicht von einem Wirtschaftsfachmann entworfen. Sie hat einfach funktioniert.

Einleitung

In Hollywood sagt man, Erfolg über Nacht bedürfe der jahrelangen Vorbereitung. So ist es auch in meinem Fall gewesen. Hinter mir liegen zwanzig Jahre voller Schulden, überzogener Konten und Schuldverschreibungen mit persönlicher Haftung. Manchmal in Höhe von Millionen Pfund Sterling. Vor elf Jahren trat ich aus der Dunkelheit ins Rampenlicht. Große Werbekampagnen hat es nicht gegeben, wohl aber Kampagnen der großen Konkurrenten. Gegen mich – mit dem Ziel, mir zu schaden. Oder zumindest den Schaden, den ich ihrem Umsatz zugefügt habe, zu begrenzen. Marktführer bin ich nicht mit einer Flut von Werbegeschenken, bombastischen Worten oder durch glamouröse PR-Aktionen geworden. Beim *Dual Cyclone* hat es nichts umsonst dazu gegeben. Alles ist geschehen, weil das Gerät einfach exzellent ist. Davon bin ich fest überzeugt. Weil der Staubsauger besser ist als alles, was es vorher gegeben hat. Und weil das Gerät besser aussieht als jedes andere vor ihm.

Mit dem Staubsauger ist es wie im Fall der kleinen Dorothy in »Der Zauberer von Oz«. Das wahre Leben begann erst, als der Wirbelsturm bzw. die Wirbelsturmtechnologie auftauchten. Der allererste Prototyp eines Staubsaugers hatte nach zehn Minuten schlapp gemacht, den Staubbeutel platzen lassen und nur noch Schmutz durch den Raum geblasen. Vor etwa hundert Jahren. Seitdem war dieser Typ Maschine im Wesentlichen unverändert geblieben. Im englischen Sprachraum war der Markenname Hoover seitdem zum Synonym für Staubsauger geworden. Eine ganze Reihe von industriellen Giganten war mit diesem Gerätetyp reich geworden. Die Chancen, dass ausgerechnet ich diesen weltweiten Zustand ein wenig durcheinander bringen würde, waren ziemlich gering. Ein Engländer, der kein Ingenieur ist, der das Fach Physik schon vor der mittleren Reife abgewählt hat?

Dennoch geschah genau das. Der Staubsaugerbeutel war plötzlich für immer passé und wurde durch einen kleinen Wirbelsturm ersetzt, der sich mit Schallgeschwindigkeit dreht. In einer Zyklonkammer, die im Gegensatz zu einem Staubsaugerbeutel nicht verstopfen kann. Der Staubsauger hat dadurch erst sein wirkliches Potenzial erreicht. Plötzlich konnte weltweit das große Reinemachen beginnen und das neue Jahrhundert kommen. Ich besitze die Exklusivrechte und damit sozusagen den Schlüssel zu jedem Haushalt in der zivilisierten Welt.

Der *Dyson Dual Cyclone* wurde 1993 auf den Markt gebracht und ist heute der meistverkaufte Staubsauger in Großbritannien. Und das, obwohl er rund 200 Pfund mehr kostete als die meisten konkurrierenden Geräte von Hoover und Electrolux. *Dyson*-Produkte haben schon 1997 mehr als 100 Millionen Pfund eingebracht, und das Unternehmen *Dyson* ist der am schnellsten wachsende Hersteller des Landes geworden. Alles innerhalb von ein paar Jahren, ganz im Stillen. Durch einen Mann in den Vierzigern, der früher einmal Kunststudent war und ein Kugellager nicht von einem Gelddepot unterscheiden konnte.

Auch wenn der *Dual Cyclone* nicht auf Anhieb ein Objekt der Begierde geworden ist, kam mein erster Coup dem schon ziemlich nah. Die *Ballbarrow*, eine Schubkarre, bei der das Rad durch einen Ball ersetzt ist, wurde Marktführer. Innerhalb von drei Jahren, nachdem sie vom Zeichenbrett entlassen wurde. Es ist auch logisch: Wenn man eine Schubkarre will, die keine Furchen in weichen Rasen gräbt, die im dicken Matsch nicht einsinkt und die, ganz gleich, wie schwer sie beladen ist, die Balance hält, dann ersetzt man einfach das Rad durch einen Ball. Ganz einfach. Wieso hatten Schubkarren für so lange Zeit einen so schweren Mangel und wurden trotzdem nicht verbessert?

Dem schnöden Rad wurde viel zu viel Ehrfurcht entgegengebracht. Vielleicht reicht allein das schon aus, um zu erklären, dass es nie verbessert wurde. Möglicherweise haben in den letzten paar Tausend Jahren Millionen von Menschen eine Idee gehabt, wie man es verbessern kann. Es war nur notwendig, einen Schritt über das Stadium der Idee hinauszugehen.

Im Übrigen haben wir alle Ideen. Man sagt, jeder glaube, einen Roman schreiben zu können. Die meisten von uns haben einmal daran gedacht, etwas zu erfinden, das die Welt verändert. Möge es ein Brettspiel sein, ein Flaschenöffner oder ein Hutständer – es scheint nie über das Wäre-das-nicht-nützlich-Stadium hinauszukommen. Teilweise hat das mit unserer eigenen Apathie zu tun, teils damit, dass die britische Industrie berüchtigt dafür ist, kein Geld in neue Ideen zu stecken. Am meisten hat es damit zu tun, dass wir nicht wissen, wie wir aus einem Tagtraum ein Objekt machen können, das sich vermarkten lässt. Mit ein bisschen Glück wird meine Geschichte jedem Hoffnung machen, der einmal das Gefühl hatte, seine Träume schwinden unter dem Druck von Menschen dahin, die mächtig und blind sind.

Völlig vergessen kann jeder die Vorstellung, man müsse Ingenieur mit Hochschulabschluss sein, um in der Welt der Technik etwas zu bewegen. In der Schule lag mein Schwerpunkt auf künstlerischen Fächern. In das *Royal College of Art* schlüpfte ich sozusagen durch die Hintertür. Dort werkelte ich eine Weile mit Holz herum und beschäftigte mich später mit Plastik. Zu einer Zeit, als dies unter Künstlern noch als barbarisch verschrien war. Schließlich driftete ich irgendwie ins Produktdesign.

Ich war überzeugt davon, dass die Ingenieurskunst nicht mehr ist als die Fähigkeit, logisch zu denken. Ich wollte die Produkte, die ich entworfen habe, nicht nur visuell, sondern auch technologisch entwickeln. Das war es, was ich unbedingt wollte. Und so stolperte ich ins Berufsleben.

Das Aussehen eines Produkts, der ganz spezielle Stil, der ein Objekt sofort von dem der Konkurrenz unterscheidet, liegt mir noch immer am meisten am Herzen. Der *Dual Cyclone* ist das einzige Haushaltsgerät, das sich in der Abteilung 20. Jahrhundert im Victoria and Albert Museum findet. Und er ist Teil der

Dauerausstellung im Science Museum, im Design Museum und in der Münchener Pinakothek der Moderne. Wirkliche Schönheit kann man nur erreichen, wenn man stets die Funktion des Objekts in den Vordergrund stellt. Mein großer Held ist immer Isambard Kingdom Brunël gewesen. Bei allen von ihm konstruierten Brücken war das Kernstück eine umgekehrte Seilkurve. Sie gab seinen Bauwerken den speziellen Stil und löst heute noch Ehrfurcht aus.

Eine Erfindung, die sowohl das Interesse der Industrie wecken als auch die Herzen der Konsumenten erwärmen soll, muss visuell zur jeweiligen Branche passen. Bei Brunël bringt die pure Ingenieurskunst das Design auf unvergleichliche Weise zur Geltung. Oberflächliche Effekthascher wie Philippe Starck können davon nicht einmal träumen.

Mein eigener Erfolg geht darauf zurück, dass ich Objekte des täglichen Gebrauchs unter die Lupe genommen habe. Allgemein wurde angenommen, dass diese nicht verbessert werden können. Durch Querdenken – den Ansatz Edisons – kann man aber auf empirischem Wege zu Fortschritten kommen. Jeder kann innerhalb von sechs Monaten zum Experten für jeden denkbaren Bereich werden. Ob es nun um die Hydrodynamik von Booten oder die Zyklontechnologie von Staubsaugern geht. Ist die Idee erst einmal da, hat man viel Zeit, die Technologie auszutüfteln. Mein erster Staubsauger mit Wirbelsturmtechnologie bestand aus Cornflakes-Schachteln, die mit Klebeband zusammengehalten wurden. Das war lange bevor ich genau begriffen hatte, wie er funktionierte. Vom ersten »Ich hab's« war es dann ein langer Weg bis zum *Dual Cyclone*. Was so viel bedeutet wie doppelter Wirbelsturm. Ich nannte ihn so, weil sich der äußere Zyklon mit 322 Kilometern pro Stunde dreht und gröberen Schmutz sowie einen Großteil des Staubes von der Luft trennt. Der innere Zyklon rotiert mit knapp 1500 Stundenkilometern. Durch die enorme Zentrifugalkraft, die dadurch erzeugt wird, werden feinster Staub und sogar Rauchpartikel aus der Luft gewirbelt.

Aber die größte Lehrstunde für aufstrebende Erfinder stand noch bevor: Wie man Geld macht. Diese dicken Bündel von Papier, die man bekommt, wenn man etwas Tolles vollbracht hat. Trotz des Erfolges der *Ballbarrow* konnte ich niemanden finden, der mich mit Geld unterstützte. Das Patent für die Schubkarre hatte ich leider auf die Firma und nicht auf mich persönlich eintragen lassen. Geldmangel ist das ewige Problem nicht nur britischer Erfinder, deshalb werden auch so viele unserer technologischen Neuentwicklungen in anderen Ländern produziert. Um das Geld aufzutreiben, das ich erst für die Forschung und dann für die Produktion brauchte, versuchte ich, Lizenzen in Amerika und Japan zu verkaufen. Doch diesmal behielt ich persönlich alle Rechte an dem Patent. Und damit die Kontrolle.

In Japan, *dem* Land der technischen Geräte schlechthin, war der *Dual Cyclone* ein Erfolg ohnegleichen. Unter dem Namen *G-Force* und in Pastellrosa produziert, gewann er 1991 in Tokio den Preis der Internationalen Design-Messe. Die Japaner waren vom *G-Force* so beeindruckt, dass er zum Statussymbol wurde. Beim umwerfenden Preis von 1200 britischen Pfund pro Gerät machte der Staubsauger dort einen Umsatz von zwölf Millionen Pfund pro Jahr. Ich wurde also reich, weil ich Eulen nach Athen trug.

In Amerika hatte ich weniger Glück. Eine Lizenzvereinbarung mit einem Giganten unter den Herstellern wurde beendet. Daraufhin bauten und verkauften diese Konkurrenten unter ihrem Namen einen Staubsauger mit Wirbelsturmtechnologie. Ich ging gegen den Goliath vor Gericht. Der Kampf dauerte fünf Jahre. Ich gewann.

Die Moral von der Geschichte lautet: Die britische Industrie vernachlässigt sich selbst und ruiniert sich langfristig. Unsere Einstellung zu Neuentwicklungen und Designern ist von krankhaft kurzfristigem Denken geprägt. Alle schauen nur nach dem schnellen Geld. Das gilt mit Sicherheit auch für andere Länder. Darum geht es aber bei Technik und Design nicht. Sie sind Mittel, um ein Unternehmen langfristig zu erneuern. Und – weiter gedacht – auch ein Land. Wenn die Börsenhaie und die Banken – diese Monster, die *Thatchers Revolution* zu Göttern gemacht hat – sofortigen Gewinn verlangen, wird nur unsere Werbung besser. Die Produkte nicht. Werbung ist in Großbritannien die Antwort auf alles. Das bringt vielleicht schnelle Dollar – aber keinen Wohlstand.

Das beste Geschäft? Sie verkaufen eine Ware zu einem hohen Preis mit einer guten Gewinnspanne und in enormen Mengen. Dazu müssen Sie ein Produkt entwickeln, das besser ist und besser aussieht als bereits existierende. Diese Art von langfristiger Investition birgt ein hohes Risiko und ist nicht sehr beliebt.

Dennoch sieht es aber nur wie eine Strategie mit hohem Risiko aus. Langfristig betrachtet, sind die Chancen, dass es gefährlich für den eigenen Geldbeutel wird, nicht halb so hoch, als wenn man nur der Herde hinterhertrottet. Mein Credo ist: Einfach anders sein. Bei allem. Von der Idee bis zur Unternehmensführung. Alles muss besser sein. Und die völlige Kontrolle muss man behalten.

Dies ist kein Handbuch über den Weg zu schnellem Reichtum. Auch nicht über effektives Management. Etwa durch Gute-Laune-Gequatsche, wie es in Kalifornien üblich ist, oder durch Firmenworkshops mit militärischer Ausbildung. Dies ist auch kein Buch über das Geschäftemachen. Es ist eher ein Buch dagegen. Gegen die Grundsätze, die unsere Welt mit hässlichen, nutzlosen Objekten und unglücklichen Menschen gefüllt und unser Land wirtschaftlich in die Knie gezwungen haben.

Wir alle wollen Spuren hinterlassen. Wir alle wollen etwas Schönes schaffen und ein wenig Geld verdienen. Wir alle haben unsere eigenen Vorstellungen davon. Dies ist die Geschichte, wie ich meine Ideen verwirklicht habe.

Erstes Buch:
Wie ich mich selbst erfand

Als Außenseiter durch die Kindheit

Ländliche Idylle. Mein Vater stirbt. Ich fühle mich als Verlierer. Abgeschoben ins Internat. Das Fagott. Laufen an der Spitze. Ein Gemälde in der Kneipe. Ich versage in der Schule. Die Mängel des britischen Bildungssystems. Das Erwachen des Ingenieurs und erste Schwimmversuche. Programmhefte als Kunstwerk. Ich werde weder Immobilienmakler noch Arzt, aber beinahe Schauspieler. Großbritannien in den Fünfzigern. Die Kunsthochschule in London und eine schöne neue Welt.

Mein ganzes Berufsleben hindurch bin ich ein Unangepasster gewesen. Das hat sich letztlich offenbar zu meinem Vorteil ausgewirkt. Dieses Buch handelt von meinem Berufsleben. Dennoch scheint es in der Tradition eines solchen Werks nur recht und billig zu sein, beim Ursprung zu beginnen – denn als Außenseiter wird man nicht geboren. Auch nicht dazu gemacht. Man macht sich selbst dazu. Ein störrisches, rechthaberisches Kind, das verzweifelt versucht, anders zu sein, wird nur mit einem kleinen Teil des Problems konfrontiert, mit dem es immer zu kämpfen haben wird. Den Druck der Entfremdung wird es stets auf seinen Schultern spüren.

Mein Vater war Lehrer für Latein und Altgriechisch an der Gresham-Schule, einem großen alten Internat im Örtchen Holt in Norfolk. Wir lebten in einem riesigen Haus aus der viktorianischen Zeit, das neben dem Sportplatz stand. Es war – wie mein Vater immer sagte – wie das antike Gallien unter Cäsar in drei Bereiche unterteilt. Neben uns gab es noch eine weitere Lehrerfamilie im Haus. Außerdem wohnte Mrs. Ransome, die Besitzerin, mit ihrer Tochter dort. Sie war eine Angst einflößende alte Frau.

Alles war sehr idyllisch. Jedenfalls äußerlich. Norfolk hatte sich seit Jahrhunderten nicht verändert, war voller alter Häuser aus Feldsteinen, mit Dächern aus roten Pfannen. In die endlose Marschlandschaft waren mittelalterliche Kirchen wie kleine Tupfer gekleckst. Das wilde, schöne Land zog sich Meile für Meile unter einem grenzenlos weiten Himmel dahin, das Spiel der Wolken war einzigartig. Es war, was die Natur und die Architektur betrifft, eine wundervolle Landschaft zum Aufwachsen. Dort fühlte ich mich ein wenig wie in einem Roman der Brontë-Schwestern.

Früh am Morgen, wenn der Nebel noch tief über den Sportplätzen hing und man die Gebäude des Internates kaum sehen konnte, fuhr ich mit dem Rad zur Dorfschule. In den Ferien konnten wir dort machen, was wir wollten. Mit den Kindern der anderen Lehrer kickten wir auf dem Fußballfeld oder tobten in den Gebäuden herum. Nachts erfanden wir in den leeren Schlafsälen Geschichten vom »Mord im Dunkel«, oder wir drangen in den Musikraum ein und machten einen Höllenlärm mit dem Schlagzeug. Wir erkundeten die riesigen Sanddünen am Strand und segelten in Dingis umher. Wir genossen unsere Kindheit. Sie war so, wie es Arthur Ransome in »Swallows and Amazons« beschrieben hat (etwa wie »Ferien auf Saltkrokan« von Astrid Lindgren, Anm. d. Red.). Heute denken die meisten Menschen ja, er habe das alles romantisiert oder gar erfunden. Doch unsere Kindheit war wirklich so. Sogar Blakeney Point an der Küste, heute eine fürchterliche Touristenfalle, war damals noch einsam und abgeschieden. Zwischen dümpelnden Seeschwalben und Seehunden sind wir dort nackt geschwommen.

Schon früh begann ich zu fühlen, dass ich anders als der Rest der Kinder war. Zuerst war es nur ein sehr vages Gefühl. Massiv verstärkt wurde es, als mein Vater 1956 an Krebs starb. Ich war erst neun Jahre alt, mein Bruder Tom elf und meine Schwester Shanie vierzehn. Sein Tod versetzte mich gegenüber den anderen Jungen in eine ganz besonders schlechte Lage. Ich fühlte mich als Verlierer. Als einer, dem man immer nur alles wegnehmen würde und der völlig allein auf der Welt ist. In besseren Momenten führt dies wohl dazu, dass man sich als kleiner Junge für etwas Besonderes hält.

Ich hatte niemanden, der mir bei den Problemen half, die jeder Junge hat. Auch hatte ich keinen, der mir von seinen eigenen Kindheitserfahrungen erzählen konnte. Etwa wenn ich dachte, dass mich etwas plagte, was noch niemand erlebt hätte. Ich musste mich von Tag zu Tag durchs Leben wurschteln und alles selbst herausfinden. Um einen Begriff aus der Psychoanalyse zu benutzen: Ich wurde zum Kämpfer.

Jeder im Haus war älter als ich – meine Mutter, mein Bruder, meine Schwester und all die anderen Kinder. Beim Kräftemessen waren alle immer größer und stärker. Das hat meine Ansprüche nur erhöht. Ich war nicht bereit, immer zu verlieren, nur weil ich der Jüngste war. Es hat mich auch gelehrt, dass ich mich auf einen Kampf gegen scheinbar Übermächtige einlassen und gewinnen konnte. Das – zusammen mit dem Verlust meines Vaters – machte mich ausgesprochen durchsetzungsfähig. Im Prinzip gibt es auch kaum einen Unterschied zwischen einem riesengroßen Fünfzehnjährigen, der versucht, dich in der Nordsee unterzutauchen, und einem wutschnaubenden Industriegiganten, der versucht, dich in den Konkurs zu klagen.

Es gab aber noch ein weiteres prägendes Element im Zusammenhang mit dem Tod meines Vaters. Er war den größten Teil meiner Kindheit sehr krank. Seit ich sechs war, lag er im Hospital. Ich kann mich erinnern, dass er ein ziemlich kleiner Mann war. Außerdem war er ein überzeugter Laienschauspieler und Regisseur und produzierte Theateraufführungen in der Schule. Kurz bevor er starb, plante er, zum Fernsehsender BBC zu wechseln, der damals aufgebaut wurde. Aber die Entscheidung, den Beruf zu wechseln, kam zu spät.

Der Tod durchkreuzte die Pläne meines Vaters, nachdem er so lange unentschlossen gewesen war. Das würde mir nie passieren, dessen war ich mir sicher. Ich würde mich auch nicht in etwas hineinziehen lassen, das ich eigentlich gar nicht machen wollte. Alle waren immer davon ausgegangen, dass ich wie mein Vater und mein Bruder Altphilologe werden würde. Als ich mich dann von Latein und Altgriechisch verabschiedete, war es ein ziemlicher Schock für meine Familie. Mein Vater versuchte zu der Zeit, als er starb, verzweifelt, diesem Beruf zu entrinnen. Auch wenn er ihn mal geliebt hatte. Das hat mir die Altphilologie für immer verleidet.

Soweit ich weiß, bekam meine Mutter keine großartige Witwenrente vom Arbeitgeber meines Vaters. Aber der Direktor Logie Bruce-Lockhart sorgte dafür, dass die Schulgebühren für mich und meinen Bruder zur Hälfte vom Gresham-Internat getragen wurden. Dafür werde ich ewig dankbar sein. So wurde ich im zarten Alter von neun Jahren auf diese Privatschule geschickt. Es war mir nie in den Sinn gekommen, dass unsere Familie in Zeiten wie diesen hätte zusammenbleiben müssen. Oder dass meine Mutter uns gebraucht hätte. Ich weiß nur, dass ich meine eigenen Kinder immer um mich haben will, was auch kommen möge. Es hat nie zur Debatte gestanden, sie in ein Internat zu schicken. Aber damals, gleich nach dem Krieg, wurde die Bedeutung von Bildung in Großbritannien sehr betont. Der Druck auf Kinder aus bürgerlichen Familien, eine Privatschule zu besuchen, war größer als heute.

Meine Mutter hatte die Schule mit siebzehn verlassen, um für das Oberkommando der Luftwaffe zu arbeiten. Sie hatte die Kriegsjahre damit verbracht, in einem der Hauptquartiere Flaggenständer auf Landkarten hin und her zu schieben. So wie man es in den alten Kriegsfilmen in Schwarzweiß sieht. Im Alter von fünfzig Jahren ging sie endlich auf die Universität Cambridge, um englische Literatur zu studieren. Das bedeutete, sie ging zur gleichen Zeit zur Uni wie ich. Deshalb hatte ich niemanden, den ich um Geld anbetteln konnte. Deshalb – solche Kleinigkeiten hatten einen enormen Einfluss auf meinen Werdegang – ließ ich mich später mit einer Firma aus dem technischen Bereich ein und nahm meinen ersten Auftrag an: die Entwicklung des Rotork *Sea Truck*, eines Wasserfahrzeugs.

Um nicht sofort in mein Leben als Erfinder einzutauchen, sollte ich noch einige Kleinigkeiten erwähnen, die wesentlich zu meiner Geschichte beigetragen haben. Zum Beispiel wie ich am Ende die großen Jungs mit ihren eigenen Waffen geschlagen habe. Oder wie ich sie dadurch bloßgestellt habe, dass ich mir treu blieb. Zum Thema Dickschädeligkeit und dem Willen, sich auf Dinge einzulassen, die mehrere Nummern zu groß für mich waren, erhellt nichts so sehr wie folgende Begebenheit. Es war völlig idiotisch. Ich entschloss mich, Fagott zu lernen. Ich war etwa zehn und keineswegs musikalisch. Ich verbrachte immer noch die meiste Zeit auf den Feldern und an den Flüssen ringsum. Ich sammelte Kaulquappen in Marmeladegläsern und trieb ansonsten all das, was andere kleine Jungen auch tun, wenn sie allein gelassen werden.

Eines Morgens aber, nach einer Versammlung in der Aula unserer Schule, verkündete der Direktor, dass es im Schulorchester noch freie Plätze gebe. Ich hatte bis dahin nicht die geringste Absicht gehabt, mich diesem Verein anzuschließen.

Der Direktor kam aus Schottland, war Rugby-Nationalspieler gewesen und hatte morgens immer kleine Wattebäusche im Gesicht kleben. So ausgestattet, sprach er zu Beginn eines jeden Schultages in der Aula vor den versammelten Schülern ein Gebet. Die Wattebäuschchen färbten sich dabei langsam rot, denn sie dienten als Blutstiller für unzählige Schnitte beim Rasieren.

Nun plusterte sich dieser Mann vor 200 Jungen am Stehpult zur vollen Größe auf und verkündete: »Wir brauchen Jungen, die die Oboe, die Klarinette, die Geige, die Viola oder das Fagott spielen.« Ich erinnere mich, dass ich davon noch nie gehört hatte. Die anderen auch nicht. Ich brabbelte leise vor mich hin: Fagott, Faaagott, Fagoooooooott. Irgendwie klang das bemerkenswert. Anders. Ungewöhnlich. Also hob ich meine Hand.

Ich glaube, das war so etwas wie der erste Sprung ins kalte Wasser für mich. Ins Ungewisse. Ich muss wohl gedacht haben, dass das Leben so seicht vor sich hin plätscherte und es Zeit sei, sich Schwierigkeiten aufzuladen. Dieser merkwürdige Instinkt kann ziemlich anstrengend sein. Vor allem, wenn sich das Ausleben dieses Triebes bis heute immer und immer wiederholt.

Als ich das Instrument dann sah, bekam ich höllische Angst. Es waren mehr als zwei Meter Blasrohr mit Millionen von Klappen. Man stellte es mir als »das schwierigste Instrument im Orchester« vor. Es war so schwierig, dass selbst die 82-jährige Dame, die mir als Lehrerin zugeteilt wurde, nicht wusste, wie man es spielt.

So knabberte ich wie ein Biber am Rohrblatt des Mundstücks herum und meckerte die ganze Zeit darüber, weil ich irgendwo gelesen hatte, dass Fagottisten sich ständig darüber beschweren. Eigentlich meisterte ich die Sache ganz gut. Die alte Dame saß die meiste Zeit nur da. Manchmal so still, dass ich Panik bekam, weil ich dachte, sie sei gestorben. Dann erwachte sie urplötzlich wieder zum Leben und rief: »Mehr Saft, Junge, mehr Saft.« Als Zehnjähriger findet man das besonders komisch, muss lachen, und das Spielen wird dann noch schwieriger.

Ich war eben einfältig gewesen. Aus einer Laune heraus hatte ich anders sein wollen. Und war in diesem Abenteuer gelandet. Es war ein Lehrstück, das ich nie vergessen habe. Manchmal denke ich sogar über eine gewisse Ähnlichkeit zwischen dem Fagott und dem Staubsauger nach. Irgendwie kam ich von einem sperrigen großen Rohr, durch das Luft ausgeblasen wird, zu einem sperrigen großen Rohr, durch das Luft eingesaugt wird.

Starrsinnigkeit und ein gewisses Maß an Unnachgiebigkeit zahlten sich für meine junge Karriere als Fagottist am Ende aus. Es stellte sich heraus, dass ich einigermaßen begabt war. So begann ich, eine Serie von absurden Prüfungen abzulegen, die alles über die Beschränktheit des englischen Bildungssystems aussagen. Es ist vom Wunsch beseelt, zu rationalisieren und zu quantifizieren, bis jedes Thema tödlich langweilig wird.

Bis zum mittleren Schwierigkeitsgrad war alles wie von selbst gegangen. Dann meldete mich meine inzwischen 83-jährige Lehrerin für die Prüfung mit dem höchsten Schwierigkeitsgrad an. Um den Test zu bestehen, musste man eine Menge schwierige Tonleitern spielen und Fingerübungen beherrschen, die mir so fremd waren. Ich liebte es, Musik zu machen. Aber hierzu hatte ich einfach keine Lust.

Am Tag der Prüfung spielte ich die mir vorgesetzten Stücke durch, und der Prüfer sagte, ich würde das fabelhaft machen. Dann fügte er hinzu: »Nun lass uns noch ein paar Tonleitern hören, und das war's dann.« – »Tut mir Leid«, sagte ich daraufhin, »ich spiele grundsätzlich keine Tonleitern.« Ihm fiel die Klappe runter. »Nun mach schon«, antwortete er, »irgendwelche wirst du schon kennen. Ganz gleich, welche.« Ich versuchte, die Situation zu retten. Sehr dunkel erinnerte ich mich an die Tonleiter in b-Moll, die ich mal gelernt hatte. Ich leierte sie herunter, so gut ich mich eben an sie erinnern konnte. Derweil blickte ich verstohlen zum Prüfer hinüber. Er sah wirklich betrübt aus.

Er gab mir zwei von zwanzig möglichen Punkten, was ich noch großzügig fand, und ich fiel durch. Die musikalische Bürokratie hatte es also darauf abgesehen, mir die Freiheit des künstlerischen Ausdrucks zu verweigern. Ich war völlig desillusioniert und gab das Fagottspiel auf. Damit verabschiedete ich mich auch von dem Traum, je auf großen Bühnen aufzutreten.

Heute nehme ich mein Fagott manchmal wieder in die Hand. Wenn ich am Zeichenbrett sitze und plötzlich eine Kindheitserinnerung vor mir auftaucht. Oder wenn ich sonntags nachmittags vor mich hin träume. Dann nehme ich das Instrument vom Schrank, entstaube es und spiele ein paar Tonleitern.

Ungefähr zu jener Zeit in meiner Kindheit entdeckte ich auch, dass ich ein guter Läufer war. Doch gerade, als ich ein paar Langstreckenwettbewerbe gewonnen hatte, gab die Pubertät meinen Kameraden einen gewaltigen Schub und machte sie zu Riesen. Ich aber war Spätentwickler und plötzlich wieder auf dem Abstellgleis. Welch Schande. Dazu zweitrangige Leistungen in der Schule, keine Freunde, keinen Vater.

Der erste Wettkampf, an dem ich, nun in der Pubertät, teilnahm, war eine Offenbarung. Ich war vierzehn, ein schlaffer Teenager, und startete mit der Erwartung, Letzter zu werden. Aber während des Drei-Meilen-Rennens wurden die anderen nach und nach langsamer. Das verwirrte mich etwas, denn ich war einfach nur gelaufen und hatte an dies und das gedacht. Ich hatte das Laufen genossen und war kein bisschen müde. Mein Eindruck war, die anderen würden sich alle rückwärts bewegen. Plötzlich war die Spitzengruppe nur noch ein paar Meter vor mir. Ich biss die Zähne zusammen und setzte meine ganze Energie ein, um kurz vor der Ziellinie an ihnen vorbeizuziehen.

Mein Erfolg versetzte mich in Hochstimmung. Ich war ziemlich schlecht in der Schule, und plötzlich hatte ich etwas, mit dem ich es den anderen gelegentlich zeigen konnte. Ich nahm an immer mehr Wettrennen teil und gewann sie alle ohne große Anstrengung.

Ähnlich wie mit dem Fagott hatte ich niemanden, der mir das Laufen beibrachte. Ich hatte keinen Vater, der mir sagte, wie toll ich sei. Das wurde für mich irgendwie zu einer Obsession. Unter Läufern war damals Herb Elliott ein großer Name. Ich las einige

Bücher über ihn und stellte fest, dass ihm sein Trainer Folgendes erklärt hatte: Die beste Art, Ausdauer zu trainieren und die Beinmuskulatur zu stärken, sei es, Sanddünen hoch- und runterzulaufen. Das passte mir gut, denn ich hatte jede Menge Dünen vor der Haustür.

Morgens stand ich um sechs auf und rannte stundenlang durch die Wildnis von Norfolk. Oder ich zog abends um zehn meine Laufschuhe an und kehrte erst nach Mitternacht zurück. Dort allein in den Dünen zu sein, gab mir einen riesigen Kick. Weil ich wusste, dass ich etwas machte, was niemand sonst tat. Alle anderen Schüler lagen im Schlafsaal in ihren Betten. Ich fühlte mich wie ein Pionier oder Astronaut oder irgendein einsamer Abenteurer, der dem Zeitgeist entsprach. Ich wusste, dass ich dafür trainierte, etwas besser zu machen als jeder andere.

Laufen ist wundervoll. Man ist nicht wie beim Mannschaftssport von anderen abhängig. Es gibt auch keine subjektive Leistungsbeurteilung. Man läuft entweder schneller als alle anderen oder nicht. Beim Laufen gibt es für die Leistung nur den absoluten Maßstab. Ich hatte mich aufgemacht, etwas zu lernen, und nun gab es klar sichtbare Resultate. Was ich jetzt erfuhr, war ähnlich den Rückmeldungen, die ich später bekommen sollte. Im Reich der Kunst würden meine Zeichnungen als Student nämlich an willkürlichen, völlig subjektiven Kriterien gemessen werden. Das würde mich schließlich dazu bringen, mich von der Kunst zu verabschieden und in den Bereich der Technik zu wechseln. Dort sollten meine Zeichnungen einfach nach dem Maßstab bewertet werden: richtig oder falsch.

Das Laufen selbst machte mir nicht viel Spaß. Es war vor allem schmerzhaft und einsam. Aber als ich meine Rennen mit immer größeren Vorsprüngen gewann, lief ich immer öfter. Ich wusste, der Grund für meinen Erfolg war, dass ich dort draußen in den Dünen etwas tat, was niemand sonst machte. Außer mir und Herb wusste niemand, was der Grund war. Alle anderen liefen wie die Herde Runde um Runde auf der Bahn und wurden nicht schneller. Der Unterschied war es, der mir zum Sieg verhalf.

In vielerlei Hinsicht war dies die bedeutendste Lehrstunde meiner Jugend. Ich hatte die psychische und physische Kraft entdeckt, die uns wettbewerbsfähig macht. Ich lernte die Hartnäckigkeit kennen. Ich lernte, wie man seine Nervosität überwindet. Ich hatte immer mehr Angst, jemand könne mich von hinten einholen, und trainierte noch härter. Die Analogie ist schrecklich abgenutzt und fällt im Rückblick natürlich leicht: Bis heute ist es die Angst vor dem Versagen – mehr als alles andere –, die mich nach Erfolg streben lässt.

Sie werden sagen: »Na und, er läuft und er spielt Fagott, aber was sagt das schon? Das ist Amateurpsychologie und sagt nichts über Staubsauger aus oder wie man ein Unternehmen aufbaut.« Na gut. Aber wir kommen des Pudels Kern näher. Ich malte nämlich auch.

Der Geruch von Farbe, Leinöl und Terpentin markiert für mich das Jahr 1956. Im Alter von neun oder zehn Jahren ist man beim Malen im ehrlichsten und freiesten Stadium dieser visuellen Ausdrucksform. Man hat überhaupt keine Hemmungen, keine Scham, will sich nicht wichtig tun. Man kann machen, was immer man will. In meinem Fall bedeutete es wirklich »was immer«. Mein Kunstlehrer Stuart Webster war ein freundlicher, charmanter Mann, der sehr gut mit Wasserfarben malte. Er war aber auch Alkoholiker. Seinen Unterricht gab er, indem er – nur halb bei Bewusstsein – nach hinten gelehnt in einer Ecke des Raumes saß.

Durch das Malen bekam ich im Alter von neun Jahren zum ersten Mal Anerkennung auf nationaler Ebene. Mit einem Gemälde der Lagune von Blakeney im Norden Norfolks gewann ich 1957 den ersten Preis beim Malwettbewerb der Kneipe »The Eagle«. Es war ein riesiges Transistorradio. In jener Zeit war das sehr begehrt. Es gefiel mir, erfolgreich zu sein. Aber mir standen noch düstere Stunden bevor. Während der nächsten vier Jahre malte ich immer mehr und vor allem nach den Anweisungen des Kunstlehrers. Der war meist mehr oder weniger betrunken. Mit elf, zwölf, dreizehn Jahren hatte ich überhaupt keine gefestigte Persönlichkeit. Ich war total apathisch, schlecht in der Schule und durchlebte eine negative Phase wie alle Jungen in diesem Alter. Es war die Phase, bevor man alles in Frage stellt, herumdiskutiert und damit interessant wird. Ich entwickelte erst im Alter von fünfzehn Jahren wieder Charakter, hörte auf herumzulungern und ging wieder gern zum Kunstunterricht.

Zu dieser Zeit hatte ich mein Selbstvertrauen wiederentdeckt. Die dumme Angewohnheit, Dinge anders anzugehen, auch. Ich pflegte damals Farbe auf eine Leinwand zu schmieren, die wie Scheiße aussah. Dann kratzte ich ein wenig darauf herum, um hellere Stellen zu produzieren und den Eindruck einer Höhle zu erzeugen. Oder was auch immer ich mit meiner Kratzerei schaffen wollte. Ich wusste, dass es ziemlich blöd und ein wenig wie bei Munch war. Aber wenigstens war ich dabei, meinen eigenen Stil zu schaffen. Auf meine Weise eben. Alle Leute hassten meine Bilder. Für lange Zeit. Aber nach und nach waren sie davon beeindruckt. Meine Technik wurde immer besser, und ich begann, Kunstpreise zu gewinnen. Meine Mutter war die Einzige, die mich bei den künstlerischen Bemühungen unterstützt hatte. Dass schließlich auch andere meine Anstrengungen würdigten, war eine wohltuende Vorbereitung für spätere Kämpfe.

Kunst war damals nicht eben sehr angesehen. Von mir war erwartet worden, Altphilologe zu werden. Oder zumindest Akademiker. Mein Großvater war in Cambridge Mathematiker gewesen, mein Vater hatte dort Latein und Altgriechisch studiert und mein Bruder ebenso.

Die zehnte Klasse überstand ich in sieben Fächern gerade so. Latein, Altgriechisch und Antike Geschichte waren mir in Erinnerung an meinen Vater und Bruder aufgezwungen worden. Ich fiel durch. Hauptsächlich, weil ich während des Unterrichts schlief. Mein Tag sah so aus: Ich stand um sechs auf und lief vor dem Frühstück knapp zehn Kilometer. Dann kam das Rugby-Training. Es folgten einige Unterrichtsstunden, nachmittags spielte ich die ganze Zeit Rugby. Die Hausaufgaben verschlief ich, ab 22 Uhr rannte ich noch einmal knapp zehn Kilometer. Ich hätte vermutlich in jedem Unterricht geschlafen, aber Latein und Griechisch sind das Nutzloseste, was man sich vorstellen kann. Ich empfand es als meine Pflicht, zu schlafen und so laut wie möglich zu schnarchen. Gewöhnlich tat ich so, als würde ich Versäumtes in meinem Zimmer nachholen. Tatsächlich legte ich Vivaldi oder Beethoven auf und schlief sofort ein.

Meine Kampagne gegen die Altphilologie dauert bis heute an. Kürzlich besuchte ich die Gresham-Schule noch einmal für einen Vortrag, und der Direktor John Arkell fragte mich öffentlich, ob Latein mir im Leben geholfen habe. Ich sagte: »Überhaupt nicht.« Er sah entsetzt aus. Kein Wunder, bei dem Kampf, den die Lehrer kämpfen, um Jungen von der Wichtigkeit des Lateins zu überzeugen. Vielleicht irre ich mich auch. Bei den Übersetzungen in der Schule kannte ich die Hälfte der Worte nicht. Daher musste ich die Lücken durch logisches Denken und Vorstellungskraft füllen. Vielleicht hat mich das auf die Welt der Technik vorbereitet.

Zugeben muss ich auch, dass mich gelegentlich die Darstellung von sexuellen Aktivitäten in der antiken Literatur aufweckte. So etwa in Plutarchs Geschichte vom korrupten und bisexuellen Staatsmann Alcibiades. Erzählungen von Göttern aus dem Olymp mit erigiertem Glied, die in der Gestalt von Eseln knackige junge Bauernmädchen vergewaltigen, konnten das Fach aber nur bedingt verklären. Aufgaben wie längst ausgestorbene Verben zu konjugieren oder Leitartikel aus der Radio Times im Stil von Plinius zu übersetzen, überwogen leider. Trotz alledem: Im Fach

Antike Geschichte bestand ich, weil ich all die Götter und Monster viel interessanter fand als mein eigenes kleines Leben.

In Kunst bestand ich, weil ich sie liebte. Ich hatte sie nicht wegen des Bildungssystems lieb gewonnen, sondern trotz. Mit Kunst sollte man sich um der Kunst willen beschäftigen. Davon bin ich heute so überzeugt wie damals. Aber in der zehnten Klasse wurde das Fach zum Opfer versnobter Bestrebungen, die in alles akademische Zucht und Ordnung bringen wollten.

Es war so sinnlos. Wir mussten ein Buch über die Kirchen Englands durcharbeiten. Wir wurden abgeprüft, ob irgendeine Kirche in Long Melford oder Klein Kleckersdorf nun im frühen englischen, perpendikularen oder pseudogotischen Stil gebaut worden war. Wie bescheuert kann man eigentlich sein? Was soll ein pickeliger Jugendlicher damit anfangen, der Kunst deshalb gut findet, weil er mit Leim und Farbe klecksen kann? Und der dadurch davon abgelenkt wird, dass ihm an unmöglichen Stellen Haarflaum wächst.

Der einzige Nutzen, den ich davon hatte, ist dieser: Wann immer ich in eine neue Stadt komme, weiß ich schon vorher, wie die Kirche aussieht. Als meine Kinder noch kleiner waren, haben sie sich im Auto immer die Ohren zugehalten und auf den Rücksitz sinken lassen, wenn wir uns einer Stadt näherten. Sie befürchteten immer Vorträge über die architektonischen Charakteristika von Kirchen.

In meiner Schulzeit jedenfalls wurde versucht, Kunst zu einer akademischen Disziplin zu machen. Man musste etwas *über* Kunst auswendig lernen. Lieber hätte man sie als die bildliche Ausdrucksweise behandeln sollen, die sie ist. Mit dem Fach Werken versuchte man das Gleiche. Diese Versnobtheit hat es erbärmlich und unkreativ gemacht. Dennoch, es war wohl das einzige Schulfach, bei dem ich etwas Nützliches gelernt habe.

Damals hatten mich die humanistisch gebildeten Teile meiner Familie argwöhnisch gegenüber diesem Fach gemacht. Werken, dachte ich, sei etwas für Dummlackel im Gartenschuppen. Damals – und ich glaube, auch heute noch – sind Akademiker stolz darauf, nicht zu wissen, wie man Dinge mit eigenen Händen baut. Mir aber ist unklar, warum Ignoranz – welcher Art auch immer sie ist – ein Grund zum Feiern sein sollte.

Ich war also ein Mann der Kunst, und niemand erwartete von mir, dass ich mich dafür interessierte, wie ein Auto oder ein Fernseher funktionieren. Daher ging die technologische Revolution, die gerade die Welt veränderte, an mir vorbei. Ich blieb im ländlichen Norfolk in meinen Träumereien versunken. Ich kam der Welt der Technik oder des Handwerks nur näher, wenn ich für zwei Wochen meinen Freund Michael Brown in Tonbridge in der Grafschaft Somerset besuchte. Das tat ich jedes Jahr. Sein Vater Tony besaß eine Druckerei und war ein praktischer Mann. Viele vermuten, ich hätte wohl diesen Typ von Vater gehabt. Vater und Sohn Brown jedenfalls hatten sich in der Werkstatt hinter ihrem Haus ein Paradies für verrückte Erfinder eingerichtet. So wie ich Jahre später, als ich den *Dual Cyclone* entwickelte. Die Browns bauten aber keine Staubsauger, sondern Züge und Boote mit kleinen Motoren. Und sogar Flugzeuge, die wirklich flogen. Man hielt sie mit zwei Drähten vom Boden aus fest.

Ich interessierte mich dafür, dachte aber, das wäre nicht recht. Mir war immer gesagt worden, dazu hätte ich sowieso kein Talent. Als ich versuchte, es Michael gleich zu tun, fühlte ich mich minderwertig. Ich hatte keine Ahnung, wie man mit einer Drehbank arbeitet. Niemand hatte mir das je gezeigt. Und hier war mein Kumpel, der das alles von seinem Vater gelernt hatte. Inzwischen habe ich meinen eigenen Kindern etwas Anleitung geben können, aber ich musste mit meinen zwei linken Händen damals alles selbst machen. Manchmal funktionierte es, manchmal nicht.

Zurückgekehrt nach Norfolk, versuchte ich dort, selbst Dinge zu bauen. Ein, zwei Wochen lang bastelte ich herum. Etwa an einem Flutlichtsystem für den Garten. Ein paar Freunde und ich bekamen dabei einen ordentlichen Stromschlag. Doch ohne Ermunterung durch einen technisch interessierten Vater schwand mein Enthusiasmus gegen Ende der Sommerferien ebenso wie die Erinnerung an Somerset. Ich war dann allein mit den Innereien der Maschinen, die ich auseinander genommen hatte. Ich versuchte, mich zu erinnern, was Tony Brown über Dynamos und elektrische Anschlüsse gesagt hatte. Aber ich sezierte die Geräte immer mit der Faszination eines Künstlers und nicht aus der methodischen Perspektive eines Ingenieurs. Ich nahm sie bis auf die letzte Schraube auseinander, brachte es aber nie fertig, den kleinen Monstern aus Metall wieder neues Leben einzuhauchen.

Meine einzige Hoffnung war mein Werklehrer. Gewöhnlich waren das Typen, die früher in der Armee gewesen waren und keinen Schimmer von Design hatten. Um Kunst machten sie einen Bogen. Stattdessen brachten sie Generationen von Schülern bei, wackelige Halter für Streichholzschachteln zu bauen. Fertigte man sie nicht nach ihren Vorstellungen an, gab es was hinter die Ohren.

Damals musste man sich zwischen Kunst und Werken entscheiden. Damit war sichergestellt, dass jemand, der auch nur entfernt an Ästhetik interessiert war, niemals Werkzeuge in die Finger nehmen konnte. So wurde Enthusiasmus nie in dreidimensionale Objekte verwandelt. Ich zog die Kunst dem Werken vor. Ebenso spontan, wie ich mich für Geisteswissenschaften und gegen Naturwissenschaften entschied.

Die schreiende Ungerechtigkeit des Bildungssystems ist, dass Kinder diese Entscheidung treffen müssen, wenn sie noch so jung sind. Ich entschied mich für den geisteswissenschaftlichen Schulzweig, weil ich mit all den Formeln, die man bei den Naturwissenschaften vorgesetzt bekam, nichts anfangen konnte. Ich habe dann den Rest meines Lebens damit verbracht, aus dem Künstler, der Gresham mit Flausen im Kopf verließ, einen Wissenschaftler zu machen. Immer mit einem Fluch auf das verdrehte Schulsystem auf den Lippen, das Schülern jene Entscheidung aufzwingt. Es war einfach nur eine Frage von:»Okay, du kannst buchstabieren, also bist du ein Künstler.« Oder: »Du trägst eine Brille, also gehst du in den naturwissenschaftlichen Zweig. Und du, mein Kleiner, gehst zum Werken, weil du ein Dummerchen bist.«

So haben Leonardo da Vinci und Francis Bacon, Thomas Browne, Hobbes oder Michelangelo die Dinge sicher nicht gesehen. Aber heutzutage denkt niemand über die Freiheit des Geistes nach, die man für eine Renaissance braucht. Ich jedenfalls wurde bei dem Versuch, meine Individualität durch akademische Disziplinen zum Ausdruck zu bringen, von Anfang an in eine Sackgasse geschoben. Und versuchte es deshalb auf einer anderen Ebene. Und, so fürchte ich, folgen ein paar Episoden, in denen der kleine Dyson wieder seinen eigenen Weg ging.

Beflügelt durch meine Erfolge beim Laufen, roch ich den süßen Duft des Ruhmes, als der jährliche Schwimmwettbewerb vor der Tür stand. Da Norfolk ein sehr kühles Klima hat und es nur ein Freibad gab, war der Wettbewerb nicht besonders populär. Das war meine Chance, wieder einmal Triumphe einzufahren, denn es gab keine Konkurrenz. Ich hüpfte nicht einfach wie ein Frosch ins Wasser und wedelte mit Armen und Beinen. Ich wollte nicht nur Wasser in die Nase bekommen und dann auf der Hälfte der 1000-Meter-Strecke schlapp machen. O nein. Ich versuchte es mit Seitenschwimmen – damals nannte man das »englisches Kraulen« – und ich nahm eine Startposition im Wasser ein.

Die Logik dahinter war folgende: Ein Körper, der ruhig durch das Wasser gleitet, bei dem der Grad des Eintauchens immer gleich ist, hat im Gegensatz zu einem wild ein- und auftauchenden, um sich spritzenden Körper weniger Wasser- und Luftwiderstand. So verbraucht man weniger Energie. In der Praxis bewahrheiteten sich allerdings nur zwei Annahmen. Ich bekam kein Wasser in die Nase, und ich geriet nicht außer Atem. Ansonsten war das Experiment ein voller Fehlschlag. Ich schwamm noch auf meiner Bahn hin und her, als alle anderen das Wettschwimmen schon seit Stunden beendet, sich abgetrocknet hatten und zum Essen nach Hause gegangen waren.

So hängte ich meine Badehose an den Nagel und wurde Schauspieler. Das Knarren der Bühnenbretter! Der Geruch der Theaterschminke! Shakespeare. Marlowe. Molière. Ich spielte den Trinculo und auch Dangle, den unfähigen und schonungslosen Theaterkritiker aus Sheridans »The Critic«. Die Schauspielerei war für mich die ideale Betätigung, entsprach sie doch meinem eigenartigen Charakter. Sie führte alle Eigenschaften zusammen, die ich auf den vorangegangenen Seiten beschrieben habe. (Übrigens hat mich das Theaterspielen zu der Entscheidung gebracht, die mich letztlich zu meinem heutigen Dasein geführt hat.)

Es gibt keine Art zu spielen, die auf der Hand läge. Sollte man Othello wie Laurence Olivier oder wie Orson Welles spielen? Oder lieber wie Lawrence Fishburne? Müßige Fragen, denn es gibt diesbezüglich kein »sollte«. Wie in anderen Bereichen auch nicht. Man kann nicht sklavisch seine Lehrer nachahmen. Man muss seinen eigenen Stil finden. Sie können sich nicht einfach in einer Strumpfhose hinstellen und Olivier imitieren. Sie werden wie ein Trottel aussehen, weil Sie nicht Olivier sind. Zu Anfang übertrieb ich meine Darstellungskunst, so wie ich anfänglich alles übertrieben habe. Aber mit der Zeit eröffneten sich mir ungeahnte Feinheiten. Wie bei allem anderen auch. Meine größte Herausforderung fand mein jugendlicher Schaffensdrang jedoch als Bühnenbildner.

Als Schulaufführung sollte 1964 Sheridans »The Critic« gegeben werden. Ich hatte die Aufgabe des Bühnenbildners übernommen, wie bei allen Stücken, in denen ich mitspielte. Ich suchte nach etwas, was dieser Produktion gegenüber dem üblichen Einerlei von Schulaufführungen den besonderen Touch geben würde, und kam auf die Programmzettel.

Das waren bis dato DIN-A4-Blätter, in der Mitte gefaltet und in der örtlichen Druckerei hergestellt. Langweilig und hässlich. Das Theaterstück stammt aus dem späten 18. Jahrhundert, als es gerade ein Revival römischer Kultur gab. Daher hielt ich etwas anderes für angemessen. Die Programme sollten Schriftrollen sein, auf schönem, altem Papier, das aussah wie Pergament. Nach meinem Plan sollten die Lettern kursiv sein, der Text voller Archaismen. So sprintete ich auf meinem Rad in die Stadt und wies die Drucker an. Ich war furchtbar aufgeregt beim Gedanken an das Gewusel bei der Premiere, die Jungen alle in altmodischer Schuluniform, die Eltern im besten Zwirn, mit den Programmrollen in der Hand.

Zwei Tage vor der Premiere wurden die Programme geliefert. Paul Colombé, der Vertrauenslehrer für unseren Teil des Internats, rief mich in sein Zimmer. Über den Rand seiner Lesebrille starrte er mich an. Mit Zornesröte im Gesicht. »Das ist doch völlig lächerlich«, brüllte er. »Was fällt dir ein, die große Theatertradition an dieser Schule mit so einer ... Torheit zu beleidigen.« Das war wohl das hässlichste Wort, das ihm einfiel. Ich verteidigte mich. »Ich dachte, es wäre passend. Dem Geschmack der damaligen Zeit entsprechend.« Er sagte nur: »Theaterprogramme sollten flach sein.«

Dann zischte er ab zur Druckerei, verlangte den schnellstmöglichen Nachdruck der Programme auf DIN A4, in der Schrifttype der Times, in konventioneller Sprache und mit der üblichen Erwähnung von Lehrern und Schulleitung. Ich hatte das gemacht, was ich für logisch, originell und dem Geist der Aufführung entsprechend hielt. Nun kam dieser blöde Mathelehrer und sagte, ich hätte Unrecht. Einfach nur, weil »Programmzettel flach sein sollten«. Ich hatte Recht und er lag falsch. Das denke ich heute noch. Für mich war es eine frühe künstlerische Abfuhr durch einen Erbsenzähler. Über die Jahre hinweg habe ich aber reichlich Widerstandskraft gegen solche Reaktionäre entwickelt, die alles niedermachen, was neu und ungewöhnlich ist.

Ich fühlte mich jedenfalls sehr auf den Schlips getreten und wandte meine Aufmerksamkeit dem Halten von Reden zu. Und wurde noch einmal abgeschossen. Ich war gebeten worden, eine Interpretation der Zehn Gebote vorzutragen. Mir kam ein Gedanke, wie man Text und Thema, das jedes Schuljahr mehrfach aufs Tapet kam, lebhafter machen könnte. Ich war gerade siebzehn und dabei, meinen Führerschein zu machen. Hierbei war mir aufgefallen, dass es starke Ähnlichkeiten zwischen der Straßenverkehrsordnung und den Zehn Geboten gab. Ich trug also Auszüge aus der Straßenverkehrsordnung im Stil der Zehn Gebote vor. Damit wollte ich die Frage aufwerfen, welche Bedeutung Regeln für die jeweilige Gesellschaft haben, von der sie aufgestellt werden. Ich nahm an, jeder würde die Analogie witzig finden.

Wieder der Vertrauenslehrer. Wieder der gleiche Gesichtsausdruck. »Wir fanden das nicht sehr witzig, Dyson.« Mein Anschlag auf die Kunst der Rhetorik endete mit Schande. Und mit dem Stigma der Blasphemie.

Meine Schullaufbahn ging also unter stürmischer Entrüstung dem Ende entgegen. Nicht lange nach diesem Vorfall wurde ich auch noch aus der militärischen Jugendorganisation CCF geworfen. Der Grund: Ich hatte unter der Uniform aus Pferdehaar ein T-Shirt getragen, weil ich mir beim Laufen in den Dünen am Vortag einen Sonnenbrand geholt hatte. Ein Oberstabsfeldwebel, dessen einzige Aufgabe im Leben zu sein schien, kleine, über den Paradeplatz stampfende Jungen anzubrüllen, sagte zu mir, ich sei »ein schröcklicher kleiner Mann und hätte überhaupt keinen Respekt vor der britischen Armee«. Und das, obwohl ich nur ein Junge und trotzdem ein kompetenter Soldat war. Schließlich hatte ich die höchste Kadettenprüfung bestanden. (Meine größte Stärke war übrigens, dass ich bei Sturmangriffen immer als Erster durchkam. Das wäre bei der nuklearen Apokalypse, die Mitte der Sechziger bedrohlich nah zu sein schien, allerdings nicht sehr hilfreich gewesen.)

Jedenfalls waren mir durch diese Vorfälle diverse Laufbahnen von Anfang an verwehrt. Daher fand ich mich irgendwann beim Arbeitsberater wieder. Er hatte einen Schnurrbart wie ein Fahrradlenker, genau wie der Oberstabsfeldwebel. Mir war klar, dass unser Gespräch produktiv werden würde. »Aus den Antworten auf deinem Fragebogen kann ich erkennen, dass du gern draußen bist«, sagte er mit Blick auf die Worte »Laufen, Segeln, Rugby« unter der Rubrik »Hobbys«. »Ich denke, du solltest Immobilienmakler werden.«

Ich zog los und stellte mich bei einigen Maklern vor. Es gab einen in Norfolk, der sagte, es sei ein wahnsinnig interessanter Job. Ich dachte, das hört sich doch okay an. Wie unbedarfte Jugendliche eben so sind. Dann stellte ich mich bei einem Makler in Cambridge vor. Ich plauderte eine Weile mit ihm, als er plötzlich fragte, ob ich malen könne. Ich sagte, meine Gemälde seien ganz gut. Er sagte, dann solle ich Maler werden. Wie wundervoll einfach das Weltbild jenes Berufsstandes doch ist. Der Mann verdiente seinen Lebensunterhalt dadurch, dass er Häuser und Büroräume verkaufte. Aber er war der erste Mensch, der mir sagte, ich solle Künstler werden.

Der Arbeitsberater mit dem Lenker im Gesicht war verärgert. Er erklärte mir, wenn man keine Universität besucht habe, werde man als Versager betrachtet. Das wollte ich doch nicht, oder? Wenn ich denn nun partout nicht zur Universität wollte, könnte ich es ja zumindest an der Medizinischen Hochschule versuchen. Das sei auch akzeptabel.

Die Vorstellung, Leute aufzuschneiden, fand ich interessant. Ich dachte, ich könnte Chirurg werden. Damals spielte der Notendurchschnitt bei der Berufswahl keine große Rolle. Es kam mehr darauf an, was man für das Rugby-Team eines Krankenhauses tun konnte. Beim Vorstellungsgespräch am St. Mary and St. George's College waren sie zwar etwas perplex, als ich erzählte, meine Leistungskurse seien Englisch, Latein, Griechisch, Antike Geschichte und Kunst gewesen. Dennoch wurde ich angenommen. Einer der Ärzte aber nahm mich beiseite und sagte, wenn ich Spaß an der Kunst hätte, sollte ich das lieber weiter verfolgen. Es werde bestimmt unterhaltsamer sein als die Chirurgie. Ob er in Sorge um die Welt der Kunst oder der Medizin war – ich weiß es nicht. Doch er hatte Recht. Das wusste ich.

Ich war mir allerdings unsicher, wie ich das meiner Familie oder den Lehrern beibringen sollte. Für sie war alles unter einem Hochschulabschluss in Latein und Altgriechisch ein Makel, der dem Kainsmal gleichkam. Fast hätte Shakespeares »Sturm« dafür gesorgt, dass ich Schauspieler wurde. Aus irgendeinem Grund besuchte der Filmproduzent Bolting unsere Schulaufführung. Ich spielte den Trinculo und wurde entdeckt. Nach der Aufführung kam er hinter die Bühne und erzählte mir, er würde einen Film machen. Es war so eine Art »Herr der Fliegen«-Produktion. Er lud mich zum Vorsprechen nach London ein.

Sie dürfen nicht vergessen, dass ich ein Landei war. Ein einfältiger Bauerntölpel, der stets in einer abgelegenen Gegend gelebt hatte, vom modernen Leben abgeschirmt. In den späten fünfziger Jahren war ich ein paarmal mit meiner Mutter in London zum Einkaufen gewesen. Dort wurde ich in einem Laden für Übergrößen namens Tall Girls herumgeschleift. Das war nicht, was ich mir von der Metropole erträumt hatte. Jetzt war ich zum ersten Mal allein auf dem Weg in die Hauptstadt. Das war 1964.

Ich nahm den Zug nach London und stieg an einem wundervoll sonnigen Tag im Bahnhof Liverpool Street aus. Ich wanderte zu Fuß ins West End und schaute Minis, Miniröcken und Männern mit spitzen Schuhen hinterher. Die Schaufenster waren voll von Fernsehgeräten und modischer Kleidung. Auf dem Weg zum Vorsprechen machte ich in der Carnaby Street Halt und erwarb eine Cordhose mit Elefantenmuster. In einer Kneipe in Soho kaufte ich mir ein großes Bier und trank es verbotenerweise draußen im Sonnenschein vor der Tür.

Das Vorsprechen selbst war eine Katastrophe. Besäuselt vom aufregenden London und dem Traum, Filmstar zu werden, stand ich in einem kleinen Raum am Harrington Place. Ich erhob meine Stimme, als ob ich in der Royal Albert Hall ohne Mikrofon sprechen würde. Man sagte mir, ich solle mich entspannen und leiser sprechen, aber ich starrte immer dieses wunderschöne, blonde Mädchen mit langen, braunen Beinen an. Ich kann mich heute noch an ihre weißen Stiefel und den kurzen Rock erinnern. Als ich dort stand und lauthals Texte deklamierte, wurde mir klar, dass ich als Schauspieler niemals Erfolg haben würde. Und dass ich um alles in der Welt nach London wollte.

Zurück in Norfolk musste ich nur noch die Leute von meiner Entscheidung informieren. Alle anderen würden sich auf den Weg zu ihren Universitäten machen. Oder für ein freiwilliges soziales Jahr nach Übersee gehen und den Eingeborenen dies und das beibringen. Für mich passte das nicht in ein zeitgemäßes Weltbild. Mir kam es wie die Wartung des dahingeschiedenen Empire vor. *Ich* würde auf die Kunsthochschule gehen.

»Welche Kunsthochschule?«, fragte der Schuldirektor. »Eine in London«, sagte ich. Kurz darauf bekam meine Mutter einen Brief von ihm, datiert auf den 5. Mai 1965:

Liebe Mary,
wir bedauern, dass James uns verlässt. Ich kann einfach nicht glauben, dass er nicht doch einigermaßen intelligent sein sollte. Ich erwarte, dass es anderswo zum Vorschein kommt.
Mit freundlichen Grüßen
Logie Bruce-Lockhart

Ich schrieb zurück und dankte ihm für die aufmunternden Worte. Daraufhin schickte er in einem Brief vom 24. September folgende Zeilen:

Lieber James,
es war sehr anständig von dir, dich für das wenige, das wir für dich getan haben, zu bedanken. Das Akademische ist vergleichsweise unwichtig, obwohl wir immer vorgeben, es sei besonders wichtig. Du wirst umso mehr Erfolg haben, weil du keine Massen von langweiligen Hochschulabschlüssen um deinen Hals hängen hast. Sie sind wie Mühlsteine voll abgelagertem Wissen. Viel Glück an der Kunsthochschule.
Mit freundlichen Grüßen
Logie Bruce-Lockhart

Ich hatte einfach nicht den Mut, ihm mitzuteilen, dass in dieser schönen neuen Welt, 200 Meilen von Gresham entfernt, Männer mit Baskenmützen und Malerkitteln herumliefen. Sie nannten sich Professoren und verteilten Magisterabschlüsse im Fach Malerei.

Dies ist also die Welt gewesen, in der ich aufgewachsen bin. Eine Welt, in der Großbritannien noch ganz locker an der Spitze stand. So kam es uns jedenfalls vor. In den oberflächlichen Vorstellungen eines Jungen, der gerade beginnt, die Radio- und Fernsehnachrichten zu verstehen, nahm die Erfolgsgeschichte Großbritanniens kein Ende.

Wir erlebten die Krönung der Königin. Wir bezwangen den Mount Everest. Wir wurden wieder Cricket-Champions. Wir brachen den Rekord im 1600-Meter-Lauf. Dann kam das Festival of Britain. Minis – die englischen Autos für jedermann – wurden in die ganze Welt exportiert. Die Botschaft für ein Kind war damals: Großbritannien ist das Zentrum des Universums. Und: Als Einzelner kann man die Welt bezwingen. Jeder, der heute geboren wird, wächst dagegen mit dem Eindruck auf, dass die Briten überhaupt nichts mehr zustande bringen.

Außerdem hatte der Zweite Weltkrieg, den wir nicht miterleben mussten, sich auf die nationale Psyche ausgewirkt. Alles war jetzt plötzlich möglich. Kinder wurden hoch geschätzt, weil so viele Menschen gestorben waren. In die Bildung floss viel Geld. Wir fühlten uns wichtig, gebraucht, beschützt. Wir fühlten uns wie der Nabel der Welt.

Die Comics, die ich gelesen hatte, und die Filme, die ich gesehen hatte, waren endlos wiederkehrende Darstellungen des Sieges der Briten. Es war eine Obsession. Wir hatten die Deutschen und die Japaner besiegt. Ich bin kein Kriegstreiber und brüste mich nicht mit der gleichen imperialistischen Arroganz und dem rassistischen Gedankengut, welche jene Zerrbilder in sich trugen. Als es darum ging, es mit den führenden Industrienationen – Deutschland und Japan – aufzunehmen, zeigten die Bilder meiner Kindheit jedoch Auswirkungen auf meine Psyche. Unbewusst war ich der festen Überzeugung, dass sie die Schwachen waren, nicht wir. Ich leide nicht wie die britische Industrie unter fürchterlichem Defätismus, der dazu führt, dass man den Kampf scheut, weil die Chancen offenbar schlecht stehen. Oder der dazu führt, dass man die Methoden anderer einfach kopiert, weil sie Wirkung gezeigt haben.

Diese Welt verließ ich 1966, um nach London zu gehen und dort mein Glück zu machen. Ich war naiv, unbedarft, ohne Vater und voller Optimismus. Ich war bereit, erwachsen zu werden. Ich hatte vor, die Welt zu verändern. Dabei hatte ich keine Ahnung, wie sie in Wirklichkeit aussah.

2

Wie ich zu träumen lernte

Eingebildete höhere Töchter. Das Wesentliche der Form. Erste Liebe. Auf die Kunsthochschule wie die Jungfrau zum Kinde. Meine persönlichen Götter: Buckminster Fuller und Brunël. Geschäfte, Spielplätze, Flughäfen. Der moderne Brunël.

Gleich beim ersten Vorstellungsgespräch im Juni 1966 an der Byam-Shaw-Kunsthochschule in Kensington sah ich die Perlen tragenden, pferdegesichtigen jungen Mädchen mit dem erwartungsvollen Blick in den Augen in den Gängen herumlungern. Schon in diesem Moment hätte ich erkennen müssen, dass dies nicht der richtige Ort für mich war.

Früher einmal war es eine Kunsthochschule für Mädchen aus der Oberschicht gewesen. Auch zu meiner Zeit gab es noch sehr viele höhere Töchter dort. Für mich, den jungen Bauerntölpel, war das eine herbe Enttäuschung. Ich war von Norfolk aus im weißen Mini meiner Mutter die Landstraßen herunter nach London genagelt, Kofferraum und Rücksitz voll gestopft mit riesigen braunen Gemälden. Ich hatte gehofft, an der Kunsthochschule auf einen hippen Haufen junger Visionäre zu treffen. Im Rückblick könnte man sich sogar fragen, was mir dieser Studiengang eigentlich hätte bringen sollen. Er beschränkte sich auf

Zeichnen, Malen und Drucken. Doch ich wurde sofort nach dem Vorstellungsgespräch angenommen. Und zwei Dinge sollten dieses Jahr sehr wichtig für mich werden lassen.

Zunächst einmal hatte der Präsident der Hochschule, Maurice de Sausmarez, genau die richtigen Freunde. Wie Peter Sedgeley und Bridget Riley. Sie waren zwei der berühmtesten Künstler der Zeit, und er hatte sie überreden können, an der Kunsthochschule zu lehren. Von ihnen lernte ich, Formen zu sehen und zu zeichnen. Ich lernte, nicht einfach nur Skizzen hinzukritzeln, sondern das Wesentliche, die Funktion eines Objektes, mit Linien darzustellen. Wenn wir etwa Menschen zeichneten, durften wir nicht einfach die Umrisse der Modelle aufs Papier bringen. Das hätte uns dazu gebracht, nur zweidimensional zu denken. So mussten wir zum Beispiel ganze Haufen von Staffeleien zeichnen und dabei vom Inneren ausgehend die Linien führen, anstatt erst die äußeren Umrisse wie einen Schattenriss zu zeichnen.

Auch andere merkwürdige Dinge gehörten zu unseren Übungen. So mussten wir zum Beispiel aus Streichhölzern spiralförmige Muscheln bauen oder zwei Menschen zeichnen, die in einer Formation aus acht Personen gingen. Oder wir fuhren zur Eislaufbahn und zeichneten die Menschen dort. Diese Übungen dauerten bis zu zehn Stunden. Zum ersten Mal musste ich einen vollen Tag lang das Gleiche tun und vergaß dabei sogar die Zeit.

Es ging vor allem um das Herausarbeiten der Form. Das brachte mich auf den Weg in Richtung Design und schließlich in Richtung Technik. Am Anfang ging es mir nur um die Beobachtung und die Wiedergabe der Form. Im Laufe der Jahre habe ich mich dann immer mehr mit der Funktion beschäftigt. Das zweite wichtige Ereignis an der Kunsthochschule war, dass ich dort meine Frau kennen lernte.

Die Klassen bestanden damals aus bis zu 35 Studenten. Also bildeten sich Grüppchen, wenn man zum Essen oder in die

Kneipe ging. In meiner Clique gab es ein Mädchen namens Deirdre Hindmarsh. Die anderen Mädchen waren alle höhere Töchter, bloße Abziehbilder ihrer eingebildeten Mütter. Aber Deirdre war einfach klasse, ein bisschen wie Twiggy oder wie Vanessa Redgrave im Film »Blow up«. Zuerst dachte ich, sie sei Australierin. Sie sprach mit einem Cockney-Akzent, denn sie war im Zentrum von London aufgewachsen. Diesen Dialekt hatte ich vorher noch nie gehört. Sie war offen, warmherzig und überhaupt nicht eingebildet. Sie lachte, wann und wie es ihr passte, und fiel damit völlig aus dem Rahmen dieser pferdegesichtigen, wichtigtuerischen höheren Töchter, die sich etwas auf ihre Herkunft einbildeten.

Sie hatte wunderschönes langes, rotbraunes Haar und lauter Sommersprossen im Gesicht. Ein wenig wie Diane Keaton. Sie hatte einen schlanken, drahtigen Körper und trug Keilhosen. Sie war die Verkörperung der Sixties. Im Gegensatz zu allen anderen hatte sie nicht gerade erst die Schule verlassen, sondern schon zwei Jahre lang als Sekretärin in einer Firma für landwirtschaftliche Produkte gearbeitet. Der Präsident der Kunsthochschule hatte ihr ein Stipendium verschafft. Als Gegenleistung musste sie jeden Tag ein wenig von seinem Bürokram erledigen.

Wir beide fuhren täglich mit der U-Bahn aus dem Osten Londons zur Kunsthochschule. Ich wohnte in Herne Hill und sie zwischen Forest Hill und Catford. Wir trafen uns jeden Morgen in der Circle Line. Ich erinnere mich, dass wir zum ersten Mal während einer Exkursion zum Londoner Zoo Händchen hielten. Als ich sie neulich einmal danach gefragt habe, hat sie allerdings behauptet, dass sie sich zu jenem Zeitpunkt noch überhaupt nicht für mich interessiert hätte.

Unser erstes Date hatten wir kurz danach, in einem Szene-Treff namens »The Ark« in der Kensington Church Street. Es war so ein Bistro, wie sie damals überall aus dem Boden schossen. Wein oder Bier musste man selbst mitbringen, denn eine Ausschanklizenz hatten die Betreiber nicht. Ich holte sie mit meinem Mini ab. Die Karre musste man immer auf einem Hügel parken, weil der Startermotor oft nicht funktionierte. Die Rechnung bezahlte ich. Das bedeutete, die Hälfte meines Stipendiums für das Trimester war mit einem Schlag weg.

Von diesem Abend an war ich völlig verrückt nach ihr. Oft fuhren wir am Wochenende zu meiner Mutter nach Cley next the Sea in Norfolk. Dort hatte sie ein kleines Häuschen an der Küste. Wir gingen immer am Meer spazieren und sammelten Meerfenchel (britische Spezialität), um ihn zu Hause zuzubereiten. Heute ist diese Delikatesse ja in Mode gekommen und auf fast jeder Speisekarte zu finden. Vielleicht ist es auch ein Aphrodisiakum. Jedenfalls war das Jahr noch nicht einmal zu Ende, da hatte ich Deirdre schon einen Heiratsantrag gemacht.

Am Anfang sah es zwar nicht so aus, aber die Byam-Shaw-Kunsthochschule hat mir zu so ziemlich allem verholfen, was ich heute habe. Ich hatte die Frau meines Lebens getroffen. Deirdre hat viele Dinge, die ich beruflich erreicht habe, erst möglich gemacht und mir in den Jahren des verzweifelten Kampfes immer den Rücken gestärkt.

Am Ende des ersten Jahres an der Kunsthochschule riet mir Maurice de Sausmarez, über die Zukunft nachzudenken. Ich hatte bisher einfach nur die wundervolle Zeit genossen. Den Ort, das künstlerische Erwachen, die sechziger Jahre. Es war klasse. Aber was würde ich als Nächstes machen, wollte er wissen. Würde ich am College bleiben und weiter malen? Oder lieber andere künstlerische Bereiche erkunden?

Andere? Ich hatte immer gedacht, ich müsse Maler sein. Dann kam dieser Mann. Dünn, braun, mit beginnender Glatze, doch immer noch mit der Begeisterung eines Kindes ausgestattet. Er sprach Worte, die ich nur wie durch Nebel wahrnahm. Bildhauer. Grafiker. Fotograf. Filmemacher. Möbeldesigner. Ich dachte mir, Möbeldesigner höre sich interessant an. Ich kannte mich mit Stühlen aus. Ich hatte schon auf vielen gesessen, viele zerbrochen und viele wieder zusammengeleimt. Ich dachte mir: »Okay, dann mach ich das.«

Das Royal College of Art, das meine Alma Mater und das Fundament meiner Karriere werden sollte, war damals eine Kunsthochschule, die nur graduierten Studenten offen stand. Ich hatte noch keinen Abschluss, sondern nur ein schlappes Jahr in Farbeklecksen an der anderen Kunsthochschule auf meinem Konto. Zufällig lief zu jener Zeit aber gerade ein Experiment im Rahmen antielitärer Bildungspolitik. Das Royal College of Art nahm jedes Jahr drei Studenten ohne Abschluss für die Graduierten-Studiengänge auf.

Für die Aufnahmeprüfung musste man glücklicherweise nicht viel über Möbeldesign wissen. Stattdessen waren intuitive Ideen bezüglich der Verwendung von Materialien gefragt. Wofür sollte man Beton verwenden? Ist unter den und den Umständen Glas oder Plastik vorzuziehen? Es kamen auch andere hypothetische Fragen über irgendwelche hypothetischen Design-Projekte. Schon als ich noch in der Prüfung schwitzte, drehten sich alle meine Gedanken um Design.

Bevor ich noch richtig durchatmen konnte, zwängte ich mich in meine modische Schlauchhose und fuhr mit meinem Mini zum Royal College of Art, um dort mein Studium zu beginnen. Zusammen mit den beiden anderen, die auch wie die Jungfrau zum Kinde zu ihrem Studienplatz im Fach Möbeldesign gekommen waren: Richard Wentworth-Stanley war in Eton zur Schule gegangen und wechselte später zur Bildhauerei. Seinen Namen änderte er in ein schlichtes Richard Wentworth, und er ist einer der großen, revolutionären Bildhauer unserer Zeit geworden. Dann war noch Charles Dillon dabei. Er blieb erst einmal beim Möbeldesign, wandte sich später dem Lichtdesign zu und bekam schließlich für seine Leistungen den Titel Lord Dillon verliehen.

Am Anfang war ich schon etwas entmutigt. Bis auf uns drei hatten alle bereits einen Studienabschluss und mindestens drei Jahre Erfahrung. Von uns wurde erwartet, innerhalb eines Jahres den gleichen Stand zu erreichen. Aber es war auch sehr aufregend. Wir traten in die Fußstapfen von David Hockney, Gerald Scarfe, Ossie Clarke und sogar Len Deighton. Es schien, als habe jeder, der in den Sechzigern einen großen Namen hatte, diese Kunsthochschule besucht. Das verschaffte dem College den Ruf, besonders modern und kreativ zu sein.

Der Studiengang Design mit seinen Fachrichtungen Innen-, Möbel- und Produktdesign sowie Keramik war in einem neuen Gebäude direkt neben der Royal Albert Hall untergebracht. Einige äußerst berühmte Leute lehrten dort. Die Atmosphäre war überhaupt nicht so muffig wie an einer alten Universität. Hier liefen die Studenten mit dem Gefühl herum, »Ich werde ganz groß herauskommen«. Hockney war schon berühmt, als er noch Student an dieser Kunsthochschule war. Das stärkte in uns den Willen, Erfolg zu haben. Vielen gelang es auch. Es war einfach eine sehr produktive Periode.

Das erste Jahr diente der Einführung. Die etwas dilettantische künstlerische Grundlage von der Byam Shaw Art School wurde wesentlich vertieft. Ich durfte in die unterschiedlichsten Abteilungen des Royal College of Art hineinschnuppern. Für ein paar Wochen war ich an der zum College gehörenden Filmhochschule, dann im Fachbereich Bildhauerei oder im Institut für Industriedesign. Ich lernte alle möglichen berühmten Designer kennen, die zu uns kamen und Vorträge hielten. Oder sie kamen einfach nur, um in der Mensa zu essen.

Ich war zwar ein vermeintlicher Möbeldesigner, aber der Studiengang Innenarchitektur faszinierte mich viel mehr. Es nannte sich offiziell Interior Design, was sich ein wenig nach dem modisch kapriziösen Wohnungsdekor à la David Hicks anhörte. Dieser Mist war in den Sechzigern der letzte Schrei. Im

Fach Möbeldesign ging es hauptsächlich um Kunsthandwerk und Holz. Im Fach Innenarchitektur ging es um den Kern der Sache: Design. Die Vorlesungen des Professors Hugh Casson behandelten das Innendesign von Autos, Booten, Flugzeugen oder Restaurants. Dadurch wurde mein Blick auf das Design der Welt dort draußen gelenkt, die sich rapide veränderte.

Das Wichtigste aber war die Vorlesung über Bauingenieurwesen und Design. Professor Anthony Hunt hatte den Bahnhof Waterloo in London entworfen. Er war der experimentierfreudigste und ehrgeizigste Bauingenieur der letzten dreißig Jahre gewesen. Er hielt Vorlesungen über Brückenbau, über Trägerkonstruktionen und über die Theorie der Struktur. Hunt war ein Bauingenieur, der sich für Design interessierte. Er sprach mit der gleichen Begeisterung über Trägerkonstruktionen wie über ihre Ästhetik. Ich war hingerissen.

Also wechselte ich mal wieder die Pferde. Selbst im recht modernen Fachbereich Möbeldesign hatte mich immer das Element des Traditionalismus gestört. Ich wollte unbedingt mit Plastik und Chrom arbeiten. Stattdessen wurde mir ständig die Bedeutung von Holz eingehämmert. Ich war überzeugt davon, dass es die Aufgabe eines jungen Designers sei, mit modernen Materialien zu arbeiten. Ich wollte nicht weiter mit dem Kopf gegen die Wand des Althergebrachten stoßen. So kam ich zum Fach Design und Technik. Mit jedem Wechsel meines Studienschwerpunktes entfernte ich mich mehr vom Begriff »Kunst«, wie ihn mir die Lehrer an der Schule eingebläut hatten. Ich war jetzt endlich in der Lage, Entscheidungen rückgängig zu machen, die mir einst vom Schulsystem aufgezwungen worden waren. Diesem völlig unbrauchbaren System, das Kunst und Wissenschaft so weit wie möglich voneinander trennt.

Dann kam Buckminster Fuller. Professor Anthony Hunt erwähnte diesen amerikanischen Ingenieur oft. Ich hatte noch nie von ihm gehört, aber sein Name klang irgendwie nach Pioniergeist. Ich wollte mich nicht blamieren, deshalb fragte ich Hunt nie nach diesem Mann. Stattdessen besorgte ich mir das Buch »The Dymaxion World of Buckminster Fuller« von Robert Marles.

Buckminster Fuller ist als einer der größten Träumer des Jahrhunderts bezeichnet worden. Zuerst dachte ich, der Beiname sei negativ gemeint. Ein Träumer war für mich ein weltfremder Idealist, ein fauler Romantiker und vor allem kein Macher. Das würde man kaum mit dem Schöpfer von Autos und Gebäuden in Zusammenhang bringen. Ich lag aber völlig falsch. Fuller war ein Träumer in dem Sinne, dass er Visionen von einer zukünftigen Welt hatte, die man erst schaffen musste. Er war mit seinen Gedanken der Zeit so weit voraus, dass es kaum etwas Existierendes gab, an das er anknüpfen konnte. Den Wert des Träumens – in diesem Sinne – zu schätzen, erlernte ich von ihm.

Fuller war innerhalb eines ganzen Jahrhunderts der Einzige in seiner Familie gewesen, der sein Studium in Harvard geschmissen hatte. Er hatte keine technische Ausbildung. All sein Wissen über Technik hatte er sich während des Krieges bei der Marine und später als kleine Nummer im Bauhandwerk nach und nach angeeignet. Seine erste revolutionäre Konstruktion war ein Auto in Form einer Träne. Es wurde als Dymaxion bekannt. Das Wort setzt sich aus drei Begriffen zusammen. Aus *DY*namisch, *MAX*imum und *ION*en.

Das Auto wurde zwar kein Erfolg, doch auf Gebäude übertragen, faszinierte die Theorie hinter diesem Begriff eine ganze Generation.

Ein Dymaxion-Gebäude besteht aus Stahl, Duraluminium und Plastik. In den dreißiger Jahren galt es als die Zukunft des Bauingenieurwesens. Kommerzielle Erfolge mit der Umsetzung seiner Theorie konnte Fuller allerdings erst in den fünfziger Jahren feiern. 1954 ließ er sich das Konstruktionsprinzip der geodäsischen Kuppel patentieren. Das Prinzip ist seitdem mehr als

300000-mal in die Tat umgesetzt worden. Sportstadien, subtropische Gewächshäuser und die amerikanische Forschungsstation am Südpol befinden sich unter einer gewaltigen Kuppel, die nach diesem Prinzip gebaut ist. Das bekannteste Beispiel für Fullers Ideen sind aber bestimmt die Kuppeln von Centerparks. Sein großer Traum war es nämlich, dass die Menschen nicht mehr in Häusern leben, sondern in einer Gartenlandschaft unter Glaskuppeln wie bei den Centerparks.

Das geodäsische System funktioniert folgendermaßen: Man unterteilt die Oberfläche einer Halbkugel oder Sphäre in viele gleich große Dreiecke. Und zwar so, dass die natürliche Form möglichst genau erhalten bleibt. Das Ergebnis: Eine Kuppel dieser Art ist absolut tragfähig, obwohl sie keine Stützpfeiler hat. Der Grund ist, dass alle Dreiecke gleich sind und die Kraft extrem gut verteilt wird. Darüber hinaus ist eine solche Kuppel auch leicht zu bauen, weil alle Bauteile gleich sind. Das funktioniert so ähnlich wie bei einem Ei. Die Schale besteht zwar aus relativ weichem Material, das in der Form der Konstruktion aber bemerkenswert widerstandsfähig ist. Das Gegenbeispiel: Eine Streichholzschachtel besteht aus wesentlich dickerem Material. Aber da sie die Form eines Quaders hat, läßt sie sich viel leichter eindrücken.

Fuller nutzte das natürliche Prinzip der Sphäre und deren günstige Gewichts- und Kraftverteilung aus, um durchsichtige Dächer mit enormer Spannweite zu bauen. Ohne Stützpfeiler. Errichtet werden sollten sie ursprünglich mit Hilfe eines Zeppelins, tatsächlich halfen bei den meisten Hubschrauber. Um eine Größenvorstellung zu geben: Die schon gewaltige Kuppel des Baton Rouge Dome aus dem 19. Jahrhundert hat eine Spannweite von 116 Metern, bei der Fuller-Kuppel in St. Louis sind es fast 1000 Meter.

Am Anfang seiner Karriere wurde Buckminster Fuller verspottet. Doch er wusste, dass es nur einen echten Durchbruch für seine Ideen geben konnte, wenn er seine Vision mit Starrsinn und Zielstrebigkeit verfolgte. Man verstört eben das Establishment, wenn man Dinge ändern will. Darum haben Erfindungen auch immer Anfeindungen nach sich gezogen.

Buckminster Fuller hatte den Menschen zu wirklichem Fortschritt verholfen. Mir wurde klar: Wenn ich ebenfalls so etwas tun wollte, war es nicht genug, einfach nur Designer zu sein. Man musste Ingenieur sein und etwas von Technik verstehen. Hier hatte ich zum ersten Mal sehen können, wie kreative Ingenieurskunst Gebäude und Produkte produziert hatte, die technologisch revolutionär waren. Außerdem wirkten sie als direkte Folge der einzigartigen Technik auch noch aufregend und elegant. Dieser visuelle Effekt ist dauerhaft und wirkt noch heute.

Fuller trieb mir eins aus, und zwar für immer: Nie mehr wollte ich einfach nur ein oberflächlicher Künstler sein und einer Stalltür eine wundervolle Farbe verpassen – obwohl längst klar ist, dass die Tür mit ihren veralteten Scharnieren technisch völlig unzureichend ist. Buckminster Fuller ist also der Vater meiner ersten idealistischen Träume gewesen. Doch in der Riege derer, die für mich Götter sind, nimmt er nur den zweiten Platz ein.

Mein Dasein als Erfinder habe ich in der Nähe des großen Eisenbahntunnels von Box verbracht. Am Ein- und Ausgang prangt ein klassizistischer Säulenvorbau über den Gleisen, auf denen einst die mächtigen Lokomotiven von Daniel Gooch dem Sonnenlicht entgegendampften. Der Tunnel ist quasi ein Denkmal zu Ehren des Mannes, für den ein Tunnel nicht einfach nur ein Loch im Boden war. Isambard Kingdom Brunël. Dieser Tunnel sollte ein Triumphbogen sein. Er war brillant geplant. Von beiden Seiten aus arbeiteten die Bauarbeiter daran. Als sie in der Mitte zusammenstießen, wichen beide Tunnel nur um siebeneinhalb Zentimeter vom idealen Aufeinandertreffen ab. Das Design ist so ausgefeilt, dass an Brunëls Geburtstag bei Sonnenaufgang die Sonnenstrahlen genau durch die Mitte des Tunnels von einem Ende zum anderen scheinen.

Brunël dachte immer in ganz großen Dimensionen. Grenzen und Hindernisse kannte er nicht. Wenn etwas noch nie zuvor getan worden war, bedeutete dies für ihn nicht, dass es nicht möglich war. Brunël hatte eine innere Stärke und Selbstvertrauen, die im heutigen Zeitalter der Oberflächlichkeit kaum noch vorstellbar sind. Ich würde nie behaupten, ebenso genial wie dieser Mann zu sein, aber ich habe immer versucht, ebenso viel Vertrauen in meine Ideen zu haben wie er in seine. In den Zeiten, in denen ich mit großen Schwierigkeiten kämpfte und an mir zweifelte, habe ich mich immer an diesen Mann erinnert.

Als ich völlig verschuldet war und es so aussah, als ob der *Dual Cyclone* für immer eine Zeichnung auf dem Reißbrett bleiben würde, dachte ich an Brunël. Und an seinen Vater Marc, der im Schuldgefängnis brummen musste, als dessen Tunnel unter der Themse zum Scheitern verurteilt zu sein schien. Ich habe mich auch daran erinnert, dass Brunël niemals die totale Kontrolle über seine Projekte aufgab. Als ich nämlich später Erfolg hatte, habe ich phantastische Angebote bekommen. Ich hätte verkaufen und mich mit einem Beratervertrag begnügen können. Brunël hat einen Beratervertrag und damit einen Status als Hinterbänkler nie akzeptiert. Dazu schrieb er:

»Der Terminus ›Beratender Ingenieur‹ ist sehr vage. In der Praxis bezeichnet er einen Mann, der seinen Namen verkauft und gelegentlich nach seiner Meinung gefragt wird. Sonst nichts. Nun, ich bin immer der Leitende Ingenieur, oder ich lehne ein Projekt ab. Der Leitende Ingenieur hat nach den Firmenchefs die alleinige Verantwortung und die Kontrolle. Deshalb ist er *Der Ingenieur*. (...) Beim Bau einer Eisenbahn geht es nur um Technik und das Handwerk des Ingenieurs. Daher kann es nur einen Ingenieur geben.«

Ich habe auf meine eigene Art versucht, Brunëls Traum weiterzuführen und noch nicht ausgereifte Technologie auf eine Art anzuwenden, über die vorher noch niemand nachgedacht hatte. Er hatte nie Angst davor, anders zu sein oder zu schockieren. Er scheute auch nicht vor Kämpfen mit den Geldgebern zurück. Und er musste unglaubliche Widerstände gegen seine Ideen überwinden. Als er ein Dampfschiff für Transatlantikfahrten mit einem Schraubenpropeller ausrüstete, wurden seine Pläne abgelehnt. So sah er sich gezwungen, selbst Menschen in ein solches Schiff zu setzen und über den Ozean zu schicken.

So habe ich nach Originalität um ihrer selbst willen gesucht und daraus eine Philosophie gemacht, die fordert, grundsätzlich anders zu sein. Und wenn es nur darum geht, einen langweiligen Markt zu beleben. Immer wieder haben Menschen versucht, meine Ideen umzumodeln. Ich habe mir dann stets gesagt: Aus der Great Western Railway in England ist nur etwas geworden, weil ein einzelner Mann eine Vision hatte und sie mit derart verbissener Zielstrebigkeit verfolgte, dass es schon einer Zwangsvorstellung nahe kam.

Im Laufe meiner Geschichte werde ich immer wieder auf Brunël sowie andere Ingenieure und Designer zurückkommen. Dabei werde ich zeigen, wie ich durch die Identifizierung mit ihnen und durch das Erkennen von Parallelen zwischen ihrem und meinem Leben in die Lage versetzt wurde, meine Laufbahn als Ganzes zu sehen. Dadurch konnte ich trotz aller Widrigkeiten daran glauben, dass ich letztlich mein Ziel erreichen würde. Viele Menschen, die ich verärgert habe, denken, ich sei arrogant, unverschämt, starr- und eigensinnig. Im Rückblick gesehen war ich aber doch auf dem richtigen Weg. Vielleicht liegt es auch in der Natur einer »Vision«. Ist der Erfolg erst da, sagt man über den Mann, der sich durchgesetzt hat, er sei ein Visionär gewesen. Das sagen dann genau die Menschen, die einen vorher ständig lächerlich gemacht haben.

Die Träumer, die wegen zu vieler Widerstände das Handtuch geworfen haben, bekamen nie die Gelegenheit, die Tragfähigkeit ihrer Ideen zu testen. Einige ihrer Pläne kommen uns selbst heute manchmal so lächerlich vor, wie sie einst ihren Gegnern erschienen.

Whitcomb L. Judson zum Beispiel glaubte, seine Zukunft läge darin, in Minnesota eine Eisenbahn zu bauen, die durch Luftdruck angetrieben werden sollte. Dafür gab er sein Patent für den Reißverschluss auf. Das bringt mich zu dem logischen Schluss, anzunehmen, dass im Falle von Erfindern der Begriff »Vision« gleichbedeutend mit Hartnäckigkeit ist. Wo immer ich in dieser Geschichte von Vision rede, sollte man daran denken, dass ich den Erfolg meiner Hartnäckigkeit auskoste. Ich nehme für mich lediglich die Eigenschaften eines Maulesels in Anspruch.

Brunëls Zielstrebigkeit war zu einem gewissen Maß anerzogen. Sein Vater war ein Ingenieur mit ebenso gewaltigen Visionen gewesen. Er hat den besagten ersten Tunnel unter der Themse hindurch gebaut und plante darüber hinaus einen Kanaltunnel zwischen England und Frankreich. Isambard Brunël hatte daher den ödipalen Wunsch, seinen Vater zu beeindrucken und ihn sogar noch zu übertreffen. Der Literaturkritiker Harold Bloom hat dies als die wichtigste Antriebskraft für Originalität und Genialität bezeichnet: Das Bedürfnis, die Vaterfigur zu schlagen, wie Ödipus es tat. Im übertragenen Sinn natürlich.

Mein Vater war jedoch tot. Seine Leistungen lagen im Bereich der lateinischen und altgriechischen Philologie. Also mussten andere Personen als Vaterfigur herhalten. Deshalb wurde ein Mann wie Jeremy Fry für mich so wichtig. Ähnliches gilt für Sir Hugh Casson und Anthony Hunt. Außerdem waren erst Buckminster Fuller und Brunël nötig, um mich weiter anzutreiben. Mein Traum war es, der moderne Isambard Brunël zu werden.

So wie er in den Olymp der Götter aufsteigen zu wollen, wäre natürlich anmaßend gewesen. Doch er sollte meine Erleuchtung sein. Ich halte es für wichtig, dass wir an unsere Ingenieure glauben. Denn sie bestimmen, wie unsere Zukunft aussehen wird. Romanautoren, Dichter und Maler halten ein Bild der Gegenwart fest und gießen es in Kunstharz. Sie bewirken, dass man sich in der Zukunft erinnert. Ingenieure und Erfinder aber legen fest, wie die Zukunft funktionieren wird.

Eine Brücke von Brunël oder eine geodäsische Kuppel von Buckminster Fuller stellten im gleichen Maß eine Straßenkarte der Zukunft dar, wie »Der Jahrmarkt der Eitelkeiten« oder »Der große Gatsby« gleichsam eine historische Landkarte sind. Aus dieser Perspektive betrachtet, kann man einen Ingenieur durchaus einen Künstler nennen. Dazu muss man bereit sein, die Schönheit der Technik zu sehen. Selbst mir fällt das immer noch schwer. Im Grunde bin ich immer noch ein Künstler, der gern Ingenieur sein möchte.

Eine Hängebrücke von Brunël ist ein Kunstwerk. Und zwar nicht, weil sie schön anzusehen ist, sondern weil sie eine ganz bestimmte Kurve widerspiegelt. Diese Kurve ist die mathematisch exakte Darstellung eines Naturgesetzes. Diese Brücke ist nicht etwa schön, weil sie mit der bestmöglichen Konstruktion errichtet wurde, wie etwa die Sixtinische Kapelle. Sie ist schön, weil sie in der einzig möglichen Bauweise errichtet wurde. Sie ist von mathematisch exakter Schönheit.

Das ist vielleicht der Grund, warum ich mich von den künstlerischen Gestaden fort und ins Reich der Klarheit und Reinheit getrieben fühlte. Dort, wo meine Zeichnungen nur richtig oder falsch sein würden. In der Kunst ist man einem subjektiven Urteil ausgeliefert. Das bedeutet, der Gefahr menschlicher Schwächen und menschlichen Versagens ausgesetzt zu sein. Im Ingenieurswesen und im Design unterliegt man lediglich Naturgesetzen und den Gesetzen des Marktes. Letztere sind grausam, aber zumindest kann man dessen Regeln nachvollziehen.

Der Künstler lässt sich allerdings von den Gesetzen des Marktes ebenso versklaven wie der Industrielle. Nur ist der Industrielle diesbezüglich ehrlicher. In meinem Fall war ein weiterer Grund für den Richtungswechsel Geld. Nach all den Jahren als Student hatte ich entdeckt, dass sich Zahlen auf einem Bankauszug nicht nur auf Null reduzieren lassen, sondern auch auf unermessliche Tiefen unter Null sinken können.

Also träumte ich davon, ein neuer Brunël zu werden. Leider befand ich mich nicht im Zeitalter der Erfindungen. Wir leben leider immer noch im Zeitalter der großen Monopole, in der Diktatur der großen Konzerne, die bestimmt haben, dass der Fortschritt beendet wird. Diese Diktatoren sind ganz zufrieden damit, dass sie den Markt kontrollieren, die Qualität ihrer Produkte interessiert sie überhaupt nicht. Die Öffentlichkeit ist mit Werbung eingelullt worden, und die Bereitschaft zur Revolution geht gegen Null.

Darüber hinaus sind die vermeintlichen »Erfindungen«, die es noch gibt, das Vorrecht der multinationalen Konzerne. Wo sind die Brüder Wright von heute? Wo die Edisons, die Henry Fords unserer Zeit? Wir haben ungeahnte Grenzen durchbrochen, doch wo sind die Namen geblieben? Wer hat das Space Shuttle erfunden, wer das atomgetriebene U-Boot? Wer die Windkraftrotoren? Heute kann ein Einzelner nicht mehr das Geld auftreiben, um ein neues Projekt zu realisieren. Das können nur noch Konzerne.

Geld regiert die Welt. Man kann Jahre seines Lebens in die Idee, die Erforschung, die Entwicklung einer Erfindung stecken. Kommt man aber zu Geldgebern – Banken oder Konzernen –, dann fragen die nur: Wie viel Geld stecken Sie selbst in das Projekt? Sie bauen nicht auf die Innovation, sondern nur auf unser Eigenkapital. In einer Welt von Buchhaltern, Werbung und Geschäftsleuten in Edelzwirn werden die Menschen immer furchtsamer. Wir haben heute Angst vor unserem eigenen kreativen Potenzial.

Diese Umstände haben dazu geführt, dass ich nicht nur die Technik und das Design meiner Erfindung meistern musste. O nein, auch noch Finanzierung, Marketing, Management. Außerdem musste ich sicherstellen, dass ich eines Tages meine Vision ganz allein in die Tat umsetzen konnte. Ich musste einfach ein neuer Isambard Kingdom Brunël werden. Kantiger, zäher, cleverer. Ich hatte diese Technik im Kopf. Und ich würde es wie Brunël machen.

Der Traum, mit ihm verglichen zu werden, hatte auch eine praktische Seite. Zu der Zeit, als ich Leben und Werk von Buckminster Fuller und Brunël kennen lernte, machte ich meine ersten Schritte aus der Kunsthochschule hinaus in die Geschäftswelt, in die ich einmal hineinschnuppern wollte. Bisher hatte ich nur ein einziges Geschäft gemacht und billigen Wein verhökert, den ein Freund aus Tarragona importierte. In den späten sechziger Jahren wurde Wein in Großbritannien langsam populär, und dieser Fusel aus Spanien genoss in der Halbwelt der Künstler ein gewisses Ansehen.

Ich verscherbelte das Zeug kistenweise ans Studentenwerk und an die Dozenten, was mir ein ganz ordentliches Taschengeld einbrachte. Dabei fand ich das wichtigste Geschäftsprinzip heraus. Dessen Anwendung hat mir später geholfen, mit meinen Erfindungen Geld zu verdienen. Es lautet: Man muss den Verbrauchern etwas völlig Neues bieten, das sowohl Qualität als auch ein gewisses Prestige hat. Und man muss sicherstellen, dass sie es nirgendwo sonst bekommen. Nur so kann man richtig Geld verdienen.

Wie der Zufall es wollte, trat ich meine erste Praktikantenstelle im Sommer 1968 bei der Conran Design Group an. Die Firma war damals noch ganz neu und die einzige Beraterfirma dieser Art in Großbritannien. In den Semesterferien verbrachte ich drei Monate unter Anleitung von Rodney Fitch. Ich hatte wirklich ungewöhnliches Glück gehabt. Jeder von meinen Kommilitonen machte irgendwo ein Praktikum, aber ich war bei Conran gelandet und bekam sogar 52 Pfund im Monat. Das war damals viel Geld.

Als Möchtegern-Designer sollte ich ein paar Ideen zur Renovierung der Filiale eines Wein- und Spirituosenhändlers in der Victoria Street beisteuern. Rodney und ich hatten die Mittagspause verlängert und in der Kneipe verbracht. Ich rauschte völlig betrunken in dem Weinladen an. Durch die Eingangstür torkelte ich direkt in eine Pyramide aus Bierdosen, die unter meinem Gewicht in sich zusammenfiel. Nun lag ich bäuchlings auf dem Boden, und um mich herum zischten Bierdosen und versprühten ihren Inhalt quer durch den Laden. Das brachte mich aber nicht aus dem Konzept.

»Lasst uns etwas Ungewöhnliches probieren«, deklamierte ich mit dem Nachdruck eines Revolutionärs. »Lasst uns den Fußboden rausreißen.« Ich tat so, als wäre ich schon dabei. »Wir schaffen damit einen Raum, der doppelt so groß ist. Der Fußboden ist dann im Kellergeschoss, und man gelangt über eine Treppe an der Eingangsfront hinunter. Die riesigen Wände stellen wir bis unter die Decke mit Regalen voll. In die Regale stopfen wir Unmengen von Weinflaschen, sodass der Raum wie eine gigantische Bibliothek des Weines aussieht.«

Irgendwie kam mir der Gedanke, man könne die Regale ja mit dem billigen Wein füllen, den ich aus Tarragona importieren ließ. Wer weiß, vielleicht wäre ich schon mit Anfang zwanzig der Fuselkönig von Großbritannien geworden und hätte nie bemerkt, dass mein Staubsauger defekt war. Aber den Leuten gefiel meine Idee nicht. Kurz darauf stürzte ich lang hin und musste mich im Keller heftig übergeben. Den Rest meines Planes konnte ich nicht mehr enthüllen, und so scheiterte die Revolution im Weinladen. Interessant ist, dass andere Weinhändler in den achtziger Jahren diese Idee mehr oder weniger verwirklicht haben.

Mit dem nächsten Projekt, bei dem ich Fitch half, lief es etwas besser. Flughafen Heathrow, Terminal eins. Für die Kinderkrippe entwarf ich einen Kinderstuhl aus Schaumstoff. Man konnte darauf sitzen wie auf einem Pferd oder auf einem Motorrad. Man konnte auch mehrere ineinander verhaken und das Ganze als Klettergerüst nutzen. Darüber hinaus arbeitete ich an den heute allgegenwärtigen Bankettsitzen und entwarf eine Kopfstütze dafür. Ich habe sie aber nie irgendwo gesehen. Das Ganze war ein früher, sehr nützlicher Einblick in die Arbeit einer Beraterfirma. Aber ich wusste damals schon, dass das nicht meine Sache war. Ich wollte nicht die Garnierung für die Schöpfungen anderer Leute liefern. Ich wollte eigene Dinge schaffen.

Schon ein Jahr vorher war ich auf etwas gestoßen, das mich mehr inspirierte. Es knüpfte an mein Interesse für Theater an. Joan Littlewood, die Theaterintendantin, hatte nicht nur das Musical »Oh, What a Lovely War« auf die Bühne gebracht. Sie hatte auch eine Neigung zur Boheme und veranstaltete im Versammlungsraum irgendwelcher Kneipen im Stadtteil Clerkenwell lebhafte Meetings, bei denen sich ein bunt zusammengewürfeltes Volk aus allen Bereichen der Kunst traf, um Ideen auszutauschen.

Ich hatte die Littlewood durch einen Freund kennen gelernt und begonnen, auch zu diesen Treffen zu gehen. Sie war ein unglaubliches Energiebündel und sprach in einer leicht anarchischen Sprache über Kunst und die neue alternative Kultur. Sie hatte überhaupt keinen Respekt vor der Tradition, und die Vergangenheit eines Menschen interessierte sie nicht. Für altbackene Werte hatte sie keine Zeit. Es interessierte sie nicht, dass ich nur Student war. Ich fühlte mich wohl in dieser aufregenden Welt.

Abgesehen davon tat Joan Littlewood auch sehr viel für die Armen im Londoner East End. Während eines der Treffen im Februar 1967 erklärte sie, sie würde das Festival der City of London organisieren. Es solle armen Kindern helfen, sich in die Gemeinschaft zu integrieren, und ihnen einfach ein bisschen Spaß bringen. An diesem Punkt machte ich einen sehr gewagten Schachzug. Ich warf ein, dass ich mich mit Schaumstoff und mit Gurtstoffen von Pirelli sehr gut auskenne.

Ich würde aus diesem Zeug eine elastische Mauer entwerfen, so etwas wie den Vorläufer einer Hüpfburg. An der Mauer sollten eine riesige Barkeeperin, ein Nilpferd und eine übergroße Puppe mit der Gestalt von Premierminister Harold Wilson stehen. Die Kinder könnten diesen Figuren dann Faustschläge verpassen. Die Puppenmodelle würden mit Furzkissen und anderen scheußlichen Vorrichtungen voll gestopft sein. Wenn man die Titten der Barkeeperin anfasste, würden sie quieken wie ein Spielzeug für die Badewanne. Na ja.

Die Mauer wurde in der Nähe des Towers mit Hilfe einiger Kinder zwischen zwei Säulen aufgebaut, und sie wurde ein großer Erfolg. Sogar Tim Matthews von der Fernsehsendung »Today« kam vorbei, um mich zu interviewen. Als Folge des Wunders der Schöpfung schäumte mein Selbstvertrauen gera-

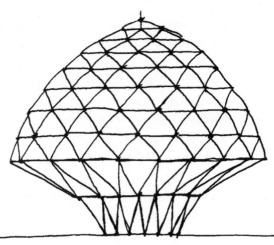

ERDBODEN

dezu über. Ich hatte aus den gewöhnlichsten Materialien etwas Schönes geschaffen. Ich traute mir jetzt alles zu. Dann erklärte Joan Littlewood, sie wolle in Stratford East ein neues Theater bauen. Ich sprang sofort darauf an, ganz nach der Manier »O bitte, Frau Lehrerin, ich mach's, ich mach's, darf ich bitte?«

»Na gut, wenn du unbedingt willst, dann entwirf es mal«, sagte sie. Das habe ich auch getan. Ich feierte den Einfluss von Buckminster Fuller und entwarf ein Auditorium, das die Form eines Pilzes hatte. Es sollte mit Aluminiumstreben gebaut werden, die durch Steckgelenke an den Knotenpunkten miteinander verbunden werden. Das Ganze nennt sich triodesisches System.

Joan Littlewood liebte den Entwurf. Wir gingen davon aus, dass wir die Baugenehmigung erhalten würden. Blieb die Frage der Finanzierung zu klären. Zuerst wandte ich mich an Vickers. Dem Konzern Vickers gehörte British Aluminium. Da meine Konstruktion sich auf Aluminium stützte, schien es nur natürlich, mich an sie zu wenden. Ich machte einen Gesprächstermin aus und bereitete mich auf mein erstes Kräftemessen mit der britischen Industrie vor. Vickers hatte seinen riesigen Firmenkomplex in Millbank. Ich nahm den Fahrstuhl in die oberste Etage, und – siehe da – man lachte mich aus.

Schlimmer als das. Sie weigerten sich, Geld für das Projekt zu geben. Dafür kramten sie einen Filmprojektor heraus und zeigten mir einige Bilder von einer Fabrik in Bath. Sie hatte ein Flachdach, aber das Konstruktionssystem war das Gleiche wie bei meinem Entwurf des triodesischen Theaters. In der Filmszene krempelte ein dünner Mann mit lockigen Haaren seine Ärmel auf, zog an einem dünnen Seil und brachte das gesamte Dach mit Hilfe eines Flaschenzuges in Stellung. Zusammengesetzt worden war es am Boden. Einer meiner geizigen Gesprächspartner sagte: »Das ist Jeremy Fry, der Geschäftsführer von Rotork. Ich glaube, Sie sollten mit ihm reden.«

Also rief ich einfach die Telefonauskunft an und fragte nach Jeremy Frys Nummer. Er lud mich zum Essen ein. Zu sich nach Hause. Wieder einmal war ich in meinen klapprigen Mini Countryman gestiegen, um darin nach Bath zu fahren. Das war die Stadt, in der ich für die nächsten dreißig Jahre leben sollte.

Damals trugen Millionäre keine Jeans und zogen auch nicht Dächer an Seilen hoch. So etwas tat man einfach nicht. Ich war von diesem Gegenbeispiel beeindruckt. In Frys Haus in Bath sah ich das Werk eines modernen Brunël: Das Gebäude war im georgianischen Stil erbaut. Innen mit Leder bezogene Fußböden, Kupferkacheln an den Wänden, viel Weiß, die Möbel ganz modern. Hier wohnte ein Mann, der seine Ansichten auch durch das Design seiner Wohnung ausdrückte.

Er fragte mich, warum ich gekommen sei. Ich erwiderte, ich sei an seiner Fabrik interessiert und wolle ihm ein Modell meines Theaters zeigen. Außerdem wolle ich mit ihm über Aluminium reden und benötigte eine Finanzierung für mein Projekt. Also redeten wir über meine Pläne, über Buckminster Fuller und meine Ziele im Allgemeinen. Im Laufe des Abends wurde ich immer entspannter und lehnte mich in dem Ohrensessel zurück. Whisky schlürfend erkannte ich, dies war genau das, was ich wollte: Über Ideen und Design reden und wie man wundervolle Dinge baut.

Ich hätte es im Voraus wissen können: Am Ende verweigerte mir Jeremy Fry die Finanzierung. Ich hatte ihm ein Modell des Theaters gezeigt, und ich denke, er war ziemlich beeindruckt. Allerdings nicht genug, um mich mit Gold zu überhäufen. Er bot mir aber etwas anderes an, was sich langfristig als viel nützlicher erwies. Er bot mir Arbeit an, unser erstes von vielen gemeinsamen Projekten.

Er dachte dabei an ein anderes Theater. Sein Freund, der Filmemacher Tony Richardson, inszenierte eine Aufführung von

»Hamlet« mit Nicol Williamson in der Hauptrolle im Roundhouse im Norden Londons. Das Roundhouse war in den letzten hundert Jahren eine Werkstatt für Lokomotiven gewesen. Deshalb musste man es gründlich umbauen. Ich sollte das Auditorium mit der Anordnung der Sitze entwerfen.

Ich schmollte immer noch wegen der Abfuhr für mein pilzförmiges Theater, aber ich erkannte, dass man aus der Bausubstanz des Roundhouse ein wunderbares kreisrundes Auditorium machen konnte. Unter der runden Bühne befand sich eine Grube für die Inspektion der Lokomotiven, wie es sie heute noch in jeder Autowerkstatt gibt. Ich hatte den Plan, daraus den Eingang für das Publikum zu machen und auch den Bühnenzugang für die Schauspieler. Auf diese Weise würden die Sitzreihen für das Publikum nicht durch Aufgänge unterbrochen werden.

Ich brauste zurück nach London und kam zwei Tage später beim Roundhouse an. Um festzustellen, dass ein fettleibiger Idiot die Inspektionsgrube mit Schutt und Beton gefüllt hatte. Da wir nur wenig Geld für das Projekt hatten, war es nicht mehr möglich, die Auffüllung rückgängig zu machen. Mein Plan, die bauliche Theaterrevolution einzuleiten, endete.

Mein ursprünglicher Traum war schon im Keim erstickt worden, doch ich arbeitete weiter an dem Entwurf für das Auditorium. Ich verbrachte all meine Abende, Wochenenden und Ferien damit, und das Bauwerk wurde rechtzeitig zur Premiere fertig. Es steht noch heute. Allerdings hatten wir zum Schluss nicht mehr genug Geld für extravagante Sitzreihen. Daher wählten wir die billige Variante.

Ich fand es ziemlich ironisch, dass mein erster Auftrag, mit dem ich Geld verdiente, der Neuentwurf eines ausgedienten Lokomotivschuppens war. Brunël, mein Held und meine Inspirationsquelle, hatte sein ganzes Leben damit verbracht, das Eisenbahnsystem in Großbritannien aufzubauen. Ich war zu einer Zeit auf den Plan getreten, als der Niedergang der Eisenbahn Lücken hinterließ. Designer und Ingenieure mussten sich nun überlegen, was sie mit den Gebäuden anfangen wollten. Vor hundert Jahren hätte ich an Dampflokomotiven arbeiten müssen, jetzt nutzte ich meine Fähigkeiten dazu, deren Spuren zu verwischen.

So begann also meine Zusammenarbeit mit Jeremy Fry, der als mein Mentor ebenso wichtig für mich wurde wie meine Helden aus der Vergangenheit. Der große Vorteil war, dass er noch lebte und Spaß daran hatte, mein Talent zu fördern. Denn 1968 brauchte ich auch außerhalb der Kunsthochschule dringend einen kompetenten Lehrer.

Ich hatte etwas in das Fach Industriedesign hineingeschnuppert, wie es im Studiengang vorgeschrieben war. Diese Fachrichtung hatte aber nicht den Hauch einer Kulturrevolution an sich. Als ich zuerst bei den Industriedesignern auftauchte, waren sie damit beschäftigt, ganz gewöhnliche Heizgeräte neu zu gestalten und ihnen etwas mehr Stil zu geben. Das war die Aufgabe für das gesamte Trimester. Sie waren dazu aufgefordert, das bestehende Produkt mit kleinen Abänderungen noch einmal zu entwerfen. Um die Verbesserung der Funktionsweise, der Technik oder um irgendetwas Bahnbrechendes ging es überhaupt nicht.

Im folgenden Trimester machten sie das Gleiche, nur mit Waschmaschinen. Es war ein schrecklicher Albtraum, wie in den Geschichten von Kafka. Eine Horrorvision. Also sah ich schon früh in meiner Laufbahn, was es bedeutete, im Auftrag von anderen etwas zu entwerfen. Es kam mir vor, als müsste ich morgens mit Stechuhr zur Arbeit antreten, und dann käme der Auftrag: »Okay, hier hast du einen Wasserkessel. Wir wollen, dass du ihn neu entwirfst.« Das war genau das Gegenteil vom Denken des Buckminster Fuller und von Brunël.

Der würde morgens aufwachen und sagen: »Ich will das erste Schiff für Transatlantikfahrten entwerfen, das von einem Schraubenpropeller angetrieben wird. Es soll großartig aussehen, die Technik soll äußerst effektiv sein, und ich will damit die Welt verändern.« Er wachte nicht auf und dachte: »Ich werde noch etwas mehr Hafer ins Pferdefutter streuen, dann müsste der Wagen schneller fahren.«

Zum Glück dachte auch Jeremy Fry nicht so. Er nahm mich mit nach Frankreich und brachte mich dazu, ein neuartiges Tretboot zu entwerfen. Danach schuf ich ein Paar Jesus-Schuhe, mit denen seine Tochter über das Wasser gehen konnte. Ich war Novize im Design wie in allen anderen Bereichen auch. In dieser Situation saugte ich von Mentoren und Vorbildern alles auf. Und Fry war für mich wie ein Ozean. Wie Brunël arbeitete er empirisch. Von Experten hielt er überhaupt nichts. Alles, was er wissen wollte, brachte er sich selbst bei. Er war ein Ingenieur, der Dinge bauen wollte, die durch ihr Design nicht nur exzellent, sondern auch elegant waren. Diese Einstellung wird besonders wichtig, wenn man das schnellste Stück Sperrholz der Welt bauen will.

Zweites Buch:
Erste Erfolge

Das schnellste Sperrholz der Welt

Das leichte Leben. Die etwas andere Art von Wasserski. »Zur Hölle mit den Experten. Mach es einfach!« Lehrstunde im Bootsbau und Verkauf. Tournee durch Ägypten, Israel, Sudan, Malaysia und Libyen. Bakschisch und ein besseres Boot. Pioniergeist treibt an.

Zu Beginn meines letzten Jahres an der Kunsthochschule lag mir nichts ferner, als über den Arbeitsmarkt nachzudenken. Die späten sechziger Jahre waren eine wundervolle Zeit für Kunststudenten. Vermutlich galt das damals für alle jungen Leute in Großbritannien. Alles war damals so bunt, so lebhaft, dass niemand glaubte, die Zukunft könne anders werden. Wenn heute ein junger Mensch sein Studium beendet, ist er sofort in Sorge um einen Arbeitsplatz. Sogar schon früher. Die Illusionen der Jugend werden nicht mehr wie einst im letzten Studienjahr zerstört. Heute muss man sich während des gesamten Hochschullebens mit dem Thema berufliche Qualifikation herumschlagen. Schlimmer noch. Jede Entscheidung muss man im Hinblick auf ein bestimmtes Berufsziel treffen. Schon zu Beginn des Studiums, ja sogar schon mit dem Abitur oder dem Erreichen der mittleren Reife. Eine falsche Entscheidung, und die berufliche Zukunft ist vermasselt.

Das schnellste Sperrholz der Welt

Im Jahr 1969 war das noch nicht so. Der Begriff Arbeitsplatz hatte keinen bedrohlichen Beigeschmack. Niemand sorgte sich darum, dass er sein Leben lang arbeitslos sein würde, falls er nicht von klein auf eine streng geregelte Laufbahn avisierte. Wir waren damals die ersten Studenten, die eigene Autos, eine eigene Kultur und Verhütungsmittel hatten. Wir waren in jedem Sinne mobil. Als Folge davon fühlten wir uns völlig anders als die Generation vor uns. Non-Konformität war etwas Positives. Niemanden interessierte es, dass ich dauernd meine Fachrichtung geändert hatte: von der Malerei zum Möbeldesign, von dort zur Innenarchitektur und von dort zu Technik und Design. Wie jeder andere machte ich einfach das, was im Moment am spannendsten zu sein schien.

Die Kings Road war die aufregendste Straße der Welt. Wir genossen Wein und Restaurants, wir konnten für wenig Geld ins Ausland reisen. Die ältere Generation konnte man einfach dadurch schocken, dass man andere Hemden oder lange Haare trug und andere Schallplatten kaufte als sie. Das Resultat war, dass unsere Generation nur so vor Selbstvertrauen strotzte. Wir wollten laufen, lange bevor wir gehen konnten.

Völlig anders stand es um das Produktdesign. Die Branche lag am Boden. Mit der bemerkenswerten Ausnahme von Terence Conran und Habitat, aber bei denen ging es eigentlich mehr um Interior Design. In den fünfziger Jahren hatte das Produktdesign geblüht wie nie zuvor. In Großbritannien war das Festival of Britain ein großer Katalysator gewesen. Der Mini, der Morphy-Richards-Toaster, die Modelle von Hoover waren schöner als alles vor oder nach ihnen. Männer mit einzigartiger Vision hatten für phantastische Produkte gesorgt. Sir William Lyons hatte für Jaguar den XK 120 und den Jaguar E gestaltet. Ken Wood alias Kenwood hatte den ersten Küchenmixer entworfen.

Allmählich lief aber alles aus mehreren Gründen aus dem Ruder. Unerklärlicherweise setzten zu viele Designer eine katastrophale Theorie um. Nämlich die, dass Einfachheit der Schlüssel zur perfekten Gestaltung sei. Dies war die Periode des skandinavischen Designs, des wieder aufgelebten Interesses am Bauhaus und von Männern wie Dieter Rams von Braun, der verordnet hatte, dass alles wie eine Kiste in mattem Schwarz aussehen müsse. Die Designer nahmen einfach einen alten Stil wieder auf und reproduzierten ihn sklavisch. Es wurde zum totalen Designozid.

Dann kam der Aufstieg des Konsumismus, von dem alle redeten. Es war wohl eine kapitalistische Modeerscheinung im Zusammenhang mit dem Verbraucherboom der sechziger Jahre, die aber viel Schaden angerichtet hat. Krämer und Buchhalter regieren das Land, wenn sich Waren verkaufen lassen, nur weil sie im Laden sind. Oder nur, weil die Menschen denken, sie bräuchten etwas Neues. Wenn es um Warenvielfalt nur um ihrer selbst willen geht, spielen Ingenieure keine Rolle mehr, und die Konzerne diktieren die Richtung. Experimente und Risiken gibt es dann nicht mehr, ebenso wenig wie Irrtümer, Unterschiede und Schönheit.

Man sollte aber keinesfalls dem Plastik die Schuld für die Ödnis der späten Sechziger, der Siebziger und der Achtziger geben. Es ist einfach reaktionär, das Plastik zum Dämonen zu machen und zur Wurzel aller modernen Unzulänglichkeiten zu erklären. Das Problem war, dass die falschen Leute Plastik in die Hände bekamen. Die Pioniere des Plastik machten ihre größten Fehler aufgrund ihrer Erziehung. Sie versuchten es aussehen zu lassen wie das Material, das es ersetzte: Stahlblech. Sie kopierten die Methoden der Stahlblechverarbeitung. Die Rechtfertigung des Einsatzes von Plastik war sein geringes Gewicht und der niedrige Preis. Das Resultat waren billige und hässliche Objekte. Verkleidungen, Schränke, Toilettensitze – alles aus Plastik.

Das Material ist auf großen, flachen Oberflächen nutzlos. Zu Kurven und runden Formen verarbeitet, ist es aber unglaublich fest. Darin liegt sein einzigartiges Potenzial. Seine perfekte Schönheit kommt nur zur Geltung, wenn Form und Funktion eins sind. Die Waffen-Lobbyisten sagen: »Menschen werden von Menschen erschossen, nicht von Gewehren.« In diesem Sinne: Man sollte nicht das Plastik dafür verantwortlich machen, was die Designer mit ihm angerichtet haben. All dies führte zu einer Periode, in der jeder meinte, er könne machen, was er wolle. Und es war eine Zeit, in der mein Können offenbar gebraucht wurde. Niemand tat, was ich machen wollte. Dieses Gefühl musste Brunel zu Beginn der industriellen Revolution auch gehabt haben. Damals hatte die Ausdehnung des britischen Empire ebenfalls zu großem Selbstvertrauen unter der Bevölkerung geführt.

Außerdem eröffneten in den Sechzigern neue Technologien neue Wege. Ich war sicher, dass ich damit etwas anfangen konnte. Das war mein Traum. Jeremy Fry half mir, ihn umzusetzen. Er hatte meine Arbeit am Roundhouse offenbar gut gefunden, denn wenig später vertraute er mir ein neues Projekt an.

Jeremy verdiente sein Geld mit motorgetriebenen Spezialventilen für Pipelines. Er hatte sie selbst erfunden und damit ein Vermögen gemacht. Für mich als Designer waren sie aber nicht interessant, und ich hatte keine längerfristige Zusammenarbeit erwartet. Im Januar 1968 jedoch war ich zu Gast bei ihm zu Hause in Bath. Wir sprachen über das Tretboot und die Jesus-Schuhe, die ich für seine Tochter als Spielzeug entworfen hatte und die leider kein kommerzieller Erfolg geworden wären. Zufällig erwähnte er, dass er daran denke, ein neuartiges Boot zu konstruieren. Ich war sehr erstaunt, für ihn war das etwas völlig Außergewöhnliches. Er saß auf seinem Sofa und erklärte das so ganz nebenbei. »Im Moment ist es nicht viel mehr als ein Sandwich aus Sperrholz und Schaumstoff«, sagte er. Ich war elektrisiert.

Die Idee hatte er gehabt, als er mit seinem Sohn Wasserski laufen gewesen war. Nachdem der Sohn einen Ski abgestreift hatte, um nur noch auf dem zweiten über das Wasser zu gleiten, war er wesentlich langsamer geworden. Dies hätte der Logik nach nicht geschehen dürfen, meinte Jeremy. Eigentlich hätte sein Sohn auf einem Ski schneller werden müssen, da es weniger Reibungsfläche und somit weniger Widerstand gab.

Das hatte Jeremy fasziniert. Er hatte die Motorabdeckung seines Bootes aus Sperrholz genommen, sie an einem Seil hinter sein Boot gebunden, seine Tochter darauf gesetzt und sie über das Wasser gezogen. Seine Tochter schoss schneller über das Wasser als sein Sohn auf zwei Wasserskiern. Warum glitt eine große Platte so gut über das Wasser? Er meinte die Antwort gefunden zu haben. Für jedes beliebige Gewicht gilt: Je größer die Fläche, die es stützt, desto geringer ist der Druck, den das Gewicht auf das Wasser ausübt. Und desto schneller gleitet es darüber hinweg.

Er wiederholte den Versuch mit einer größeren Sperrholzplatte, und seine Tochter schoss noch schneller über die Wasseroberfläche. Jeremy ging jetzt empirisch vor. Schritt für Schritt brachte er seine Vorstellung von dem zukünftigen Wasserfahrzeug in Übereinstimmung mit dem, was er bei seinen Experimenten herausfand. Nun zog er mich hinzu. »Es soll ein Lastenboot sein«, sagte er, »wir können es aber nicht verkaufen, wenn es aus Holz besteht. Es muss aus Fiberglas sein. Und du sollst es gestalten.« Fiberglas ist ein Material wie Eierschale: phantastisch fest in runder Form, aber leicht zu durchlöchern, wenn es die Form einer glatten Fläche hat. Diese Tatsache macht es ideal für einen konventionellen Schiffsrumpf. Für eine Barkasse, wie wir sie bauen wollten, ist Fiberglas eine Katastrophe.

Das Projekt war Jeremys Idee, und ich war so etwas wie der hochgejubelte Lehrling, der eine Menge Verantwortung übernehmen sollte. Er war der Boss, und ich übernahm die meiste Arbeit. Ich las eine Menge Fachliteratur über Fiberglas und Hydrodynamik und setzte mein neu erworbenes Wissen so gut ich konnte in die Praxis um. Ich arbeitete fast das ganze Jahr lang daran, bis ich darauf gekommen war: Eine kreuzförmige Struktur würde alle Ansprüche optimal erfüllen.

Bis jetzt war all mein Schwelgen für Brunël nur Träumerei gewesen. Wahnvorstellungen eines Kunststudenten, von märchenhaften Geschichten »antiker Ingenieursgeschichte« inspiriert. An der Hochschule war mir klar geworden, dass ich die Welt verändern und die Menschen aufrütteln wollte, indem ich außergewöhnliche Dinge schuf. Nun bekam ich die Möglichkeit dazu.

Zuerst hatte ich in Fry sicher nicht mehr als einen millionenschweren Industriellen gesehen. Das an sich machte ihn interessant. Aber nach und nach wurde ich richtig eingenommen von ihm – aufgrund seines Selbstvertrauens und seiner unkonventionellen Einstellung. Er war ein Mann, den Expertenmeinun-

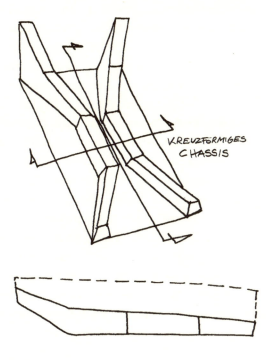

gen nicht interessierten. Nach dem Muster: Er lernt mich kennen und denkt sich: »Das ist ein aufgeweckter kleiner Kerl, den werde ich mal anheuern.« Das tat er dann auch, riskierte dabei wenig und hatte doch die Chance, enorm viel zu gewinnen. Und das ist genau das, was ich heute bei der Firma *Dyson* mache. Ich heuere noch unverbogene Hochschulabgänger an und lasse sie mit jugendlichem Elan tüfteln. Bis sie das Beste daraus gemacht haben und sich anderen Projekten zuwenden können.

Ich war nicht der Einzige, mit dem Fry so verfahren war. So lief es auch bei Andy Garnett, dem Verkaufsdirektor von Rotork. Andy war ebenfalls ein Künstlertyp, und obwohl er hochkultiviert und rhetorisch äußerst gewandt war, hatte er in London herumgelungert, irgendwelche Objekte in Resopal gegossen und sie dann als Beistelltische verkauft. Jeremy hatte ihm die Verantwortung für den Export übertragen. Andy machte es brillant. Später verließ er Rotork etwa zur gleichen Zeit wie ich, um seine eigene Firma aufzubauen. Die hat er kürzlich für 35 Millionen Pfund verkauft.

Sein unkonventionelles Denken zeichnete Jeremy Fry in allen Bereichen aus. Wenn er eine Idee hatte, machte er es wie einst Brunël. Er setzte sich nicht erst mit unzähligen Kalkulationen auseinander. Er kaute das Thema auch nicht mit allen möglichen Leuten durch. Er setzte es ganz einfach in die Tat um.

So ging er auch mit mir um, als ich jene Barkasse – den *Sea Truck* – konstruierte. Ein Beispiel: Wenn ich sagte: »Ich habe eine Idee«, bekam ich nur den Rat: »Du weißt, wo die Werkstatt ist, mach es einfach.« – »Aber wir werden das Ding schweißen müssen«, protestierte ich. »Na, dann hol dir einen Schweißer und lass es schweißen«, war die Antwort. Wenn ich fragte, ob wir nicht mit einem Experten – sagen wir über die Hydrodynamik – sprechen sollten, bekam ich etwa die Antwort: »Der See ist da hinten, der Land Rover ist da drüben, also bring eine Holzplanke zum See und probier es aus.«

Diesen Modus Operandi hatte ich zuvor nicht gekannt. An der Kunsthochschule hatte man mich gelehrt, Ehrfurcht vor Experten und Expertisen zu haben. Fry machte sich darüber lustig. Für ihn war mit Hilfe von Intelligenz und Begeisterung alles möglich. Es nahm einem den Atem. Keine Forschung, keine vorläufigen Entwürfe. Wenn es auf die eine Art nicht funktionierte, versuchte er es eben auf eine andere. Bis es funktionierte. Während wir nach dieser Methode vorgingen, stellte ich fest, dass wir extrem schnell vorankamen. Je mehr ich mit dieser Methode vertraut wurde, desto mehr faszinierte sie mich. Später, als ich die *Ballbarrow* entwickelte, ging ich nach dem gleichen Verfahren vor.

Das grundlegende Prinzip war: Man macht alles auf seine eigene Art. Es spielt überhaupt keine Rolle, wie andere vorgingen. Es war auch gleichgültig, ob man es nicht noch besser machen konnte. Zum Beispiel ist die *Ballbarrow* nicht die einzige Schubkarre, die nicht im Schlamm stecken bleibt. Die konkrete Konstruktionsweise ist nur eine Möglichkeit. Der Trick ist, nicht immer zu schauen, wie es andere machen. Oder sich Sorgen zu machen, dass es nicht die beste Möglichkeit sein könnte. Solange es funktioniert und aufregend ist, werden die Leute auch mitmachen. Dies ist die Art, wie Fry ganz im Stil von Brunël vorankam. War er einmal überzeugt davon, dass sein Vorgehen das Beste sei, ging er auch so vor.

Manchmal irrte er sich auch. Als Geschäftsmann liegt man im Großen und Ganzen in 50 Prozent der Fälle falsch. Die Kunst ist, zu erkennen, wann man sich irrt, und den Schaden zu beheben. Im Moment der Entscheidung sollte man nicht mit sich hadern, ob der Entschluss richtig ist oder nicht. Der *Sea Truck* ist sicher nicht die beste Art des Transportes auf dem Wasser. Bei schlechtem Wetter knallt die Barkasse auf die Oberfläche und lässt die Toupets der Fahrgäste fliegen. Aber die Vorteile überwiegen gegenüber den Nachteilen.

Die Magie eines Produktes liegt in der einzigartigen Art, wie es funktioniert. Das sollte man nicht unterschätzen. Der *Dual Cyclone* hat einen durchsichtigen Behälter, und alle meinten, damit würde er sich nicht verkaufen lassen. Die Menschen würden sich den Mist, den sie aufsaugten, nicht anschauen wollen. Die leitenden Mitarbeiter der Firma John Lewis bettelten uns an, rauchschwarze Behälter zu produzieren. Potenziell ist die Durchsichtigkeit auch eine negative Eigenschaft. Unsere Konkurrenten sagen, es sehe widerlich aus. Die Verkäufer denken, es wirke sich nachteilig aus. Weil das Gerät in einer Reihe von Hochglanzprodukten vergleichsweise schmutzig aussehe. Aber genau dieser Nachteil verleiht dem Staubsauger seine ganz spezielle Magie. Die Leute schauen sich das Ding an und sagen: »Mein Gott, es funktioniert tatsächlich.«

Sie werden sich fragen: Wenn Fry ein solches Genie war, wozu brauchte er dann mich? Die Wahrheit ist, er konnte so ziemlich alles, nur nicht Produkte schön gestalten. Er hatte keine künstlerische Ausbildung, er hatte nicht den Instinkt eines Bildhauers. Über mich sagte er immer, ich hätte die Begabung, Dinge gut aussehen zu lassen. Und deshalb hatte er mich angeheuert. Es war nicht einfach, den *Sea Truck* gut aussehen zu lassen. Dadurch, dass ich mit dem Blick eines Innenarchitekten an das Industrieprodukt herangegangen bin, wurde das Problem ganz gut gelöst, denke ich.

Mit anderen Worten: Man kann als Autodidakt Ingenieur werden, aber nicht notwendigerweise auch Künstler. Eine Analogie zur Erklärung: Leonardo da Vinci war in der Lage, einen Hubschrauber zu konstruieren. Ein Ingenieur, der einen Helikopter baut, kann aber normalerweise keine Mona Lisa malen.

Auch waren meine Fähigkeiten vergleichsweise gering. Daher dachte ich, ich sollte Verbraucherprodukte gestalten und nicht Industrieprodukte. Bei ersteren kommt es mehr auf das Aussehen an. Dieses Gefühl trug ich für ein paar Jahre mit mir herum, bevor ich es mit der Gestaltung der *Ballbarrow* auslebte.

Bis es so weit war, verbrachte ich im Jahr 1969 erst einmal acht Monate damit, einen Prototyp des *Sea Truck* zu gestalten. Gebaut wurde er in einer Bootswerft in der Nähe der Severn Bridge bei Bristol. Sooft ich nur konnte, verdrückte ich mich von der Kunsthochschule, um den Bau zu überwachen. Das hatte aber nichts mit Schwänzen zu tun: Mein Dozent Hugh Casson hat mich bei einer so anspruchsvollen Aufgabe wie dem *Sea Truck* immer unterstützt. Er behandelte mich wie jeden anderen Studenten, der unter Anleitung spezifische Forschungen anstellte. So sollte es an einer Hochschule auch sein.

Gegen Ende 1969 waren wir so weit, das Patent anzumelden. Ich bekam von Rotork 300 Pfund Sterling für meine Gestaltung. Darüber hinaus wurde eine Tochterfirma gegründet, die den *Sea Truck* bauen und verkaufen sollte. Allerdings erst neun Monate später, damit ich noch meinen Abschluss an der Kunsthochschule machen konnte.

Ich hatte dort vier Jahre verbracht, eines im Studiengang Möbeldesign und drei im Bereich Innenarchitektur. Im Juni 1970 verließ ich das Royal College of Art mit bestandenem Examen. Meine Abschlussarbeit: Eine Hochgeschwindigkeitsbarkasse mit luftgefülltem Schiffsrumpf. Spitzengeschwindigkeit 40 Knoten, konzipiert als Landungsboot für das Militär. Dass ich dafür überhaupt einen Hochschulabschluss bekam, war ziemlich großzügig. Dennoch fühlte ich mich damals auf den Schlips getreten, weil ich nur mit Note 2,1 bewertet worden war. Ich meinte, das große Vermarktungspotenzial meines Meisterstückes sei doch offensichtlich. Dieses Boot war von einem Studenten konstruiert und gestaltet worden und kam auch noch auf den Markt. Ich vergaß damals, dass mein Studiengang »Innenarchitektur« hieß und weniger tolerante Menschen als Hugh Casson mich wahrscheinlich längst hinausgeworfen hätten.

Meine Ausbildung war also beendet. Ich konnte es kaum erwarten, endlich die Welt zu erobern. Rodney Fitch hatte inzwischen Conran verlassen und sich selbständig gemacht. Er bot mir einen Job an. Auch der Yachtdesigner John Bannenburg fragte mich, ob ich für ihn arbeiten wolle. Aber ich hatte den *Sea Truck* aus der Taufe gehoben und wollte das Projekt beenden.

Mit all meinem Gerede von Individualität, der Verärgerung über den Status Quo und so weiter habe ich bisher vielleicht den Eindruck vermittelt, ich sei als Student ein selbstverliebter Schwerenöter gewesen. Im Gegenteil. Ich war damals relativ langweilig. Nicht der typische Rebell der sechziger Jahre. Ich rauchte nicht, nahm keine Drogen und trank selten Alkohol. Ich war auch ziemlich diszipliniert, und in den Ferien arbeitete ich bis spät in die Nacht an meinen Projekten. Ich hatte zwar relativ lange Haare und trug gelegentlich ein Flower-Power-Hemd, aber nur weil ich dachte, es sehe gut aus.

Im Rückblick bedauere ich ein wenig, so ordentlich gewesen zu sein. Mein Sohn genoss im Gegensatz zu mir seine Collegezeit in vollen Zügen. Er sah kaum etwas vom Tageslicht, ging nachts in Kneipen und Clubs und erledigte seine Studienaufgaben immer auf die letzte Minute. Das selbst nicht so gemacht zu haben, ist vielleicht das Einzige, was ich bedauere. Die Ironie an der Sache ist, dass ich in den Sechzigern viel mehr Gelegenheit gehabt hätte, mich auszutoben, als er in den Neunzigern. Zu unserer Zeit war die Jugendkultur wesentlich wilder und aufregender.

Darüber hinaus hatte mein Sohn die Sicherheit einer Familie hinter sich. Für den Fall, dass er in Schwierigkeiten gekommen wäre. Und er konnte umsonst in unserem Haus in London leben. Deirdre und ich dagegen hatten jeweils nur ein Stipendium von 370 Pfund pro Jahr zur Verfügung. Das eine ging für unsere Miete drauf, von dem anderen mussten wir beide leben. Ich jammere hier nicht herum, etwa nach dem Muster: »Wie schwer hatten wir es doch in unserer Jugend.« Ich will damit nur sagen,

1 Das schnellste Sperrholz der Welt

dass London für mich als Bauerntölpel aus Norfolk eine völlig fremde Welt war. Und dass ich viel zu sehr damit beschäftigt war, mir eine Existenz aufzubauen, als jede Nacht die Partyszene zu erkunden. Außerdem war ich ja auch verheiratet.

Ich habe mich nie abfällig darüber geäußert, dass mein Sohn die Dinge anders als ich gemacht hat. Vermutlich habe ich durch ihn noch einmal die wilde Jugendzeit durchleben können, die ich selbst nie hatte. Wahrscheinlich lag es an der speziellen Situation meiner Familie, am Leben im Internat und am Geldmangel, dass ich während meiner Ausbildung immer so todernst und strebsam war. Ich habe mich am College auch immer sehr unsicher gefühlt, weil ich an meiner Schule stets als Versager betrachtet worden war.

Vielleicht hatte ich auch nur den Wunsch, reich und erfolgreich zu sein. Im Vergleich zu allen anderen Studenten war ich höllisch motiviert. Aber ich glaube, es war mehr wie beim Langstreckenlaufen: Der Wunsch, ganz vorn mitzumischen und allen davonzulaufen. Ich wünsche meinem Sohn Jacob und meinen anderen Kindern, dass sie mit ihren Berufen glücklich werden – und dass sie niemals von der Angst zu versagen angespornt werden. Ich fühle mich deswegen heute noch wie ein ewig Getriebener.

Warum ich das alles schreibe? Nur um klar zu machen, dass ich nach dem College darauf brannte, es allen auch in der richtigen Welt zu zeigen. Also machte ich nach dem Studium einen Blitzstart und begann sofort, für Rotork zu arbeiten. Ich baute die Tochterfirma für Marinetechnik auf, die für den *Sea Truck* gegründet worden war, und leitete sie. Dafür bekam ich 1500 Pfund im Jahr und hatte sofort einen Dienstwagen.

Deidre und ich hatten im Dezember 1968 geheiratet, und unsere Tochter Emily war im Februar 1971 geboren worden, als ich erst 23 war. Im Stadtteil Fulham kaufte ich nun ein Reihenhaus mit vier Zimmern für 5500 Pfund. Zur Finanzierung nahm ich die 1000 Pfund, die mir mein Großvater nach seinem Tod hinterlassen hatte, und borgte mir weitere 1000 Pfund von meinem Schwager. Außerdem musste ich noch eine heftige Hypothek aufnehmen. In unserem neuen Haus brach ich erst einmal dreizehn Innenwände durch, um mehr Platz zu bekommen. Ganz nach der vorherrschenden Mentalität: »Wir schlagen alles in Stücke und bauen es neu auf.« Wir zogen allerdings nie dort ein, sondern siedelten kurz darauf nach Bath um. Den Schutt ließen wir in Fulham liegen.

Meine Einstellung zur Arbeit war wie die der meisten anderen Menschen damals auch. Ich war jetzt verantwortlich dafür, das Fahrzeug zu verkaufen, das ich gestaltet hatte. Also stürzte ich mich sofort in den Job. Ein Vorführmodell lag in Putney an der Themse, damit Interessenten es ausprobieren konnten. Ich hatte gedacht, die Hauptabnehmer der Barkasse würden Öl- oder Baufirmen für Bohrinseln sein. Und vielleicht irgendwelche schottischen Adeligen. Wir dachten aber auch an das Militär als Abnehmer.

Meine ersten Versuche als Verkäufer waren nicht besonders erfolgreich. Das Fahrzeug kostete damals 5000 Pfund und hatte noch keine Aufbauten. Ich ging mit zotteligen Haaren zu Geschäftstreffen und trug Blümchenhemden aus billigen Modeläden. Das gehörte sich für Geschäftsleute damals einfach nicht. Einen Oberst von einer Einheit für Militärtechnik in Chatham, der ständig an seinem Schnurrbart herumzwirbelte, fragte ich zum Beispiel, ob seine Truppe den *Sea Truck* nicht für militärische Übungen gebrauchen könne. Ich wollte auf diese Weise an die Töpfe des Rüstungshaushaltes gelangen. »Wir machen keine Übungen, junger Mann«, bellte mich der Oberst daraufhin an, »wir sind im Krieg.«

Über einen längeren Zeitraum hinweg versuchte ich ohne Erfolg, *Sea Trucks* an ausländische Streitkräfte oder Ölfirmen zu verkaufen. Es endete immer damit, dass sie mir so etwas sagten

Das schnellste Sperrholz der Welt

wie: »Verzieh dich, das Ding sieht aus wie eine walisische Kommode, die auf dem Wasser schwimmt.« Die Barkasse hatte kein Steuerhaus und sah aus wie ein bloßer Schiffsrumpf, wie ein halbfertiges Boot und nicht wie ein Lastwagen fürs Wasser. Schließlich ging ich mit der eindringlichen Bitte um Investitionen zur Geschäftsleitung von Rotork. Davon, dass der *Sea Truck* am Ende doch ein Erfolg werden würde, war ich überzeugt.

»Ein Steuerhaus gibt es erst, wenn Sie zehn Boote losgeworden sind«, erklärte mir der Finanzchef. »Wir wollen sicher sein, dass sich der *Sea Truck* tatsächlich verkauft.« So wie es zu der Zeit aussah, hätte das ewig dauern können. »Wenn Sie zwei pro Monat verkaufen, werden wir in ein Steuerhaus investieren«, lautete das Kompromissangebot. Aber mit Steuerhaus würde ich wesentlich mehr als zwei pro Monat verkaufen, wandte ich ein. »Nun hören Sie mal, Mr. Dyson, wir lassen den *Sea Truck* in zwei Monaten sowieso sterben, wenn Sie nicht zwei pro Monat verkaufen können.«

Also kämpfte ich weiter. Ich verkaufte meinen ersten *Sea Truck* erst neun Monate, nachdem das Geschäft angelaufen war, an die Cleveland Bridge and Engineering Company. Die Firma baute damals gerade die Brücke über den Bosporus. Nach und nach brachte ich einige Boote bei schottischen Adeligen unter. Irgendwie schaffte ich es eine Zeit lang, zwei im Monat loszuwerden, und ging dann wieder zur Geschäftsleitung. »Tut uns Leid, Mr. Dyson. Wir wollen, dass sie vier pro Monat verkaufen«, bekam ich nun zu hören.

Auch das brachte ich irgendwie fertig. Daraufhin erhöhten sie die Vorgabe auf sechs. Ich schlug mir den Kopf an einer Wand aus kommerzieller Kurzsichtigkeit blutig. Die Finanzleitung der Firma verhängte ein Damoklesschwert, um mich zu weiteren verzweifelten Verkaufsversuchen anzutreiben. Offenbar waren die Herren völlig unbeeindruckt davon, dass ich versicherte, weitere Investitionen seien notwendig.

Vermutlich kann man es ihnen noch nicht einmal übel nehmen. Ich war jung, unerfahren und merkwürdig gekleidet. Doch ich lernte damals eine der wichtigsten Lektionen des Geschäftslebens. Man verurteilt ein Projekt schon am Anfang zum Scheitern, wenn man im frühen Stadium knausert und ein halbfertiges Produkt verkaufen will.

Am Ende bekam ich das Steuerhaus doch durch, und die Verkaufszahlen schossen in die Höhe. Der schottische Adel war verrückt nach dem *Sea Truck*. Man konnte mit diesem Lastwagen für das Wasser ohne weiteres an jedem Ufer landen. Man brauchte keinen Bootssteg und konnte daher Schafe, Kohle, was auch immer, ohne Probleme von Insel zu Insel transportieren. Es war quasi eine unsinkbare private Fähre. Das Geschäft blühte. Doch wir hatten ein Problem. Und zwar ein ziemlich großes. Es gibt auf der Welt nur eine begrenzte Anzahl schottischer Adeliger. Ich musste einen größeren Markt auftun, und siehe da, dafür reichte ein Steuerhaus nicht aus.

Mein großer Anfängerfehler war, dass ich jedem Kunden die gleiche Barkasse vorführte und ihm erklärte: »Man kann das Fahrzeug ganz nach Ihren Bedürfnissen ausrüsten.« Brauchte jemand ein Tauchboot, versicherte ich, es könne mit Kompressoren, Heizung und einem langsamen Dieselmotor ausgerüstet werden. Wenn eine Ölfirma ein Wassertaxi für ihre Arbeiter brauchte, erzählte ich den Leuten, man könne das Boot mit Sitzplätzen und einem schnellen Motor versehen. Den Militärs versprach ich, Motor und Seiten kugelsicher zu machen. Baufirmen kamen, die Schlepper zum Brückenbau brauchten. Spezielle Puffer? Hochleistungsmotor? Kein Problem!

Nicht einen Kunden habe ich damals überzeugt. Die Menschen wollen ein spezielles High-Tech-Produkt und keine Allzweckwaffe. Also wurde die Barkasse nicht mehr als Multitalent vermarktet, sondern mit einer neuen Strategie: »Mein lieber Herr, ich habe für Sie ein ganz spezielles Boot, nur für Taucher gebaut ...« Oder: »... nur als Schlepper für ...« Oder: »... nur als Landungsboot.« Und so weiter.

Für jede dieser Barkassen entwarf meine Frau Deirdre eine eigene Broschüre, und das Boot verkaufte sich nach und nach immer besser. Es war offensichtlich: Wenn man ein neuartiges Produkt verkaufen will, muss man ganz klare Botschaften vermitteln. Man kann nicht alles für jeden anbieten. Der Verbraucher hat schon Schwierigkeiten mit *einer* völlig neuen Idee, selbst wenn sie großartig ist. Mit mehreren gleichzeitig erst recht. Den einzelnen Konsumenten interessiert es überhaupt nicht, dass ein Produkt universell einsetzbar ist, denn er hat nur *ein* ganz spezifisches Interesse.

Aus diesem Grund sagte ich später, als ich den *Dual Cyclone* auf den Markt brachte, auch nichts über sein Potenzial zum Einsatz für die chemische Reinigung. Wie sollte ich der Öffentlichkeit beibringen, dass er nicht nur der beste Staubsauger ist, sondern auch völlig anders einsetzbar?

Also begab ich mich mit einem ganz respektablen Produkt auf Weltreise, um es richtig zu verkaufen. In dieser Zeit hatte ich absolut nichts mit Design zu tun, aber ich lernte etwas hinzu: Nur wenn man versucht, etwas Selbstkonstruiertes zu verkaufen, wenn man sich mit den Kunden und ihren Problemen mit dem Produkt herumschlägt, nur dann kann man seine Erfindung auch so verstehen, dass man in der Lage ist, sie weiter zu verbessern. Außerdem gilt: Nur der Mensch, der etwas geschaffen hat, kann es mit voller Überzeugung einem anderen andrehen und dafür einen hohen Preis verlangen.

Anfang 1973 war ich, im Alter von 23 Jahren, der Chef einer Aktiengesellschaft und wollte den *Sea Truck* unbedingt zu einem Erfolg machen. Obwohl ich selten einen Anzug trug und lange Haare hatte, also aussah wie ein Student, sollte ich den globalen Markt erobern. Ich musste sehr schnell lernen, wie man verkauft. Nicht, weil mich das Verkaufen an sich interessierte, sondern weil ich das von mir geschaffene Produkt zu einem Erfolg machen wollte. Die Weltlage war damals angespannt, und meine Begeisterung führte mich in Krisengebiete.

Während des Krieges zwischen den Arabern und den Israelis tat sich ein neuer Markt für unser Produkt auf. Das brachte allerdings auch große Probleme mit sich. Ford war kurz zuvor von den Arabern auf die schwarze Liste gesetzt worden, weil das Unternehmen Fahrzeuge an die Israelis verkauft hatte. Nun konnte Ford in keinem arabischen Land mehr Autos absetzen. In diese Lage durfte ich mich nicht bringen, es stand zu viel auf dem Spiel.

Zu Anfang verkaufte ich an den israelischen Marineattaché in London. Er war sehr charmant und hatte Verständnis für meine Lage. Ich verkaufte nämlich schon an mehrere arabische Länder, und dieses Geschäft war für mich viel lukrativer als das mit einem kleinen Land. Die Israelis erwarteten nicht von mir, in ihr Land zu reisen, weil sie wussten, dass ich dann nicht mehr in die arabische Welt reisen konnte. Ich verhandelte mit ihnen in London und verkaufte ihnen vier Tauchboote für insgesamt 30000 Pfund.

Zufällig hatten die Ägypter Wind davon bekommen, dass sich die britische Marine für den *Sea Truck* interessierte. So kauften sie einen, um ihn zu testen, und waren hellauf begeistert. Ich sollte nach Ägypten fliegen, um mögliche Modifikationen des Fahrzeugs zu besprechen. Zu dieser Zeit glaubte niemand, dass sie auch nur die geringste Chance gegen die Israelis hätten.

An einem schwülen Tag im Januar 1973 kam ich in Kairo an. Ich fragte mich, welche Änderungen sie sich an dem Fahrzeug wünschten. Panzerung gefällig? Die Antwort war wieder mal ein Lehrstück: »O nein, das wäre das Letzte, was wir wollen. Wir haben einen Mann auf dem *Sea Truck* aufs Meer geschickt und versucht, ihn abzuschießen. Wir haben stundenlang auf ihn geschossen, aber wir konnten ihn nicht treffen, weil das Boot so flach auf dem Wasser liegt. Man kann es nicht treffen.«

Ich fand das sehr lustig. Vor allem wurde dadurch klar, wie unnötig kompliziert die Briten denken. Unsere Marine hatte zwei Jahre lang versucht, den *Sea Truck* ihren Bedürfnissen entsprechend umzubauen. Man hatte ein Vermögen für die Panzerung ausgegeben und ihm spezielle Dieselmotoren verpasst. Damit hatten sie aus einem wunderbaren Landungsboot ein eisernes Monstrum gemacht, das nur noch eine Höchstgeschwindigkeit von 16 Stundenkilometern hatte.

Die Ägypter dagegen hatten den Denkansatz, es einfach auszuprobieren. Genau wie einst Edison. Außerdem hatten sie festgestellt, dass im Gefecht Außenbordmotoren viel effektiver waren. Wurden sie von Geschossen getroffen, warf man sie einfach über Bord und ersetzte sie im Handumdrehen. Man konnte sie aber nur einsetzen, wenn das Boot nicht durch Panzerung unnötig schwer gemacht wurde.

Einige Monate später ging ich mit diesen Erkenntnissen zur britischen Marine. Ich dachte, ich würde meinem Land einen Dienst erweisen, wenn ich Erkenntnisse ausplauderte, die auf heimlichen Tests fremder Mächte beruhten. Der Hauptmann, mit dem ich sprach, sagte nur: »Ägypter? Ach ja? Wann haben die zum letzten Mal einen Krieg gewonnen?«

Genau das sollte nur wenig später eintreten. Die Änderung, die sie nämlich anforderten, war die Ausrüstung des *Sea Truck* mit Rädern. Rädern, die man seitlich anklemmen konnte, um das Boot mit hoher Geschwindigkeit durch die Wüste zu ziehen. Sowie man das Boot zu Wasser ließ, wurden die Räder hochgeklappt. Eine Woche verbrachte ich mit Oberst Ali Naser von der Spezialbootstaffel der ägyptischen Marine auf dem Nil. Wir führten Geschwindigkeitstests durch – mit einem Gewicht von einer dreiviertel Tonne und einem Typ Kanone, den ich noch nie gesehen hatte.

Naiv, wie ich war, fragte ich immer wieder, was sie da eigentlich machten. Die Antwort war stets, dies sei streng geheim. Schließlich schafften wir es, die Höchstgeschwindigkeit von 40 auf 58 Meilen pro Stunde zu steigern. Nun sagten die Ägypter: »Großartig, das ist genau das, was wir wollen.« Und schickten mich mit dem nächsten Flugzeug nach Hause.

Zwei Wochen später stürmten die Ägypter mit fünf von unseren Booten über das Rote Meer auf den Sinai und feuerten mit Blitzzement aus den Kanonen, die ich gesehen hatte. Es war Zement eines französischen Herstellers, der in weniger als 60 Sekunden hart wird. Damit setzten die Ägypter die Napalm-Geschützstellungen der Israelis entlang der Küste außer Gefecht und konnten mit den eigenen Truppen landen. Die große Ironie daran? Die Flammenwerfer der Israelis funktionierten nur mit den Spezialventilen von Rotork. Die Ägypter aber benutzten Boote von Rotork, um die israelischen Verteidigungseinrichtungen zu zerstören.

Das hört sich vermutlich nach einem verdammt schmierigen Geschäft an, aber ich hatte wirklich keine Ahnung, was die Streitkräfte mit den Booten vorhatten. Ich war einfach ein 25-jähriger Kunststudent. Die Ägypter setzten mir ein technisches Problem vor die Nase, und ich musste so schnell wie möglich die Lösung austüfteln. Für mich war es furchtbar aufregend.

Die Ägypter hatten natürlich gewusst, dass die Israelis sie vom anderen Ufer aus beobachten würden. Also mussten sie so schnell wie möglich ins Wasser und über das Wasser. Ich sah in den *Sea Trucks* auch keine Angriffswaffen. Nie kam mir der Gedanke, etwas Destruktives zu tun. Ich genoss es einfach, an das Militär zu verkaufen, da die zu lösenden technischen Probleme jeweils sehr spezifisch und deshalb für mich interessant waren. Sie fragten nie danach, was es kosten würde. Nur, was das Ding alles könne und wie gut es das könne. Für jeden Ingenieur oder Designer ist das eine phantastische Ausgangslage.

Ich hatte schon Moralvorstellungen. Je mehr Erfahrung ich sammelte, desto schneller konnte ich von vornherein Geschäftspartner durchschauen. Ich versuchte, meine eigenen Wertvorstellungen nicht über den Haufen zu werfen, wenn ich es mit Partnern zu tun hatte, die aus anderen Kulturen stammten und andere Geschäftsmethoden pflegten. Ich habe zum Beispiel nie Bestechungsgeld gezahlt. Einmal suchte ich im nigerianischen Lagos einen Minister in seinem Büro auf. Bevor ich erklärt hatte, was ich verkaufen wollte, ja bevor ich mich noch gesetzt hatte, fragte er: »Was springt für mich dabei raus?« – »Nichts«, antwortete ich. »Dann fahren sie mal nach Hause«, erwiderte der Minister. Das tat ich.

Auf diese Weise gingen mir viele Geschäftsabschlüsse durch die Lappen. Nicht nur in Afrika. Auch in Malaysia. Dort gehört Bestechung einfach zum Leben und zum Geschäft. Für mich ist es eine Frage der Ehrlichkeit und der Einfachheit gewesen. Mit Komplikationen durch Bestechungsmanöver kam ich nicht zurecht. Es hatte auch etwas mit meiner naiven Voreingenommenheit für mein Produkt zu tun. Ich wollte, dass die Leute das Boot kauften, weil es gut war, und nicht, weil wir sie bestachen.

Ich war vernarrt in den Wunsch, das Ding wegen seiner Vorzüge zu verkaufen, seiner Technologie, seiner Gestaltung, seiner einzelnen Charakteristika. Ich war eben auf diesem Trip, wie man damals sagte. Ich war sogar zufrieden, wenn es aufgrund der fehlenden Bestechung nicht zu Geschäftsabschlüssen kam. Ich fuhr dann zurück und erklärte dem Vorstand von Rotork lächelnd, dass mir ein Riesengeschäft durch die Lappen gegangen sei, weil ich nicht zur Bestechung bereit gewesen war. Allerdings war ich nicht bereit, heimzukehren und zu sagen: »Mir ist ein Geschäft durch die Lappen gegangen, weil ich den Kunden nicht davon überzeugen konnte, dass unser Boot das beste ist.«

In Libyen wurden meine Prinzipien und mein Wunsch nach unkomplizierten, durchschaubaren Geschäftsverhandlungen auf die härteste Probe gestellt. Eines Morgens im September 1973 hatte ich einen Anruf von der libyschen Botschaft in London erhalten. Man sagte mir, es gebe Interesse an einem *Sea Truck*. In der Botschaft wurde ich vom Marineattaché, Fregattenkapitän Orfi, empfangen. Er war ein Typ wie Omar Sharif mit kräftigem Schnauzbart und saß mit irgendeiner Tänzerin, deren Brüste fast aus dem Kleid fielen, in seinem plüschigen Büro herum. »Wir brauchen zehn von Ihren Booten«, sagte er träge und lustlos. »Ich kann sie aber nur vorschlagen. Sie werden selbst nach Libyen fliegen und das Geschäft abschließen müssen.« Also flog ich los.

Per Telex hatte ich dort ein Hotelzimmer reservieren lassen. Als ich im Hotel ankam, sagte man mir, man habe meinen Namen noch nie gehört, und das Hotel sei voll. Ich stritt mich mit ihnen herum, bis sie mich hinauswarfen. Ich hatte dieses Problem schon in Nigeria kennen gelernt, daher brachte es mich nur wenig aus der Fassung. In der britischen Botschaft angekommen, sagte man mir, die Hotelzimmer seien sowieso alle verwanzt. Der einzig sichere Ort für diskrete Gespräche oder Geschäftsabschlüsse sei die Straße. Ich könne die erste Nacht in der Botschaft verbringen, und man würde mir schon ein Hotelzimmer besorgen.

Ich war hierher gekommen, weil man mir die Möglichkeit eines Geschäftes in Aussicht gestellt hatte. Versprochen hatte man mir nichts. Innerhalb weniger Tage wurde ich von fünf Personen angesprochen. Alle behaupteten, Vertreter des Ministeriums zu sein, und gaben Angebote ab. Und alle behaupteten, wenn ich mit ihnen persönlich nicht zu einer Einigung käme, würde es keinen Vertrag für die Boote geben.

Auf so etwas hatte mich niemand vorbereitet. Ich war schon im Einkaufsministerium gewesen, hatte mir angehört, was die Libyer wollten, und mit dem Minister einen Vertragsentwurf besprochen. Während der langwierigen Verhandlungen wurde mir klar, dass der Vertragsabschluss überhaupt nicht vom Preis abhing. Worüber wir auch immer sprachen, nichts geschah. Ich konnte jeden x-beliebigen Preis nennen. Ich schlug sogar einmal den Preis von 3900 Pfund für eine zusätzliche Batterie vor, die man in jeder Autowerkstatt für 29 Pfund bekommt. Der Minister akzeptierte stets, aber ein Vertrag kam trotzdem nie zustande.

Diese fünf Männer, die mich angesprochen hatten, waren also aus irgendeinem Grund enorm wichtig. Aber aus welchem? Ich verstand es nicht. Verzweifelt versuchte ich es mit Offenheit und ging zu dem Admiral, der letztlich mein Abnehmer war. Als ich zu sprechen ansetzte, schnitt mir der Admiral sofort das Wort ab. »Wir dürfen über solche Dinge nicht reden«, flüsterte er. Und das war es auch schon.

Ich ging wieder ins Ministerium. »Hören Sie bitte«, fing ich an, »ich habe fünf Angebote von fünf verschiedenen Verhandlungsführern. Alle zu einem anderen Preis. Ich bin sicher, dass sie die Boote wollen und ich sie liefern will. Aber ich weiß nicht, wer die Wahrheit sagt, und ich weiß nicht, was ich machen soll.« Er lächelte die ganze Zeit über nur und reichte mir arabischen Tee. Ich bat stattdessen dauernd um Wasser, bekam aber nie welches.

»Mr. Dyson«, sagte der Minister schließlich, »wenn Sie eine Tasse von meinem Tee trinken, werde ich Ihnen auch erzählen, wer der richtige Einkäufer ist.« Es war wie ein bizarres biblisches Rätsel, wie ein Hütchenspielertrick auf dem Jahrmarkt. Hatte ich irgendetwas übersehen? Sollte ich nun sagen: »Die Antwort lautet 77« oder »Ein Mann ohne Hose muss lernen, seine Geldbörse in der Arschritze zu tragen«? Der Minister ließ wieder Tee servieren, ich trank ihn diesmal, und er nannte mir daraufhin den richtigen Mann. Wir unterschrieben kurz darauf einen Vertrag im Wert von mehreren Millionen Pfund. So lief das Spiel also.

Falls es noch eines Beweises bedurfte, dass man sich zu jener Zeit in Libyen mit Vorsicht bewegen musste, wurde er am Flughafen geliefert. Mein Rückflug war für den letzten Tag vor Weihnachten gebucht. An jenem Tag hatte es eine Auseinandersetzung zwischen Libyen und Ägypten gegeben. Mein Flug hätte zur gleichen Zeit wie eine Maschine in Richtung Ägypten abgehen sollen. Der Flughafen wurde gesperrt, und es bildeten sich lange Schlangen an den Ausgängen. Nach ein paar Minuten wurde der Mann, der vor mir in der Reihe stand, gegriffen und in einen Raum geschleppt. Ich rückte vor auf den Platz, an dem er gestanden hatte. Fünf Minuten später öffnete sich die Tür des Zimmers wieder. Sie warfen den Mann auf den Hallenboden, er war schlimm zugerichtet.

Mit drei Stunden Verspätung konnte ich schließlich in meine Maschine steigen. Sie war voll von leitenden Angestellten irgendwelcher Ölfirmen, die über Weihnachten nach Hause wollten. Ich war umgeben von Geschäftsleuten, die seit Monaten keinen Alkohol mehr bekommen hatten. Sie holten sich deshalb ständig neue Drinks und verkleckerten sie im Gang des Flugzeugs. Doch selbst diese Männer zogen jetzt die Augenbrauen hoch – denn ich war so fertig, dass ich während des Fluges vier Flaschen Wein und eine halbe Flasche Wodka konsumierte.

Wie auch immer: Verkaufen war ein ziemlich leichtes Spiel für mich, denn ich glaubte an das, was ich verkaufte. Wie bei allem, was man verkaufen will, ging es darum: Wie passt das Produkt zum Kunden. Es ging nicht darum, darüber zu schwafeln, wie toll es sei. Man findet heraus, was der Kunde will. Dann kauft er, bevor man selbst den Mund aufgemacht hat.

Man soll das Bedürfnis aber nicht künstlich schaffen, wie manche zynischen Marketingmanager meinen. Ich habe viele von unseren Vertragshändlern dabei beobachtet, wie sie etwas verkaufen wollten – indem sie dem potenziellen Kunden Dinge vorführten, die für ihn völlig uninteressant waren. Die Kunden fühlten sich dadurch wie Idioten behandelt. Wie bringe ich also einen Kunden zum Kaufen, ohne dass ich überhaupt aktiv werde? Zur Demonstration: Folgendes Gespräch fand zwischen mir und einem Kerl in einer Lederjacke statt, der zu einer Vorführung unseres Bootes auf der Themse gekommen war. Ich hielt ihn für einen Gangster.

»Wie schnell ist es denn?«, fragte er und knallte den Gashebel bis zum Anschlag runter. »Wie viel Gewicht kann es tragen?« Er fuhr seinen Wagen auf das Boot und gab wieder Vollgas. »Großartig. Kann man damit die Uferböschung hinaufdonnern?« – »Versuchen sie es doch mal.« Er tat es und spazierte vorne vom Boot auf das Ufer. »Großartig, ich kaufe zwei davon. Mit den stärksten Motoren, die Sie haben.« – »Ich freue mich, dass Ihnen unser Boot gefällt. Wofür wollen sie es denn benutzen?« – »Das ist ein Geheimnis.« – »Wo kommen Sie eigentlich her?« – »Aus der Schweiz.« – »Und wie möchten Sie zahlen?« – »Bar.« Das tat er auch. Er zahlte die gesamten 50000 Pfund in bar.

Ich hatte richtig Spaß am Verkaufen und lernte eine Menge. Über den *Sea Truck*, über mich selbst und über den Zusammenhang zwischen Gestalten und Verkaufen. Nach einiger Zeit aber konnte ich nicht jedes Boot mehr selbst an den Mann bringen, dazu wurden es zu viele. So stellte sich die Frage nach anderen Verkäufern.

Für uns waren die besten Händler Leute, die das Boot als das sahen, was es war, und es liebten. Das hatte nichts mit ihrem Geschäftssinn zu tun und galt ohne Ausnahme. Ich war zuerst versucht, das Business etablierten Bootshändlern zu überlassen. Die kannten den Markt und würden gleich große Stückzahlen bestellen. Auch der Vorstand übte diesbezüglich Druck auf mich aus. Doch dann entschloss ich mich, stattdessen Leute unter Vertrag zu nehmen, die das Boot toll fanden. Nur sie würden in der Lage sein, beim Verkaufen einer völlig neuen Idee alle Schwierigkeiten zu überwinden. Nur sie würden ein gutes Geschäft daraus machen.

Außerdem wollte ich nur Vertragshändler, die sich verpflichteten, jedes Jahr mindestens ein Boot abzunehmen. Mir war nämlich ein Licht aufgegangen: Man sollte keine Zeit mit Vertretern verplempern, die doch nie ein Boot bestellen. Außerdem würde es für die Einzelhändler viel leichter sein, wenn sie ein Vorführmodell hatten und nicht nur eine Broschüre. Das Vorführmodell mussten sie von uns kaufen, dadurch würden sie selbst beim Verkauf viel zielstrebiger sein.

Darüber hinaus war mir inzwischen klar geworden, dass wir gute Geschäfte machen konnten, wenn wir in neue Märkte einstiegen. Es zeigte sich an den Anfragen aus aller Welt und an dem Presserummel um uns. Oft machten wir sogar in einem schlechten Monat, in dem wir nichts an Militärs verkauften, einen ganz ansehnlichen Umsatz. Nur durch den Absatz an unsere Vertragshändler. Und wenn gar nichts los war, hielten wir nach neuen Märkten Ausschau.

So weit, so gut. Wir hatten also aus einer schäbigen Sperrholzplatte ein hoch entwickeltes Kunststoff-Landungsboot gemacht. Aufgrund seiner Bauweise glitt es über das Wasser wie ein geölter Blitz. Wir hatten 250 Stück verkauft und einen Umsatz von vielen Millionen erzielt. Aber ich hatte schon viel zu lange nicht mehr am Zeichenbrett gesessen. Irgendwie juckte es mich wieder. Ich hatte vor vier Jahren das College verlassen. Das hatte bedeutet: vier Jahre Verkauf für Rotork, vier Jahre Warten auf etwas, das ganz mein eigenes Werk werden sollte. Etwas, von dem einmal jeder sagen würde: »Das ist das Cleverste seit der Erfindung des Rades.«

4

Die Neuerfindung des Rades

Welche Rolle steht mir? Das Beste seit der Erfindung des Rades? Abschied von der Vergangenheit. Mir fallen die Bälle wieder ein. Ein schlechtes Hilfsmittel für Bauarbeiter und ein besseres. Ich schneide die Nabelschnur durch und springe ins kalte Wasser. Die Ballbarrow kommt. Miss Großbritannien versucht zu helfen. Ich erfinde den Waterolla. Leider. Die Ballbarrow wird Verkaufsschlager. Und wieder einmal: Wie werde ich meine Schulden los?

Wer weiß schon, welche Rolle wem am besten steht? Gelegentlich sehe ich mich als extrem arrogantes Genie. Ich stelle mir dann vor, in einer Runde von Sterblichen zu sitzen, über meinem Dinner Jacket trage ich einen Umhang aus Samt. Dann beginnt einer der Sterblichen über ein modisches neues Produkt zu reden, es zu beschreiben, und mit dem abgegriffensten aller Klischees nennt er es »die größte Erfindung, seit der Mensch das Rad erdachte«. Ich verziehe dann verächtlich die Mundwinkel und entblöße im Mondlicht einen meiner langen Eckzähne.

»Das Rad?«, frage ich nach. »Und was bitte soll am Rad so großartig sein?« Ich schlage mit der Faust auf den Tisch, und die riesigen Rotweingläser tanzen wie betrunkene Seeleute darauf herum. Dann brülle ich: »Das Rad taugt nichts, hört ihr? Taugt nichts, taugt nichts, taugt nichts! Ich, *James Dyson*, habe das Rad neu erfunden. Etwas viel Besseres geschaffen. Meine Herren … hier ist die *Ballbarrow*!« In diesem Moment schiebt mein buckliger Gehilfe, genannt Squelch, die *Ballbarrow* in den Raum. Ein Blitz durchzuckt das Zimmer, die Uhr schlägt Mitternacht. Ich lache schauerlich wie Vincent Price, und das Licht des Vollmondes erhellt jetzt mein Gesicht.

In dieser Rolle sehe ich mich aber nur selten. Meistens gebe ich zu, dass meine Erfindung auf einem Zufall beruhte. Genau genommen waren es drei. Erstens hatte ich das Leben als Verkaufsingenieur satt und suchte nach etwas, das ich selbst schaffen wollte. Zweitens hatte ich den *Sea Truck* inzwischen so weit verbessert, dass meine Kenntnisse von Material und Technik als Grundlage für das dienen konnten, was kommen sollte. Drittens hatten meine Frau Deirdre und ich 1972 beschlossen, London für immer zu verlassen und in den Hügeln der Cotswolds einen alten Bauernhof mit eineinhalb Morgen Land zu kaufen. Die Tatsache, dass diese drei Sachverhalte, die nichts miteinander zu tun hatten, zusammenfielen, führte letztlich zur Erleuchtung und dem Ausruf »Ich hab's«. So will ich Ihnen nun zeigen, wie mit ein wenig Hilfe von Fortuna aus einfachen Dingen im Haushalt ein gewaltiger technischer Fortschritt entstehen kann.

Leider muss man sagen, dass der *Sea Truck* oft falsch eingesetzt wurde. Er hatte nur einen sehr geringen Tiefgang. Nur fünfzehn Zentimeter, um genau zu sein. Aus diesem Grund kamen manche Menschen zu der irrigen Vorstellung, er sei unzerstörbar und würde nie den Grund berühren, ganz gleich unter welchen Umständen. Deshalb bretterten viele Kunden mit ihm auf Felsen und Steine unter Wasser. Öfter, als gut war. Wie schon gesagt, ist Fiberglas ein Material wie Eierschale. Ganze Balladen werden über seine Stärke gedichtet, und das aus gutem Grund. Doch wir reden hier über Zugfestigkeit. Stoßen Sie mit einem Gehstock auf die Oberfläche, bekommt das Material sofort ein Loch.

Als Designer wussten wir, dass wir das Boot nur verbessern würden, wenn wir den Rumpf unverletzbar machten. Am besten ging das mit Plastikröhren, wie sie für Hauptwasserleitungen

Die Neuerfindung des Rades

verwendet werden. Selbst wenn man mit einem Hammer darauf haut, zerbrechen sie nicht. Kurz gesagt: Wir bauten ein Floß wie die Kon-Tiki, nur aus Plastikröhren. Dazu benutzten wir extrem widerstandsfähiges Plastik, Polyäthylen mit niedriger Dichte. Es verbiegt sich leicht, wenn man es für große Flächen benutzt, für Röhren aber ist es ideal.

Die Röhren wurden an den Enden mit Spunden verschlossen, die aussahen wie Fußbälle aus Plastik, gehalten von einem Stahlrahmen. Vorn war das Floß leicht nach oben gebogen, um ihm einen Bug zu geben. Wir wussten noch nicht, welche hydrodynamischen Eigenschaften das Ding haben würde. Würde die effektivste Form des Schiffsrumpfes im Querschnitt so aussehen?

Sollten wir drei große Röhren verwenden oder besser zehn kleine? Wir suchten die Antworten auf Dutzende von Fragen. Deshalb machte ich mich gegen Ende 1973 mit einem Assistenten und meiner ganzen Familie, die nun aus mir, Deirdre, Emily

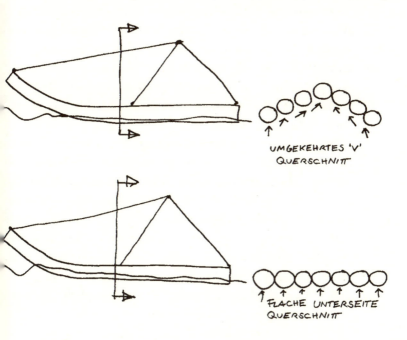

und Jacob bestand, auf den Weg in ein winziges Dorf in der Haute Provence. Jeremy Fry hatte es gekauft. Acht wundervolle Monate lang testeten wir das Boot auf einem Wasserreservoir. Ich war hoch erfreut darüber, dass ich das Geschäft für eine Weile nicht mehr leiten musste.

Wir bauten eine ganze Reihe von zwei Meter vierzig langen Modellen. Lange Testbecken wie in professionellen Testlabors konnten wir aber nicht bezahlen. Dort gibt es stets einen Rahmen über dem Becken, an dem die Bootsmodelle über die Wasseroberfläche gezogen werden, so wie eine Straßenbahn an Oberleitungen hängt. Wir durften unsere Modelle auch nicht per Motorboot über das Wasser ziehen, da es ein Trinkwasserspeicher war. Deshalb bauten wir am Ufer eine große Walze, auf der ein langes Seil aufgerollt wurde. Angetrieben wurde die Vorrichtung von einem Benzinmotor. So konnten wir das Boot mit der Walze über das Reservoir ziehen.

Wir ruderten bis zur Mitte des Sees, der Motor wurde am Ufer gestartet, und die Walze ließ das Modellboot zurück ans Ufer schießen. Um die hydrodynamischste Form für den Rumpf herauszufinden, mussten wir nur den Widerstand messen. Unter anderem fanden wir auf diese Art heraus, wie viele Röhren für die Konstruktion optimal sind und dass ein flacher Rumpf besser als ein keilförmiger ist.

Wir perfektionierten die Stahlstruktur, um sie besonders haltbar zu machen. Im Grunde bauten wir nichts anderes als eine Luftmatratze. Dann kehrten wir nach Großbritannien zurück, um den Prototyp in wirklicher Größe zu bauen. Und wissen Sie was? Das Boot wurde nie produziert.

Als der Prototyp gebaut wurde, hatte ich schon angefangen, mich auf die Entwicklung der *Ballbarrow* zu konzentrieren. Eigentlich hätte es mit dem Bootsrumpf keine Probleme geben sollen. Aber als doch einige auftraten, stellte die Firma die Entwicklung einfach ein. So etwas scheint öfter zu geschehen,

Die Neuerfindung des Rades

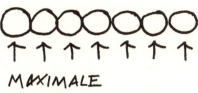

MAXIMALE AUFTRIEBSKRAFT

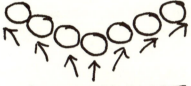

AUFTRIEBSKRAFT VERSCHWENDET

wenn der ursprüngliche Designer nicht mehr am Projekt beteiligt ist. Denn dann ist niemand mehr da, der an das Projekt glaubt.

Ich denke, wenn ich dabeigeblieben wäre, wäre aus dem Röhrenboot auch etwas geworden. Wenn man ein Projekt im Anfangsstadium jemand anderem übergibt und es dann scheitern sieht, möchte man am liebsten das Ganze noch einmal selbst machen. Nur um den anderen zu zeigen, dass es doch geht. Leider war das nicht möglich. Rotork baut noch heute das Boot mit dem flachen Rumpf und verdient damit gut. Aber dem Röhrenboot hätten selbst Felsen nichts ausgemacht. Es wäre unzerstörbar gewesen.

Auch wenn aus dem Boot nichts wurde, hatte ich durch die Bälle, die wir als Spunde benutzten, um die Röhren abzudichten, etwas gelernt: Plastik in Kugelform zu nutzen. Eines Tages, während ich über das Boot nachgrübelte, sagte ich mir: »Das könnte die Antwort auf all meine Fragen sein.«

Die Probleme, die ich meine, waren folgende: 1971 hatten wir ein großes Bauernhaus bei Badminton in den Cotswolds gekauft. Ein Traumhaus, nach dem sich jeder Städter sehnt. Trotz all seiner Vorzüge war der Reiz der Metropole London längst für mich verblasst. Im Grunde meines Herzens war ich wohl immer ein Junge vom Lande gewesen. Das Bauernhaus, weit über 300 Jahre alt, war immer von Pächtern bewohnt und daher nie modernisiert worden. Wir hatten uns mit dem Kauf finanziell fast übernommen. Handwerker konnten wir uns nicht mehr leisten, um das Gebäude auf Vordermann zu bringen.

So haben wir uns selbst an die Arbeit gemacht: Mauern hochziehen, Gruben ausheben, Zement mixen. Ich hatte also die meiste Zeit in Gesellschaft einer Schubkarre verbracht. Bald hatte ich entdeckt, was für ein schlechtes Hilfsmittel das Ding doch war. Wir reden hier nicht von einer gewöhnlichen Schubkarre aus irgendeinem Gartencenter. Ich hatte eine Schubkarre für Profis. Sie war das am meisten genutzte Modell, das die Bauarbeiter damals als »die erste Sahne« unter den Schubkarren bezeichneten. Leider hatte sie etliche Mängel.

1.) Das Rad
    a) war anfällig für Löcher durch herumliegende Nägel etc.
    b) war instabil, wenn die Karre schwer beladen war.
    c) sank auf weichem Untergrund und im Schlamm ständig ein, genau da also, wo sie meist benutzt wird.
    d) pflügte Furchen in den Rasen.

2.) Die Karre hatte dünne Beine aus Metallröhren, die wiederum in weichem Untergrund einsanken, den Rasen ruinierten und die Karre dauernd zum Umfallen brachten.

3.) Die Blechwanne der Karre hatte vier schwere Mängel:
- a) Die harten, scharfen Kanten knallten einem gegen die Beine und gegen die Pfosten der Türen, durch die man ging.
- b) Wenn man sie mit Zement füllte, tröpfelte er durch Risse auf den Boden.
- c) Die Zementreste darin klebten an den Blechseiten fest.
- d) Die Form führte dazu, dass der flüssige Zement an den Seiten überschwappte, wenn man die Karre schob.

Die Schubkarre war offenbar nicht wesentlich weiterentwickelt worden seit der Zeit, als sie nur aus ein paar zusammengebundenen Ästen und einem Rad bestand, als Steinzeitmenschen darauf Dinge hin und her schoben. In den Tausenden von Jahren seit der Erfindung hatte sich niemand hingesetzt und gesagt: »Hey, ich könnte das Ding besser gestalten.«

Der Grund ist einfach: Einen Bauarbeiter interessiert es nicht, ob er mit der Karre Türrahmen verschrammt. Es sind schließlich nicht seine. Es macht ihm auch nichts aus, wenn der Zement überschwappt. Das macht die Karre nur leichter. Es interessiert ihn nicht die Bohne, wenn der Zement an den Seiten festklebt. Es ist nämlich nicht seine Karre. Und wenn er Furchen in einen Rasen pflügt, interessiert ihn das erst recht nicht. Deshalb hatte ich über einige Verbesserungen nachgedacht, während ich den ganzen Tag Zement und Steine hin und her gekarrt hatte.

Ich war zu dem Schluss gekommen, dass die Schubkarre breitere Füße haben müsste, damit die Beine nicht einsinken. Aus dem gleichen Grund war auch ein breiteres Rad notwendig. Eine gute Karre sollte außerdem eine weichere Wanne haben, damit man weder die Türrahmen noch die eigenen Knie kaputtschlug. Eine bessere Karre müsste mehr die Form einer Mülltonne oder einer Kipplade haben, damit der Inhalt nicht überschwappen konnte. Idealerweise würde die Wanne aus einem Material bestehen, an dem nichts festklebte.

Über diese Dinge hatte ich nach dem Kauf des Hauses in Badminton etwa ein Jahr lang nachgegrübelt. Immer wieder hatte ich die Probleme und mögliche Lösungen in meinen Gedanken hin und her gewälzt. Damals hatte ich in diesem Zusammenhang noch nicht an irgendwelche Patente gedacht und wollte mir nur das eigene Leben erleichtern. Aber dann hatten wir erst einmal acht Monate in Frankreich verbracht, um das Röhrenboot zu testen. Ich hatte während dieser Zeit herausgefunden, dass Plastik in Ballform extrem belastbar ist, und goss eine quasi unzerstörbare Halbkugel aus Polyäthylen mit niedriger Dichte. Und während ich noch dabei gewesen war, hatte ich zu mir gesagt: »Hey, Kleiner, das ist die Lösung all deiner Fragen.«

Ich hatte nicht nur die Eigenschaften der Kugelform erforscht, was mich zu meinem revolutionären Rad führen sollte. Ich hatte auch herausgefunden, in welcher Funktion man ein spezielles, unzerstörbares Material einsetzen konnte. An dem sich darüber hinaus im Wasser keine Rankenfüßer – das natürliche Gegenstück zu Zementklecksen – festsetzen konnten. Diese Tatsache sollte mir nun sehr bei der Gestaltung der Schubkarre helfen. Jetzt konnte ich endlich meinen Plan bis zum Ende durchziehen.

Der Markt für Schubkarren erschien mir damals sehr attraktiv. Ich würde darin nicht gegen multinationale Giganten wie etwa in der Elektrobranche antreten müssen. Also würde dort nicht mit sonderlich harten Bandagen gekämpft werden. Dachte ich jedenfalls. Außerdem hatte seit 10000 Jahren niemand auch nur ansatzweise einen nennenswerten Beitrag zu dieser Erfindung geleistet. Das konnte nur bedeuten, dass größere Verbesserungen und eine neue Gestaltung enorme Auswirkungen haben würden.

Während ich noch in Frankreich an dem Röhrenboot arbeitete, nahm ich Kontakt mit einem alten Freund aus der Bauindustrie auf. Er war von der Idee der *Ballbarrow* ebenso begeistert wie ich. Und auch er wollte unbedingt etwas Neues und Aufregendes machen. Wir beschlossen also, zusammen eine Firma zu gründen. Ich machte mich nun ans Werk und gestaltete einen sehr groben Prototyp. Der Rohentwurf sah so aus: Wanne und Beine der Karre waren in einem Stück aus Fiberglas gegossen, die Griffe fehlten noch. Dann kaufte ich einen Fußball für das Rad und goss ihn in Fiberglas ein. Das würde meinen Sinn für die Gesamtkonstruktion schärfen und zeigen, ob ein Ball auf weichem Boden prinzipiell effektiver sein würde als ein Rad.

Nachdem ich aus Frankreich zurückgekehrt war, ging ich im August 1974 zu Jeremy Fry und teilte ihm mit, dass ich kündigen würde. Ich fühlte mich wie ein Trottel und ein Verbrecher zugleich, wobei nicht klar war, was überwog. Ich hatte einfach höllische Angst, es ihm zu sagen. Ich hatte noch nie gekündigt und ließ jetzt den besten Job der Welt sausen, mit einem Jahresgehalt von 10000 Pfund und einem Dienstwagen. Alles nur, weil ich etwas Eigenes machen wollte. Ich hatte fünf Jahre lang für Rotork gearbeitet, und die Früchte meiner Arbeit waren im Wesentlichen den Aktionären zugute gekommen. Ich dachte einfach, es sei Zeit, etwas für mich zu tun.

Im Rückblick war es eine dumme Entscheidung. Unser Haus war mit einer sehr hohen Hypothek belastet, und meine Kinder Emily und Jacob waren noch sehr klein. Noch heute bewundere ich, wie Deirdre mich damals ermuntert hat. Wir hätten alles verlieren können. Doch ihre Philosophie war, wenn alles schief ging, könnte sie immer noch kommerzielle Kunstmalerin werden, und ich könnte Möbel bauen. Schließlich hatten wir so etwas wie eine Ausbildung.

Als Betrüger fühlte ich mich, weil Jeremy mir eine Chance gegeben hatte, als ich noch so jung gewesen war. Er war mir immer ein guter Freund gewesen. Ich war ihm sehr dankbar für alles, was er mir beigebracht hatte, und tief in mir hatte ich das Gefühl, ich würde ihn im Stich lassen. Aber ich hatte eben unter diesem großartigen Mann schon eine ganze Weile gearbeitet, und es war einfach Zeit, mein eigener Herr zu werden. Im ersten Moment war Jeremy verständlicherweise schockiert. Im zweiten bot er mir finanzielle Unterstützung an. Er war eben immer ein anständiger Kerl. Ich dankte ihm für das Angebot, lehnte aber ab, weil ich frei sein wollte. Außerdem hatte ich ja einen Geldgeber.

Dachte ich jedenfalls. Doch kaum war ich nach Großbritannien zurückgekehrt, rief mich mein Freund aus der Bauindustrie an. Er teilte mir mit, sein Geschäft sei in Schwierigkeiten gekommen und er könne nun doch nicht bei dem neuen Projekt mitmachen. So war ich seit meinem Abgang von der Kunsthochschule zum ersten Mal wieder völlig auf mich allein gestellt.

Ich machte mir aber keine großen Gedanken. Deirdre unterstützte mich in jeder Hinsicht, und ich wusste aus Erfahrung, wie unvorhersehbar und wechselhaft das Geschäftsleben sein kann. Wir waren beide in merkwürdig heiterer Stimmung. Wir waren überzeugt davon, das Richtige zu tun, obwohl wir zwei Kinder ernähren mussten, unser Konto heftig überzogen und unsere Schuldenlast durch die Hypothek noch viel größer war. Ich war mir auch sicher, dass Jeremy Fry sein Angebot, uns zu unterstützen, noch einmal gemacht hätte. Doch ich wollte beweisen, dass ich flügge geworden war.

Also fuhr ich im Oktober 1974 mit meinem Prototyp aus Fiberglas nach Welwyn Garden City zu Imperial Chemical Industries. Ich wollte mit den Leuten darüber diskutieren, ob man die Teile, die ich benötigte, überhaupt so gießen konnte. Wie man es am besten machte und welches Material man nehmen konnte. Im Hinterkopf hatte ich den Gedanken, sie könnten vielleicht an einer finanziellen Beteiligung interessiert sein. Schließlich würde ich das Plastik von ihnen kaufen. »Nicht machbar«, sagten sie. »Ein Ball ist nicht machbar. Plastik kann man nicht zur Form einer vollen Kugel gießen. Selbst wenn man es könnte, würde das mit dem luftgefüllten Ballkarren-Dingsbums nicht funktionieren.«

Das bestärkte mich in meinem Entschluss nur noch mehr, und ich war umso mehr darauf versessen, es ihnen zu zeigen. Typisch. Ich dachte nun über die Gründung einer eigenen Firma nach und suchte den Rechtsanwalt Andrew Phillips auf, einen Freund meines Schwagers. Der war nicht nur ein verdammt guter Jurist. Er war auch clever genug gewesen, sich in der *Jimmy Young Show* auf Radio 2 als Ratgeber in juristischen Fragen zu etablieren. Andrew Phillips half mir nicht nur dabei, die Firma zu gründen. Er verliebte sich auch in die Idee der *Ballbarrow* und überredete meinen Schwager Stuart Kirkwood, den Mann meiner Schwester Shanie, Geld in das Projekt zu investieren.

Das kam mir natürlich sehr gelegen. Stuart war der Sohn von Lord Kirkwood, der früher Vorstandsvorsitzender einer Bergbaugesellschaft gewesen war. Er hatte den großen Aufstieg dieses Unternehmens in den Fünfzigern und Sechzigern gesteuert. Stuart und sein Bruder, der heutige Lord Kirkwood, hatten deshalb eine schöne Summe geerbt. Was immer sehr nett ist. Stuart und ich gründeten also zusammen die Firma *Kirk-Dyson*. Jedem von uns gehörten 50 Prozent. Bei der Bank bekam ich einen Überziehungskredit in Höhe von 24 000 Pfund. Wir bürgten jeweils für die Hälfte der Summe. Meine Sicherheit war das Haus in Badminton.

Im März 1979 hatten wir einen brauchbaren Prototypen. Damit gingen wir zu einem Mr. Duffin von der Firma Flextank, dem unbestrittenen König des Rotationsformens. Er schien an unser Produkt zu glauben und stimmte zu, die Spezialmaschinen zur Herstellung in seiner Fabrik in Pontycymr zu bauen. Ich vervollständigte also das Design, und Flextank produzierte die Karrenwanne und den zusätzlichen Grasbehälter. Dafür verwendeten sie Polyäthylen mit sehr niedriger Dichte, wie ich es mir vorgestellt hatte. Es stellte sich tatsächlich heraus, dass es quasi unzerbrechlich war.

Es sollte sich auch zeigen, dass die Leute von Imperial Chemical Industries völlig falsch gelegen hatten: Der Ball wurde aus ähnlichem Plastik hergestellt, nur mit einem Zusatz: Äthylenvinylazetat. Nachträglich wurde ein Loch in die Kugel gebohrt und ein Ventil eingesetzt. So entstand das erste Plastikrad mit Luftfüllung. Der Rahmen aus Stahlrohr wurde in Birmingham hergestellt und das in den Ball eingesetzte Kugellager von einer Firma in Caerphilly gefertigt. Im ehemaligen Schweinestall hinter meinem Haus in Badminton wurden die Teile dann von zwei Kerlen aus Irland zusammengesetzt.

Ursprünglich hatten wir eine Karre bauen wollen, deren Wanne man wie einen Kipplader mit einem Hebel auskippen konnte. Doch als der Prototyp für den Verbrauchertest fertig war, stellten wir fest, dass die Kunden durch diese Kippvorrichtung leicht verwirrt und überfordert werden konnten. Das Wesentliche an der Karre waren der Ball und die Kipperform. Alles Weitere war quasi Vergoldung. Man muss sich auf das Wesentliche konzentrieren. Dieses Prinzip gilt immer. Beim *Sea Truck* war es der flache Rumpf gewesen, beim *Dual Cyclone* sollte es später die Wirbelsturmtechnologie sein. Die *Ballbarrow* war so einfach, dass einem das Neue, das Wesentliche, die unmittelbare Nützlichkeit sofort ins Auge sprangen. Zusätzliche Spielereien können leicht den Eindruck erzeugen, das Produkt sei ein alter Hut mit neuem Hutband. Deshalb brachten wir die Karre ohne zusätzlichen Hebel und Kippladerfunktion auf den Markt.

Doch in einem Spiel wie diesem konnte man sich auf nichts verlassen. Nicht einmal auf den König der Rotationsformung. Sechs Monate nachdem die Produktion angelaufen war, beschloss Mr. Duffin, dass seine Maschinen nicht mehr genug Formen herstellen konnten: Er wollte den Preis hochtreiben.

So musste ich eine andere Formengießerei finden. Es wurde ein teurer Spaß. Ich musste Flextank ausbezahlen und die Werkzeugmaschinen aus Wales abtransportieren lassen. Um nicht noch einmal in eine solche Situation zu kommen, stellten wir für die neue Gießerei klar, dass der Preis für ein Jahr fixiert wurde und dass eine gewisse Stückzahl erreicht werden musste. Die Herren nickten zu allem und rieben sich die Hände.

Einen Monat später begann das gleiche Spiel von vorn: Geringe Stückzahlen und ein neuer Versuch, den Preis hochzutreiben. Diese Leute standen offenbar Schlange, um zu beweisen, dass ich allein kein Geschäft aufziehen konnte und mich mit eingekniffenem Schwanz zurück zu Rotork trollen sollte. Ich war stocksauer, aber nicht bereit, aufzugeben. In einer Zeit, als die Kreditzinsen bei 25 Prozent lagen, nahm ich noch einmal 45 000 Pfund auf. Damit kaufte ich in Amerika eine neuartige Maschine für Rotationsformung. So etwas hatte man in England noch nicht gesehen. Wir mussten sie selbst zusammenbauen und erst einmal lernen, wie man sie bedient. Da sich niemand in der Lage fühlte, die Teile für unsere Karre zu produzieren, würden wir es selbst machen.

Im Mai gingen wir dann mit der *Ballbarrow* von *Kirk-Dyson* auf den Markt. Genauer gesagt: Wir setzten zehn oder zwanzig pro Tag in den ehemaligen Schweineboxen zusammen. Ich hatte nicht die geringste Ahnung, wie das alles eigentlich ging. Bei Rotork hatte ich gelernt, Investitionsgüter zu verkaufen, nicht aber Verbraucherprodukte. Die Technik und die Gestaltung meines Produktes machten auch keine Probleme. Doch es auf den Markt zu bringen war für mich völliges Neuland. Ich hatte noch nicht einmal ansatzweise einen Geschäftsplan erstellt. In den ehemaligen Schweineboxen hinter unserem Haus hatte ich lediglich mit einer Spanplatte eine Ecke abgeteilt, die als Büro dienen sollte. Außerdem hatte ich Deirdre überredet, auf einen Lieferwagen den Schriftzug zu malen: »Die *Ballbarrow* ist da«. Ich hatte nicht die geringste Vorstellung, wie man ein Geschäft aufzieht.

Der erste Versuch, das Geschäft anzukurbeln, war ein wenig lächerlich. Ein wenig? Es zerriss einem das Zwerchfell. Jedenfalls an den Maßstäben traditioneller Verkaufsstrategie gemessen: Ich hatte eine Freundin namens Gill Taylor, die ich in Badminton kennen gelernt hatte. Zufällig war sie 1964 Miss Großbritannien gewesen. Sie war eine attraktive, kurvenreiche Blondine und die typische Schönheitskönigin, die in der Welt herumreist. Außerdem war sie knapp bei Kasse und bereit, durch die Gartencenter im Westen Englands zu tingeln und *Ballbarrows* anzupreisen.

Wer hätte das gedacht – kurz darauf tauchte eine Freundin von ihr in meinem »Büro« auf und wollte das Gleiche machen. Dann noch eine und noch eine, bis ich eine richtig große Truppe von Vertreterinnen hatte. Alles attraktive, gebildete Damen in den Dreißigern. Sie fielen über die Gartencenter Großbritanniens her. Leider ohne jeden Erfolg. Schuld hatten allerdings nicht meine Schönheiten. Die Gartencenter wollten meine lächerlich aussehenden Schubkarren nicht kaufen. Wo immer die Damen mit ihrer Karre zur Vorführung auftauchten, dachten die Leute, es sei ein Scherz. Schließlich gaben meine Vertreterinnen auf.

Mir ist immer noch unklar, warum die Menschen dachten, es handele sich um einen Scherz. Es gibt mehrere mögliche Gründe, die im Rückblick klarer werden. Es könnte zum Beispiel an der Farbgebung gelegen haben. Die Wanne war grün, während der Ball orange war. Der Gedankengang: a) Mit einem knallig orangefarbenen Ball würde die Karre auf einer Baustelle besser zu erkennen sein. So würde sie nicht so leicht von einem Bulldozer platt gemangelt werden. b) Der Ball musste in allen

Geschäften sofort erkennbar sein, denn er war das wesentliche Verkaufsargument. c) Der dritte Grund war ziemlich lächerlich.

Der Ball war zuerst rot gewesen, und ich hatte beim Design Council das dreieckige Gütesiegel für mein Produkt beantragt. Beim Council hatte man mir das Siegel aber verweigert, weil der Ball im krassen Gegensatz zum Garten stünde und besser grün sein sollte. Ich fand es widerlich. Diese Leute waren keine Designer, sondern ein Haufen von Verwaltungsangestellten, die zufällig über die Gestaltung von Produkten zu urteilen hatten. Daraufhin beschloss ich, den Ball so leuchtend orange wie nur irgend möglich zu machen. Nur, um sie zu ärgern. So viel zum Thema charakterliche Reife.

Für die Bauwirtschaft wurde eine etwas größere Karre produziert. Bei dieser hatte der Ball einen Durchmesser von 350 statt 250 Millimetern. Die Bauarbeiter lehnten die Karre aufgrund von Vorurteilen durchweg ab. Sie hätten schließlich seit Jahren jeden Tag Schubkarren hin und her geschoben. Wer wäre ich denn, ihnen erzählen zu wollen, ihre Karren würden nichts taugen. Was wüsste ich denn schon.

Ja, was? Es war eine interessante Lektion in Psychologie. Ich lernte, dass eingefleischte Profis sich immer länger gegen eine Neuerung sperren als der Privatverbraucher. Viele Vorteile der Karre wurden von Bauarbeitern nicht als solche gesehen. Aus Gründen, die ich schon genannt habe. Die Charakteristika, die sie für Gärtner attraktiv machten, waren für Bauarbeiter irrelevant.

Die Bauwirtschaft konnten wir jedenfalls als Kunden vergessen. Vielleicht hätte noch etwas daraus werden können, wenn wir noch weiter drangeblieben wären. Was wir aber nicht taten. Gutbürgerliche Damen konnten wir als Kunden ebenfalls vergessen. Verzweifelt versuchte ich es über Zeitungen.

Ich fertigte eine nette kleine Zeichnung der Karre an und schaltete Kleinanzeigen für *Die Ballbarrow* von *Kirk-Dyson De-*

signs für 19,95 Pfund. Zwischen Anzeigen für Haarwuchsmittel und Inkontinenzwindeln. Und wissen Sie was? Wir wurden von einer Flut von Bestellungen überrollt. Ich war verblüfft. Das Produkt, das Einzelhändler und Bauwirtschaft kategorisch abgelehnt hatten – und die hatten es sogar vor sich gehabt –, ging bei den Endverbrauchern weg wie warme Semmeln. Sie schickten vorab Schecks über 20 Pfund an eine Firma, von der noch nie jemand gehört hatte. Nur aufgrund einer mickerigen Zeichnung in einer winzigen Kleinanzeige.

Es war phantastisch. Wir bekamen jetzt eine Menge Kunden durch die Anzeigen in der Sunday Times und im Sunday Telegraph. Wir produzierten bis zu 40 Stück am Tag, verschickten sie per Post und begannen, Profit zu machen. Von diesem Punkt an lief alles nach dem Schneeballprinzip ab.

Der Korrespondent der Sunday Times für Garten und Freizeit, Graham Rose, hatte eine unserer Anzeigen gesehen und fragte an, ob er unsere Schubkarre begutachten könne. Ich fuhr zu ihm nach Hause nach Uffington, gar nicht weit weg, und nahm eine *Ballbarrow* mit. Er war hingerissen. Kurz darauf erschien ein Artikel auf der Rückseite des Wirtschaftsteils mit der Zeile »Die Kugel ist der Gewinner«. Darunter war ein Foto von mir mit langen Haaren zu sehen. Der Text las sich, als ob ein Heiliger beschrieben würde.

Es scheint so, als ob Journalisten das Potenzial einer neuen Erfindung immer zuerst erkennen, und das ist sehr praktisch, um die breite Öffentlichkeit zu überzeugen. Ein guter redaktioneller Beitrag ersetzt tausend Anzeigen. Die Verbraucher glauben einer Person, die etwas getestet hat. Und das sollten Journalisten auch tun. Von diesem Punkt an waren redaktionelle Beiträge das Kernstück meiner Öffentlichkeitsarbeit. Ein Stand auf der Chelsea Flower Show (eine Art englische Bundesgartenschau) weckte noch mehr Interesse an der *Ballbarrow*. Homes and Gardens veröffentlichte einen Artikel, der unser Produkt glorifizierte. Und dann kam ein Mann namens Scott.

Bob Scott kam von Scotcade. Er war der Mann, der die Welt mit Teflon-Pfannen sowie Bügeleisen und Wasserkesseln ohne Kabel beglückt hatte, als er für die Firma Tower Pots and Pans arbeitete. Er war ein Amerikaner, der auf der Höhe des Vietnamkrieges Mitte der Sechziger nach Europa gekommen war. Sein Unternehmen basierte auf Direktvermarktung. Zu diesem Zweck kaufte er ganze Anzeigenseiten in Zeitungen, präsentierte seine Produkte dort aber nicht wie ich in Anzeigen, sondern schrieb eine Geschichte darüber und fügte Fotos hinzu.

Er war von der *Ballbarrow* ebenfalls hingerissen und wollte sie in sein Sortiment übernehmen. Nicht weil er meinte, damit besonders viel verdienen zu können. Sondern »um einen besseren Typ Konsumenten anzuziehen. Hobbygärtner aus dem Bürgertum, die ich mit meinen Reiseweckern bisher nur schwer erreichen konnte.« Das waren seine Worte.

Sein zweiter Trick war die Verwendung einer Adressenliste der Kunden. Er schickte ihnen Kataloge, was wesentlich billiger war, als für Anzeigenseiten zu bezahlen. Nach unseren Maßstäben hatte er gewaltige Umsatzzahlen, und nun bekamen wir eine Welle von Bestellungen. Er verkaufte die Dinger und schickte uns einfach Aufkleber mit Namen und Adressen der Käufer. Wir mussten die *Ballbarrows* nur an die Kunden und Scott die Rechnung schicken. Wir bauten praktisch auf Bestellung, so reißend war der Absatz.

Im März hatten wir schon 50 Prozent Marktanteil und verkauften 45 000 *Ballbarrows* im Jahr. Das bedeutete einen Jahresumsatz von etwa 600 000 Pfund. Darüber hinaus hatten wir noch ein anderes Produkt auf dem Markt eingeführt, das ebenfalls die Hälfte seines Marktsegmentes erobert hatte. Das, denke ich, ist eine Erwähnung wert.

Es ist die fabelhafte Geschichte vom *Waterolla*. Ich hatte ihn zur gleichen Zeit wie die *Ballbarrow* gestaltet und patentieren lassen. Seine Geschichte illustriert auf groteske Weise ein spezielles kommerzielles Prinzip. In die Geschichte des Designs wird der *Waterolla* eingehen als das perfekte Beispiel eines Produktes, das zu gut war.

Der *Waterolla* war eine Gartenwalze, die statt einer Metalltrommel voller Beton eine große, leere Plastiktrommel hatte. Man konnte sie einfach in den Kofferraum eines Autos legen und damit nach Hause fahren. Dort konnte man sie mit Wasser füllen und ihr so das notwendige Gewicht geben, um den Rasen zu walzen. Wollte man die Walze an einen anderen Ort transportieren, brauchte man nur das Wasser herauszulassen.

Die herkömmlichen Walzen waren dazu verdammt, an einem Ort zu bleiben.

Es war wunderbar. Zu einer bestimmten Zeit hielten wir sogar 90 Prozent Marktanteil, auch wenn der Markt nicht sehr groß war. Dann kaufte plötzlich niemand mehr. Einfach so. Ende. Aus. Warum? Damals war der Markt zwar klein, aber jeder, der eine Walze wollte, musste sich eine kaufen. Man konnte nicht einfach bei seinen Eltern vorbeischauen und sich ein Ding ausleihen, das eine halbe Tonne wog. Unglücklicherweise war der *Waterolla* ideal zum Verleihen. Wenn irgendwer in der Straße einen besaß, borgte ihn die gesamte Nachbarschaft aus. Und die Leute waren so geizig, dass niemand mehr einen kaufte. Der großartige und einzige Anreiz, das Ding zu kaufen, verdrängte es zum Schluss selbst vom Markt. Wir hatten den Markt für Gartenwalzen abgegrast.

3 Die Neuerfindung des Rades

Die *Ballbarrow* aber war weiterhin auf Erfolgskurs. Sie wurde immer bekannter, und die Menschen fragten in den Geschäften danach. Wieder brauchten wir eine neue Verkaufsstrategie. Sie sollte Groß- und Einzelhändler und alle anderen Verkaufsmöglichkeiten einbeziehen. Daher entschied der Vorstand, wir sollten einen Verkaufsleiter einstellen. Sein Name war John Brannan. Seine Erfahrung mit unserem Produkt war begrenzt, da er vorher mit Kurzwaren gehandelt hatte. Schlimmer war: Er entpuppte sich als ganz krummer Hund.

Ich sage das nicht einfach so. Zuerst einmal folgten wir seinem Rat und stellten das Direktmarketing ein. Stattdessen lieferten wir über Großhändler an die Geschäfte und verloren langsam den Kontakt zum Kunden, der das Geheimnis unseres Erfolges war. Mit der *Ballbarrow* war es wie später mit dem *Dual Cyclone*: Wenn man per Mundpropaganda einen Kundenstamm etabliert, hat man eine Basis, die lange solide bleibt. Es ist, als ob man sein Haus auf Fels baut. Abgesehen von diesem Verlust verdienten wir an jedem Verkauf auch nur noch die Hälfte, weil die Gewinnspanne für die Großhändler abgerechnet werden musste. Unsere Firma hatte plötzlich ein Defizit, und wir sanken immer tiefer in die roten Zahlen.

Die Antwort des Vorstandes? Expandieren. »Oh, uns geht es schrecklich gut«, dachten die Herren. »Lasst uns eine ordentliche Fabrik bauen. Lasst uns die Karre per Spritzguss herstellen.« Im Prinzip wäre ich schon für das Spritzgussverfahren gewesen. Es war billiger, die Qualität des Produktes höher, und man konnte in größeren Stückzahlen produzieren. Aber der Umbau der Anlage würde 55 000 Pfund kosten.

Was soll man sagen? Die Kosten für die neuen Werkmaschinen und die Tatsache, dass wir das Fabrikgebäude in Corsham mieten mussten, waren eine extrem hohe Belastung. Sie waren durch den Ehrgeiz des Vorstandes entstanden und durch dessen Vertrauen in die Zukunft. Ich fand es furchtbar aufregend. Das

Problem war, wir machten all das mit geborgtem Geld. Unter Premierminister Heath und später unter Wilson schossen die Zinsen aber nach oben. Bald hatten wir Schulden in Höhe von 150000 Pfund. Wir brauchten also neue Investoren und mussten weitere Aktien in den Handel bringen.

Wir verkauften daraufhin ein Drittel unserer Firma für 100000 Pfund an den Immobilienmogul George Jackson aus Cirencester. Ich hatte nun nicht mehr die Mehrheit der Aktien, sondern hielt, wie Jackson und mein Schwager, nur ein Drittel von *Kirk-Dyson*. Meine Stimme wurde immer weniger gehört, obwohl ich der einzige aktive Unternehmer im Vorstand war, Erfinder unseres Produktes und der, dem es am meisten am Herzen lag.

So brachte ich einen alten Freund meines Vaters, Robert Beldam, in den Vorstand, um ein wenig moralische Rückendeckung zu bekommen. Er war der Präsident des Verbandes mittelständischer Unternehmen im Arbeitgeberverband. Seine Anwesenheit im Vorstand stieß zwar auf eine gewisse Ablehnung, aber ich fühlte mich besser.

In den Jahren 1976 und 1977 fanden unsere Karren in Gartencentern und Geschäften reißenden Absatz. Es gab zwar keine exakten Zahlen für Schubkarren, aber wir hatten bald einen Marktanteil von etwa 70 Prozent. Unser Produkt war mit 25 Pfund dreimal so teuer wie die herkömmliche Zinkkarre, daher war unser Profit nicht übel. Exporte aber konnte man vergessen, weil die Frachtkosten für ein so sperriges, so niedrigpreisiges Objekt zu hoch waren. Verglichen mit den Schubkarren, die in Frankreich oder Australien hergestellt wurden, hätte unsere *Ballbarrow* zehnmal so viel gekostet.

Das Problem war Folgendes: Unsere Firma war ganz gesund und hatte knapp über 30 Mitarbeiter. Aber sie war nicht in der Lage, mit dem Mühlstein derartiger Schulden um den Hals weiterzumachen. Wir sprechen von 150000 bis 200000 Pfund und einem Zinssatz von 25 Prozent. Das bedeutete eine reine Zinslast von 50000 Pfund pro Jahr, ohne überhaupt an Tilgung zu denken. Um eine derartige Belastung abzutragen, warf das Unternehmen *Kirk-Dyson* nicht genug Profit ab.

Wir brauchten eine große Finanzspritze, und zwar schnell. Der Export war kein Ausweg, also gab es nur eine Möglichkeit: Lizenzen für das Ausland zu verkaufen. Der größte und einfachste Markt war Amerika.

5

Ich werde um meinen Ball betrogen

Amerika – das Land der unbegrenzten Möglichkeiten. Total abgezockt von einer miesen Ratte. Was macht man mit Verrätern? Ich werde kaltgestellt. Ich lerne, was Eifersucht auf Kreative ist. Das Unternehmen wird verkauft. Ich stehe völlig allein da.

Ach ja, Amerika. Das Land, wo die Büffel grasen, wo man selten ein entmutigendes Wort hört, wie es in dem Lied »Home on the Range« heißt. Das mit dem »selten ein entmutigendes Wort« stimmt schon. Wenn die Worte zu ermutigend sind, kann das auch zum Problem werden. Das sollte sich im Fall der *Ballbarrow* herausstellen und auch im Fall des *Dual Cyclone*, allerdings auf andere Art.

Ein Leitmotiv dieses Buches ist das Thema Kontrolle. Wenn man ein Produkt erfunden und gestaltet hat und es deshalb so gut kennt wie kein anderer, kann man es auch besser verkaufen. Durch den Kundenkontakt wiederum lernt man noch mehr über das Produkt und kann es deshalb verbessern. Dadurch wiederum ist man am besten in der Lage, andere von der Großartigkeit des Produkts zu überzeugen und sie zu ermuntern, mitzuhelfen, um es weiter zu optimieren. Nur so kann man eine Idee perfektionieren.

Das geschah bei *Kirk-Dyson* aber nicht. Bisher habe ich erzählt, dass ich immer davon geträumt hatte, etwas Eigenes zu schaffen. Dass ich nach und nach andere Personen an meinem Projekt hatte beteiligen müssen, dass mich einige hängen lassen hatten. Und dass es schließlich auf ein Unternehmen mit Vorstand hinausgelaufen war, in dem mein Einfluss immer geringer wurde. Diese Entwicklung setzte sich leider weiter fort, bis das Projekt nicht mehr zu retten war.

Im Oktober 1977 war es an der Zeit, eine Lizenz für die Vereinigten Staaten zu vergeben. Der Gang auf den amerikanischen Markt ist für jedes Verbraucherprodukt ein Zeitpunkt, der über weiteres Wachstum entscheidet.

Zuerst versuchte ich noch, dabei mitzuwirken, weil ich prinzipiell beim Werdegang meines Lieblingskindes dabei sein wollte. Ich nahm Gespräche mit 3M, Plascor, der Glassco Plastics Company und der Faultless Starch Bon Ami Co. und mit anderen auf. Alle gaben an, an der *Ballbarrow* sehr interessiert zu sein. Schließlich zog ich fünf Firmen in die engere Wahl. Weil ich aber das Geschäft leitete, konnte ich mich nicht weiter mit der Lizenzierung befassen.

Persönliche Gespräche vor Ort führte unser Verkaufsmanager John Brannan. Er bekam den Auftrag, die Unternehmen im November unter die Lupe zu nehmen. Schon nach ein paar Tagen kehrte er aus Amerika zurück. Er hatte nur zwei der fünf Firmen aufgesucht. »Glassco ist die richtige für uns«, sagte er, »einfach perfekt. Und wissen Sie, was? Die haben mir einen Job angeboten.« – »Was ist mit den anderen drei Firmen?«, fragte ich. »Na, ich bekam dieses fabelhafte Angebot und dachte mir, da brauche ich nicht mehr weiterzusuchen.«

Das war schon ein ziemlicher Schlag für unseren Vorstand. Bis auf mich waren alle von Brannans Illoyalität schockiert. Ich hatte ihn immer für eine Ratte gehalten. Mich überraschte an seinem Verhalten nur eins: dass er die anderen Firmen nicht mehr aufgesucht hatte. Sie hätten ihm ein noch besseres Angebot machen können. Am Ende musste ich selbst nach Amerika reisen. Ich stellte fest, dass Glassco, der Plastikhersteller aus Chicago, überhaupt nicht für uns geeignet war. So stürzte ich mich auf Plascor in New York und begann mit den Lizenzverhandlungen.

Brannan hatte uns zu diesem Zeitpunkt schon verlassen. Er hatte vorgegeben, einen anderen Job in Großbritannien zu haben. Tatsächlich aber hatte er einige *Ballbarrows* gekauft, sie zu seinem neuen Arbeitgeber nach Chicago mitgenommen, der begonnen hatte, das Produkt zu kopieren. Wir wären nie auf die Idee gekommen, dass so etwas geschehen könnte. Denn schließlich hatten wir das Patent und das eingetragene Markenzeichen. Ich hörte bei unseren Verhandlungen mit Plascor zuerst davon. Das Versandhaus Sears Roebuck verkaufte bereits *Ballbarrows*.

Glassco hatte auch noch unseren Slogan *Die Ballbarrow ist hier* und unser Logo geklaut. Sie stellten eine identische Karre mit grüner Wanne und orangerotem Ball her und waren sich nicht zu fein, eine *Kirk-Dyson-Ballbarrow* in ihrer Werbung zu benutzen. Um Plascor aus dem Rennen zu schlagen, waren sie so überhastet auf den Markt gegangen, dass sie noch nicht einmal Zeit gehabt hatten, ihre eigene Produktion anlaufen zu lassen. Herr im Himmel, sogar ihre Broschüren sahen aus wie unsere. Nur die Frau, die auf dem Foto die Karre schob, war nicht meine. Dagegen hätte sich wohl selbst Brannan gesträubt.

Glück hatte ich damals nur in einer Hinsicht. Stanley Roth, der Chef von Plascor, hatte einen untadeligen Charakter. Er hätte versuchen können, die Konditionen unserer Lizenzvereinbarung neu zu verhandeln, als er von Brannans Nepp hörte. Das tat er aber nicht. Ewig sei es ihm gedankt. Die Tatsache, bei all dieser Betrügerei mit einem wahrhaft ehrenwerten Mann zu tun zu haben, gab mir das nötige Durchhaltevermögen.

Zu dieser Zeit war ich in tiefer Trauer, weil meine Mutter gestorben war. Es war zwar nicht unerwartet gekommen, weil bei ihr sechs Monate zuvor Leberkrebs diagnostiziert worden war. Die Diagnose war wie eine bittere Ironie des Schicksals gewesen, denn mein Vater war ja zwanzig Jahre zuvor daran gestorben. Mir erschien es grausam, dass sie – erst Mitte fünfzig – ihre Enkel nicht mehr heranwachsen sehen konnte. Während Mutters Krankheit war Deirdre mit Sam schwanger gewesen, kurz vor ihrem Tod war er geboren worden. Ich werde immer das Bild vor Augen haben, wie meine Mutter ihn im Arm hatte und streichelte.

Der Verlust meiner Mutter war ein furchtbarer Schlag, der alles andere in den Hintergrund rückte. Die Anwälte, die Plascor vertraten, waren sich darüber durchaus im Klaren. Sie spendeten – in Erinnerung an meine Mutter – Geld für eine New Yorker Krebshilfeorganisation, was mich sehr berührte.

Aber das Geschäft musste weitergehen, und der Vorstand von *Kirk-Dyson* wollte unbedingt gegen Glassco klagen. Ich stimmte dem erst einmal zu, war aber nicht sehr erpicht darauf. Warum, ist schnell erzählt. Ich heuerte einen knallharten New Yorker Anwalt namens Carl Goldstein an. Er hatte sein Büro im 48. Stock in einem Hochhaus an der Wall Street. Wann immer das Telefon klingelte, drehte er eine Eieruhr auf den Kopf, um sich seine Zeit entsprechend vom Anrufer bezahlen zu lassen. So war bereits das Anheuern eines Anwalts aus der Wall Street sehr unterhaltsam. Er übernahm den Fall gern.

Inzwischen hatte ich dem Vorstand nahe gelegt, nicht zu klagen. Eine Auseinandersetzung in Amerika konnten wir überhaupt nicht gebrauchen. Wegen der Schulden und weil der Kampf lange dauern, teuer sein und wahrscheinlich nichts einbringen würde. Fälle um Patentrechte gewinnt man fast nie in der ersten Instanz. Ich schlug vielmehr vor, durch unseren amerikanischen Anwalt offiziell Beschwerde einzureichen, um

Glassco zu zeigen, dass wir es ernst meinten. Am besten wäre die Konzentration auf unser englisches Geschäft und dessen Ausbau, um danach in den Vereinigten Staaten die Produktion aufzunehmen. Zu einem niedrigeren Preis als Glassco, um ihnen die Marktanteile abzunehmen.

Ich war überzeugt davon, dass diese Taktik funktionieren würde. Denn nur die Person – das muss ich noch einmal sagen –, die eine innige Beziehung zum Produkt hat, kann es zum Erfolg führen. Mit der Summe, die wir an Gerichts- und Anwaltskosten einsparen würden, würden wir später unsere US-Produktion subventionieren. Und erst, wenn wir Brannan wirklich schlagen könnten, sollten wir mit ihm konkurrieren. Während wir vorläufig still hielten, würde er für uns den Weg in den Markt bereiten, den wir dann ausbeuten könnten. Und mit ein bisschen Glück würden wir ihn so für seinen Verrat bestrafen. Doch davon wollte der Vorstand nichts hören. »Nein, nein. Wir müssen dem da drüben eine Lektion erteilen«, jammerten sie. »Wir müssen ihm zeigen, dass wir nicht auf uns herumtrampeln lassen.«

Sie lagen völlig falsch. Ich versuchte, sie zu warnen. Wir würden Geld verplempern, das wir nicht hatten. Wir würden uns nicht auf das Wichtigste konzentrieren. Wir würden so enden wie alle, die mit dem Kopf durch die Wand wollen. Sie hörten nicht auf mich, wir gingen vor Gericht. Ich verbrachte das nächste Jahr damit, zwischen Großbritannien und den USA hin- und herzufliegen, nur wegen juristischen Kleinkrams. Wir hatten davon überhaupt nichts.

Wir verloren sogar den Prozess wegen Diebstahl des Namens *Ballbarrow*. Wenigstens den hatten wir zu gewinnen gedacht. Aber der Vorsitzende Richter entschied, dass unser Markenzeichen ungültig sei, da das Wort *Ballbarrow* nur beschreibenden Charakter hätte. Es beschrieb nach seinen Worten nur eine Schubkarre, die statt eines Rades einen Ball hätte. Ich war sprachlos. Wie konnte er so etwas sagen? Es hatte keine Schubkarre mit einem Ball gegeben, bis ich sie erfunden und ihr einen Namen gegeben hatte.

Doch der Richter sagte:»Wenn Sie den Mann auf der Straße fragen, was eine *Ballbarrow* ist, wird er Ihnen sagen: Eine Schubkarre mit Ball.« Das war für mich besonders überwältigend. Ich hatte zig Leuten erzählt, ich hätte die *Ballbarrow* erfunden, ohne dass sie sich etwas darunter vorstellen konnten.

Ende 1978 waren wir kein Stück weitergekommen. Wir hatten den Fehler gemacht, einen Anwalt aus New York für einen Prozess in Chicago anzuheuern. Dadurch wurden wir in die Feindschaft zwischen beiden Städten hineingezogen und hatten darunter zu leiden. Zehn Jahre später, als ich den größten Prozess meines Lebens in Amerika führte, machte ich den gleichen Fehler nicht noch einmal.

In England stellten wir die Rahmen für die Karre inzwischen selbst her, um die Kosten zu senken: Biegen, Schneiden und Färben mit Epoxidharzpulver. Die Geschäftslage hatte sich stabilisiert. Sie war zwar nicht weltbewegend, aber ganz okay.

Außerdem hatten wir ein weiteres Produkt herausgebracht. Der *Trolleyball* war ein Bootstrailer, bei dem luftgefüllte Bälle die Räder ersetzten. Damit ließen sich schwere Boote leichter über Strand und Ufergelände transportieren als je zuvor. Der *Trolleyball* hatte einen weiteren Vorteil. Die herkömmlichen Bootsanhänger mit Stützklötzen und Teppichpolsterung konnte man jeweils nur für ein bestimmtes Boot verwenden. Der Rahmen unseres Trailers hingegen war mit einer Reihe von verstellbaren Sicherheitsgurten als Tragriemen ausgerüstet. Damit konnte man viele Boote transportieren. Im Wasser setzte man das Gefährt einfach auf die Tragriemen des Trailers und zog es an Land. Bei den herkömmlichen Trailern dagegen bestand die Gefahr, dass sie im Schlamm versanken oder der Bootsrumpf bei falscher Positionierung von einem Stützklotz durchlöchert wurde.

Nachts war ich heimlich an den Stausee an der Autobahn M4 gefahren, wo Hunderte von Dingis lagen. Ich hatte jedes einzelne Boot mit meinem Trailer aus dem Wasser gezogen, um sicherzustellen, dass ich guten Gewissens sagen konnte, er sei für viele Bootstypen geeignet. Ich hatte es genossen, wieder etwas zu entwickeln, zu testen und mich so von den finanziellen Problemen abzulenken. Das Teil wurde dann auch enorm populär und brachte der Firma etwas von dem dringend benötigten Geld ein.

Unsere Schulden waren wir aber immer noch nicht losgeworden, nachdem der Verkauf der Lizenz für Amerika gescheitert war. Für ein kleines Unternehmen sind Schulden schrecklich. Sie lösen einen merkwürdigen Mechanismus aus, irgendwo in den tiefsten Tiefen der menschlichen Psyche, der uns noch mehr Schulden machen lässt. Wenn man nämlich kein Geld hat, denkt man daran, was man alles tun könnte, wenn man welches hätte. Daher beginnt man, alle möglichen Träume und Projekte in die Tat umzusetzen, die noch mehr Schulden bedeuten.

Wenn man dagegen Geld hat, geht man damit meist vorsichtiger um. Hauptsächlich, weil man nicht dauernd verzweifelt darüber nachdenkt, wie man Geld verdienen könnte. Man lebt einfach vor sich hin, ohne haarsträubende Ideen zu verfolgen, die sich nicht umsetzen lassen. Wer sein Konto nicht überzogen hat, hat keine Zinslast und einen klaren Kopf. Den braucht man auch für effektive Verhandlungen mit Lieferanten und Kunden, denn sie merken, wenn man sich übernommen hat und mit dem Rücken zur Wand steht.

Ich sah nur einen Weg, die Schulden unserer Firma loszuwerden: Wir – die drei Eigentümer von *Kirk-Dyson* – mussten die Firma in Höhe der von uns aufgenommenen Darlehen verpfänden. Die beiden waren dazu nicht bereit, die Fronten verhärteten sich immer mehr. Auch, weil ich Robert Beldam in den Vorstand geholt hatte, waren die anderen gegen mich. Beldam war stets mein Echo, besonders in der Frage, ob wir unsere Darlehen verpfänden sollten. Das machte sie unruhig.

Der Druck stieg an, bis ich schließlich der Einladung zum Vorstandstreffen in Jacksons Haus in Cirencester an einem kalten Morgen im Januar 1979 folgte. Ich fuhr vor und stieg aus meinem Citroën. An seinem geparkten Auto konnte ich erkennen, dass Kirkwood schon da war. Vermutlich saß er mit Jackson im Hinterzimmer. Ich ging gerade auf das Haus zu, als Andrew Phillips herauskam und mich begrüßte: »Du bist draußen, Kumpel.«

Das war's also. Trotz allem kam es für mich sehr überraschend. Aber etwas, das ich einst beobachtet hatte, half mir zu verstehen, warum es so gelaufen war. Bei Rotork war Jeremy Fry der Erfinder, Patenteigentümer, Hauptaktionär und Vorstandsvorsitzender in einer Person. Einige seiner leitenden Angestellten konnten es überhaupt nicht leiden, dass er die Stellung eines absoluten Herrschers hatte, denn sie waren nur angestellte Manager. Damals hatte mich die Antipathie gegen diesen brillanten, charismatischen Mann verblüfft. Mir war dieses Denken fremd gewesen, denn ich wusste schon damals, dass ich eines Tages mein eigenes Werk schaffen würde. Und ich hatte nie gedacht, dass mir ähnliche Gefühle entgegenschlagen würden.

Aber so war es. Auf dem Papier waren wir drei gleichberechtigte Aktionäre, jeder besaß 33,3 Prozent der Firma. Doch wann immer in der Presse über die *Ballbarrow* berichtet wurde oder sie auf Designmessen ausgestellt wurde, wollten die Leute nur mit mir reden. Ich wurde sofort mit dem Produkt identifiziert, ich war derjenige, der etwas davon verstand. Es war wie ein Teil von mir. Die anderen meinten aber – verständlicherweise –, sie hätten ebenso das Recht, mit dem Produkt identifiziert zu werden. Tritt der Zustand ein, dass ein Unternehmen mit einem Einzelnen gleichgesetzt wird, schafft das bei den Mitinhabern böses Blut. Diese Art von Eifersucht hat auch dazu geführt, dass George Davis völlig aus der englischen Modekette Next hinausgedrängt wurde. Man könnte sogar sagen, dass dieses Phänomen zum Sturz von Margaret Thatcher als Premierministerin führte.

In meinem Fall könnte die Ursache für den Rausschmiß aber auch die Eifersucht auf Kreative gewesen sein. Buchhalter, Manager und Finanzhaie sind auf ihre kreativen Partner oft eifersüchtig, weil sie nur verwalten, aber nichts Eigenes schaffen. Sie sind immer schnell dabei, die Kreativen herunterzumachen, einfach negativ zu sein. Sie bestehen darauf, dass die Kreativen nichts vom Geschäft verstehen, und rechtfertigen damit ihre eigene Position.

Was fast unmittelbar nach meinem Abgang durchsickerte, war noch interessanter. Meine Ex-Partner verkauften die *Ballbarrow* an eine andere Firma. Vermutlich haben sie ihre Schulden dadurch wett gemacht. Zunächst behielten sie die Fabrik und die Maschinen, wollten offenbar als Subunternehmer produzieren, auch für andere Firmen Formen gießen und selbst neue Produkte bauen. Wenig später aber verkauften sie alles.

Bestimmt hatten sie mich loswerden wollen, weil ich niemals die Rechte an der *Ballbarrow* aufgegeben hätte. In ihren Augen war ich zu einem Hindernis für das Geschäft geworden. Es hatte sie fast nichts gekostet, meinen Thron zu übernehmen, weil das Unternehmen wegen der Schulden wertlos war. Darüber hinaus hatte ich in meiner Naivität das Patent auf die Firma eintragen lassen und nicht auf mich persönlich. Ich hatte überhaupt keine Rechte an der Erfindung, an der ich so lange gearbeitet hatte. Diesen Fehler sollte ich niemals wieder machen.

Nebenbei: Ich bedaure das Ganze nicht wegen des Geldes. Es hatte nichts damit zu tun, dass mir mein Jahresgehalt von 10000 Pfund vorenthalten wurde. Es ging auch nicht darum, dass ich mich von Freunden und Familienangehörigen bestohlen fühlte. Es war viel mehr. Meine Erfindung zu verlieren war, wie ein Kind zu bekommen und es dann zu verlieren. Ich war völlig am Boden.

Unsere Freunde taten sich damals zusammen, um uns zu helfen. Unsere engsten Freunde Penny und Stephen Ross kümmerten sich um Deirdre und mich, als wir in Mutlosigkeit zu versinken drohten. Ich war nicht einmal wütend auf die anderen im Vorstand. Ich wusste, dass ich andere Dinge erfinden würde. Ich hatte sogar Andrew Phillips davon abgehalten, mich mit Entschuldigungen zu überschütten, als wir in der Auffahrt zu Jacksons Haus gestanden hatten. »Hör mal, wenn ihr mich nicht mehr wollt, dann geh ich eben.«

Aber die Auswirkungen, die das Ganze auf die Beziehung zu meiner Schwester hatte, machten mich traurig. Sie und mein Schwager behaupteten, sie könnten aus juristischen Gründen nicht mit mir reden. Dabei versuchte ich nicht einmal, sie vor Gericht zu ziehen. Schon damals hasste ich Gerichtsverfahren. Nachdem sie mich aus dem Unternehmen, das ich aufgebaut hatte, hinausgeworfen hatten, wollte ich nur noch alles hinter mir lassen und ein neues Leben beginnen. Ich sprach danach zehn Jahre lang nicht mehr mit meinem Schwager. Wahrscheinlich beweist das nur, dass man mit Familienmitgliedern keine Geschäfte machen sollte.

Geschäftlich gesehen stand ich nun also völlig allein da. Ich hatte das Projekt begonnen, um zu beweisen, dass ich etwas Eigenes schaffen konnte. Um dem langweiligen Teil des Geschäftslebens zu entrinnen, der mir bei Rotork schließlich auf die Nerven gegangen war. Um in den Genuss der Selbständigkeit zu kommen. Das hatte ich auch alles geschafft, und meine Erfindung war ein Verkaufsschlager geworden.

Nun war ich fast wieder dort, wo ich gestanden hatte, nachdem ich Rotork verlassen hatte. Ich war allein, aber ein wenig weiser. Und auch in anderer Hinsicht war die Lage gleich: Damals hatte ich aufgehört, am *Sea Truck* zu arbeiten, um mich auf das *Ballbarrow*-Projekt zu stürzen. Als ich *Kirk-Dyson* verließ, hatte ich ebenfalls schon ein neues Projekt im Hinterkopf.

Drittes Buch:
Vorsicht vor dem Wirbelwind

6

Die Idee meines Lebens

Eine Reise in die viktorianische Zeit. Ein Reinigungsgerät für den König. Der amerikanische Traum: ein Besenstiel mit Kissenbezug. Hoover und Electrolux ruhen sich auf ihren Lorbeeren aus. Lange passiert nichts. Die Mängel des »modernen« Staubsaugers. Nächtliche Besichtigung eines Sägewerks. Wie ich in der Ballbarrow-Fabrik ein Saugkraftproblem löste und zur Erleuchtung kam. Cornflakesschachteln, Klebestreifen und der erste Staubsauger ohne Staubbeutel.

Bevor wir zum Hauptereignis meiner Geschichte kommen, möchte ich Sie zu einer Zeitreise einladen. Wir befinden uns im Jahr 1901, dem letzten Regierungsjahr von Königin Victoria. Wir halten uns im Londoner Büro eines Ingenieurs namens Hubert Cecil Booth auf. Er ist berühmt geworden, weil er die Riesenräder entworfen hat, die in den neuen Vergnügungsparks und auf den großen Ausstellungen in London, Paris und Wien so populär sind.

Mr. Booth, ein kleiner Mann mit buschigem Schnurrbart, kniet auf dem Teppich in seinem Büro. Er hat sein Taschentuch auf dem Boden ausgebreitet, seine Lippen fest darauf gepresst und scheint mit aller Kraft zu saugen, als ob er den Teppich mit dem Mund vom Boden anheben will. Nach einer Weile setzt er sich auf und hält das Taschentuch gegen das Licht. Ein joviales Lächeln huscht über sein Gesicht. »Aha«, flüstert er, »das habe ich mir doch gedacht.« Das Taschentuch ist mit Staub durchsetzt, den er vom Teppich in das Gewebe gesaugt hat. Warum hat er sich darüber wohl so gefreut?

Einige Tage zuvor war er auf Anregung eines Freundes zur Empire Music Hall am Leicester Square gegangen. Dort war er Zeuge der Vorführung eines neuen amerikanischen Geräts geworden, mit dem man den Staub aus den Polstern von Eisenbahnwaggons entfernen konnte. Die Reinigungsmethode funktionierte so: Man blies den Staub per Luftdruck fort. Er stieg in einer großen Wolke auf – und legte sich schließlich wieder auf die Sitzplätze. Hubert C. Booth war nicht sonderlich beeindruckt.

»Wäre es nicht effektiver, mit Saugkraft zu arbeiten«, hatte er den stolzen Erfinder gefragt. »Nein, wäre es nicht. Außerdem ist es unmöglich«, hatte der wütend geantwortet und war von dannen gegangen.

Daraufhin hatte Booth mit seiner Saugkraft experimentiert, kaufte einen Elektromotor, eine Hubkolbenpumpe, Stoff und gründete bereits im Februar 1902 die British Vacuum Cleaner Company. Im ganzen Land boten nun seine Mitarbeiter einen Reinigungsservice an: Sie stellten eine große Saugpumpe mit 5-PS-Motor auf einem Pferdefuhrwerk vor dem Haus eines Kunden ab. Er wurde auf der Straße in Gang gesetzt, und die daran angeschlossenen langen Schläuche wurden in die Häuser gelegt, um den Staub herauszusaugen.

Die Maschine war sofort ein Erfolg. Vornehme Damen gaben Partys, um ihren Freundinnen vorzuführen, wie die Teppiche gesäubert wurden. Booth setzte sogar durchsichtige Schläuche ein, durch die man sehen konnte, wie der Staub in einen großen Sammelbehälter gesaugt wurde.

Zu dieser Zeit plante Booth noch nicht, Staubsauger zu verkaufen. Doch es wartete eine Überraschung auf ihn. So will es jedenfalls die Legende. Während der Vorbereitungen zur Krönung von König Edward VII. in der Westminster Abbey stellte man fest, dass der blaue Teppich, auf dem der Thron stehen sollte, sehr schmutzig war. Es war zu spät, um den Teppich für die umfangreiche Reinigung fortzuschaffen, die zu Beginn des letzten Jahrhunderts üblich war. Niemand wusste, was zu tun ist. Booth bekam Wind von der verzwickten Situation in der Abtei – so die Legende – und bot seine Hilfe an. Schließlich wurde der neue König auf einem per Staubsauger gereinigten Teppich gekrönt.

Der Monarch erfuhr, was geschehen war, und befahl, das Gerät vorzuführen. Eine Maschine wurde in den Buckingham-Palast gebracht, wo er und Königin Alexandra vom folgenden Spektakel so beeindruckt waren, dass sie zwei Staubsauger bestellten: einen für den Buckingham-Palast und einen für Schloss Windsor. Sie waren also die ersten Käufer eines Staubsaugers.

Im Jahr 1904 begann die Firma von Mr. Booth mit der Produktion einer mobileren Maschine für den Hausgebrauch. Motor, Pumpe und Sammelbehälter waren jetzt auf einen Servierwagen montiert. Das Gerät wurde an eine Steckdose angeschlossen und vom Hauspersonal bedient, aber es wog noch immer stolze 40 Kilo. Booth jedoch, ein Mann ganz nach meinem Geschmack, ließ sich seine Erfindungen durch Patente schützen. Sowohl den ersten Staubsauger als auch den Staubbeutel aus Tuch.

Ganz gleich, worum es gehen mag: Richtig groß herauskommen kann man nur in Amerika. So trug es sich zu, dass ein Sattel- und Lederwarenhersteller namens Hoover seine Produktpalette im Jahr 1908 um neue Bereiche erweitern wollte. Zu dieser Zeit wurden Pferde als Transportmittel langsam aber sicher durch Autos verdrängt. Hoover kaufte die Rechte an einem elektrischen Teppichfeger, den ein gewisser James Murray Spangler erfunden hatte. Dieses Gerät war der wahre Prototyp des Staubsaugers, wie wir ihn kennen. Oder besser: Wie wir ihn kannten, bis der *Dual Cyclone* auf den Markt kam.

Spangler war Anfang des letzten Jahrhunderts Hausmeister in einem Kaufhaus in New Berlin im Staat Ohio. Er litt unter

Asthma, das ihm besonders zusetzte, wenn er mit seinem Besen Staub aufwirbelte. Also entwarf er eine Maschine. Sie bestand aus einem Elektromotor auf zwei Rädern und einem Ventilator, der Staub ansaugte und in einen Kopfkissenbezug blies. Der Bezug hing an einem Besenstiel, den Spangler hinten an das Fahrgestell montiert hatte.

Er mag wohl cleverer als mancher andere Hausmeister gewesen sein, aber von Selbstvermarktung verstand er nichts und verkaufte die Rechte. W. H. Hoover ließ das Patent auf seinen Namen umschreiben und machte sich auf, die Welt zu erobern, was ihm auch gelang. Seine Saug- und Kehrmaschine, Modell »O«, kam im Dezember 1908 zum Preis von 70 Dollar auf den Markt.

Es war nach dem Elektroventilator erst das zweite Gerät, das von einem Elektromotor angetrieben wurde. Damals hatten sich die Befürworter der Elektrizität nämlich noch nicht gegen die Kohlengas-Lobby durchsetzen können. Diese bestand darauf, dass Beleuchtung, Heizung und Kochen mit Gas viel besser funktionieren würden als mit Strom. Dennoch begann bald der Boom der Elektrogeräte, der nach dem Ersten Weltkrieg zur Revolution auf dem Energiemarkt führte.

Soweit es den Staubsauger betraf, standen aber keine weiteren revolutionären Entwicklungen an. Sicher, Electrolux brachte 1913 ein Modell mit Trommel und Schlauch heraus. Hoover junior fügte 1936 rotierende Bürsten hinzu, die den Staub aus dem Teppich klopften. Aber im Grunde blieb es bei Ventilator und Kissenbezug am Besenstiel. Zumindest was Hoover, Electrolux und Mitbewerber betraf.

Nun reisen wir wieder vorwärts ins Jahr 1978. Ich war noch bei *Kirk-Dyson*, aber schon ziemlich gelangweilt von den Gartengeräten, die unsere Firma produzierte. Mit meiner Familie war ich inzwischen nach Bathford umgezogen, in ein altes Haus aus

Sandstein, das aussah wie eines von denen, die Jane Austen in Romanen beschrieben hatte. Dort lebten wir näher an der *Ballbarrow*-Fabrik und konnten die Vorzüge der Stadt Bath genießen. Wir hatten jetzt drei Kinder, unser Sohn Sam war gerade geboren.

Ich hatte mich beim Kauf des Hauses verkalkuliert, die Hypothek war um 12 000 Pfund höher ausgefallen, als ursprünglich geplant. Darüber hinaus mussten Wasser- und Stromleitungen erneuert werden. Aufgrund meiner Fehlberechnung hatten wir kein Geld mehr, und ich ging in meiner knappen Freizeit selbst ans Werk. Diese »typisch männlichen« Handwerksarbeiten hielten mich dennoch nicht davon ab, einen Teil der Hausarbeit zu übernehmen. Mal kurz den Staubsauger in Gang zu setzen war das Wenigste, was ich tun konnte.

Wir hatten ihn Jahre zuvor gebraucht gekauft, weil wir uns keinen neuen leisten konnten. Aber er war generalüberholt, und diesen Service bot damals nur Hoover an. Das Modell hörte auf den Namen Junior und war ein aufrecht stehender Bürstsauger, wie ihn meine Mutter schon besessen hatte.

Schon immer hatte mich diese verdammte Maschine geärgert, aber nie fand ich die Zeit, darüber nachzudenken, warum. Das Gerät schien den Schmutz nur herumzuschieben. Für mich war es mehr ein teurer Besen als ein billiger Sauger. Ich musste aber erst noch einen neuen Staubsauger kaufen – über den ich mich auch aufregte –, bevor ich selbst mein Hirn in Bewegung setzen und über Saugtechnik nachdenken sollte.

Unser neues Haus in Bathford hatte überwiegend Holzfußboden und wenig Teppichfläche. Also war Saugkraft gefragt. Wir kauften deshalb einen Bodenstaubsauger mit riesengroßer Trommel, der als der Stärkste auf dem Markt angepriesen wurde. In den ersten ein, zwei Zimmern saugte das neue Gerät wunderbar. Nach einer Weile verlor es aber offensichtlich das Interesse an seinem Job. Da es einen langen Schlauch hatte, konnte ich meine Hand einfach vor das Schlauchende halten und prüfen, wie stark oder schwach der Sog war. Das war der Moment, in dem ich anfing, über Saugkraft nachzudenken.

Mir fiel auf, dass ich den Staubsauger viel nutzloser fand als Deirdre. Sie benutzte das Gerät gewöhnlich während der Woche, ich meist am Wochenende – die Staubbeutel waren dann schon ziemlich voll. Eines Wochenendes keuchte der Staubsauger wieder mal durch das Haus und schnüffelte lediglich über den Staub hinweg wie ein Labrador über den Bürgersteig. Ich ging zum Schrank, um einen neuen Beutel zu holen, und stellte fest, dass keine mehr da waren. Ich fand es logisch, den Beutel aufzuschneiden, ihn auszuleeren und wieder zusammenzuflicken.

Der Beutel hinderte die Maschine ganz offensichtlich daran, ordentlich zu saugen. Ich war überrascht, als ich feststellte, dass er nicht voll war. Ich leerte ihn dennoch aus, verschloss die Tüte mit Klebeband und legte sie wieder ein. Vollends verblüfft stellte ich nun fest: Das Gerät funktionierte auch nicht besser als vor dem improvisierten Eingriff. Am folgenden Montag besorgte ich neue Staubtüten, legte eine in die Maschine, und sie saugte wieder einwandfrei. Ich versuchte es noch einmal mit der ausgeleerten alten Tüte: das gleiche schlechte Resultat wie am Wochenende. Nun war mein Forscherdrang geweckt, und ich saugte längere Zeit mit einem neuen Beutel herum. Dabei stellte ich fest, dass die Saugkraft sehr schnell nachließ, obwohl sich im Inneren des Staubbeutels nur eine dünne Staubschicht gebildet hatte.

Was ging hier vor? Ich hockte eine Zeit lang vor meinem Staubsauger und fragte mich: Warum funktionierte das Gerät mit einer halb vollen oder ausgeleerten Tüte nicht? Warum saugte es mit einem brandneuen Staubbeutel wunderbar? Was war der Unterschied? Ich hatte drei Tüten aufgeschnitten: Die alte ausgeleerte, die jetzt wieder halb voll war. Die noch neue, halb volle. Und drittens die ganz neue. Die ersten beiden hatten innen eine feine Staubschicht. Das war der einzige Unterschied.

Dies konnte nur bedeuten: Die Poren der Tüte sollten Luft hindurchlassen, wurden aber tatsächlich vom Staub verstopft und verhinderten den Sog. Deswegen war mir also auch aufgefallen, dass die Saugkraft schwach war, als ich meine Hand nach nur kurzem Saugen mit einer neuen Tüte vor die Düse gehalten hatte. Das erklärte auch, warum unser altes Modell Hoover Junior nie richtig funktionierte: Das Gerät arbeitete nicht mit Tüten, sondern mit einem Staubsack, der nur ausgeleert wurde und deshalb dauerhaft verstopft war.

Ich war außer mir vor Wut, so zornig wie einst wegen der Schubkarre. Wir alle waren Opfer eines gigantischen Schwindels der Hersteller. Sie stellen Staubbeutel her, und die verdammten Dinger verstopfen im Handumdrehen. Und zwar seit hundert Jahren. Ich hatte so viel Geld für den stärksten je produzierten Staubsauger ausgegeben, und er war im Grunde ebenso nutzlos wie der alte, den ich zuvor gehabt hatte.

Die verbesserte Technologie der Geräte – nur ein Marketingschwindel. Die Industrie nahm die Tatsache, dass ihr Produkt Mist war, zum Anlass, ein neues, teureres Modell auf den Markt zu bringen, das auch Mist war. Sobald die Verbraucher dies erkannt hatten, brachte die Industrie wieder ein neues Modell auf den Markt und versuchte, die Konsumenten glauben zu machen, dass dies nun kein Mist mehr sei. Bis sie es ausprobierten und so weiter und so fort, es hätte ewig so weitergehen können. Es passierte aber etwas Entscheidendes. Zu diesem Zeitpunkt war ich noch bei *Kirk-Dyson*. In der neuen *Ballbarrow*-Fabrik – Sie erinnern sich – hatten wir gerade die Maschine für die Beschichtung installiert. Epoxidharzpulver wurde in einem Ofen geschmolzen, danach elektrisch aufgeladen und auf die Rahmen der Karren gesprüht, wo es sich wie eine Farbschicht um das

Metall schmiegte. Mit diesem Verfahren wurden die Rahmen gehärtet. Dabei verfehlten jedoch gewaltige Mengen Pulver ihr Ziel. Es wurde von so etwas wie einem riesigen Staubsauger aufgenommen. Die Maschine bestand aus einem Leitungssystem und einem Ventilator, der enorme Saugkraft hatte und das Abfallpulver in eine knapp sechs Quadratmeter große Leinwand zog.

Weil das Tuch aber wie ein Staubsaugerbeutel verstopfte und die Saugkraft nachließ, breitete sich nach etwa einer Stunde eine Pulverwolke in der gesamten Fabrik aus. Also hielten wir die Produktion an, um die Leinwand abzubürsten und das Pulver zwecks Weiterverwendung zusammenzufegen. Das war kostspielig und ineffektiv.

Wir wandten uns an die Firma, die die Sprühvorrichtung geliefert hatte. Sie teilte uns mit, dass Großunternehmen, die gigantische Stückzahlen produzierten, bei einem solchen Problem einen Zyklon einsetzen würden. »Einen Zyklon?«, fragte ich. »Was zum Teufel ist ein Zyklon?« Es stellte sich heraus, dass das ein auf dem Kopf stehender Kegel war, der den Staub mit Zentrifugalkraft aus der Luft filterte. Diese Dinger stehen oft in Sägewerken, wo ich sie auch schon gesehen hatte, aber nicht wusste, wozu sie dienten. Warum keinen Zyklon in unserer Fabrik einsetzen? Ich hole ein Angebot ein: 75000 Pfund. Darüber konnte ich nur lachen. Ganz in der Nähe aber war ein Sägewerk, und ich wollte versuchen, ein solches Ding selbst zu bauen. Jeremy Fry hätte das auch getan.

In der nächsten Nacht fuhr ich zum Sägewerk, parkte etwas abseits und schlich mich an. Ich stieg über den Zaun und betrachtete dieses gigantische Ding aus nächster Nähe. Was ich noch nicht ahnte: Es sollte die nächsten fünfzehn Jahre meines Lebens beherrschen. Im Mondlicht kletterte ich auf dem Dach herum und fertigte einige Skizzen an. Ich wollte herausfinden, wie es funktionierte, welche Proportionen es hatte und woraus es gefertigt war.

Nur den Eingang des Abzugschachts konnte ich nicht einsehen. Er führte offensichtlich in das Innere des Zyklons, aber wie tief und an welchem Punkt, konnte ich nicht erkennen (beim *Dual Cyclone* sollte das ein wesentliches Problem werden, dessen Erforschung mich viele Monate kosten sollte). Jedenfalls machte ich Skizzen und sputete mich, weil die Nachtwächter mich nicht entdecken sollten.

Am nächsten Tag – einem Sonntag – schweißten wir in unserer Fabrik einen neun Meter hohen Zyklon aus Stahlblechen zusammen, rissen ein Loch in das Dach und schoben unsere riesige Eiswaffel durch die Dachöffnung ins Freie. Voller Vorfreude setzte ich dann das Fließband in Bewegung und entfernte das Tuch vor der Öffnung des Absaugrohrs: Das Pulver aus der Spritzdüse, das sein Ziel verfehlte, wurde nun ungehindert durch das Rohr gesaugt und in den oberen Teil des Zyklons geleitet.

Innerhalb des auf dem Kopf stehenden Kegels wurde das Pulver in einer spiralförmigen Bewegung nach unten gewirbelt. Das Pulver fiel in einen Auffangbehälter, die saubere Luft hingegen zog durch ein Loch an der Oberseite gen Himmel. Wie das genau funktionierte, wusste ich damals noch nicht. Zunächst war wichtig, dass wir nun pausenlos produzieren und das aufgefangene Pulver wieder verwenden konnten. Der Weg zum einzigartigen Erfolg des *Dual Cyclone* war frei.

Einzigartig waren allerdings auch die Intrigen meiner Partner, die sogar jetzt Ränke schmiedeten, um mich aus der Firma hinauszuwerfen wie einen verstopften, nutzlosen Staubsaugerbeutel. Doch die Umstände sollten mich ohnehin bald für immer von der *Ballbarrow* als mühseligem Abschnitt meiner Karriere wegführen.

An jenem Sonntag nämlich, während wir die Metallbleche zusammenschweißten, fragte ich mich, was mein Jugendfreund

Michael Brown wohl gerade tun würde. Ich dachte daran, wie sein Vater die winzigen Bleche für die Miniatur-Dampfloks zusammengelötet hatte. Und ich ließ meinen Gedanken freien Lauf, die sich um Zyklone drehten.

Ich zerbrach mir den Kopf über dieses merkwürdige Phänomen, mit dem sich ohne Filter Staub und Luft separieren ließen. Außer Wäsche- und Salatschleuder kannte ich nichts, was auf vergleichbare Weise feste Materie von einer Flüssigkeit oder einem Gas trennte. Bei den Schleudern war das Prinzip vergleichsweise völlig primitiv, und ich konnte es mir noch vorstellen.

Aber dass der Zyklon so perfekt funktionierte, machte ihn absolut faszinierend: Ein Filtersystem, das den Staub ohne jede Membran oder Schranke sammelte. Membran ... Schranke ... plötzlich ging mir ein Licht auf. Staubsaugerbeutel! Die stinkenden, schmutzigen Säcke voll Mist, die mich zu Hause seit Monaten zur Verzweiflung brachten, waren im Prinzip das Gleiche.

Als wir in der Fabrik den selbst gebauten Zyklon aufstellten, war ich in heller Aufregung. Während ich das Filtertuch von der Öffnung des Absaugrohres riss, fiel mir auf, wie das dem Wegwerfen von Staubbeuteln ähnelte. Und vor allem, dass man sie nicht brauchte.

Die Idee, die meiner wichtigsten Erfindung zugrunde liegt, hatte ich also schon eine Weile in meinem Kopf hin und her gewälzt. In jenem Moment jedoch kam mir der Gedanke, dass auch ein Zyklon in Miniaturausgabe funktionieren könnte. Zum Beispiel in der Größe einer Mineralwasserflasche.

An jenem kalten Abend im Oktober 1978 sprang ich in meinen Wagen und dachte an nichts anderes mehr als an Staubsauger ohne Staubbeutel. Ich brauste nach Hause und ging in der Küche mit dem Eifer eines Revolutionärs auf unseren alten Hoover Junior los. Ich riss ihm den Staubsack vom Leib und saugte die Küche ab, um herauszufinden, ob das Gerät noch funktionierte. Natürlich verteilte sich der Dreck, den der Ventilator ansaugte, im ganzen Raum.

Als nächstes baute ich aus Pappe ein 30 Zentimeter kleines Modell des neun Meter hohen Zyklons. Am dicken Ende verschloss ich den Kegel mit Pappe, in die ich nur ein kleines Loch stieß, als Abzug für die Luft. Mit einer Menge altem Klebeband machte ich mein Bauwerk möglichst luftdicht. Den Kegel aus Pappe klebte ich nun an den Stiel des Hoover Junior und verband Staubsauger und Zyklon mit etwas Gartenschlauch.

Ich befürchtete das Schlimmste, bevor ich das Gerät einschaltete. Doch es gab keine Explosion, keine Staubwolken in der Küche. Der Staubsauger lief ganz normal, während ich ihn im Haus herumschob. Nach ein paar Minuten nahm ich den Pappkegel ab, schaute hinein und sah, dass sich eine Staubschicht abgelagert hatte.

Ich saugte das ganze Haus durch. Danach ein zweites Mal, nur so zum Spaß. Zwischendurch nahm ich den Zyklon mehrmals ab, um ihn zu entleeren und mich zu vergewissern, dass ich nicht träumte. Das tat ich nicht. Ich war der erste Mensch mit einem Staubsauger ohne Staubbeutel.

7

Im Zentrum des Wirbelsturms

Wie funktioniert ein Zyklon? Wo der Staub bleibt. Schneller als ein Teilchen-Beschleuniger. Mathematik ist nutzlos. Geduld, Geduld und nochmals Geduld.

»Hör mal, James. Erklär es mir bitte noch ein letztes Mal. Wo genau bleibt der Staub?« Wenn ich so oft, wie mir diese Frage gestellt wurde, eine Staubsaugertüte bekommen hätte, würde ich für den Rest meines Lebens mit dem Hoover Junior auskommen und nach jedem Saugen die Tüte wegwerfen. Aber das will ich natürlich nicht. Also werde ich, so gut ich kann, das Prinzip der Filtration in einem Zyklon erklären.

Die Saugkraft eines Staubsaugers entsteht durch einen Ventilator mit angewinkelten Blättern, der von einem kleinen, starken Elektromotor angetrieben wird. Durch die schnelle Drehbewegung des Ventilators entsteht ein kräftiger, rückwärts gerichteter Luftstrom. Die angesaugte Luft wird an der Rückseite des Staubsaugers wieder ausgestoßen.

Bei einem Bürstsauger wird der Staub durch die rotierenden Bürsten aus dem Teppich aufgewirbelt, bei einem Bodenstaubsauger wird er direkt mit der Düse eingesaugt.

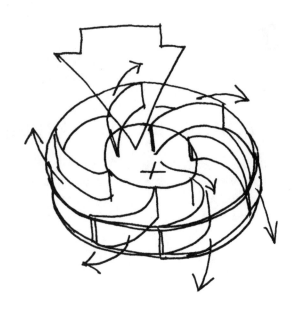

RICHTUNG DER DREHBEWEGUNG

Die Luft muss nun im Staubsauger irgendwie gefiltert werden, sodass sie wieder sauber austritt und der Staub zurückbleibt. Ohne Filtration würde entweder der Staub in den Raum zurückgeblasen, oder die eingesaugte Luft würde sich im Staubsauger sammeln und ihn zur Explosion bringen.

Bei einem Staubsauger mit Beutel wird die Luft durch ebendiesen gefiltert. Die Luft strömt durch die Poren hinaus, der Staub bleibt im Beutel. Je mehr die Poren verstopfen, desto größer wird der Widerstand gegen den Luftstrom und desto mehr lässt die Saugkraft nach. Früher nahm man an, die Ursache für den Saugkraftverlust sei die Tatsache, dass die Tüte langsam voller wird. Falsch. Es liegt an den Poren. Sie verstopfen fast unmittelbar nach Beginn des Saugens, sodass eine Filtration verhindert wird und kaum noch ein Luftstrom hindurchgelangt. Ganz gleich, wie schnell der Propeller des Ventilators sich dreht.

Bei meinem selbst gebauten Miniatur-Zyklon – wie auch schon bei dem Zyklon in der *Ballbarrow*-Fabrik – lief der Filtrationsprozess anders ab. Der Ventilator saugte die Luft durch den Gartenschlauch in den Zyklon, der oben die Form eines Zylinders hatte. Der Zylinder ging nach unten hin in einen auf dem Kopf stehenden Kegel über. Mein Pappmodell war etwa 30 Zentimeter hoch und hatte oben einen Durchmesser von etwa 15 Zentimetern. Der verschmutzte Luftstrom traf am oberen Rand auf den runden Zyklon wie eine Tangente auf einen Kreis. So kam die staubige Luft aus einer geraden Anlauflinie in direkten Kontakt mit der runden Innenwand des Zylinders. An diesem Punkt tritt das erste physikalische Phänomen auf.

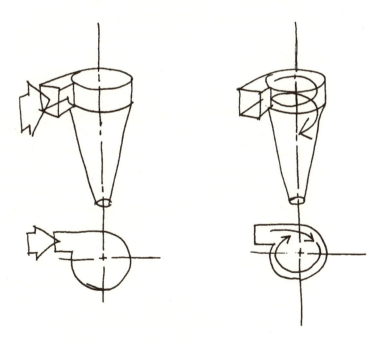

Ein physikalisches Gesetz besagt: Wenn ein Masseteilchen das erste Mal eine Kurve durchfliegt, verdreifacht sich seine Geschwindigkeit. Fragen Sie mich nicht, warum das so ist. Man kann dieses Phänomen zum Beispiel auf einem Roulettetisch beobachten, wenn eine Kugel gegen den äußeren Rand der Drehscheibe rollt. Oder bei einem Flipper, wenn man einen Ball in die Kurven am oberen Ende der Spielfläche schießt.

Ein Zyklon verengt sich nach unten hin in Form eines umgekehrten Kegels. Aus folgendem Grund: Wenn man den Durchmesser des Kreises, in dem das Masseteilchen nun herumwirbelt, nach unten hin verringert, wird das Teilchen proportional zur Verengung jeweils um etwa 50 Prozent schneller. Der Zyklon im Staubsauger beispielsweise beschleunigt das Staubteilchen von etwa 32 auf 965 und weiter bis auf 1486 Stundenkilometer. Umgerechnet sind das etwa 324 000 Umdrehungen pro Minute im Innern des Zyklons. Die Trommel einer guten Waschmaschine hat im Vergleich dazu beim Schleudern lediglich 1000 Umdrehungen. Die Effektivität des Zyklons ist also um 32 000 Prozent höher.

Ein anderes Beispiel: Im Vergnügungspark Alton Towers in England gibt es ein Fahrgeschäft, das The Cyclotron heißt. Es ist ein riesiges Rad, das sich um seine eigene Achse dreht. Vergnügungssüchtige stellen sich in diesem horizontal liegenden Hamsterrad mit dem Rücken an die Innenwand. Das Rad beginnt, sich zu drehen, wird immer schneller und richtet sich währenddessen langsam auf, bis es in die vertikale Lage kommt. Die Menschen können sich nirgends festhalten, fallen aber trotzdem nicht aus dem Rad: Die Zentrifugalkraft drückt sie fest gegen die Innenwand.

Die Zentrifugalkraft ist so stark, dass die Menschen wie festgenagelt sind und absolut nichts an ihrem Körper bewegen können. Dabei dreht sich jenes Rad höchstens mit einem Tempo von 32 Stundenkilometern. In unserem Zyklon aber beträgt die

Geschwindigkeit 1486 Stundenkilometer, das ist mehr als Schallgeschwindigkeit.

Die Zentrifugalkraft schleudert also den Staub aus der Luft gegen die Innenwand des Zyklons. Da Teilchen jeder Größe, auch kleinste Rauchpartikel, eine Masse haben, unterliegen sie der Schwerkraft. Bei 324000 Umdrehungen entsteht eine Zentrifugalkraft, die die Masse mehrmals vertausendfacht. So bekommt ein winziges Teilchen plötzlich ein ungeheures Gewicht, verliert an Schwung und wird – immer noch in einer Drehbewegung – auf den Boden des Zyklons gedrückt. Dort fallen die Teilchen dann durch eine Öffnung und werden aufgefangen. In der *Ballbarrow*-Fabrik hatten wir zu diesem Zweck einen Sack aufgestellt.

Luft aber hat keine Masse, weshalb sie im Innern des Zyklons nicht mit nach ganz unten gezogen wird. Sie bleibt in der Mitte und zieht auf dem einfachsten Weg nach oben ab: durch ein Loch in der Mitte der Zyklonendecke. Die eingesaugte Luftmasse, aus der die Staubpartikel herausgefiltert werden, ist gewaltig. Hat der Zyklon die Größe einer Mineralwasserflasche mit 0,7 Litern, sind es etwa 20 Liter pro Sekunde.

Als ich mit der Entwicklung des Zyklonen-Staubsauger anfing, las ich einmal nach, was es an Literatur zum Thema Zyklon gab. Mein Gedanke war: Falls es eine mathematische Formel gibt, könnte man viel leichter einen Zyklon gestalten. In einem Buch fand ich sechs verschiedene Gleichungen, mit denen mathematisch erklärt werden sollte, nach welchem Prinzip sich die Teilchen in einem Zyklon bewegen. Meine Mühen waren völlig umsonst. Die Gleichungen widersprachen sich.

Theoretisch ist es möglich, eine Formel zu finden, die mathematisch genau beschreibt, wie ein Zyklon die Teilchen aus der Luft filtert. Diese Gleichung würde aber jeweils nur für Teilchen von gleicher Größe und Beschaffenheit gelten. Tatsächlich nimmt ein Staubsauger aber Partikel in unzähligen Größen auf.

Die kleineren werden vom Sog der größeren erfasst. Genauer gesagt: Der Sog einer Kategorie von Teilchen zieht Hunderte von kleineren nach sich. Auf diese Weise potenziert sich die Effektivität eines Zyklons, was die Gleichung aber in der Praxis völlig nutzlos macht, und das ist noch milde ausgedrückt.

Ein Zyklon kann Teilchen in Millionen verschiedenen Größen gleichzeitig aus der Luft ziehen, was ihn zum effektiven Staubfilter macht. Fazit: Ein Zyklon arbeitet nach einem ganz einfachen Prinzip, aber gleichzeitig ist die Sache auch furchtbar kompliziert, weil sehr viele Faktoren die Effektivität beeinflussen. Hunderte von Fragen stellten sich mir, als ich begann, den Zyklon-Staubsauger zu entwickeln:

> Ist für die Zuleitung der Luft in den Zyklon ein rundes Eingangsloch das Beste?
> Welche Größe sollte dieses haben?
> Sollte die Leitung ein Stück in den Zyklon hineinführen oder nicht?
> Sollte die Zuleitung als gerade Tangente auf den Zyklonenkopf treffen oder nicht?
> Sollte sich die Zuleitung bei Eintritt in den Zyklon verengen?
> Sollte sie nach unten abgewinkelt sein und so der natürlichen Abwärtsspirale im Zyklon folgen?
> Wie viele Zuleitungen sollte der Zyklon haben?

Und dies sind nur die Fragen, die das Zuleitungsrohr betrafen. Da für die Antworten keine Formeln bereitstanden, gab es nur eine Möglichkeit: Wie der alte Edison testen, testen, testen und herausfinden, wie es am besten funktioniert.

Allein in der Anfangsphase baute ich Hunderte von Zyklonen, später Tausende. All die verschiedenen Modelltypen und Gestaltungsarten probierte ich selbst aus und fand dabei heraus: Das Wichtigste ist der Punkt, an dem die Luft eingeleitet wird. Die

Zuleitung sollte oben am Außenrand wie eine gerade Tangente auf den Zyklon treffen. Ich baute aber auch Modelle mit zwei Eingängen, sogar einen mit 140, um herauszufinden, ob er besser funktionieren würde. Der Luftstrom aber blieb der Gleiche (erst viel, viel später, beim Bau des Bodenstaubsaugers, legten wir wegen seiner untersetzten Form zwei Eingänge an).

Dann gab es Fragen bezüglich der Position, Größe und Form des Luftabzugs. Diese – wie auch alle anderen – konnten nur Versuche beantworten. Bei solchen Versuchen darf man nichts überstürzen. Wenn man einen Prototyp entwickelt, darf man immer nur ein Element zur Zeit verändern, also muss man Geduld haben, wenn man wirklich etwas verbessern will. Und nur darum geht es bei Erfindungen. Sehr viel Geduld. Ich war so ungeheuer geduldig, dass ich tatsächlich erst einen Zyklon eingebaut hatte. Doch das Beste sollte erst noch kommen.

Die Herrschaft der Blinden

Vielen Dank, uns genügen Gartengeräte. Nichts kann meine Geschäftspartner reizen. Ich gründe eine eigene Firma: mit Geld von Jeremy Fry und der Hilfe eines Gemüsegartens.

Nach dem erstaunlichen Wochenende mit dem Zyklon konnte ich es kaum erwarten, zurück in mein Büro am Firmensitz in Corsham zu kommen, auch wenn die Stimmung dort mies war. Für mich war das ein ungewöhnliches Gefühl, denn das Leben bei *Kirk-Dyson* war mir, wie schon beschrieben, seit einiger Zeit auf die Nerven gegangen. Meine geschäftlichen Beziehungen zu dem Unternehmen sollten auch bald beendet werden, aber das wusste ich damals noch nicht.

An diesem Morgen kam ich mit dem Gedanken zur Arbeit: Ich hatte gerade die ersten Schritte zur Erfindung des Jahrzehnts gemacht, und ich konnte damit alle Probleme von *Kirk-Dyson* auf einen Schlag lösen. Als ich auf das Firmengelände fuhr, stellte ich mir vor, was meine Geschäftspartner auf meine Enthüllung hin sagen würden. Der Vorstand würde sicher gegen die Entwicklung eines Staubsaugers sein – das war ja kein Gartengerät. Sie würden sagen, dass wir uns lieber auf das Geschäftsfeld beschränken sollten, in dem wir uns auskannten. Vorstände sind äußerst berechenbar.

Uns war allerdings schon vor Monaten klar geworden, dass wir unsere Aktivitäten auf neue Geschäftsbereiche umstellen mussten. Mit dem Umsatz und Profit aus dem *Ballbarrow*-Geschäft konnten wir unmöglich länger unsere gesamte Verkaufs- und Managementstruktur, die Fabrik und die gigantischen Schulden des Unternehmens finanzieren. Aber unser Denken war immer noch auf das Marktsegment der Gartengeräte beschränkt.

Innerhalb dieses Bereichs hatten wir immerhin schon einen neuen Markt erschlossen: Wir hatten ein Bewässerungssystem für Pflanzen entwickelt. Es war ein Netz aus dünnen Plastikrohren, das unter der Gartenoberfläche verlegt wurde und direkt die Wurzeln der Pflanzen bewässerte. Auf diese Weise wurde kein Wasser durch Verdunstung verplempert, und man bewässerte nur ausgesuchte Pflanzen. Unkraut, Schnecken und anderes Getier wurden nicht versorgt. Es war ein wirklich gutes Produkt, aber leider machten wir beim Marketing einen großen Fehler.

Wir versuchten es nämlich als Allheilmittel anzubieten: gegen jedes Problem, das man im Garten nur haben kann. Das war es auch. Aber wie bei der Vermarktung des *Sea Truck* verstanden die Konsumenten nicht, dass es universell einsetzbar war. Hätten wir es als Bewässerungssystem für Treibhäuser vermarktet, das schlicht viel Zeit spart und damit einen ganz speziellen Kunden anspricht, hätte das Produkt auf dem Markt eingeschlagen. Dann hätten wir nach und nach damit werben können, dass das System auch für andere Dinge einsetzbar war. Es wäre sicher ein Riesenerfolg gewesen.

Leider haben wir das aber nicht getan. Mit dem Bewässerungssystem *Roots* – was so viel bedeutet wie »Wurzeln« – haben wir kaum Geld verdient. Wir benannten es nach der damals populären Fernsehserie von Alex Haley über die Geschichte der Sklaven in Amerika. Das Prinzip wird heute bei allen Bewässerungssystemen angewendet, aber unser System war das Erste. Zumindest ist das ein kleiner Trost, wenn man aus einer Idee kein Kapital schlagen kann.

Im Prinzip war die Ausdehnung in neue Produktbereiche aber der richtige Weg für unsere Firma. Wenn Vertreter Läden oder in unserem Fall Gartencenter aufsuchen, ist es am effektivsten, wenn sie eine Vielfalt von Waren zur gleichen Zeit verkaufen können. Ein Vertreter verplempert Zeit, wenn er zu einem Kunden fährt und feststellt: »Sie haben von fünf *Ballbarrows* nur noch drei, also brauchen Sie wohl zwei neue.« Kann der Handlungsreisende aber sagen: Sie brauchen zwei *Ballbarrows*, drei *Waterollas* und zehn *Roots*, dann hat sich die Sache gelohnt.

Man hat dann keine Zeit vergeudet, ein brillantes Geschäft ist es aber noch lange nicht. So langsam kotzte mich auch die Saisonabhängigkeit von Gartenprodukten an. Wir verkauften *Ballbarrows* von April bis Juni, mit stotterndem Absatz bis Mitte Oktober, in der Wintersaison keine. Kam der Frühling spät oder war der Sommer verregnet, hatten wir richtig zu kämpfen. Unsere Geldreserven wurden in der Zeit ohne Umsatz aufgefressen, und wir konnten das Wetter nicht vorhersehen, daher war jegliche Planung schwierig.

Ich hatte das Gefühl, dass der Markt für Gartenprodukte einfach zu klein für das war, was ich potenziell erschaffen konnte. Ich war der Meinung, wir sollten hochwertige Produkte herstellen, sie zum Großhandelspreis von 100, 200 oder 300 Pfund vertreiben und sie in enormen Mengen das ganze Jahr über verkaufen. An jeden Haushalt, nicht nur an Hobbygärtner. Das hätte richtig Geld in die Kasse gebracht. Und solch ein Produkt war meiner Meinung nach – ein Staubsauger.

Bei der Vorstandsbesprechung war ich nun also bereit, meine Idee gegen Einwände zu verteidigen. Noch während ich das tat, fühlte ich mich mehr als auf den Schlips getreten, weil meine

Erfindung sie überhaupt nicht beeindruckte. Die Vorstandsmitglieder eines Herstellerunternehmens müssten außer sich vor Freude sein, wenn ein Kollege etwas erfunden hat, das augenblicklich einen riesengroßen Markt dominieren, damit die Firma retten und alle enorm reich machen könnte.

Stattdessen saßen sie mit Gesichtern wie Staubsaugerbeutel da und grummelten, wir sollten im Gartenbereich bleiben und alle Bemühungen auf das Bewässerungssystem konzentrieren. Auf dem Höhepunkt meiner Tirade unterbrach mich einer von ihnen dann mit den Worten, die ich in den nächsten zehn Jahren immer und immer wieder hören sollte: »Aber, James«, sagte er selbstgefällig und herablassend wie ein Vater zu seinem begeisterten, jedoch geistig zurückgebliebenen Kind, »deine Idee kann nichts taugen. Wenn es bessere Staubsauger geben könnte, hätten Hoover oder Electrolux sie schon erfunden.«

Britische Unternehmer sind absolut engstirnig. Nein, die Briten im Allgemeinen. Oder können Sie sich einen Russen vorstellen, der im Jahr 1917 zu Lenin sagt: »Ach, Wladimir, wir können keine Revolution anzetteln. Wenn es eine bessere Staatsform geben würde, hätte sie die Zarenfamilie schon eingeführt.« Oder können Sie sich einen Amerikaner vorstellen, der vor hundert Jahren gesagt hätte: »Aber, Mr. Ford, wenn Autos besser als Pferde wären, hätten die Züchter den Tieren Räder verpasst und sie mit Benzin getränkt.«

Ich erklärte meinen Geschäftspartnern, dass es trotz aller Einwände ein viel versprechendes Produkt sei. Ich hatte sogar schon einen Geschäftsplan entworfen, was für mich ungewöhnlich war. Ich hatte den Markt für Staubsauger genau unter die Lupe genommen und ihn für gut befunden. Die Ablehnung im Vorstand schlug dann in regelrechte Feindseligkeit um: »Also, James, wir werden das jetzt nicht weiter diskutieren. Es ist eine völlig blöde Idee.« Es ist wohl kaum ein Wunder, dass sich meine Wege und die von *Kirk-Dyson* wenig später trennten.

Aber damals wurmte es mich furchtbar. Ein neues Produkt ist im Anfangsstadium oft sehr schwer zu rechtfertigen. Es ist ein Teufelskreis, weil die Entwicklungskosten am Anfang ungeheuer groß sind, man aber gerade in dieser Phase eine kräftige Finanzspritze braucht.

Es ist sehr schwer, in leuchtenden Farben auszumalen, dass etwas ein Riesenerfolg wird, wenn es sich dabei um eine völlig neue Technologie handelt. Besonders, wenn die herkömmliche in der Phantasie der Menschen so tief verwurzelt ist. Man kann dann sagen: »Es wird ein Erfolg, weil Staubbeutel widerlich sind und alle sie hassen.« Als Antwort bekommt man: »Welche Beweise hast du dafür, dass die Menschen Staubbeutel nicht leiden können?« Man antwortet: »Keine, aber ich bin überzeugt davon.«

Ist man wirklich überzeugt von seiner Idee, ist das Grund genug, darauf zu vertrauen, dass sie zum Erfolg führt. Jeder andere aber, der aufgefordert wird, Geld in diese Idee zu stecken, wird sagen: »Verpiss dich, Kleiner, ich werde deine persönliche Überzeugung nicht mit meinem Geld unterstützen.«

Man muss eines machen – eine Sprache sprechen, die Geschäftsleute verstehen: »In drei Jahren werden 65 Prozent der Bevölkerung keine Staubbeutel mehr kaufen, sondern etwas anderes. Wenn wir den Staubsauger mit Zyklonensystem haben, werden wir 40 Prozent von diesen 65 Prozent Marktanteil bekommen. Das garantiert uns einen Umsatz von 30 Millionen Pfund pro Jahr.«

Ich hätte das liebend gern so gemacht, aber ich hatte nur ein Pappmodell eines Filtersystems, das nicht verstopfen würde. Was dabei wirklich herauskommen würde, konnte ich zu jenem Zeitpunkt noch nicht sagen. Ich wusste zum Beispiel noch nicht, dass ein herkömmlicher Staubsauger zwei Drittel seiner Wirkungskraft verloren hat, wenn er nur 500 Gramm Staub eingesaugt hat. Das haben die Tester des Verbrauchermagazin *Which?* später herausgefunden.

Kurz gesagt: Ich wusste noch nicht, wie groß der technische Fortschritt sein würde, den ich erreichen sollte. Dass die Saugkraft meines Gerätes dreimal so hoch wie die anderer Staubsauger sein würde und all die anderen beeindruckenden Tatsachen. Ich wusste nur, dass ich *einen* Weg entdeckt hatte, einen Staubsauger ohne Staubbeutel zu entwickeln. Daher ist man ziemlich hilflos, wenn man von Miesmachern in die Mangel genommen wird und nur zu hören bekommt: »Geht nicht.«

Auf die Frage hin, warum die Leute von Hoover noch kein solches Gerät entwickelt hätten, kann man nur sagen: »Die Leute von Hoover sind zu blöd.« Oder: »Ich bin eben cleverer als sie.« Oder: »Ich hab eben die Idee gehabt und sie nicht. So einfach ist das.«

Buchhalter, die sich hartnäckig sträuben, sind mit solch windigen Argumenten nicht zu beeindrucken. Deren Reaktion wird in jedem Fall von der Annahme geprägt sein, die Chance, dass die Produktentwickler von Hoover oder Electrolux einen besseren Staubsauger erfinden, ist wesentlich höher, als dass der Idiot *James Dyson* es tut. Voller Verzweiflung, aber immer noch voller Hoffung, meine Geschäftspartner von den Vorzügen des Zyklons überzeugen zu können, übersetzte ich die Idee in ihre Sprache.

Die späten siebziger Jahre waren eine Periode, in der Abbeizen in Mode war: Kieferntische, Fußböden und Wandverschalungen aus Holz wurden per Sandstrahl in ihren natürlichen Zustand zurückversetzt. Ich selbst hatte mit einer Schleifmaschine von Black & Decker alles Mögliche abgeschliffen. Das Ding produzierte unglaubliche Mengen Staub.

Ich fand es dumm, dass die Schleifscheibe auf der Rückseite nicht nach dem Vorbild eines Ventilators gerippt war und kein Gehäuse hatte. Damit hätte man den Staub direkt in einen Beutel saugen können. Ich entwarf eine solche Absaugvorrichtung, natürlich nicht mit einem Beutel, sondern mit einem Zyklon. Den Sinn dieses Produktes würden meine Kollegen besser verstehen können. Es war fast so etwas wie ein Hilfsmittel für den Garten, wenn man Gartenmöbel aus Holz hatte.

Meine Partner fanden es völlig uninteressant. Der Vorstand war unerbittlich. Es lief alles darauf hinaus, dass sich unsere Wege trennen würden. Meine Versuche, sie davon zu überzeugen, ihre Darlehen oder Firmenanteile zu verpfänden, hatten sie ohnehin misstrauisch gemacht. Außerdem konnten sie Robert Beldam nicht leiden, und ihre Eifersucht führte dazu, dass sie jeden Zug von mir sofort konterkarierten. So kam es schließlich zu dem Ereignis, das ich schon in Kapitel 5 geschildert habe: Im Januar 1979 hatte man mich aus der Firma hinausgeworfen.

Ich hockte zu Hause in Bathford und war deprimiert. Warum konnte niemand das Potenzial meiner Vision von der Zyklonentechnologie nachvollziehen? Ich war aber nicht bereit, klein beizugeben. Neben unserem Haus war ein großer Anbau. Er stammte wie das Hauptgebäude vom Anfang des letzten Jahrhunderts und hatte einst als Garage für Kutschen gedient. Auch er bestand aus Mauerwerk. Zuletzt war er als Gartenschuppen genutzt worden, der Dachboden darüber als Lager für Feuerholz. Der Anbau hatte nur Stalltüren und war sehr zugig. Es gab nur wenige Fenster, kein Wasser, keine Heizung, keinen Strom, kein Telefon. Als Erstes legte ich eine Stromleitung und sorgte für elektrisches Deckenlicht. Ich hatte nur eine Drehbank und ein paar einfache Werkzeuge, aber ich war festen Willens, dieses Ding nun eben selbst zu bauen.

Da ich jedoch jede Menge Schulden hatte und in der nächsten Zeit kein Geld hereinkommen würde, musste ich irgendwo eine Geldquelle auftun, und zwar schnell. Ich hatte zwei Möglichkeiten: Eine Handelsbank anzusprechen oder ein paar alte Freunde zu kontaktieren.

Die Herrschaft der Blinden

Auf der Hand lag, sich an Jeremy Fry zu wenden. Er hatte mir schon beim Projekt *Ballbarrow* Geld angeboten, und er wusste, dass die Entwicklung eines Produktes manchmal lange dauert. Außerdem hatte ich die Nase voll von Firmenleitungen, wie sie mir bei *Kirk-Dyson* am Bein gehangen hatten. Von Firmenleitungen, die nichts von der Herstellung verstanden und glaubten, man brauche nur eine Firma zu gründen, und schon stelle sich der Profit ein.

Jeremy Fry hatte neun Monate Geduld gehabt, bis ich meinen ersten *Sea Truck* verkauft hatte, und zwei Jahre, bis das Geschäft Gewinn abwarf. Jeremy Fry war die beste Chance, zu Geld zu kommen. So war es auch. Ich selbst hatte noch 25 000 Pfund, weitere 25 000 lieh ich mir von Jeremy. Noch einmal 18 000 Pfund bekam ich durch den Verkauf des Grundstückes, auf dem unser Gemüsegarten lag. Den Rest nahm ich als Darlehen mit unserem Haus als Sicherheit auf und gründete die *Air Power Vacuum Cleaner Company*. Nun war ich endlich dort, wo ich hin wollte: im Staubsaugergeschäft.

9

Der doppelte Zyklon

Ein Zyklon nach dem anderen. Die Tugend der schrittweisen Entwicklung. Der Mensch lebt nicht vom Brot allein. Mit Doppelzyklonen funktioniert es besser. Ich bereite mich auf die Schlacht gegen die Industriegiganten vor.

An der Schwelle zu den achtziger Jahren bin ich also im Anbau meines Hauses gelandet. Maggie Thatcher hat gerade erst damit begonnen, Großbritannien zu verwüsten. Die Yuppies sind bisher nichts weiter als der Wunschtraum der Marketingabteilungen. Es gibt noch keine Filofaxe, und teure Weinsorten sind noch keine Statussymbole. Die Versorgungsbetriebe befinden sich noch in Staatseigentum, und die meisten Menschen wissen nicht einmal, was eine Aktie ist. Doch am Himmel schieben sich schon bedrohlich dunkle Wolken über die künstlich aufgeblähte Wirtschaft und leiten den Niedergang und das Sterben der britischen Industrie ein.

Fast wie der bitterarme Bob Cratchit aus der Weihnachtsgeschichte von Charles Dickens kauere ich vor einer einzelnen Kerze in meiner Werkstatt. Wegen der Kälte spüre ich meine Finger kaum noch. Trotzdem versuche ich, einen weiteren Prototypen des Zyklons anzufertigen. Es steht mir noch einiges bevor.

Sie werden sich erinnern, dass ich Tausende von Prototypen baute, bevor die Produktion begann. Es waren genau 5127.

Fast alle davon habe ich in meiner alten Garage angefertigt. Durch die *Air Power Vacuum Cleaner Company* hatte ich zumindest auf dem Papier eine wirtschaftliche Basis, und Jeremy mischte sich kaum ein. Ich sah ihn vielleicht eine halbe Stunde pro Woche. Ich stürzte mich in die Entwicklung – schließlich gehörte das zu den Dingen, nach denen ich mich zurückgesehnt hatte.

Tag für Tag baute ich Zyklone. Morgens um halb acht frühstückte ich mit Deirdre, dann brachte ich Jacob und Emily zur Schule. Um neun ging ich in unsere Garage im Nebengebäude. Mittags machte ich eine halbe Stunde Pause, ging wieder ins Haus, um zu essen und mich ein bisschen um Sam zu kümmern. Dann arbeitete ich bis halb sieben.

Deirdre gab Kunstunterricht, lehrte Malen und Zeichnen, denn ich verdiente ja kein Geld. Ihre eigenen Gemälde verkaufte sie über Galerien in Bath, Bristol, Henley und London. Außerdem verdiente sie regelmäßig durch Illustrationen für die Zeitschrift *Vogue*. Im Haus machten wir alles selbst, um Geld zu sparen: Vom Putzen über das Nähen von Vorhängen bis zu Klempner- und Maurerarbeiten.

Ich baute die ganze Zeit Zyklone. Aus Acryl, Messing und Aluminium. Die sahen aus wie Prothesen für den Blechdosenmann aus »Der Zauberer von Oz«. Drei Jahre lang werkelte ich vor mich hin. Ich konnte keinen Mitarbeiter bezahlen – und das hätte ja auch keinen Sinn gemacht, da ich die Arbeit selbst erledigen konnte.

Wenn man mit einer Entwicklung beginnt, glaubt man, dass es nicht lange dauern wird. Aber dann vergeht die Zeit, und der Durchbruch ist immer noch nicht da. Sam wurde größer und lernte laufen. Dann lernte er sprechen. Ich baute Zyklone, Deirdre machte alles andere. Wenn sich nach wochenlanger Planungsarbeit herausstellte, dass ein Modell nicht funktionierte, verlor ich manchmal völlig die Kontrolle. Erst kürzlich hat mir Jacob erzählt, wie vertraut ihm heute noch der Klang vom Scheppern zerbrechenden Acryls auf dem Boden der Garage ist und der anschließend losbrechende Sturm wüster Schimpfereien aus meinem Mund.

In den nächsten drei Jahren verbrauchten wir das gesamte Geld, das wir im Namen der *Air Power Vacuum Cleaner Company* aufgenommen hatten. Auch unsere Hypothek auf das Haus mussten wir mehrfach erhöhen. Während dieser Zeit schlug ich mich mit zwei Problemen herum. Erstens: Wie gut filtert der Zyklon sichtbaren Dreck? Also Erdbrocken, Haare, Fingernägel, Zigarettenkippen, Flaschenkorken, Kartoffelchips, trockene Popel, Münzen, Ringe, Hundehaare, Katzenkotze, Aquarienfischfutter, Federn, Nadeln, Tannennadeln, abgebrochene Bleistiftminen, Asche, Couscous, Ohropaxreste, Kekskrümel, Zehennägel, Gewölle aus dem Bauchnabel, Fliegen, Spinnen, Kakerlaken, Käfer, Zucker, Gewürzkrümel, Reiskörner und so weiter und so fort.

Die zweite Frage war: Wie gut filtert der Zyklon feinste, nicht sichtbare Staubteilchen? Um hierauf die Antwort zu finden, musste ich irgendwie messen, wie viel Staub ich einsaugte und wie viel aus der Maschine herauskam: Mit anderen Worten, wie viel blieb im Zyklon hängen und wie viel kam aus dem Staubsauger noch heraus? Zuerst versuchte ich, dies dadurch zu messen, dass ich ein schwarzes Tuch vor dem Ausgangsloch des Zyklons befestigte und weißen Staub einsaugte. Jedes Mal, wenn ich an dem Modell eine Veränderung vornahm, prüfte ich, wie weiß das Tuch geworden war. Irgendwann hatte ich 200 schwarze Tücher, die weiße Ringe in variierenden Stärken aufwiesen, letztlich jedoch absolut nichts aussagten. Phantastisch.

Schließlich entdeckte ich eine Vorrichtung, die »absoluter Filter« genannt wird. Er nimmt angeblich 99,997 Prozent aller

Staubteilchen auf, die man hindurchpustet. Ich wog das Ding, stopfte es in den Ausgang des Staubsaugers, saugte eine Weile und wog den absoluten Filter danach wieder. Je geringer die Gewichtszunahme war, desto effektiver hatte mein Zyklon gearbeitet. Außerdem testete ich den Durchzug des Luftstroms in allen Modellen. Dazu baute ich extra ein Messgerät. Denn ich wollte am Ende nicht mit der Tatsache konfrontiert werden, dass mein Zyklon ebenfalls Luftstrom und Saugkraft verminderte. So ging es endlos weiter, jeden Tag machte ich einen neuen Versuch. Ich hoffte die ganze Zeit, schlüssige Beweise und exakte Zahlen liefern zu können, die einen halbblinden Geldgeber dazu bringen würden, mein Projekt weiter zu finanzieren.

Irgendwie musste ich schneller werden. Es stellte sich heraus: Am schnellsten konnte ich Zyklone bauen, wenn ich Messingbleche verwendete. Ich schnitt die Grundform aus einem Blech, walzte es dann auf einer Walze wie mit einer Wäschemangel zu einem Kegel und lötete die Enden zusammen. Dann verband ich den neuen Zyklon mit einem Schlauch, der an eine Stellwand aus Sperrholz führte, hinter der ein Staubsaugermotor angeschlossen war. Auf diese Weise brauchte ich stets nur einen neuen Zyklon zu bauen, den Rest der Apparatur konnte ich wieder verwenden und jeden Tag einen Versuch machen: Einen neuen Eintrittspunkt für die Luft in den Zyklon testen, einen neuen Winkel des Eintritts, einen neuen Durchmesser, was auch immer.

Genau darum geht es bei der Entwicklungsarbeit. Empirische Versuche zu machen bedeutet, stets nur einen Faktor pro Test zu verändern. So hat es einst Edison gemacht, und es kostet verdammt viel Zeit. Es dauert immer Ewigkeiten, bis ich das den Hochschulabgängern klar gemacht habe, die ich bei *Dyson Appliances* einstelle. Aber es ist eben extrem wichtig. Anfänger tendieren dazu, Versuche regelrecht zu überstürzen, Dutzende radikaler Veränderungen vorzunehmen und das so geschaffene

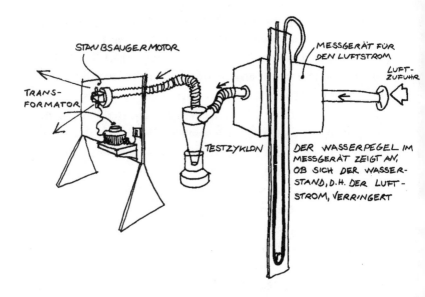

Meisterstück zu testen. Aber welche Veränderung hat den gewünschten Effekt herbeigeführt?

Nehmen wir zum Beispiel die Bürsten eines Bürstsaugers. Sie bewirken nichts, aber warum? »Wir brauchen weichere, längere Borsten«, sagt so ein Schlaumeier von Hochschulabgänger. Also wird eine Drehbürste mit längeren, weicheren Borsten bestellt. Sie funktioniert tatsächlich besser. Aber der Schlauberger weiß immer noch nicht, warum. Er hätte drei Bürsten bestellen sollen: Eine mit langen harten Borsten, eine mit langen weicher Borsten und eine mit kurzen weichen Borsten. Und jede einzeln testen sollen. Dann hätte er genau gewusst, welche am besten funktioniert.

Aus diesem Grund ist die Entwicklung eines technischen Produkts ein langsamer Prozess. Die Briten sind jedoch von der zwanghaften Idee besessen, alles müsse von heute auf morgen gehen. Deshalb kommen sie nicht voran. Wir wollen immer au dem Nichts etwas schaffen, ohne Forschung, ohne lange, mühselige Versuche. Aber eine Entwicklung aus dem Stand herau funktioniert nicht. Es geht nur mit unnachgiebiger Hartnäckigkeit. Am Ende kann das dann doch wie ein Zeitsprung aussehen – befragen Sie mal die Japaner zu dem Thema.

Für mich ist es natürlich leicht, auf meiner Hartnäckigkeit herumzureiten und zu behaupten, nur die brauche man zum Erfolg. Die Wahrheit ist, zwischendurch war ich ziemlich demoralisiert. Jeden Abend kroch ich nach vielen Stunden Arbeit mit Staub bedeckt zurück ins Haus, erschöpft und deprimiert, weil mein Zyklon an diesem Tag wieder nicht funktioniert hatte. Manchmal dachte ich, es würde bis zu meinem Tod so weitergehen und ich würde nie Fortschritte machen.

Im Rückblick denke ich, innerhalb von vier Jahren einen brauchbaren Prototypen entwickelt zu haben, war doch ziemlich zügig. Etliche Monate habe ich benötigt, nur um die Lösung der schwierigsten Aufgabe zu finden: Wie filtert der Zyklon die feinsten Staubteilchen aus der Luft? Heute erscheint mir das geradezu lächerlich. Nach zwei Jahren hatte ich das Rätsel gelöst und baute einen Staubsauger. Es war ein wundervolles Gerät in Blau und Rot mit dem besten Feinstaubfilter, den die Welt bisher gesehen hatte. Es schien ein tolles Ding zu sein, aber mir fiel auf, dass es gelegentlich etwas nicht aus der Luft filterte: ein Hundehaar oder ein kleines Stück Watte. Der Grund war zunächst völlig unklar.

Ich machte einen Versuch mit einem der Testzyklone, indem ich ihn einen langen Faden aufsaugen ließ. Der Faden lagerte sich im Luftstrom an der Innenwand an und wurde nicht herausgefiltert, sondern kam oben am Ausgangsloch mit der Luft heraus. Mir wurde klar, dass mein Zyklon nicht bei allen Schmutzpartikeln wirkte. Es kam auf deren Form an. Die Marketingkampagne würde also nicht sehr beeindruckend sein: Ein Staubsauger, der besser als jeder andere saugt, so lange der Schmutz keine ungünstige Form hat. Das war ein echtes Problem. War es zu lösen?

Natürlich. Ich hatte nur vor lauter Bäumen den Wald nicht gesehen. Oder besser: vor lauter Staub nicht den Zyklon. Ich hatte eben laufen wollen, bevor ich gehen konnte. Innerhalb des Zyklons dreht sich ein Wirbelsturm, der schneller als der Schall ist. Flusen und Fäden drehen sich aufgrund ihrer Form aber nicht so schnell. Ein Faden wird deshalb leicht in die Mitte des Zyklons geraten und mit der dort aufsteigenden Luftsäule wieder ausgestoßen werden, anstatt am Außenrand zu bleiben und auf dem Boden zu landen.

Die Lösung des Problems: Ich brauchte dafür einen Zyklon, der sich nicht so schnell nach unten hin verjüngt, sodass die Drehgeschwindigkeit sich nicht so drastisch erhöht. Fäden und größere Schmutzteilchen haben mehr Masse als Staubpartikel, also benötigen sie keine so große Zentrifugalkraft, um ihre Schwerkraft zu erhöhen. Bei einem Zyklon in Form eines Zylinders würden sie an der Wand bleiben und dort zu Boden sinken. Folglich brauchte ich zwei Zyklone, um feinen und groben Schmutz aus der Luft filtern zu können.

Schnell fand ich heraus, dass der kleinere Zyklon mit Kegelform wunderbar in den größeren mit Zylinderform passt. Beim *Dyson Dual Cyclone* ist der durchsichtige Behälter der größere Zyklon, und in dem gelben Behälter darin befindet sich der kleine, schnellere Zyklon. Die ersten Resultate waren nicht schlecht, nur kamen immer noch größere Schmutzteile mit dem Luftstrom wieder aus dem Staubsauger heraus.

Die Lösung für dieses Problem war das, was wir das Sieb nennen: Es ist ein Plastikgeflecht, das den oberen Teil des inneren Zyklons umschließt. Wie ein Netz verhindert es, dass die größeren Schmutzteile hineingezogen werden. Sie bleiben im äußeren, langsameren Zyklon, drehen sich dort entlang der Innenwand und lagern sich ab. Die feinen Staubpartikel aber werden durch die Löcher des Siebs in den inneren Zyklon gesaugt und drehen sich dort mit der Geschwindigkeit von 1480 Stundenki-

Der doppelte Zyklon

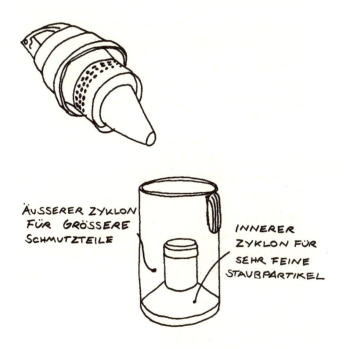

ÄUSSERER ZYKLON FÜR GRÖSSERE SCHMUTZTEILE

INNERER ZYKLON FÜR SEHR FEINE STAUBPARTIKEL

lometern. Löst man den Behälter mit den beiden Zyklonen aus der Aufhängung des Staubsaugers und kippt ihn aus, so fällt aus dem inneren feiner Staub, aus dem äußeren aber der grobe Dreck.

Im Jahr 1982 hatte ich diese Konstruktion endlich perfektioniert und damit die hundertprozentige Effektivität des Staubsaugers erreicht. Mir selbst ging es dennoch nicht gut. Drei Jahre lang hatte ich unermüdlich in der Garage geschuftet. Mehr als tausend Tage lang hatte ich täglich mindestens ein Modell gebaut und getestet. Ich war völlig erschöpft. Deirdre versuchte jetzt immer häufiger, meine Arbeitswut etwas einzudämmen.

Wir hatten die Absicht gehabt, unser Produkt selbst herzustellen, als wir 1979 die Firma gründeten. 1982 jedoch hatte das Unternehmen noch keinen Pfennig verdient. Dass es in Zukunft anders werden könnte, schien angesichts meiner Erschöpfung und unserer Schulden auch sehr unwahrscheinlich. Das Geldproblem wurde von Tag zu Tag größer. Ich musste dieses Projekt zum Erfolg führen, sonst würden wir untergehen. Ich hatte mich immer getrieben gefühlt, eine Mischung aus Furcht und Hoffnung hatte mich bisher bei der Stange gehalten. Doch jetzt wollte ich nur noch die Schulden loswerden. Mein Privatkonto war um 8000 Pfund überzogen, mein Firmenkonto um 36000 Pfund. Unser Haus war mit einer zusätzlichen Hypothek von 35000 Pfund belastet. Ich hatte keine Lust, auch noch Schulden in Millionenhöhe zu machen, um die Produktionskosten zu decken.

Darüber hinaus hatte ich die meiste Zeit meines Arbeitslebens in der Herstellung verbracht. Ich wollte einfach noch ein paar Jahre am Zeichenbrett verbringen und das tun, was mir wirklich

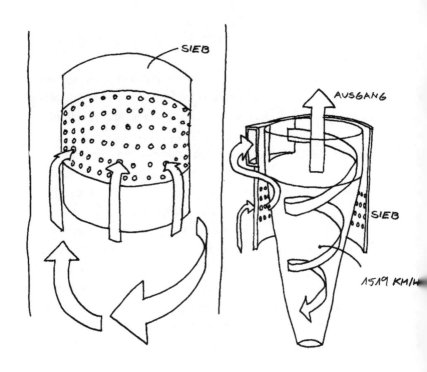

Spaß machte, anstatt mich mit Management, Problemen an den Fließbändern und dem Wohlergehen einer großen Belegschaft herumzuschlagen.

Nach langen Diskussionen beschlossen Jeremy Fry und ich deshalb, zu versuchen, Lizenzen für die Produktion zu verkaufen. Wir dachten beide, wir hätten einen guten Ruf in puncto Innovation und Herstellung. Er natürlich mehr als ich. Daher würde es uns nicht an Glaubwürdigkeit fehlen, wenn wir unsere Idee der Industrie präsentierten. Wir dachten, andere würden uns so ernst nehmen, dass wir nicht mehr selbst produzieren müssten. Uns beiden lag Design, Erfindung und Entwicklung am meisten am Herzen.

Wir änderten also den Firmennamen in *Prototypes Ltd.*, um zu signalisieren, dass wir Produkte entwickelten und nicht herstellten. Es gab einen rotblauen Prototypen mit dem einzelnen Zyklon, mit dem man Interessenten in groben Zügen die Funktion und das mögliche Aussehen des Produktes vorführen konnte. Außerdem hatte ich einen Bodenstaubsauger mit Doppelzyklon und Behälter, mit dem man die wahre Effektivität der Technologie demonstrieren konnte. Wie ein Staubsaugervertreter aus alten Zeiten zog ich damit los. Mein Ziel: Ich wollte es mit den Feuer spuckenden Giganten der britischen Industrie aufnehmen.

Die Lizenz zum Saugen

Das Spiel geht los. Die Hoover-Leute versuchen, mich auf den Arm zu nehmen, aber denen zeige ich, was ein Sauger ist. Zwei Minuten bei Hamilton Beach – aber keine Chance. Die Deutschen gehen in Deckung. Morgen, morgen, nur nicht heute. Ich mache mich auf zur anderen Seite des Atlantik. Die Amerikaner wollen alles – umsonst. Auseinandersetzungen mit starrköpfigen Eigenbrötlern in der Wildnis der Elektrobranche. Ein Produkt, das niemand hat, jeder braucht und nur ich anbiete.

Als ich mich aufmachte, einen Lizenznehmer für den Staubsauger zu finden, hatte ich folgenden Plan: Ich wollte den Herstellerfirmen die Exklusivrechte an meinen Patenten und meinem geistigen Eigentum anbieten – für einen spezifischen Zeitraum und eine spezifische Region. Im Gegenzug wollte ich einen bestimmten Prozentsatz vom Verkaufsprofit erhalten.

Bei einer Lizenz ist alles verhandelbar, und keine ausgehandelte Lizenz ist mit einer anderen identisch. Das macht die Verhandlungen äußerst schwierig, und generell gibt es ein großes Gerangel. Je größer die Firma ist, desto weniger sind die Leute bereit zu unterschreiben. Manche erwarten sogar, dass man ihnen die Erfindung einfach überlässt. Das ist schon ziemlich bizarr. Ganz nach dem Motto: Gib her und verschwinde.

Das hatte ich nicht vor. Ich wollte auch keinen Totalausverkauf. Für keine Summe dieser Welt. Man kann seine Erfindung nämlich inklusive aller Rechte für eine Art Abfindung verkaufen. Diese Art von Geschäft ist endgültig und nicht mehr rückgängig zu machen.

Andere Lizenzverträge sind durchaus rückgängig zu machen. Ist man der Meinung, der Lizenznehmer setze sich nicht nach bestem Wissen und Gewissen dafür ein, etwas zu produzieren und zu verkaufen, oder man meint, man werde auf irgendeine Weise übers Ohr gehauen, dann ist es möglich, die Lizenzvereinbarung zu beenden. Schwierig, aber möglich.

Ich stellte mir anfangs einen Fünf- oder Zehnjahresvertrag für Großbritannien oder das europäische Festland vor. Mit einer Tantieme von nicht weniger als fünf Prozent des Großhandelspreises plus 40000 Pfund Sterling im Voraus. Was ich als Gegenleistung zu bieten hatte, war ein hypothetisches Produkt. Immerhin verband es die Doppel-Zyklonkammer-Technologie mit dem Aussehen, der Handhabung und anderen Innovationen des rotblauen, aufrecht stehenden Prototyps. Es hätte mich fünf Monate gekostet, einen voll funktionsfähigen *Dual-Cyclone*-Bürstsauger zu bauen – doch die Zeit hatte ich einfach nicht.

Ungewöhnlich war, dass ich nicht nur ein Stück reine Technologie verkaufen wollte. Darüber hinaus bot ich meine Dienste für das Design des Endproduktes als Teil der Lizenz an. Anders gesagt: Ich lizenzierte ein Marketingkonzept, das lautete: »Staubsaugerbeutel sind ein Problem. Die Menschen mögen sie nicht. Hier ist die Technologie und das Design, das den Endkunden einen Staubsauger ohne Beutel bietet und deshalb den Markt erobern wird.«

Die rotblaue Maschine war schon einigermaßen beeindruckend. Natürlich nicht so wie die Modelle, die jetzt auf dem Markt sind. Ich habe mich auch gelegentlich gefragt, wie das Echo wohl gewesen wäre, wenn ich mit einem Gerät wie dem *DCO1* Klinken geputzt hätte. Aber ich glaube nicht, dass es einen Unterschied gemacht hätte. Hersteller, Investoren und Einzelhändler finden eine neue Technologie entweder aufregend oder eben nicht. Ein voll ausgereiftes Modell anzubieten, hätte auch bedeutet, das Pferd beim Schwanz aufzuzäumen. Für fertige Produkte benötigt man keine Investitionen mehr.

Selbst der Prototyp war schon ausreichend ausgestattet, um in Hochstimmung zu geraten. Er hatte zwei Zyklonkammern, doch sie waren nicht ineinander, sondern nebeneinander angebracht. Ich weiß nicht mehr genau, warum, aber bei beiden handelte es sich um identische Feinstaubfilter. Darüber hinaus hatte das Gerät einen Teleskopschlauch und ein Umschaltventil, das es ermöglichte, direkt vom Saugen auf dem Fußboden zum Reinigen über Kopf zu wechseln.

Schon damals hatte ich viel Mühe in das Design gesteckt, denn ich wusste eines: Wenn ich eine Lizenz verkaufen wollte, dann musste ich zeigen können, dass das Gerät auch gut aussehen konnte. Mit zwei Zyklonkammern sah das Ding ein wenig aus wie ein Raketenrucksack mit doppeltem Düsenantrieb. Es hatte auch schon ein Fahrgestell mit zwei Rädern. So war es beweglicher als die Modelle mit vier Rädern, die den Markt beherrschten. Außerdem stand das Gerät im Einklang mit den Designprinzipien, die ich bei der *Ballbarrow*-Karre angewendet hatte. Es war zweckmäßig, technologisch originell und visuell interessant.

Damit ging ich nun Klinken putzen. Im wahrsten Sinne des Wortes. Ein paar Telefonate mit Herstellerfirmen, und ich hatte Gesprächstermine vereinbart. Ich lud die Prototypen in den Kofferraum meines Wagens und machte mich auf den Weg, um die Menschheit zu beeindrucken. Schon früher hatte ich als Vertreter gearbeitet und erwartete daher nicht wirklich, dass sich jeder sofort in die Maschine verlieben und mich mit Gold überhäufen würde. Doch da draußen musste es irgendjemanden geben, der all dies haben wollte. Oder?

Die Lizenz zum Saugen

Mein erster Gedanke war natürlich, mich an Hoover zu wenden. Ich rief dort an, um einen Gesprächstermin zu vereinbaren, und wurde belehrt, dass ich als Erstes eine Vereinbarung unterschreiben müsse. Das erschien mir sinnvoll, da beide Seiten ihre Interessen schützen wollten. Und viele Firmen sind nicht einmal interessiert daran, sich Erfindungen anzuschauen, weil sie Angst haben, man könne sie später beschuldigen, die Idee gestohlen zu haben. Manche lassen Vermittler für sich arbeiten, um auf diese Weise eine Distanz zu schaffen. Die Leute von Black & Decker zum Beispiel ließen mich nicht in ihr Gebäude, als ich versuchte, ihnen eine Lizenz zu verkaufen. Sie bestellten mich in einen Container, und eine unabhängige Patentgutachterin nahm meinen Staubsauger unter die Lupe. Das war schon seltsam, denn die Dame hätte das Patent ebenso leicht für Black & Decker stehlen können wie jeder andere.

Die Manager von Hoover gaben sich nicht mit derartigen Nettigkeiten ab. Eine Klausel in der Vereinbarung, die ich unterschreiben sollte, besagte: Was immer unsere Gespräche ergeben würden, wäre automatisch Eigentum von Hoover. Das war schon außergewöhnlich niederträchtig, denn in unseren Gesprächen ging es schließlich um meine neue Technologie. Es war etwa so, als würde ein Einbrecher seine Opfer im Voraus per Brief informieren und damit seine Tat für legal erklären.

Ich verlangte, die Klausel müsse herausgenommen werden. Die Leute von Hoover weigerten sich und sahen nie wieder etwas von mir. 1995 erklärte ihr Vizepräsident für Europa, Mike Rutter, in einer Fernsehsendung, man bedauere, meine Erfindung nicht gekauft und im Stahlschrank versenkt zu haben: ein nicht gerade verbraucherfreundlicher Gedanke.

Alle anderen Hersteller waren immerhin bereit, ein Verschwiegenheitsabkommen zu unterzeichnen. Während der nächsten zwei Jahre wandte ich mich an alle, an wirklich alle.

Nach Hoover kam zuerst Hotpoint in Peterborough an die Reihe. Ich sprach mit dem Marketingmanager, erklärte die Vorzüge der Technologie, zeigte meine Broschüre und das Gerät selbst. Sein Kommentar: »Dieser Prospekt taugt überhaupt nichts.« Ich klapperte Electrolux, Goblin, AEG, Electrostar, Alfatech, Shopvac, Black & Decker, Zanussi, Vorwerk, Vax und Hamilton Beach ab. Die Szenen dort liefen im Grunde immer gleich ab: Ich hatte eine halbe Stunde zur Präsentation des Gerätes, meine Vorstellungen konnte ich anschließend erläutern, beim Mittagessen. Ich wusste vor einem Gespräch aber nie, ob ich es mit einer Person oder mit zwanzig zu tun haben würde. Also zog ich immer mit meinem Modell, der Broschüre und den Testergebnissen los, ohne zu wissen, ob es eine formelle Präsentation sein würde oder ein informeller Plausch.

Bei Hamilton Beach sagte man mir: »Sie haben zwei Minuten, um uns zu überzeugen.« Was für ein sinnloser Albtraum. Der abwegige Gedanke dahinter kann nur gewesen sein: Dieses Produkt ist Mist, also täuschen Sie uns mal darüber hinweg. Anders kann ich es mir nicht erklären. Warum sollte man jemanden überzeugen müssen, wenn das Produkt gut ist? Die Leute dort waren ohnehin Verrückte, denn ich durfte das Wort »saugen« nicht benutzen. Vermutlich dachten sie dabei an Fellatio. Vollidioten.

Wenigstens waren die meisten größeren Hersteller daran interessiert, mit mir zu sprechen. Oft wurden Dutzende von Leuten hinzugerufen, die sich das Gerät anschauten. Ich setzte mich mit dem Marketingchef, mit den Leuten vom Verkauf und mit denen der Entwicklungsabteilung auseinander und erläuterte die Vorteile für den Verbraucher.

Merkwürdigerweise schien mir niemand zuzuhören, selbst wenn klar war, dass die Technologie funktionierte. Ich lernte sehr schnell, wann mir jemand zuhörte und wann nicht. Der Grund für ihre verschlossenen Ohren war: Alle interessierten sich nur dafür, wie sie ihr eigenes Produkt schützen konnten.

Bei Electrolux sagte man mir ganz klar, dass ich nie einen Staubsauger ohne Beutel verkaufen würde, denn auch die brächten eine Menge Geld ein. Das einzig Positive, das ich hörte, war: »Der Schlauch gefällt uns.« Jahre später, 1986, brachten sie ein Gerät heraus, das einen Schlauch wie an meinem Staubsauger hatte. Nach und nach kam ich zu dem Schluss, dass ich immer eine Abfuhr erhielt, weil die Firmen mein Produkt einfach nicht wollten. Mit der Qualität hatte es überhaupt nichts zu tun. In England lehnten die Firmenmanager den Staubsauger ab, weil sie zu sehr wie Engländer dachten. In Deutschland lehnten die Manager das Gerät ab, weil ich Engländer war. Mir kam es vor wie ein Syndrom: »Ist nicht bei uns erfunden worden.«

Bei AEG in Frankfurt waren die Leute besonders erpicht darauf, mein Gerät in den Schmutz zu ziehen. Der Technische Leiter kippte einen großen Müllbeutel voll Dreck auf den Boden und rammte meinen Staubsauger so tief in diesen Haufen, dass der untere Teil des Gerätes nicht mehr zu sehen war. Er vergaß, dass Bürstsauger nicht für eine derartige Aufgabe konzipiert sind. »Sehen Sie«, rief er, »es funktioniert nicht.« Dann holte er den neuesten AEG-Bodenstaubsauger herbei und saugte große Schmutzbrocken mit dem Schlauch ab. Es war reine Defensivtaktik. Er ignorierte erstens, dass mein Gerät ein Bürstsauger war, und zweitens, dass er nur einen Prototyp vor sich hatte. Doch das wollte der Kerl gar nicht wissen.

Herr Schottal von Electrostar veranstaltete alle möglichen Tests mit dem *Dual Cyclone*, fand Gefallen daran und lehnte schließlich doch ab. Ich glaube, ihn schreckte der Gedanke an Tantiemenzahlungen ab. Ein paar Jahre später brachte die Firma dann ihren »Zyklon« heraus. Andere Unternehmen zogen sich nur in ihr Schneckenhaus zurück.

Es war schon außergewöhnlich und für mich nicht nachvollziehbar. Keines der Unternehmen war an dem wesentlichen Punkt interessiert: Es gab eine Neuerung, von der die Verbraucher ganz wesentlich profitieren konnten. Es war ein gewaltiger Sprung vom mangelhaften alten Sauger zum neuen Gerät mit höchster Effektivität und ohne Saugkraftverlust. Für jeden einzelnen Hersteller hätte das Gerät einen gewaltigen Vorteil gegenüber der Konkurrenz bedeutet. Besonders kurios war meine Erfahrung mit der Firma Goblin: Man konnte mir nur mit Schwierigkeiten einen Termin geben, weil alle Mitarbeiter auf Kurzarbeit waren, ihre Staubsauger verkauften sich so schlecht.

Stets bekam ich nur zu hören: »Unsere Geräte funktionieren wunderbar, so wie sie sind.« Und: »Die Menschen sind an Staubbeutel gewöhnt.« Und: »Wir finden es gut, Staubbeutel zu verkaufen.« Wenn meine Gesprächspartner nicht gerade diese lächerlichen Einwände hervorbrachten, stöhnten sie nur oder schauten pikiert in die andere Richtung. Manchmal schauten sie sich auch gegenseitig wissend an oder lachten sogar. Es war zum Verrücktwerden.

Von Electrolux wurde ich einige Jahre später sogar ein zweites Mal abgebügelt. Inzwischen waren einige meiner Staubsauger bereits anderswo in Lizenz gebaut worden. Ich reiste nach Schweden, um mit dem Mann zu sprechen, der weltweit für die Haushaltsgeräte der Firma zuständig war. Die Ingenieure testeten mein Modell zwei Tage lang. Dann fragte sie der Chef in meiner Gegenwart: »Funktioniert es besser als ein Beutel?« – »Ja.« – »Filtert es besser?« – »Ja.« Dann drehte er sich zu mir um und sagte: »Wir sollten in das Geschäft einsteigen. Wir können mehr für den Staubsauger verlangen und verdienen damit auch mehr Geld.« – »Halleluja«, dachte ich. Er war der erste Mensch, der begriffen hatte, dass wir ein Produkt anboten, das sonst niemand hatte. Zwei Wochen später rief ich an, um zu fragen, wie die Dinge stünden. Ich erfuhr, dass er den Plan im englischen Produktionszentrum vorgestellt hatte. Dort lief gerade ein neues Modell vom Band, das die Firma selbst entwickelt hatte. Sie waren nicht mehr interessiert.

1 Die Lizenz zum Saugen

In diesen zwei Jahren, in denen ich mich quer durch Europa arbeitete, überlebte ich nur durch einen Gedanken: Morgen wird alles besser. Man muss so denken, sonst kann man nicht mehr weitermachen. Nach jedem Rückschlag, vor jedem Gespräch suchte ich mir einen Grund, optimistisch zu sein: »Sie wollen das Produkt, weil sie innovative Technologie wollen.« Oder: »Sie wollen es, weil sie Deutsche sind.« Mit jeder Ablehnung lernt man über sein Produkt ein wenig mehr und versucht weiterzukämpfen.

Leider gab es in Großbritannien in allen Lebensbereichen die »Geht-nicht-Mentalität«. Ich erkannte schnell, dass hier jeder Versuch, eine Lizenz zu verkaufen, verschwendete Zeit war. Eine Kombination aus Apathie, chronischer Defensivhaltung bezüglich der eigenen Produkte und der Angst um die Marktanteile hatte jegliches Interesse versiegen lassen, etwas Neues zu entwickeln. Mit meinem Versuch, Lizenzen zu verkaufen, warnte ich die Hersteller nur vor einem potenziellen Konkurrenten.

Man kann diese »Geht-nicht-Mentalität« in Großbritannien überall sehen. Bittet man zum Beispiel einen Bauarbeiter, irgendetwas zu machen, ist seine erste Reaktion ein Nein. Bittet man ihn, einen Haufen Mauersteine zu verlagern, wird er die Augen verdrehen, tief einatmen und auf all die damit verbundenen Schwierigkeiten hinweisen. Dann wird er sagen: »Es könnte länger dauern.« Oder: »Das kostet einiges.« Gewöhnlich sagt er beides.

In der britischen Industrie ist es ähnlich, wenn es um finanzielle Förderung geht, auch im Wirtschaftsministerium. Erst bekommt man vorgehalten, warum es nicht geht, warum es falsch ist, warum es ein Risiko ist. Diese Einstellung ist auch sehr bequem. Es gibt immer 99 Gründe, warum ein Projekt scheitern könnte. Die Begründung, warum etwas zu einem Erfolg werden kann, fällt stets viel kürzer aus. Das ist die Ursache dafür, warum in Großbritannien nichts passiert.

Das trifft auch auf die ehemaligen potenziellen Partner zu, meine heutigen Konkurrenten. Kaum jemand sagte »nein« – es sagte einfach nie jemand »ja«. Alle nutzten die Verhandlungen um Lizenzen einfach dazu, mich hinzuhalten. Bis fest steht, dass nichts geschieht – und man kurz vor dem Bankrott steht.

Gegen Ende 1982 war ich fast zwei Jahre lang ohne Erfolg in Europa herumgerauscht. Tom Essie, der Firmenleiter von Rotork, sagte damals zu Jeremy Fry: »Was zum Himmel ist aus *James Dyson* geworden?« Jeremy berichtete von meinem Schicksal. Essie fragte daraufhin, ob Rotork sich nicht der Angelegenheit annehmen solle. Gemeinsam stellten wir einen Geschäftsplan für die Produktion eines *Dual-Cyclone*-Bürstsaugers auf. Der Vorstand von Rotork stimmte zu, vermutlich aufgrund des Einflusses von Jeremy. In aller Eile schlossen wir einen Vertrag, nach dem ich 20 000 Pfund plus 5 Prozent Tantiemen pro verkauftem Modell bekam. Damit machte ich mich ans Werk und entwickelte den Staubsauger weiter. Nach zwei Monaten war das Holzmodell fertig, das zeigte, wie er aussehen würde. Ein weiteres Modell zeigte, wie er funktionieren würde.

Im August 1983 war die voll ausgereifte Version fertig. Der Staubsauger hatte wie geplant zwei Zyklonkammern und einen durchsichtigen Behälter. Schon bei der Entwicklung hatte ich einen großen durchsichtigen Behälter benutzt, damit ich sehen konnte, was sich in der äußeren Zyklonkammer abspielte. Ich dachte mir, der Kunde würde das auch wollen. Es machte mir vor allem viel Spaß. Der Staubsauger hatte auch schon einen Teleskopschlauch, der aber noch außen um das Gerät gewickelt war. Das Pastellrosa ließ das Modell fast wie ein Lebewesen aussehen.

Gleich zu Beginn dieses Projektes geschah etwas, das immer verhängnisvoll ist: Tom Essie übernahm andere Aufgaben, und ein Finanzmanager übernahm die Leitung. Damit war es zum

Sterben verurteilt, das wusste ich. Es ist immer schlecht, wenn derjenige geht, der ein Projekt initiiert hat. Ein neuer Manager spielt dann nur die Hebamme für das Baby eines anderen. Je größer sein Ehrgeiz, desto mehr wird er andere mit eigenen Ideen und Projekten beeindrucken wollen. Deshalb scheitert das ursprüngliche Vorhaben.

Darüber hinaus war der Neue auch noch ein Geldmensch. Für Innovationen braucht man Kreative und keine Erbsenzähler. Jemand, der die Kosten kontrolliert, ist am wenigsten für eine leitende Position geeignet. Natürlich braucht man ihn, aber er sollte nicht an der Spitze stehen. Trotzdem führte ich die Gestaltung durch und half diesem Menschen, wenn ich darum gebeten wurde. Allerdings war ich völlig verstört, als die falschen Werkzeugbauer den Auftrag bekamen und deshalb das Aus drohte. Im Laufe der Monate wurde immer klarer, dass dieser Kerl unfähig war. Deshalb nahm ich Kontakt mit der Firma Zanussi auf. Ich hatte gerade erst entdeckt, dass sie auch für andere Hersteller Plastikprodukte fertigten. Zanussi baute den Staubsauger, Klene-eze verkaufte ihn und Rotork fungierte nur als Finanzier.

Ungefähr 500 Stück des Modells mit Namen *Cyclon* kamen auf den Markt. Mir war das nur recht. Es wurden wenige im Direktverkauf losgeschlagen, aber ich bekam wertvolle Reaktionen von Verbrauchern bezüglich seiner verschiedenen Funktionen und der Strapazierfähigkeit. Das war Marktforschung aus erster Hand. Der zweite Vorteil des kleinen Kundenstamms: Im Fall von ernsthaften Problemen konnte es keinen großen Aufruhr geben.

Es gab jedoch keine ernsthaften Probleme. Viele der damals verkauften Modelle sind heute noch im Einsatz. Einige Besitzer fragen an, ob sie ihren Staubsauger vielleicht gegen einen *Dyson* eintauschen können. Andere melden sich wegen kleinerer Reparaturen, und wir helfen natürlich gern.

Die Lizenzvereinbarung mit Rotork hielt allerdings nicht sehr lange. Die Firma verlor das Interesse, als klar wurde, dass noch einige Veränderungen am Gerät notwendig waren.

Da Staubsauger nicht zu ihrem Kerngeschäft gehörten, war die Firma nur allzu bereit, die Lizenz für das Vereinigte Königreich an einen anderen Interessenten zu verkaufen. Jenes Unternehmen machte das Projekt dann völlig platt.

Immerhin, wir hatten ein paar Hundert Staubsauger produziert und verkauft. Jetzt zog es mich wieder über den großen Teich. Die Amerikaner hatten uns zwar mit der *Ballbarrow* über den Tisch gezogen, aber dort erwartete ich das Gegenteil der Mentalität, die ich in meiner Heimat vorgefunden hatte. So war es auch. Man muss allerdings der britischen Industrie gegenüber fair sein. Die amerikanischen Hersteller zeichnen sich nicht nur durch größeren Ehrgeiz und bessere Vorstellungskraft aus. Auf dem amerikanischen Markt herrscht auch ein viel härterer Wettbewerb als in meiner Heimat, denn es geht dort um sehr viel mehr. Ein fünfmal so großer Markt und eine wesentlich höhere Kaufkraft pro Kopf bedeuten, dass die potenziellen Gewinne wesentlich höher sind.

Daher schien Amerika für ein Produkt mit brandneuer Technologie, wie der *Dual Cyclone* es war, ein viel besserer Markt zu sein. Jeder hielt meinen Staubsauger für ein Nischenprodukt, falls ihm überhaupt Chancen eingeräumt wurden. Großbritannien ist mit seinen 60 Millionen Einwohnern zu klein, als dass es sich lohnen würde, für ein Nischenprodukt eine Firma zu gründen und in Werkmaschinen zu investieren. In Amerika ist wegen der fünfmal so großen Bevölkerung jede Marktnische fünfmal größer, und jeder Verbraucher hat etwa doppelt so viel Geld zur Verfügung. Im Klartext: Der Markt ist zehnmal so groß und das Risiko um ein Zehnfaches geringer.

Meiner Meinung nach aber war mein Staubsauger kein Nischenprodukt, sondern entsprach dem allgemeinen Geschmack. Das Risiko, das in der Praxis auszuprobieren, konnte man jedoch nur in Amerika eingehen. Dort würde er nämlich auch dann auf dem Markt bestehen, wenn sich herausstellte, dass er nicht den Wünschen des Durchschnittsverbrauchers entsprach. Diese Ausgangslage sowie ein natürlicher Hang zu Optimismus und Gier hat bei den Amerikanern eine äußerst positive Einstellung zu neuen Technologien hervorgebracht. Denken Sie nur: Automobil, Telefon und Fernsehen wurden in Europa erfunden – ihr Marktpotenzial aber wurde in Amerika erschlossen. Zur Initialzündung für meine Aktivitäten in Amerika wurde, dass einige Manager im Bordmagazin von TWA ein kleines Foto vom *Cyclon* gesehen hatten. Sie schrieben mir, ich machte Gesprächstermine aus und flog Anfang 1984 erneut nach Amerika, um mein Glück zu versuchen.

Die Szene sah dann an jedem Flughafen gleich aus: Ich stieg aus der Maschine und schleifte meinen Koffer, den *Cyclon*-Staubsauger und den Bodenstaubsauger durch die Halle zum Autoverleih und anschließend hinaus zum Leihwagen. Dann fuhr ich stundenlang, um zu einem Geschäftstreffen zu kommen. Nach einer Weile war ich von diesen Anstrengungen und dem psychischen Stress, jeden Abend in einem anderen Hotel schlafen zu müssen, völlig ausgezehrt. Ich vermisste meine Familie und sah nur noch schwarz.

Wenigstens die »Machen-wir-Mentalität« erleichterte mich nach der negativen Einstellung in Großbritannien etwas. Ich nahm an Besprechungen teil, bei denen Manager brüllten: »Hi James, ich stell dir mal die anderen Kerle vor! Wir werden ein Riesengeschäft machen. Wir bringen das Ding ganz groß raus. Wir werden den Leuten Beine machen. Wir werden es der Welt zeigen!«

Firmen wie Grand Met, Black & Decker, Kirby, Conair, Shopvac und Filter Queen machten einen Riesenwirbel um mich.

Stets wurde die gesamte Unternehmensleitung zusammengerufen, wenn ich kam. Die Herren wedelten dann mit den Armen herum und brüllten: »Wir haben schon Leute aus der ganzen Welt hierher eingeflogen. Wir werden den Plan unterstützen, und wir werden Geld wie Heu damit machen.« Natürlich ist das hauptsächlich dummes Gerede. Das ist die negative Seite der »Machen-wir-Mentalität«. Die Erfolgsquote bei meinen Verhandlungen war gleich Null.

Wieder daheim in Bath, bekam ich dauernd Anrufe wie: »Klar, James, wir stehen voll hinter Ihnen, hundert Prozent, wir sind kurz vor der Entscheidung, wir reden schon über Geld. Wir diskutieren schon juristische Fragen, wir reden über Geschäftspläne.« Man betreibe Marktforschung, stelle Kostenpläne auf, mache Tauglichkeitsstudien, kümmere sich um Patentfragen, prüfe Marktpotenziale und so weiter. Gemeint war all die Vorarbeit, die gemacht wird, um herauszufinden, ob ein Projekt sich lohnen wird. Sie erzählten mir diesen Mist, und nach einer Weile hörte ich nichts mehr von ihnen.

So etwas passierte mir ziemlich oft, und die Erfahrung war deprimierend. Ich bereiste ganz Nordamerika, von einem Staat zum nächsten, und dachte immer wieder, es würde zum Geschäftsabschluss kommen. Doch jedes Mal musste ich wieder eine Enttäuschung einstecken. Nur die fast religiöse Begeisterung, die mein Staubsauger bei vielen leitenden Angestellten hervorrief, ließ mich durchhalten.

Einige überzeugten ihre Vorstände, in das Geschäft mit dem Zyklonenstaubsauger einzusteigen. Doch später wurde der Plan dann fallen gelassen. Eine Reihe von Managern kündigte danach sogar aus Verbitterung über die Kurzsichtigkeit in ihren Vorstandsetagen. Ich übertreibe nicht, wenn ich sage, dass meine Odyssee durch Amerika in den achtziger Jahren eine Spur von ruinierten Karrieren hinterließ. Jedenfalls machte mir die Tatsache Mut, dass so viele andere auch an das Potenzial meines

Produkts glaubten. Das überzeugte mich davon, dass sich meine Hartnäckigkeit irgendwann auszahlen würde.

Das Problem war: Durchhaltevermögen ist ausgesprochen kostspielig. Ein Beispiel: Ich hatte wochenlang mit DP Products, einer Tochterfirma von Grand Metropolitan, verhandelt und deshalb in Mississippi festgesessen. Wir standen kurz vor dem Geschäftsabschluss. Dann überlegten es sich die Herren eines Morgens plötzlich anders und stiegen aus. Ich stand vor dem Nichts und einer Anwaltsrechnung von 35000 Pfund.

Entstehen Anwaltskosten durch ein Geschäft, aus dem letztlich nichts wird, können sie in Großbritannien nicht von der Steuer abgesetzt werden. Diesen Riegel schob der Gesetzgeber einst vor, damit Immobilienspekulanten ihre Gewinne nicht mehr durch alle möglichen Anwaltskosten klein rechnen konnten. Man hatte vermutet, dass Immobilienhaie zahllose Deals fingiert und platzen lassen hatten, um durch die Anwaltskosten ihre Steuerschuld zu mindern.

Ich hatte darunter besonders zu leiden, denn in meiner Karriere platzten unzählige Geschäftsabschlüsse. Ich lernte daraus, mich in die Grundlagen des Vertragsrechts einzuarbeiten und jeden Vertrag in den Grundzügen selbst zu entwerfen. Meinen Anwalt rief ich nur noch hinzu, wenn ein Abschluss absolut sicher erschien, denn mein Rechtsbeistand kostete 3000 Pfund am Tag.

Die Lizenzverträge platzten auch weiterhin. Aus unterschiedlichen Gründen. Die Bereitschaft, meinen Staubsauger zu produzieren, war wesentlich größer als in Großbritannien, aber es gab viele Hindernisse. Black & Decker zum Beispiel war bekannt dafür, mit Erfindern faire Verträge abzuschließen und neue Erfindungen zu erfolgreichen Produkten zu machen. Ich hätte liebend gern mit ihnen abgeschlossen. Wie bereits erwähnt, hatten sie mich bei meinem ersten Versuch in einen Container gesetzt und den Staubsauger von einer Patentgutachterin inspizieren lassen. Sie hätten lieber einen Ingenieur schicken sollen, der hätte die Technologie wenigstens verstanden.

Der zweite Anlauf der Lizenzverhandlungen mit Black & Decker sollte mein Leiden nur noch viel mehr verlängern. Vor allem brachte er ans Tageslicht, wie durch und durch mies die amerikanische Art des Geschäftemachens sein kann. Bei den Besprechungen verstanden wir uns bestens. Alle fanden mein Produkt toll. Die Verhandlungen liefen gut. »Dieses Mal klappt es« dachte ich und kehrte heim nach England.

Wenige Tage später traf ich mich mit dem Generaldirektor für Produktentwicklung und dem Generaldirektor für Rechtsfragen noch einmal bei mir zu Hause. Dort verhandelten wir weiter und klärten Details, bis ich dachte, es sei Zeit, meinen Anwalt hinzuzuziehen. Im Prinzip hatten wir alles geklärt. Nur die Höhe der Pauschale, die ich vorab erhalten würde, und die Höhe meiner Mindesttantieme waren noch offen.

Die Frage der im Voraus zu zahlenden Pauschale ist sehr wichtig. Es ist sozusagen ein Abschlag, der nicht zurückgezahlt werden muss. Für mich war er lebenswichtig, denn ich musste meine Anwaltskosten bezahlen. Außerdem zeigten mir die Lizenznehmer mit dieser Investition, dass sie den Staubsauger wirklich produzieren wollten. Bei einem Lizenzvertrag überlässt man schließlich dem Hersteller seine Technologie, und das erste Jahr verbringt die Firma damit, das Produkt nach ihren Wünschen zu gestalten. Dann kann es noch ein weiteres Jahr dauern, bis die Werkmaschinen gebaut und installiert sind, bis das Produkt auf den Markt kommt. Erst dann bekommt man seine erste Tantiemenzahlung. Einige Verhandlungspartner versuchten damals allerdings, eine Verrechnung der Pauschalzahlung mit der Tantiemen festzuschreiben. Darauf sollte man sich nie einlassen.

Die Höhe des Abschlags ist frei verhandelbar. Damals konnte es jede Summe zwischen 30000 und 200000 Pfund sein. Je höher diese Zahlung, desto besser. Sie macht den Erfinder nicht nur reicher, sie ist auch ein Gradmesser für das Engagement der Hersteller. Wenn die Firma nicht am Anfang ein wenig bluten muss, könnte ein großes Unternehmen wie Black & Decker Gott weiß wie lange auf der Lizenz sitzen, ohne dass etwas geschieht. Dagegen ist man dann machtlos.

Wesentlich bei einem Lizenzvertrag ist auch die Frage der Tantieme und des Stichtages, an dem die Zahlungen beginnen. Das bedeutet: Beide Vertragspartner gehen davon aus, dass an einem bestimmten Datum die Produktion beginnt. An diesem Stichtag beginnen die Tantiemenzahlungen. Dadurch wird die Herstellerfirma dazu gezwungen, die Produktion zu beginnen. Andernfalls könnte sie nie beginnen, und man würde nie seine Tantieme bekommen.

Die meisten Unternehmen wollen allerdings zu Beginn eines Lizenzvertrags nichts zahlen. Erst wenn der Verkauf des Produkts beginnt, wollen sie den mageren Prozentsatz zahlen, den man vom Gewinn bekommt. Dann verdienen sie selbst schon Geld damit. Ist es einmal so weit, werden sie alles Mögliche versuchen, um die Höhe der Tantieme neu zu verhandeln und dem Erfinder praktisch nichts zu zahlen. Jedenfalls war es bei jeder Lizenzvereinbarung so, die ich jemals unterzeichnet habe.

Bei den Verhandlungen mit Black & Decker brachte ich schließlich auch den Punkt Abschlagszahlung zur Sprache. Der Generaldirektor Paul J. Lerner, ein selbstgefälliger Pfeifenraucher mit Fliege, sagte dazu: »O nein, James, nichts, bis der Verkauf beginnt.« Erbärmlich, nicht wahr? Ein gigantischer Konzern will einen kleinen Erfinder um ein paar Dollar bringen. Man erwartet von ihm, den finanziellen Verlust einfach so wegzustecken, falls das Projekt scheitert. Bei der totalen Ebbe in meiner Kasse lag mir an der Abschlagszahlung mehr als an allem anderen. Ich brauchte das Geld, um zu überleben.

Der Chef der Produktentwicklung raufte sich die Haare, weil er den Vertrag unbedingt abschließen wollte. Der Mann für Rechtsfragen aber blieb bezüglich meiner Grundabsicherung im Lizenzvertrag stur. »Wie soll ich wissen, ob es Ihnen ernst ist, wenn Sie nicht zahlen wollen?«, fragte ich. »Oh, wir meinen es ernst, wir sind Black & Decker«, erwiderte er. »Schön, ich bin James Dyson. Es könnte zehn Monate dauern, bis es losgeht. Ich habe Ihnen die neue Technologie zur Verfügung gestellt, andere mögliche Lizenznehmer links liegen gelassen, und Sie könnten mich einfach am langen Arm verhungern lassen. Das ist unglaublich unfair.« – »Sie müssen uns einfach vertrauen«, sagte er. »Das reicht mir nicht«, antwortete ich. »Sie müssen mir schon 100000 Pfund geben, dann können wir uns gegenseitig vertrauen.« Lerner blieb weiterhin stur, dem Produktmanager standen die Tränen in den Augen. So flogen beide zurück nach Amerika.

Wieder ein Vertragsabschluss geplatzt. Noch immer wollte niemand meinen Staubsauger produzieren. Ich musste weiter mit meinen Schulden leben. Wenigstens hatte ich meinen Anwalt erst im letzten Moment eingeschaltet und so Kosten gespart. Und außerdem würde ich Paul J. Lerner nie wiedersehen. Dachte ich jedenfalls.

Sechs Monate später war ich wieder in den USA und verhandelte mit einer Firma namens Conair. Sie waren der Welt größter Hersteller von Haartrocknern und machten einen Jahresumsatz von 500 Millionen Dollar. Dort hatte man den *Dual Cyclone* gesehen und beschlossen, in den Markt für Staubsauger einzusteigen. Die Kerle hatten Weitblick!

Wieder einmal war ich voller Hoffnung. Wieder war ich in Connecticut, nicht weit vom Sitz von Black & Decker entfernt. Der Eigentümer von Conair, Lee Rizutto, war ganz scharf auf mein Produkt, und die Verhandlungen liefen gut. Nur das, was die Amerikaner »Fleißarbeit« nennen, musste noch erledigt werden: die üblichen Zahlenspiele und Geschäftsprognosen, die für jedes potenzielle Produkt gemacht werden.

1 Die Lizenz zum Saugen

Zu diesem Zeitpunkt war ich sehr sicher, dass mein Produkt jede Hürde bei der »Fleißarbeit« nehmen würde. Patentrecht spielt dabei eine große Rolle – der Hersteller will natürlich nicht mit der Produktion beginnen und danach feststellen, dass ein Konkurrent ganz legal eine Kopie herstellt.

Die Tatsache, dass ein Patent registriert ist, bedeutet noch nicht viel. Nur, dass das Patentamt mit den Formalien zufrieden war. Falls aber die Leute von der Behörde bei der Prüfung des Patentantrags etwas übersehen haben, kann jemand die Gültigkeit des Patentes anfechten. Eine Kleinigkeit genügt. Wenn zum Beispiel ein Detail der Technologie in einem Patent als Innovation ausgewiesen ist, obwohl es vor Eingang des Patentantrags schon veröffentlicht war, kann es das gesamte Patent zu Fall bringen. Es muss noch nicht einmal identisch sein, nur ähnlich.

Es gibt also Fallstricke. Und wenn jemand eine Lizenz nicht kaufen will, findet er eine Begründung. Das war aber nicht der Fall: Rizutto und David St. George – der Manager, der das Projekt leiten sollte – waren auf meiner Seite. Doch dann erwähnten sie den Namen des Mannes, der bei ihnen für die Fleißarbeit zuständig war: Paul J. Lerner. Dieser Pfeifennuckler hatte seinen Job gewechselt und arbeitete nun für Conair.

»Okay, das ist dann das Ende unserer Verhandlungen«, sagte ich zu Rizutto. »Machen Sie keinen Blödsinn«, antwortete er. »Wir wollen das unbedingt machen. Es wird keine Probleme geben.« – »Ich kenne diesen Lerner«, sagte ich nur. »Seine dermaßen negative Einstellung wird das Projekt zu Fall bringen.« Genau das machte er. Mein einziger Trost war, dass David St. George daraufhin bei Conair kündigte. So etwas hatte ich ja schon öfter erlebt. Ich fühlte mich zwar geschmeichelt, aber davon konnte ich meine Familie leider nicht ernähren.

Irgendwo musste das Geld herkommen. Also tourte ich unermüdlich mit meiner Ein-Mann-Show herum. Es ist wirklich hart, als Einzelner einen Lizenznehmer zu finden. Man muss die Marktchancen des Produktes nachweisen, man muss selbst die Abschlagszahlung aushandeln. Außerdem bekommt man grundsätzlich von den Forschungs-Ingenieuren des potenziellen Partners den Fehdehandschuh zugeworfen: Sie wollen immer beweisen, dass die Technologie nicht funktioniert, denn es war ja nicht ihre Idee.

Erst wenn man das hinter sich hat, geht es um die Details. Diese werden normalerweise von zwei Teams ausgehandelt. Ich war allein. Gewöhnlich saß ich mit dem Vorstandsvorsitzenden und den Vorständen für Finanzen, Entwicklung, Verkauf und Rechtsfragen und deren Anwälten an einem Tisch. Man kann nicht genug betonen, wie zermürbend Sitzungen mit all diesen Spezialisten sind. Jeder hatte sein eigenes Feld, auf dem er mich angreifen konnte. Die Manager von großen Konzernen jagen am liebsten im Rudel und umzingeln ihr Opfer. Einer nach dem anderen versucht, den Gegner zu schwächen. Dann fletschen sie ihre Zähne und schlagen alle gleichzeitig zu.

Einer sagt zum Beispiel: »Wir zahlen Ihnen 5 Prozent Tantieme auf die ersten 100 000 Stück und 2 Prozent auf die nächsten 100 000.« Dann sagt man: »Das ist unfair, weil ...« Noch bevor man seinen Satz beendet hat, wird man von einem anderen Manager unterbrochen. Während man nun auf dessen Aussagen reagiert, greift der Nächste aus einem anderen Winkel an. Jeder versucht, mit seinen Einwürfen den Firmenchef zu beeindrucken. Durch ihren Schulterschluss und die zunehmende Verwirrung des Einzelkämpfers werden die Manager immer selbstsicherer.

Es ist fast wie auf dem Schulhof, wenn ein Kind gehänselt wird. Das Opfer kann den Spieß nicht umdrehen, weil die anderen in der Überzahl sind. Oder wie bei einer Debatte, in der jeder Redner am Pult die Ansichten eines bestimmten Einzelgängers lächerlich macht. Auch wenn man Recht hat – man wird von so vielen niedergemacht, dass man vor lauter Frustration in die

Knie geht. Da ich das jüngste und kleinste Kind in dem großen Haus in Norfolk gewesen war, kannte ich das nur zu gut.

Bei meinen Verhandlungen machte ich furchtbare Fehler.

Meine Schwäche war die Tatsache, dass ich allein, isoliert und finanziell am Ende war. Meine Verhandlungspartner wussten genau, dass die Konkurrenz nicht Schlange stand, um mit mir zu verhandeln. Ich konnte auch nicht parallel mit mehreren Unternehmen so komplizierte, zeitaufwendige und jedes Mal andere Lizenzen aushandeln. Der Gegner wusste, dass ich in die Ecke gedrängt war. Je sicherer er sich dessen wurde, desto härter setzte er mir zu und versuchte, mich völlig übers Ohr zu hauen.

In jenen Jahren lernte ich, wie man Gratwanderungen bewältigt. Genauer: Wie man am Rande des Ruins lebt, denn nur für den großen Konzern läuft die gesamte Zeit das Geschäft weiter. Nur die Manager können es sich leisten, plötzlich auszusteigen. Ich konnte das nicht. Ich hatte investiert, die gewaltigen Patentierungskosten getragen, ich hatte mein Konto enorm überzogen. Je länger sich die Verhandlungen hinziehen, desto verzweifelter braucht man Geld und will den Abschluss erreichen. Das wissen die anderen genau.

Diese Szenerie – ganzes Team setzt dem einsamen Erfinder zu – wurde bei meinen Lizenzverhandlungen mit Shopvac geradezu beispielhaft umgesetzt. Das ist ein großes Unternehmen. Der Gründer William Miller lebte damals noch und war der Patriarch an der Spitze. Er hatte den so genannten Tankstaubsauger erfunden. Es ist ein Bodenstaubsauger, quasi ein Mülleimer mit Motor obendrauf. Er wurde Tankstaubsauger genannt, weil die Amerikaner ihn wie einen Heizöltank im Hauswirtschaftsraum aufbewahrten. Damit hatte Miller sein Imperium begründet und Millionen verdient.

Nun wollte er expandieren und eine Lizenz für meine Technologie kaufen, um sie beim Tankstaubsauger einzusetzen. Darüber hinaus wollte er einen ganz gewöhnlichen Staubsauger damit ausrüsten, um mehrere Marktsegmente abzudecken. Ich reiste nach Williamsport in Pennsylvania und hatte mehrere erfolgversprechende Treffen mit den Vorständen des Unternehmens. Mein Doppelzyklon-Staubsauger wurde allen möglichen Tests unterzogen, und man schien zufrieden zu sein.

Merkwürdigerweise wurden die Besprechungen ins Marriott-Hotel von Saddleback in New Jersey verlegt, als die ernsthaften Vertragsverhandlungen begannen. Es war ein Zimmer wie in jedem Marriott-Hotel: Ein Sofa mit scheußlichem Blümchenmuster, pastellfarbene Bettwäsche und ein Acrylteppich wie im hintersten Winkel Amerikas. Die Vorstände für Technik und Rechtsfragen saßen auf dem Bett, die für Finanzen und Verkauf auf dem Sofa. Der Vorstand für Marketing verschwand dauernd in der Toilette. Der Firmengründer William Miller war auch dabei. Er hockte in einem Sessel und beäugte uns schweigend.

Ich trug einen ziemlich wild aussehenden, silber gesprenkelten Anzug, stand die meiste Zeit und versuchte, mich zu benehmen wie ein Anwalt. Die anderen versuchten, mich zu zermürben, bis ich bei den Details des Lizenzvertrages klein beigeben würde. Manchmal einzeln, manchmal alle zusammen. Ich fühlte mich immer mehr in die Ecke gedrängt und fragte mich, ob die Ursache des Problems wohl der Anzug sei. Als es schon nach einem Abschluss aussah, forderten sie Konditionen, die für mich völlig inakzeptabel waren. Ich sagte nur: »Das kommt nicht in Frage.«

Wir hatten zu diesem Zeitpunkt bereits mehrere Stunden lang verhandelt. Erst jetzt brach der betagte Firmengründer sein Schweigen, hievte sich aus seinem Sessel und baute sich wie ein Grizzly vor mir auf. Störrisch und eigenbrötlerisch wie der alte Kerl in der TV-Serie »Der Mann aus den Bergen« bekam er einen Wutausbruch: »Was glauben Sie eigentlich, wer Sie sind? Sie können froh sein, dass wir mit Ihnen verhandeln. Wir kennen uns mit solchen Dingen aus. Sie sollten lieber den Mund halten und akzeptieren, was wir Ihnen anbieten.«

»Schön«, sagte ich und stopfte meine Unterlagen in die Aktentasche. Bevor ich ging, fügte ich hinzu: »Ich fliege jetzt nach Washington zu Black & Decker. Wenn Sie Ihre Meinung ändern sollten – Sie wissen, wo Sie mich erreichen können.« Als ich ging, versuchte ich, stark, hart und kantig auszusehen wie Charles Bronson, aber mein Herz schlug wild.

Einer der Männer kam hinter mir her, ein ruhiger Typ namens Jonathan Miller. »Nehmen Sie meinen Vater einfach nicht zur Kenntnis – er hat heute schlechte Laune«, sagte Miller. »Wenn er an den Verhandlungen beteiligt ist, muss ich ihn wohl zur Kenntnis nehmen«, erwiderte ich. »Sie sind sieben Kerle, und ich bin allein. Keiner von Ihnen sollte einen Wutausbruch bekommen und versuchen, mich zu nötigen. Ich gehe zu Black & Decker.«

Vor dem Ausgang des Hotels blieb ich auf der Treppe stehen, atmete die Abendluft tief ein und sagte mir: Es ging nur um einen Vertrag. Ich habe weder einen Arm verloren noch einen guten Freund. In jenem Moment sagte der Portier zu mir: »Toller Anzug«, was mein Vertrauen in die Geschäftskultur Amerikas allerdings auch nicht steigerte.

Von nun an versuchte ich, mir möglichst viele potenzielle Lizenznehmer gleichzeitig warm zu halten. Lange Zeit erwies sich dies nur als ein Wunschtraum. Der Gedanke dahinter war aber: Wenn und falls ich tatsächlich konkrete Angebote bekäme, könnte ich mir das beste aussuchen.

1984 hatte ich fast drei Jahre damit verbracht, den *Cyclon* wie Sauerbier anzupreisen, und immer noch keinen Pfennig verdient. Ich war fast nie zu Hause gewesen, und meine Frau hatte allein zurechtkommen müssen. Meine Firma *Prototypes Ltd.* war so gut wie zahlungsunfähig, und ich fürchtete, Jeremys endlose Geduld könne vielleicht doch ein Ende haben. Dann erhielt ich eines Morgens einen Anruf. Es war noch sehr früh. Am anderen

Ende der Leitung sprach ein Mann, von dem ich noch nie etwas gehört hatte.

»Hi James«, sagte er mit sanfter Stimme, »ich habe Ihre Werbung gesehen. Ich glaube, Sie haben ein Produkt, das niemand hat, jeder braucht und nur Sie liefern können.« – »Sehr nett von Ihnen.« – »Das ist genau unsere Philosophie«, fuhr er fort, »wir brauchen Produkte, die niemand hat, jeder will und die nur wir herstellen.« – »Wie passend. Wer sind Sie eigentlich?« – »Ich bin der für das internationale Geschäft zuständige Vorstand der Amway Corporation. Ich steige noch heute in eine Maschine und komme zu Ihnen nach Europa.«

Der große Deal

Mein Dilemma: Soll ich einen Vertrag schließen oder weiterpokern?
Täuschung und Betrug werden mir vorgeworfen. Streit um einen Rollstuhl.
Jeremy steigt aus. Meine Schulden steigen ins Unermessliche.

Am Dienstag, dem 13. März, um 13 Uhr 13 war es so weit. Das Vorstandsmitglied von Amway landete auf dem Londoner Flughafen Heathrow. Er mietete sich einen Jaguar und fuhr zu mir aufs Land. Gegen 16 Uhr klingelte er an meiner Tür. Er war rundlich, aber nicht fett, trug einen Nadelstreifenanzug und war so charmant, wie man sich nur wünschen konnte, absolut angenehm. Das war mir sehr wichtig, denn er war meine einzige Kontaktperson zu dem Unternehmen. Seine Umgangsformen waren amerikanisch, er stammte aber aus Australien. In meiner Werkstatt tranken wir Tee, er erzählte mir von Amway.

Amway war und ist ein sehr berühmtes Unternehmen, in Amerika kennt den Hersteller von Haushaltsreinigern jedes Kind. Jedenfalls sagte der Mann am Ende unseres Gesprächs: »Besuchen Sie uns in der Firmenzentrale. Wir lassen Sie in einer Limousine vom Flughafen abholen und sorgen für Ihre Unterkunft.« Im April 1984 flog ich los.

Kurzum: Für die Lizenz des *Dual Cyclone* bot mir die Firma eine riesige Summe. Und mir erschien sie noch riesiger, weil ich seit fünf Jahren nichts verdient hatte. Ich sah den Himmel schon voller Dollars und dachte: »Ja, das ist es. Jetzt geht's richtig los.« Endlich, endlich, endlich hatte ich das Unternehmen gefunden, das viele Millionen wundervoller *Dual Cyclones* bauen und an alle Menschen verkaufen würde. Meine Familie und ich würden reich und glücklich sein. Ich würde viele weitere wundervolle Dinge erfinden und die Welt verbessern.

Vom Hotel aus rief ich Jeremy an. Er besaß immer noch 49 Prozent von *Prototypes Ltd.*, ich den Rest. Ich berichtete ihm von dem großartigen Angebot. Er kam nach Amerika geflogen, und wir heuerten vor Ort einen Rechtsanwalt an. Der Vertrag wurde zusammengezimmert und innerhalb von vier Tagen per Hubschrauber zu den Vorstandsmitgliedern von Amway geflogen und von ihnen abgesegnet. Bald sollten die Papiere unterzeichnet werden.

Jeremy und ich nutzten diese Zeit, um nach Kalifornien zu fliegen und Tony Richardson zu besuchen. Ich hatte ihn seit der Gestaltung des Roundhouse in London nicht mehr gesehen. Ich war aber vom vielen Reisen und dem inzwischen chronischen Jet-Lag so erschöpft, dass ich eine Schlaftablette nahm und zwei Tage durchschlief. Meinen ersten Aufenthalt in Hollywood verbrachte ich im Bett.

Auf den letzten Drücker, aber einigermaßen erholt, flogen wir zur Unterzeichnung des Lizenzvertrages zurück. In der Vorstandsetage von Amway stellte ich zu meinem großen Entsetzen fest, dass sich die Konditionen geändert hatten: Nun nannten die Herren andere Zahlen für meine Pauschalsumme und die Tantieme. Ich wollte diese Chance, mit dem Zyklonenstaubsauger endlich Geld zu verdienen, aber nicht vergeben. So beschlossen wir beide, den Vertrag trotzdem zu unterschreiben. Es war immer noch ein guter Deal. Wir entschieden uns, alle anderen möglichen Lizenznehmer links liegen zu lassen, unterschrieben und flogen mit einem Scheck in der Tasche nach Hause.

Wieder daheim, fühlte ich, dass eine Last von meinen Schultern genommen worden war. Der jahrelange Kampf war endlich vorbei. Ich war in den letzten Jahren immer frustrierter geworden, und wenn ich entnervt oder frustriert bin, kann ich ein ziemliches Monster sein. Jetzt war ich wieder wie ein Teddybär und hatte endlich Zeit für meine Familie. Deirdre und die Kinder freuten sich darüber so sehr, dass sie die Sache mit dem Kauf einer Marmorstatue aus dem 18. Jahrhundert feierten. Die wurde sozusagen in die Familie aufgenommen. Das war im Mai 1984. Bis August flog ich noch zweimal zu Amway, um einige Skizzen zu übergeben und den weiteren Verlauf des Projekts zu diskutieren.

Im September erhielt ich ein Telex. Darin stand, die Leute von Amway wollten zu mir kommen – wegen Nachverhandlungen. Sie kamen nie. Aber ein paar Tage später erhielt ich ein Schreiben von ihren Anwälten. Darin wurden wir beschuldigt: des Betruges, der arglistigen Täuschung und der falschen Darstellung von Sachverhalten. Begründung unter anderem: Das Produkt sei noch nicht ausgereift genug für den Markt. Merkwürdig war eins: In dem Schreiben war von der Beendigung der Lizenzvereinbarung nicht die Rede.

Wir erwiderten, dass wir davon ausgingen, Amway wolle das Projekt nicht weiterverfolgen. So gab es nur einen Weg: Meine kleine Firma, die nichts besaß außer Schulden von 100 000 Pfund, musste gegen einen milliardenschweren Giganten in die Schlacht ziehen. Das war der Punkt, an dem Jeremy entschied, sich aus der *Prototypes Ltd.* zurückzuziehen. Der Staubsauger war nicht sein Baby, das Ganze kostete nur Geld, und die Lage wurde immer haariger. Ich konnte es ihm nicht verdenken. Er setzte den Entschluss allerdings erst im Oktober 1985 in die Tat um.

Die Trennung unserer Wege hatte sich seit längerem angebahnt. In den vergangenen Monaten hatten wir bei *Prototypes Ltd.* einen neuartigen Rollstuhl entwickelt. Die Anregung war von Jeremys Freund Lord Snowdon gekommen. Für den Gebrauch innerhalb des Hauses war der herkömmliche Allzweck-Rollstuhl nicht nur zu schwer und sperrig – er beförderte auch jede Menge Dreck und Hundescheiße mit ins Heim. Wir hatten daher einen leichten Rollstuhl gestaltet, der nur für den Gebrauch innerhalb des Hauses gedacht war.

Im Gegensatz zum traditionellen Rollstuhl hatte unser Modell angewinkelte Räder und war daher wendiger. Außerdem besaß er einen Motor, und man konnte ihn leicht zusammenklappen und im Kofferraum verstauen. Das Design hatte meiner Meinung nach eine besondere Ausstrahlung und machte ihn originell. Die übrigen Beteiligten wollten unser Modell eher wie jeden anderen Rollstuhl auf dem Markt aussehen lassen. Sie wollten im Grunde einen Allzweck-Rollstuhl. Mich interessierte der Staubsauger, der mein eigenes Kind war, aber wesentlich mehr als dieses Projekt.

Jeremys und meine Interessen gingen immer weiter auseinander. Er näherte sich dem Rentenalter und wollte mit dem Rollstuhl im Prinzip der Gesellschaft einen Dienst erweisen. Er hatte sich vorgestellt, er könne sich nach der Unterzeichnung des Lizenzvertrages in Amerika zurücklehnen und Geld zählen. Als dann die Gewitterwolken aufzogen, hatte er genug. Ich dagegen hatte mich darauf versteift, weiterzukämpfen. Ablenkung durch die Gestaltung eines Rollstuhls konnte ich nicht sonderlich gut gebrauchen.

Bezüglich der Lizenzvereinbarung mit Amway war mir klar: Solange sie angefochten wurde, konnte ich an niemand anderen eine Lizenz verkaufen. Und die Anwaltskosten stürzten mich mit jedem Tag tiefer in die Schuldenfalle. Die Angelegenheit musste schnell geregelt werden.

Der große Deal

Nach mehrmonatigen Verhandlungen schlossen die Anwälte einen Vergleich: Ich musste ihnen jeden Pfennig, den ich erhalten hatte, zurückzahlen. Im Gegenzug wurde die Lizenzvereinbarung beendet, und ich erhielt alle Rechte an meinen Patenten zurück. Dies geschah zu Beginn des Jahres 1985. Ich war pleite, depressiv und am Verhungern. Aber zumindest war ich frei. Genau dann, gerade zur rechten Zeit, tauchte ein Hoffnungsschimmer aus dem Fernen Osten auf.

12

Die Rettung aus Japan

Eine Nation von Erbsenzählern. Ein potenzieller Geldgeber: erst charmant, dann eiskalt. Die Reize des Fernen Ostens. Europäer sind auf einem Auge blind. Ich bin groß und unattraktiv. Warum die Japaner mich mögen. Warum sie den Cyclone noch lieber mögen. Der Test mit den Fingerabdrücken. Der teuerste Staubsauger der Welt. Großbritannien sinkt immer tiefer.

Wieder am Nullpunkt angelangt: Diesen Ort kannte ich inzwischen nur zu gut. Der Blick in die Zukunft war düster. Ich wusste wirklich nicht mehr, wie es weitergehen sollte.

In der Regierungszeit von Margaret Thatcher waren wir zu genau dem geworden, was uns einst den Spott Napoleons eingebracht hatte: einer Nation von Erbsenzählern. Die Wertvorstellungen in den achtziger Jahren waren ein Loblied auf Investment-Banker, die nur Geld herumschoben, aber nichts erschufen. Die Werbebranche war zur »britischen Krankheit« geworden – sie sollte die Wirtschaftskrise lösen! Das kam so: Die britischen Unternehmen beschlossen, sich einen Neuanstrich zu geben, und gaben großen Agenturen Millionen für Werbung und PR in die Hand. Der Öffentlichkeit wurde verkündet, die Unternehmen seien besser, aufregender oder anders als ihre Konkurrenten.

Die Produkte aber waren immer noch die gleichen. Jedenfalls vom Standpunkt des Designers aus gesehen. Überhaupt wurden

Meine Eltern
Das Hochzeitsbild wurde 1940 aufgenommen, während des Krieges

Erster Geburtstag
Früh übte ich das Spiel mit dem Feuer, 1948

Beim Toben
Mit meinen Geschwistern Shanie und Tom in den Dünen von Blakeney Point, 1951

Gute Ausdauer
Den Crosslauf
meiner Schule
gewann ich 1965

Auf Abwegen
Beim Spielen des
»Trinculo« in
Shakespeares
»Sturm« wurde ich
1965 von einem
Filmproduzenten
entdeckt

Ganz vorne
Rugby Spiel an der
Greshams Schule,
1964

he Experimente
vence, 1968. Jeremy Fry und ich bauten ein altes Fahrrad zu einer Art Tretboot um

es Design
Sea Truck wurde 40 Knoten schnell und diente auch der königlichen Yacht als
sportmittel für Fahrzeuge, 1974

Junge Familie
Mit meiner Frau Deirdre, Emily und Jacob 1977 am Strand von Holkham bei Blakeney

Runde Sache
Für unsere *Ballbarrow* Broschüre modelte Deirdre im Jahr 1976

Unsere Jungs
Jacob und Sam mit meiner *Ballbarrow* vor der Werkstatt in Bathford

)ßes Vorbild

Zyklon eines Sägewerks brachte mich auf die Idee, einen beutellosen Staubsauger
erfinden

te Verhandlung

yo, um vier Uhr in der Früh beim Verhandeln der Lizenzvereinbarung mit den
agern von Apex, 1985

Toller Erfolg
Der *G-Force* kam zuerst in Japan heraus und kostete 1987 rund 1200 Pfund

Heimische Produktion
Das erste Fließband in Chippenham setzte sich im Juli 1993 für den *DC01* in Bewegung

ags kill suction, leaving this in your home.

e Dyson has no bag and no loss of suction.

you can see what gets left behind when your vacuum cleaner stops sucking properly. Ordinary vacuum cleaners work by sucking air through
g. But as soon as dust goes into the bag, it starts to clog. After just one room, suction can be down as much as 50%. And the more you use
e worse it gets. Only one cleaner has solved this problem - the Dyson. With its Dual Cyclone technology and no bag,
es 100% suction, 100% of the time. For further information, call Dyson on 0870 60 70 888. www.dyson.com dyson

;eres Saugen

Werbung mit dem Schmutzhaufen kam 1996/1997 in die Medien. Sie wurde von
y Muranka entworfen und von Alan Randall fotografiert.

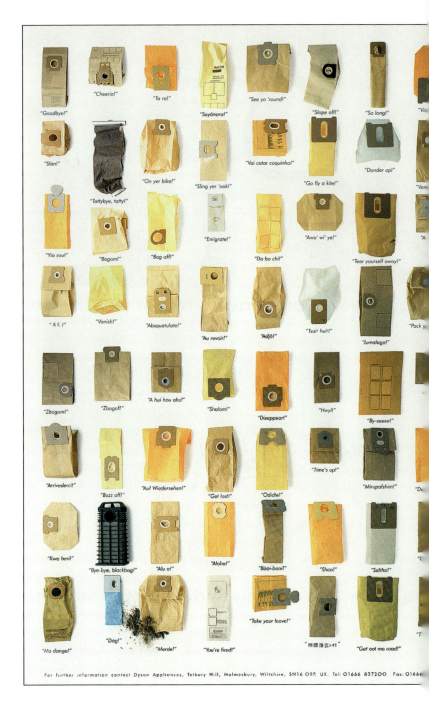

Sinnlose Beutel
Die Magazinwerbung wurde 1995 von Tony Muranka entworfen und von Alan Ran
fotografiert. Gedruckt wurde sie zum Beispiel in der Zeitschrift Marie Claire

Geschätztes Gerät
Auch in der Downing Street Nr. 10 saugt man mit einem *Dyson* – wie im Vorbericht der BBC zum Besuch von Frankreichs Staatspräsident Mitterand zu sehen ist, 1996

Unsere Tochter
Emily, damals 25, war schon Designerin, als wir 1996 das Londoner Design Museum besuchten

Neues Design
Das Forschungs- und Entwicklungszentrum von *Dyson* wurde von Chris Wilkinson gebaut.

Große Hilfe
Der Roboterstaubsauger *DC06* macht sich in meinem Büro zu schaffen, 1999

Innovative Revolution
Die Etappen des Designs: Der Konstruktionszeichnung des *DCO2* folgte ...

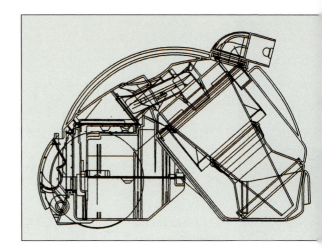

... ein Prototyp aus Holz ...

... und einer aus blauem Schaumstoff

Klare Gestaltung
Als eines der ersten Haushaltsgeräte brachte der *DC02 Clear* Transparenz in den Haushalt, 1997

Weises Urteil
1999 gewann ich in der letzten Instanz meinen Prozess vor dem House of Lords in London – Hoover hatte meine Patente verletzt

Stärkere Saugkraft
Der *DC08* Bodenstaubsauger bietet Dank der neu entwickelten *Root^{12}Cyclone* Technologie noch höhere Saugkraft

Hoher Besuch
Ihrer Majestät Queen Elizabeth II und Prinz Philip führte ich 2001 in Malmesbury unsere Produkte vor

Gemischtes Doppel
Die Waschmaschine *Contrarotator* entstand 2000 und hat zwei gegenläufige Trommeln

Überm Teich
Im Shop von Sir Terence Conran in Manhattan hatten wir *Dysons* Launch im amerikanischen Markt, New York, Oktober 2002

Junge Klassiker
DC11 Deutschlandlaunch 2004 in der Pinakothek der Moderne in München. Der *DC05 Motorhead* ist Teil der permanenten Ausstellung der »Neuen Sammlung«

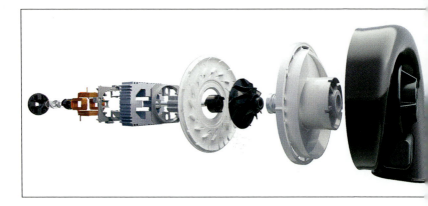

Digitaler Motor
Der von den *Dyson* Ingenieuren entwickelte digitale Motor *XO2O* ist doppelt so lange haltbar wie herkömmliche Motoren

Neueste Innovation
Durch ein faltbares Teleskoprohr ist der neue *DC11 Allergy* noch leichter zu tragen und zu verstauen

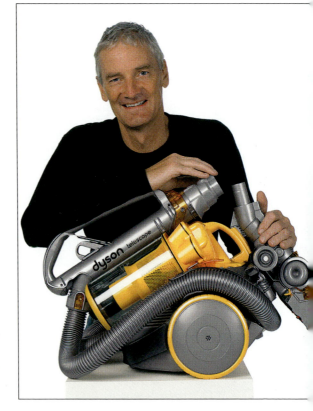

die achtziger Jahre damals für das Jahrzehnt des Designs gehalten: ein schlechter Scherz. In Wirklichkeit wurden nur die Läden ein wenig aufgedonnert: Modegeschäfte wie Next, Sock Shop und Tie Rack schossen wie Pilze aus dem Boden.

Die Firmenbosse kamen nicht auf die Idee, Geld in Forschung zu investieren und etwas wirklich Neues und Aufregendes zu schaffen. Aber nur damit kann man auf lange Sicht Wachstum, Wohlstand und Stabilität schaffen. Forschung mag ja am Anfang langsam, langweilig und sogar teuer sein. Großbritannien jedoch zahlte den Preis für die Philosophie des schnellen Geldes, als die Wirtschaftsblase platzte.

Ich war derweil damit beschäftigt, mich selbst aus dem Sumpf zu ziehen. Mein erster Versuch brachte mich in den Londoner Stadtteil Hampstead zu einem Mann namens Sidney Jacob. Er hatte Millionen mit chemischen Reinigungen gemacht und seine Firmenkette Jeeves of Belgravia vor einiger Zeit verkauft. Nun wollte er sein Geld irgendwo investieren. Ich war ausgemergelt und verzweifelt, vielleicht hat er das gerochen. Niemand, den ich jemals kennen lernte, war ein so harter Verhandlungsgegner wie Sidney. Zuerst, als es nur um das Vorgeplänkel ging, war er charmant wie Cary Grant. Doch irgendetwas blitzte in seinen Augen. Nach all dem Charme war ich umso überraschter, als dieses Etwas zum Vorschein kam.

Sidney Jacob gab vor, Angst zu haben. Nämlich vor gigantischen Tantiemenzahlungen. Als Vorsichtsmaßnahme sollten sie daher prozentual abnehmen, wenn die Verkaufszahlen stiegen. »Aber, Sidney, genau darum geht es bei Tantiemenzahlungen. Je mehr Sie verkaufen, desto mehr bekomme auch ich.« – »Nein«, gab er zurück, »es ist völlig inakzeptabel, dass Sie fünf Millionen Pfund im Jahr bekommen, ohne etwas dafür zu tun. Es ist nur fair, dass die Zahlungen an Sie auf die Anfangsphase konzentriert werden und dann nach und nach auslaufen.«

Nichts wollte er zahlen! Wirklich nett. Es scheint immer das Gleiche zu sein: Wenn man sich mit einem Geschäftsmann hinsetzt, kann er nicht über den Tischrand hinausblicken. Oder er will nicht. Ich hatte eine neue Technologie entwickelt. Ich hatte Versuchsphase und Patentierung bereits abgeschlossen und enorme Summen ausgegeben. Und dieser Mensch meinte sagen zu können, ich hätte »nichts« getan.

Ich wollte fünf Prozent Tantieme. Er bot drei an. Ich versuchte, die Fassung zu bewahren, da legte er schon nach: »Das heißt drei Prozent, die nach einer Weile auf ein halbes Prozent reduziert werden.« Ich fühlte mich immer wie durch die Mangel gedreht, wenn ich abends nach Hause fuhr. Diesem Tagesangebot jedenfalls konnte ich unmöglich zustimmen. Am folgenden Tag teilte ich ihm das mit. Er kam zu mir aufs Land, spielte die beleidigte Leberwurst und gab mir das Gefühl, ein Vollidiot zu sein.

Sidney Jacob konnte Verhandlungen nur aus einer Perspektive betrachten: seiner. Er hatte nicht den geringsten Schimmer davon, dass der andere auch motiviert sein muss, zu einem Abschluss zu kommen. Es fühlt sich aber sehr hässlich an, wenn man mit dieser speziellen Kombination aus Charme und Eiseskälte konfrontiert wird. Man fühlt sich nur noch verscheißert und will den Deal nicht mehr machen. So war es auch bei mir.

Meine Hartnäckigkeit und mein Selbstvertrauen sahen langsam nach Unzurechnungsfähigkeit aus: Es gab keinen Beweis dafür, dass sie gerechtfertigt waren. Seit Beginn der Amway-Affäre im November 1984 war mein Staubsauger namens *Cyclon* nicht mehr auf dem Markt. Immerhin erschien sein Foto in einer amerikanischen Jahresschrift für Produktdesign. Daraufhin bekam ich eine Anfrage nach weiteren Informationen, aus Japan.

Die Firma Apex Inc. hatte vages Interesse an meinem Produkt bekundet. Das japanische Unternehmen hatte eine Repräsentantin in Großbritannien, Rachel Carter. Ihre Geschichte war ein Vorgeschmack auf die völlig andere Mentalität, mit der ich konfrontiert werden sollte. Sie lebte im Londoner Stadtteil Islington und war in den späten siebziger Jahren die Vermieterin eines japanischen Geschäftsmannes namens Kenji Kajiwara gewesen. Dieser war damals nach London gekommen, um Englisch zu lernen. Die beiden hatten sich angefreundet, und sie war seinem Rat gefolgt, nach Japan gezogen und hatte dort Englisch unterrichtet. Schon bald aber hatte sie in jener fremden Welt unter dem Kulturschock und all den Schwierigkeiten gelitten, mit denen ein Europäer fertig werden muss, wenn er dort mehr als drei Wochen verbringt.

Meine Frau Deirdre war völlig schockiert, als ich nach einer längeren Geschäftsreise aus Japan zurückkam. Sie fand, ich hätte mich völlig verändert, würde mich dauernd verneigen und unterwürfig verhalten. Ich würde nicht mehr laut rufen und meine Instinkte unterdrücken. Ich brauchte tatsächlich einige Zeit, um mich wieder anders zu verhalten.

Rachel Carter hielt es nicht aus und kehrte nach England zurück. Daheim hatte sie keinen Job, und Herr Kajiwara fühlte sich ziemlich schuldig. So wurde sie die Repräsentantin von Apex in Großbritannien. Aus dem Firmenhauptsitz in Japan hatte sie einen Hinweis bekommen und deshalb Kontakt mit mir aufgenommen. Sie war eine vornehme, modisch gekleidete Dame, vielleicht fünf oder zehn Jahre jünger als ich. Sie war mit all den Designerstücken ausgerüstet, die damals angesagt waren, vom Filofax bis zum Chanel-Kostüm. Dennoch war sie keinesfalls eingebildet – einfach nur besonnen, sensibel und intelligent. Nun kam sie nach Bath und erklärte mir, wer die Firma Apex war und was die Herren von mir wollten. Ich vermute allerdings, ihre eigentliche Aufgabe war eine andere: Sie sollte herausfinden, was für ein Mensch ich war. Jahre später, nachdem wir gute Freunde geworden waren, erzählte sie mir: Die erste Frage der Japaner nach dem Treffen mit mir sei gewesen: »Will er in Geisha-Bars gehen?«

Nach dem ersten Treffen mit ihr wusste ich, dass ich nach Japan reisen musste. Auch wenn ich pleite war. Der billigste Flug, den ich bekommen konnte, war eine Aeroflot-Verbindung über Moskau. Daher flog ich in einer Klapperkiste nach Japan, einer Art Staubsauger aus Vorkriegszeiten mit Tragflächen. Ich flog auf blauen Dunst nach Asien. Von einem Lizenzvertrag war überhaupt nicht die Rede gewesen. Man hatte mir absolut nichts versprochen. Ich wusste auch nicht, was ich von dem Unternehmen halten sollte. Klar war nur: Sie wollten etwas über einen Staubsauger wissen, der in Japan nicht zu bekommen war.

Selbst am Ende des 20. Jahrhunderts waren die Europäer gegenüber den Japanern noch immer auf einem Auge blind. Wir behaupten zwar, dass es Rassismus nicht mehr gibt und dass die Völkerverständigung besser ist denn je. Dennoch faszinieren uns die Japaner. Doch im gleichen Maße verwirren sie uns und flößen uns Angst ein. Diese Sackgasse des Denkens haben wir einer Presse- und Fernsehkultur zu verdanken, die über fremde Dinge erst verächtlich spottet und dann darüber lacht. Die Zeit für Erklärungen nimmt man sich kaum.

Seit Jahren haben wir uns an der vermeintlich bizarren Kultur der Japaner ergötzt: An Fernsehszenen, in denen kreischende nackte Männer in eisiges Wasser springen, nachdem sie lebenden Tintenfisch gegessen und 32 Liter Salzwasser getrunken haben. Das Resultat: Britische Geschäftsleute haben eine Paranoia entwickelt, die fruchtbare Kontakte zwischen beiden Nationen und Industriemächten kaum zulässt. Bevor ich auf die Reise nach Japan ging, nahm ich also erst einmal Unterricht, wie ich mich dort zu benehmen hatte. Ich kam mir vor wie eine Debütantin aus dem 18. Jahrhundert, die auf ihren ersten Ball vorbereitet wird. Die Verbeugungen, das Schuhe-Ausziehen, das Respekt-Erweisen, dass man nicht wütend werden darf – all das hat enorme Bedeutung. Das führte dazu, dass ich bei meinen ersten Besuchen in Japan völlig verschüchtert war. Ich war dazu erzogen worden, in den Japanern eine bizarre, unberechenbare, gefährliche Spezies zu sehen. Sie zu beleidigen, würde zweifellos meinen Tod nach sich ziehen. Die übliche Einstellung war, dass man japanischen Geschäftsleuten möglichst nicht allein im Dunkeln begegnet. Und wenn, solle man sie behandeln wie einen Tiger. Erst bei meiner dritten Reise nach Japan erkannte ich, was wir als Handelsnation falsch gemacht hatten.

Es stimmt, dass die Japaner selbstverliebt, chauvinistisch und voller Fremdenfeindlichkeit sein können. Manchmal sogar mehr als Europäer. Für sie ist jeder Fremde ein großer, schlecht riechender, unattraktiver »Geijin«. Soweit ich weiß, bedeutet das frei übersetzt »Kanake«. Während meiner ersten drei Besuche war es das einzige Wort, das ich aus ihren Unterhaltungen heraushören konnte. Und ich hörte es verdammt oft. Aus japanischer Sicht ist es aber auch nicht besser, Koreaner oder Chinese zu sein. Die hassen sie sogar noch mehr. Wer kein reinrassiger Japaner ist, ist »Geijin«. Das bedeutet: Man vertraut ihm nicht, und man mag ihn nicht. In Anbetracht dessen empfand ich all diese Verbeugungen, das Sushi-Essen, das Herumsitzen auf dem Boden als Blödsinn. Verschwendete Zeit.

Ich kam zu dem Schluss: Wenn sie an mir interessiert waren, dann nur, weil ich anders war als sie. Ich sollte also nicht krampfhaft versuchen, genau wie sie zu sein. Ich sollte mich lieber auf das konzentrieren, was uns unterschied.

Ich dachte, je andersartiger und exzentrischer ich wäre, desto interessanter wäre das für sie. So interessant wie ein texanischer Ölbaron mit Stetson, ein jüdischer Filmproduzent aus Hollywood, ein New Yorker Taxifahrer oder ein französischer Fußballer. In England ist das ebenso: Jeder dort mochte Jürgen Klinsmann. Aber alle fanden ihn langweilig – weil er unbedingt wie die Engländer sein wollte. Der Fußballer Eric Cantona dagegen weigert sich, Englisch zu sprechen. Er versucht nicht, englisch zu sein. Er benimmt sich wie Napoleon. Ihn bezeichnen die Engländer als Genie.

Also hörte ich auf, die Japaner nachzuäffen. Ich zog keine schwarzen Anzüge mit Bügelfalten mehr an. Ich gab nicht mehr vor, ihre widerlichen Speisen zu mögen. Und siehe da: Je mehr ich mich gegen Sushi wehrte, desto mehr lachten sie. Das ist eine ganz wesentliche Sache. Sie lachen sowieso hinter dem Rücken der Europäer. Also sollte man es ihnen doch leichter machen und für etwas sorgen, worüber sie wirklich etwas zu lachen haben.

Die Sekretärinnen von Apex waren besonders freundlich. Als Erstes fragten sie mich, wie alt ich wäre. Ich sagte ihnen, ich sei 38. Sie fielen vor Lachen hinten über und gackerten: »Sie sehen viel älter aus, wie einhundert.« Darüber hinaus fanden die Sekretärinnen meine Nase interessant. Sie ist ziemlich groß, aber nicht riesig. »Ihre Nase sieht wie der Eiffelturm aus«, quiekten die Damen und brachen vor Lachen zusammen. Dabei hielten sie sich immer die Hand vor den Mund. Das Lachen war aber ganz offensichtlich nicht böse gemeint, sie lachten mich also nicht aus.

Sie luden mich sogar zu einem Saufabend nur für Frauen ein. Aus irgendeinem Grund wird das Biertrinken in Japan von den Frauen erledigt. Ich freute mich richtig darauf. Wer kommt schon in den Genuss zu sehen, wie japanische Frauen die Sau rauslassen. Leider bekam ihr Geschäftsführer Wind von der Sache und schob ihr einen Riegel vor. Stattdessen verbrachte ich die Nacht mit ihm in einem Raum des Unternehmens. Dort war eine Art hochentwickelte Carrera-Rennbahn aufgebaut, und wir lieferten uns auf dem riesigen Miniatur-Nürburgring die ganze Nacht lang heiße Rennen.

Jedenfalls hatten die Leute von Apex etwas zu lachen, und ich musste mich nicht mehr verbeugen. Ich wurde zunehmend entspannter. Wir hatten viel mehr Spaß. Europäische Geschäftsleute verhalten sich besonders absurd. Sie fliegen dorthin und tun so, als seien sie Japaner. Mit dem Ziel, deren Geschäftsgepflogenheiten zu durchschauen und sie zu kopieren.

Die Theorie, dass man sich von den Japanern möglichst unterscheiden sollte, wenn man Geschäfte mit ihnen machen will, stützt sich auf einen wesentlichen Gedanken: Die Japaner machen mit Europäern sowieso nur Geschäfte, wenn sie unbedingt müssen. Und nur, weil sich ein Europäer krampfhaft benimmt wie ein Japaner, kommt kein Vertrag zustande mit diesem für sie übel riechenden Geijin mit riesengroßer Nase. Wenn sie also Geschäfte machen müssen, kann der Partner aus Europa ebenso gut ein überzeichneter, schriller Charakter sein. Konformität haben die Japaner in ihrem Land mehr als genug. Also: Seien Sie exzentrisch!

Schon zu Beginn unserer Verhandlungen waren die Leute von Apex begeistert. Nach der durchweg negativen Einstellung der Briten und den dämlichen Überreaktionen der Amerikaner machte es richtig Spaß, mit ihnen zu verhandeln. Das Unternehmen war erst vor kurzem gegründet worden und importierte Schweizer Luxusuhren und Filofaxe nach Japan. Apex hatte Filofax in Nippon erst bekannt gemacht. Als Marketingtrick verbreiteten sie, dass ein Filofax einem britischen Hauptmann im Ersten Weltkrieg das Leben gerettet hätte. In der Brusttasche seiner Uniform fing es angeblich eine Kugel aus einem Sturmgewehr Kaliber 0.303 ab. Falls sie zum Verkauf meines *Cyclons* eine ähnliche Geschichte auftischen wollten – mir sollte es recht sein. Vielleicht, dass Florence Nightingale während des Krimkrieges damit die Krankenzimmer der Lazarette gereinigt hatte!

Jedenfalls fanden sie meine Maschine von Anfang an wundervoll, und im Gegensatz zu allen anderen verstanden sie genau, was ich machen wollte. Sie wussten auch exakt, wie das Gerät zu verkaufen war. Innerhalb von drei Wochen hatten wir den Lizenzvertrag unterschrieben. Ich bekam danach im Voraus die Pauschale von 35000 Pfund. Darüber hinaus erhielt ich 25000 Pfund für die Gestaltung, sobald ich die Zeichnungen abgeliefert hatte. Außerdem bekam ich eine Tantieme von 10 Prozent mit einer jährlichen Mindestzahlung von 60000 Pfund.

Den Namen für den Staubsauger prägten wir schon bei meinem ersten Besuch während eines Mittagessens mit dem Vorstandsvorsitzenden von Apex, Koyo Kanaya. Den Begriff »Cyclone« oder etwas Ähnliches konnten wir nicht benutzen. Die Firma Braun hatte ihn schon registrieren lassen, auch wenn ihr Produkt letztlich nie auf den Markt kam. Wir wählten *G-Force*. Er gefiel uns, weil es Zentrifugalkraft bedeutet und sich auf die Technologie des Staubsaugers bezieht. Die Japaner fanden es außerdem gut, weil es ein wenig wie »GI« klang, was sie wahrscheinlich an Elvis Presley erinnerte. Negatives Gerede gab es nie – jedenfalls nicht in meiner Sprache und wenn ich dabei war.

Stattdessen kamen dauernd Leute zu mir und sagten: »Ich liebe den *G-Force*, ich liebe den *G-Force*«. Sie streichelten den Griff des Staubsaugers und schauten ihn verliebt an. Warum auch nicht. Warum sollte man sich nicht an einem Produkt und an seinen Funktionen erfreuen. Bei den Japanern ist das eben so. Sie liebten das Ding einfach, als sei es eine Skulptur mit Schaltknöpfen. Japaner begeistern sich eben für Technik. Darin waren sich alle gleich, vom Vorstandsvorsitzenden bis zum Vertreter. Es war wie in einer verschworenen Bruderschaft und konnte nur zum Erfolg führen. Ich fühlte mich wie im siebten Himmel.

Von Anfang 1985 an arbeitete ich rund um die Uhr am *G-Force*. Wenn mein Produkt in Japan erfolgreich verkauft würde – und danach sah es aus –, könnte dies das Stigma der Amway-Affäre ausradieren. Die Menschen würden davon überzeugt werden, dass die Zyklonen-Technologie funktionierte und wir nicht herumgesponnen hatten.

Ich wurde nämlich immer wieder gefragt: »Warum ist Amway ausgestiegen?«, und: »Warum hat Rotork nicht weitergemacht?« Manchmal hatte ich mich sogar selbst gefragt, ob die Zweifler nicht doch Recht haben könnten. Tief im Inneren war ich von meiner Technologie überzeugt, aber ich war einfach mit den Nerven am Ende. Ich brauchte unbedingt einen Erfolg, um den ewigen Nörglern etwas entgegenhalten zu können. Und ich wusste: Wenn ich den japanischen Markt erobern konnte, würde ich auch anderswo eine Chance haben.

Die meiste Zeit des Jahres verbrachte ich in Japan und gestaltete den *G-Force*. Alle sechs Wochen flog ich kurz nach Haus. Das Ganze war sowohl physisch als auch psychisch anstrengend, aber beruflich gesehen war es eine außergewöhnliche Erfahrung. Die Japaner arbeiteten Tag und Nacht. Wenn ich den Modellbauern abends um acht eine Zeichnung gab, bekam ich 24 Stunden später das fertige Modell auf den Tisch. In Großbritannien dauerte so etwas Wochen.

Bei meinen neuen Partnern war auch nichts von der britischen Einstellung zu spüren, sich im Team vor der Arbeit erst einmal hinzusetzen und sich zu fragen, wie viele Probleme es geben würde. Im Grunde gab es in Japan nur eine Schwierigkeit. Wenn doch einmal etwas schief ging, musste man das Problem lösen, ohne jemanden für den Fehler verantwortlich zu machen. Derjenige hätte sonst sein Gesicht verloren. Man durfte niemanden bloßstellen.

Der *G-Force* war weitgehend identisch mit dem *Cyclon*-Staubsauger, den Rotork kurze Zeit produziert hatte. Die Japaner wollten ihn unbedingt in Lavendel und Rosa herausbringen, was ich toll fand. Ich war auf diese Farben gekommen, weil ich während eines Aufenthaltes in Südfrankreich morgens immer auf das pastellfarbene Blütenmeer in den Feldern geblickt hatte.

Das Licht und die Farben der Provence hatten die Impressionisten unter den Malern inspiriert – warum nicht auch den ersten Impressionisten unter den Staubsaugerproduzenten. So sah ich mich und mein Gerät jedenfalls. Bisher hatte niemand Haushaltsgeräte in Rosa hergestellt, geschweige denn in Pastellfarben und einem verwaschenen Look. Über dieses Design hätte man leicht lachen können, und viele haben es auch getan. Aber wenn es ankam, würde es einen ungeheuren Wiedererkennungswert haben.

Sobald die Japaner davon überzeugt waren, dass Farben und Design gut waren, legten sie einen Perfektionismus an den Tag, der meinen in den Schatten stellte. Keine Schweißnaht, kein Kratzer und kein Fingerabdruck durften auf dem Gerät zu sehen sein. Das war ihre Art, sich für das Produkt zu begeistern.

Dieser Perfektionismus ist geradezu zwanghaft, für die japanische Industrie aber von Vorteil. Hat man sich erst einmal daran gewöhnt, bewundert man ihn mit der Zeit immer mehr. In dem Jahr, das ich mit den Japanern verbracht habe, habe ich sehr viel über Design dazugelernt. Und das hat mir später enorm geholfen, als ich mich dazu entschloss, den *Dyson Dual Cyclone* allein zu produzieren.

Im August 1985 hatte ich alle Zeichnungen für den Staubsauger fertig gestellt, im März 1986 kam der *G-Force* auf den Markt: Zum stolzen Preis von 1200 Pfund pro Gerät. Trotz oder vielleicht gerade wegen des enormen Preises wurde es in Tokio in kürzester Zeit das gefragteste Haushaltsgerät für den Mann und die Frau von Welt.

Ob die Geräte jemals benutzt wurden? Wer weiß? Japaner bevorzugen Bodenstaubsauger. Die wenigen Bürstsauger, die verkauft worden waren, konnte man mit einer Tischplatte ausrüsten und als Beistelltisch getarnt in eine Ecke stellen. Kaum jemand dort besitzt ein Haus. Es gab eigentlich keinen Bedarf für ein aufrecht stehendes Gerät von dieser Größe, in den win zigen Wohnungen gibt es kaum Platz. Vielleicht haben sie ihn also gekauft, weil er besonders gut aussah.

Die Japaner sind auch nicht besonders erpicht auf Teppichboden in den Zimmern. Deshalb hatte ich den *G-Force* mit einer Spezialdüse für Tatami-Matten ausgerüstet. Dennoch hielt sich in der Welt der Designer hartnäckig der Verdacht, dass diese futuristische rosarote Maschine – halb Raumschiff, halb Staubsauger – bei den Japanern einfach nur in der Ecke herumstand und bewundernde Ausrufe hervorrief. Aber sie stand in vielen Ecken herum. Am Anfang ging der Verkauf zwar schleppend, doch innerhalb von drei Jahren lag der Umsatz bei zwölf Millionen Pfund pro Jahr.

Ich war wieder glücklich. Dieser Erfolg bedeutete für mich, die Anwaltsrechnungen zahlen und ungestört meiner Wege gehen zu können. Nur eines störte mich: Die Herren von Apex hatten entschieden, den *G-Force* als Nischenprodukt zu vermarkten. Ich war mir aber sicher, dass es den allgemeinen Geschmack traf. Außerdem führte die Vermarktung als Nischenprodukt und der Verkauf zum extrem hohen Einzelhandelspreis ganz klar dazu, dass mir ein wesentlicher Teil meines Geldes vorenthalten wurde.

Meine Tantieme lag bei 10 Prozent vom Herstellerpreis. Apex aber verkaufte an die Großhändler, die Großhändler an die Einzelhändler und die Einzelhändler an die Endverbraucher, die 1200 Pfund zahlten. Von den Großhändlern aber bekam Apex nur 200 Pfund und ich nach Adam Riese 20 Pfund. Für mich war das eine Katastrophe. Es bedeutete: Alle Beteiligten außer mir wurden reich. Mein Anteil am Endpreis jedoch betrug kaum mehr als 1 Prozent.

Inzwischen habe ich gelernt, bessere Konditionen auszuhandeln. Man muss immer einen prozentualen Anteil am Einzelhandelspreis festlegen. Ein Lizenznehmer wird sich darauf fast nie einlassen. Er wird sagen, er könne nicht wissen, wie hoch der Einzelhandelspreis letztlich sein werde. Handelt man aber nur einen prozentualen Anteil am Herstellerpreis aus, hat man keine Chance, den Preis für den Endverbraucher zu kontrollieren und die Stückzahlen zu beeinflussen.

Kurz gesagt: Ich bekam nie mehr als das Minimum von 60000 Pfund pro Jahr von Apex. 1988 übernahm Alco die Lizenz. Von denen sah ich auch nicht mehr. Ich konnte noch nicht einmal herausfinden, wie viele Geräte sie verkauften. Statt ordentlicher Verkaufsbilanzen bekam ich immer nur Notizzettel, auf die unzählige Zahlen mit Bleistift gekritzelt worden waren. Die japanischen Worte darauf konnte ich ohnehin nicht entziffern. Schon diese Zettel zu erhalten war fast unmöglich. Im Laufe der Jahre schien sich der *G-Force* immer besser zu verkaufen. Mir gegenüber gaben sie jedoch in keinem Bericht zu, mehr als das bloße Minimum zu verkaufen.

Diesbezüglich waren meine Nachfragen ein Albtraum. Die Japaner waren wie Schwämme. Sie saßen einfach da und saugten meine Fragen auf. Antworten bekam ich nie. Stattdessen beantworteten sie meine Fragen mit ihren Fragen. Eine nach der anderen. Sie belagerten mich geradezu. Ich sprach stundenlang mit ihnen, und am Ende war ich nicht schlauer als zuvor. Schließlich war ich so frustriert, dass ich einen unabhängigen Buchprüfer von der Firma Arthur Andersen einschaltete.

Er sollte herausfinden, wie viele Staubsaugermotoren sie einkauften. Daran würde ich erkennen, wie viele Geräte sie letztlich verkauften. Ich bestand auch darauf, dass der Rechnungsprüfer ein Japaner war – nur er würde die mit Bleistift gekritzelten Berichte von Apex entziffern können. Ihm würden sie Rede und Antwort stehen. Er fuhr zu der Firma und trank Tee mit den Jungs. Dann kam er zurück, um mir zu erzählen, wie wundervoll die Herren dort seien und dass ich mir keine Sorgen machen solle.

Die Rettung aus Japan

Wie viel auch immer sie wirklich verkauften, wie schlecht ich dabei auch immer abgeschnitten haben mag: Das Geld hat mich von allen Problemen befreit und mir einen Neustart ermöglicht. Irgendwann wurde mir das Gerangel zu lästig, und ich benötigte auf einen Schlag eine große Summe, um das Projekt *Dyson Dual Cyclone* zu starten. Nun zögerte ich nicht lange und verkaufte die Gesamtrechte für Japan. Sollten sie machen, was sie wollten. Ich aber würde bald wiederkommen und den Japanern mein selbst produziertes Gerät verkaufen. Und dann sollte der Spaß erst richtig losgehen.

Meine Rettung kam aus Japan. Das mag zwar erstaunlich erscheinen, ist es aber nicht wirklich. Die junge Generation mag ja Teile der westlichen Kultur anhimmeln, aber als ich mich dort aufhielt, war Konformität noch immer das Schlüsselwort. Das Interesse an Mode, Popmusik und Filmen aus dem Westen begann erst aufzuflammen. Die Menschen drehten sich nach einem Jungen in Lederjacke auf der Straße um. Eine Gruppe solcher Jungen war ein Foto auf der Titelseite von Zeitungen wert.

Unter diesen Voraussetzungen konnte man den Menschen alles erzählen: Der Chef von McDonald's Japan behauptete, der Grund dafür, dass die Amerikaner groß, stark und blond sind, sei ihr Konsum von Hamburgern. Daraufhin gaben viele Japaner ihre traditionelle Ernährung auf und bekamen unter anderem Herzkrankheiten, die dort praktisch unbekannt gewesen waren.

Die Japaner glauben, dass Fortschritt sich schrittweise einstellt. Durch ein Verfahren mit Versuch und Irrtum, ganz nach dem Muster Edisons, sind sie nach endlos langer Zeit eines Tages zu weltweit unschlagbaren Produkten gekommen.

Auf diese Weise haben sie die westlichen Industrienationen nach und nach besiegt. Lange Zeit haben wir sie ausgelacht. Wir lachten über das Spielzeug, das sie uns verkauften. Wir dachten, der billige Plastikscheiß würde gute angelsächsische Handwerksarbeit nie verdrängen. Wir lachten sogar über die Autos. Und wie. Die frühen Modelle von Datsun, Toyota und Nissan. Die waren ein Witz, oder? Nur wer sich keinen richtigen Wagen leisten konnte, kaufte sich ein solches Auto. Aber die Japaner lernten schnell und unermüdlich hinzu. Schritt für Schritt wurden ihre Produkte besser. Heute haben sie die beste Technologie, das beste Design. Ihre Autos sind die besten und zuverlässigsten der Welt.

Früher, als Konformität das herrschende Prinzip in Japan war, gab es keine Designer. Heute, nachdem sie das Prinzip des Individualismus kennen gelernt haben, fangen sie auch an, wundervolle Dinge zu schaffen. Und die Welt erstarrt vor Angst. Alle Erfolge der Japaner basieren auf der Theorie der schrittweisen Entwicklung – die genau das Gegenteil von der britischen Wahnvorstellung vom Erfolg über Nacht ist.

In Großbritannien hofften wir auf den Durchbruch, aber mit unserer Industrie ging es immer weiter abwärts – so öffnete sich die Schere zwischen Anspruch und Realität immer weiter. Wir träumten nur noch von einer brillanten Idee, die uns wieder ganz an die Spitze bringen würde.

Meine ursprüngliche Idee mag wie ein Zeitsprung ausgesehen haben. Doch der *G-Force* wurde erst 1986, also nach sieben Jahren, auf den Markt gebracht. Fünf weitere Jahre sollten vergehen, bevor ich selbst etwas produzieren würde. Es war alles eine Sache von ständigen Wiederholungen und Entwicklungen in kleinen Schritten. Die Ironie daran war meiner Meinung nach, dass die Japaner dachten, sie bekämen von einem komödiantischen »Geijin« eine Idee geliefert, die einen wahren Zeitsprung britischen Denkens darstellte. Das war es vermutlich, was ihnen gefiel. Allerdings benahm ich mich in der Hinsicht überhaupt nicht britisch.

Wissen Sie, die Briten hängen sich immer gern das Mäntelchen um, besonders erfinderisch zu sein. Und viele Menschen glauben das auch. Wenn man aber die Patentregister der verschiedenen Nationen durchforstet, stellt man fest, dass die Briten keinesfalls die meisten Patente halten. Vor einigen Jahren hat der Design Council einmal nachgeforscht, wo es, gemessen an Patentanträgen, die meisten Innovationen gibt. In dieser Tabelle liegt Großbritannien auf dem elften Platz. Mit 7,93 Anträgen pro 100 000 Menschen in der Bevölkerung. Davor liegen unter anderem Japan, Deutschland, Taiwan und die Schweiz. Bevor ich heute ein neues Patent anmelde, forsche ich immer erst in anderen Ländern nach, ob dort schon Teile der neuen Technologie registriert sind. Das ist nämlich viel wahrscheinlicher.

Wir Briten nutzen unseren angeblichen Erfindergeist nur als Ausrede, um unser Versagen als Industrienation zu kaschieren. Es ist eine geradezu überhebliche Vorstellung, die aus dem Anfang des letzten Jahrhunderts stammt. Die Wahrheit ist: Länder, in denen neue Erfindungen tatsächlich gemacht und auch geschätzt werden, sind die wirklich starken Industrienationen.

Die Briten verehren Erfinder unter anderem, weil sie spinnerte Tüftler mögen. Aber gerade dieses Image hat den Erfindern auch sehr geschadet – seitens der britischen Industrie nämlich. Industrielle sehen in Erfindern bekloppte kleine Männchen, die vor lauter Begeisterung für ihre verrückten Erfindungen völlig unzurechnungsfähig werden. Auch mich haben die Wirtschaftskapitäne viel zu lange in diese Riege eingeordnet.

Man hält Erfinder für schwierig und weltfremd. Daher stammen auch Beschimpfungen wie: »Sie sind Designer, Dyson. Was verstehen Sie denn schon von Technik, Marketing und Verkauf?« Diese Leute denken, Erfinder seien arrogant und geistig zurückgeblieben. Es ist für sie nicht denkbar, dass ein Erfinder etwas Besseres austüfteln könnte als einer ihrer hauseigenen Ingenieure. Wenn es einen besseren Staubsauger geben könnte, hätten Hoover oder Electrolux ihn nicht zuerst erfunden?

Doch die Probleme der Industrie mit Erfindungen gehen noch weiter. Vielleicht ist früheres Versagen die Ursache dafür: Man denkt nur in sehr kurzen Zeiträumen. Man will bei Investitionen eine schnelle Rendite, einen gigantischen Umsatz, die schnelle Mark. Um diese Dinge geht es bei Design, Forschung und Technik aber nicht. Sie sind ein Mittel, um langfristig ein Unternehmen zu erneuern. Oder aufzubauen.

In Großbritannien strömen Hochschulabgänger wie Schafe in die Werbeindustrie. Manche Firmen bekommen bis zu 2000 Bewerbungen auf eine Stellenanzeige. Andererseits entscheiden sich immer weniger junge Leute für ein Ingenieurstudium. Nach einer Untersuchung der Hochschullehrer-Gewerkschaft konnte 1996 fast ein Drittel der ausgeschriebenen Stellen für Ingenieure nicht besetzt werden. Außerdem blieben 2000 Lehrstellen im technischen Bereich unbesetzt. Darüber hinaus werden bei Geldmangel an den Hochschulen die technischen Fakultäten zuerst geschlossen, da sie wegen teurer Maschinen und großer Werkhallen besonders viel Geld verschlingen. Brunël hätte geheult.

Die Werbung ist aber nur der Weg zum schnellen und daher kleinen Profit. Beim Einzelhandel sollten langweilige Waren mit geringer Gewinnmarge in großer Stückzahl verkauft werden. Man versäumte die Gelegenheit, neue und aufregende Produkte zu schaffen, die zu einem hohen Preis mit einem hohen Gewinn über einen langen Zeitraum verkauft werden konnten. Wie den *G-Force* zum Beispiel. Aber das birgt natürlich ein Risiko in sich. Zumindest im konventionellen Sinn. Der Gedanke, man könne nur Geld machen, wenn man billige Waren in großen Massen verkauft, birgt meiner Meinung nach aber das viel größere Risiko in sich.

Jedenfalls sind britische Ingenieure die am schlechtesten bezahlten der Welt und werden innerhalb eines Unternehmens am wenigsten respektiert. Die Schleimer und Karrieretypen haben die Initiative übernommen, unsere Ingenieure sind in den Hintergrund gerückt. Dabei sollten sie die Firmen führen wie

Mister Honda und Mister Sony in Japan. Unsere Ingenieure sind nette Menschen, nicht aggressiv und nicht übertrieben ehrgeizig. Sie akkumulieren vor allem Wissen. Die Geschäftemacher aber trampeln nur allzu leicht auf ihnen herum. Unsere Ingenieure werden sich mit Geschäftsverhandlungen, Marketing, Rechnungswesen und Verkauf beschäftigen müssen, wenn sie wieder einen Platz an der Spitze der Unternehmen einnehmen wollen.

Im Moment sieht es nicht so aus, als ob es ein wirkliches Interesse an Forschung und Entwicklung geben würde. Die Ausgaben für Forschung und Entwicklung gingen zwischen 1988 und 1992 sogar um 0,9 Prozent zurück. Damit lag das Vereinigte Königreich auf Platz 27 im internationalen Vergleich. An erster Stelle lag Südkorea mit einem Zuwachs der Forschungsausgaben um 45 Prozent. In Spanien waren es 7,6 Prozent, in Irland 9,1 Prozent, sogar die Chilenen lagen noch vor den Briten.

Vor einiger Zeit nahm ich auch mit Entsetzen zur Kenntnis, dass der Minister für Wissenschaft und Technik, David Hunt, einen Vorschlag der unabhängigen Wissenschaftskommission zurückgewiesen hat: Danach hätten Unternehmen, die Geld in Forschung und Entwicklung investieren, Steuervergünstigungen bekommen sollen. Ach nein, lieber nicht, dachte sich der Minister wohl.

Ich schrieb ihm einen Brief. Ich wollte wissen, was zu dieser unglücklichen Entscheidung geführt habe. Seine Antwort: Solche Steuervergünstigungen würden eine Verlagerung der Investitionen zur Folge haben. Mit anderen Worten, die Firmen würden anfangen, in Forschung und Entwicklung zu investieren, nur um die Vergünstigungen zu bekommen. »Ja, genau«, schrieb ich zurück, »genau das ist der Sinn der Sache.«

Im Moment aber gibt es immer noch Fehlinvestitionen – nämlich für die Werbung. Wenn ich eine Million Pfund für Werbung ausgebe, bekomme ich sofort etwas zurück. Wenn ich die gleiche Summe in Forschung und Entwicklung investiere, bekomme ich vielleicht in zehn Jahren etwas dafür. Wenn überhaupt. Natürlich schaufeln deshalb alle ihr Geld in die Werbung. Ohne Steueranreize wird es auch immer so bleiben, und für Großbritannien heißt es dann: Asche zu Asche.

Die Wurzeln dieses ignoranten Denkens liegen im Schulsystem, das uns weismachen will, Werken sei etwas für Dummlackel im Schuppen. Das uns weismachen will, Bauen und Handwerken seien keine respektablen Beschäftigungen. Heute gibt es vielleicht ein wenig Hoffung auf Veränderung – nachdem die Seifenblase des Wirtschaftsbooms in Großbritannien geplatzt ist und der geistlose Materialismus der Thatcher-Jahre langsam verschwindet. Damals, in den achtziger Jahren, aber – als diese Mentalität richtig um sich griff – wurde mir so manche Tür vor der Nase zugeschlagen. Ich musste bis nach Japan gehen, denn ich hatte keine andere Wahl. Es ist beschämend.

Ein Alien in Amerika

Zurück im Land der unbegrenzten Möglichkeiten. Iona weiß, was Frauen wünschen. Amway bringt ein eigenes Gerät heraus – ohne Lizenz. Ich gehe vor Gericht. Erste Erfolge stellen sich ein, aber ich habe größere Pläne.

Noch bevor Alco die Lizenz von Apex in Japan übernommen hatte, schmiedete ich Angriffspläne für Amerika. Der Erfolg in Japan machte es möglich. Doch diesmal ging ich völlig anders vor. War es doch nicht mehr nötig, eine Lizenz zur Herstellung zu verkaufen, der Staubsauger war ja schon ein sehr erfolgreiches Produkt. Und die Exportwege für Elektrogüter von Japan nach Amerika waren bereits etabliert. Also konnte ich das Gerät einfach an ein amerikanisches Unternehmen verkaufen.

Ganz oben auf der Liste der potenziellen Verkäufer des *G-Force* in den Vereinigten Staaten war Video OEM. Die Firma hatte viel Geld damit verdient, Videorecorder aus Japan in die USA zu exportieren, als der Markt sich gerade erst entwickelte. Wie Alan Sugars Firma Amstrad produzierte Video OEM nichts selbst, obwohl das viele Menschen glaubten. Sie verpassten No-Name-Produkten aus dem Fernen Osten einen Markennamen. Das war's – ein wunderbar einfaches Geschäft. Außer für den Ankauf der Ware muss man kaum Geld investieren. Außerdem ist das Risiko sehr gering, denn man verkauft nichts Neuartiges.

Aber auch bei dieser Art von Geschäft gibt es genug Spielraum, um einen kleinen Mitspieler übers Ohr zu hauen. Ich hätte damals viel mehr auf der Hut sein sollen. Ganz besonders, weil die Verhandlungen in einer Suite des Spielerhotels Caesar's Palace in Las Vegas stattfanden. Die Wände waren aus Marmor, in der Mitte des Raums stand ein riesiges rundes Bett. Jeder Mafiaboss hätte sich dort wohl gefühlt. Wäre ich achtsamer gewesen, hätte ich gleich bemerkt, dass die Leute von Video OEM schon zu Beginn der Verhandlungen hinter meinem Rücken mit Apex gesprochen hatten. Dem Vorstand von Apex hatten sie eine Prämie von 100 000 Pfund angeboten, wenn sie den Vertrag mit seiner Hilfe bekämen. Der Chef von Apex hatte zugesagt, das Bestechungsgeld eingesteckt und mir nichts davon erzählt. Warum auch?

Während ich mit Video OEM verhandelte, verblüffte mich, dass die Herren meiner Abschlagszahlung nicht zustimmen wollten. Als Abschlag forderte ich eine Pauschalsumme von 100 000 Pfund. Ohne deren Zahlung würde ich weder den Vertrag unterschreiben noch andere Verhandlungspartner links liegen lassen. Denn dann hätte ich womöglich erlebt, dass Video OEM seine Meinung nach ein paar Monaten änderte.

Ich war drauf und dran, die Verhandlungen abzublasen, als mich Koyo Kanaya, der Vorstandsvorsitzende von Apex, unverhofft anrief. Er sagte, ich solle mich wegen der Abschlagszahlung nicht so anstellen und er würde persönlich dafür bürgen, dass OEM die richtige Firma für das Geschäft sei. Das Unternehmen würde mich nicht übers Ohr hauen. Ich solle nicht auf der Pauschalsumme herumreiten und stattdessen den Vertrag unter Dach und Fach bringen.

Schließlich gab ich nach. Apex würde die Maschine ja produzieren, und wenn sich die Chefetage bezüglich des neuen Part ners sicher war, sollte das auch für mich genügen. Dachte ich. Kurz vor der Vertragsunterzeichnung erfuhr ich von der Bestechung hinter meinem Rücken. Die Bestechung an sich ärgerte mich gar nicht mal so sehr. Aber dass Kanaya mich aufgefordert hatte, auf 100 000 Pfund zu verzichten, um genau diese Summe einstecken zu können, ging mir wirklich gegen den Strich.

Ohne mich konnten die Chefs von Apex den Deal mit OEM nicht machen. Sie stellten den Staubsauger zwar her, hatten aber nur die Rechte für Produktion und Verkauf in Japan erworben. Die amerikanischen Rechte gehörten mir. So teilte ich Apex mehr als entrüstet mit, dass ich dem Unternehmen das Geschäft nicht übertragen würde. Ich wollte stattdessen außerhalb Japans völlig unabhängig vorgehen.

Recht schnell zimmerte ich mit einer kanadischen Firma namens Iona einen Lizenzvertrag für Nordamerika zusammen. Das Unternehmen wurde von einem Engländer namens Jeffrey Pike geführt. Im Mai 1986 hatten wir zufällig nebeneinander im Flugzeug gesessen und den gleichen Roman von Fay Weldon gelesen. Dadurch waren wir ins Gespräch gekommen. Der einzige mögliche Stolperstein war eine Wettbewerbsklausel in einem Vertrag, den Iona mit einer anderen nordamerikanischen Firma namens Regina geschlossen hatte. Iona hatte zugesagt, keine Staubsauger zu verkaufen. Das war für mich ein Problem, aber kein unlösbares.

In diesem Zusammenhang erinnerte ich mich an einen Freund aus Collegezeiten: John Weallands, wie ich Student der Innenarchitektur, hatte sich die Haare nie mit Wasser und Shampoo gewaschen. Stattdessen streute er sich Haarpuder auf seinen Schopf, massierte es ein und schüttelte es wieder heraus. Ich hatte mich gefragt, ob dieses Trockenshampoo im Prinzip nicht auch als Teppichreiniger fungieren könnte, als ich meine ersten Zyklone testete. Deshalb ließ ich in meine Patenturkunde vorsichtshalber eintragen, dass mein Zyklon, mit einem speziellen Mechanismus ausgestattet, auch Trockenshampoo verteilen könne.

Später war ein Trockenshampoo namens Capture auf den Markt gekommen. Es wurde von Milliken hergestellt, und die Firma Singer wiederum produzierte ein Gerät, das mit dem Teppichshampoo arbeitete. Der Staubsauger wurde mit 15 Staubbeuteln ausgeliefert, was nutzlos war. Das Problem, dass die Poren der Beutel durch Staub verstopften und die Saugkraft nachließ, wurde durch Anwendung des Reinigungspuders noch vervielfacht. Ich fand das natürlich toll. Denn es war klar, dass mein Zyklonen-Staubsauger für die Verwendung des Puders genau das richtige war.

Das schien auch die Lösung für das Problem der Wettbewerbsklausel zwischen Iona und Regina zu sein. In Amerika hat es immer einen Markt für Staubsauger gegeben und einen für Teppichshamponierer. Als Letzteres würden wir den *Cyclon* produzieren und vertreiben. Die Maschine würde mit Reinigungspuder befüllt werden können, dieses auf dem Teppich verteilen, einbürsten und wieder aufsaugen. Das war die logische Lösung.

Die Chefs von Iona waren mit einem Lizenzvertrag einverstanden, am 30. Juli 1986 unterzeichneten wir. So machte ich mich mit ein paar Angestellten an die Gestaltung des Teppichreinigungsgeräts *Drytech* für Iona. Wir arbeiteten in der Garage neben meinem Haus. Mit zwei Designern, die gerade ihren Abschluss am Royal College of Art gemacht hatten, einem Ingenieur und einem technischen Zeichner arbeiteten wir neun Monate lang durch. Wir entwickelten einen Mechanismus, der den Reinigungspuder auf den Teppich einbürstete und in einen aufrecht stehenden Bürstsauger integriert war. Im Mai 1987 war das Produkt fertig, und ich machte mich auf den Weg zu Iona, um letzte Details zu besprechen.

Nun stieß ich auf ein altbekanntes Problem. Der größte amerikanische Einzelhändler von Staubsaugern war Sears Roebuck. Das Unternehmen setzte den Herstellern regelrecht die Pistole auf die Brust. Wenn den Leuten von Sears ein Produkt nicht gefiel, musste es der Hersteller neu gestalten oder auf den größten Teil des Marktes verzichten. Mein Produkt gefiel nicht. Jedenfalls nicht der Einkäuferin. Zu europäisch, meinten sie. Vermutlich sollte das heißen, es sei zu innovativ und zu modern.

Damals waren europäische Designer den amerikanischen Kollegen weit voraus. Verglichen mit diesen Dinosauriern des Designs sahen europäische Produkte ziemlich abgefahren aus. Und ich war sogar noch moderner. »Diese blauen Teile sind einfach zu verrückt«, sagte die Einkäuferin, »ich stelle mir ein schlankes, professionelles Design vor. Das Gerät sollte wie ein Ferrari aussehen.« Die Leute von Iona schlossen sich dieser Auffassung an. Sie wollten ein neues Design.

Ich war bereit, mir eine Menge gefallen zu lassen, aber dagegen sperrte ich mich nun doch. Iona versuchte verzweifelt, es der Frau von Sears Roebuck recht zu machen, und erwartete von mir, dass ich mitspielen würde. Ich war ziemlich schockiert. Es erstaunt mich sowieso immer wieder, dass Geschäftsleute meinen, Designer so behandeln zu können. Mit ihren Steuerberatern oder Rechtsanwälten würden sie niemals so umgehen. Sie scheinen Design für einen Zeitvertreib von Amateuren zu halten. Für überflüssige Kinkerlitzchen, bei denen jeder seinen Senf dazugeben kann.

Aufgrund dieser Einstellung und meiner Ablehnung, etwas zu ändern, zog Iona eine amerikanische Designfirma hinzu. Sie sollte den *Drytech* neu gestalten. Ich reiste derweil nach Aspen in Colorado, um einen Vortrag über Design zu halten. Um zwei Uhr morgens erhielt ich einen Anruf aus der Chefetage von Iona: Die Designer hätten mit einer phantastischen Zeichnung aufgewartet. Die Einkäuferin von Sears würde mit Sicherheit hingerissen sein. Ob ich mich wohl bitte mit diesen Leuten treffen und dem Design den letzten Schliff geben würde?

»Nein«, sagte ich einfach. »Ich habe für Sie einen Staubsauger gestaltet mit dem meiner Ansicht nach besten Design. Und wenn es Ihnen nicht gefällt, können Sie mich mal. Und wenn Sie sich von dieser dämlichen Einkäuferin von Sears in die Tasche stecken lassen, können Sie mich ebenfalls. Wenn Sie schon ein anderes Designteam einsetzen wollen, schön, machen Sie das. Ich werde mich aus deren Arbeit aber heraushalten. Und jetzt lassen Sie mich schlafen.«

Ich war richtig beleidigt. Daher auch der scharfe Ton meiner Antwort, was sonst nicht meine Art ist. Ich schlief wieder ein und flog am nächsten Morgen zurück nach England. Immer noch stocksauer. Drei Tage später erhielt ich einen Anruf von Iona. »Ähh, James, wir haben unsere Meinung geändert. Wir wollen nun doch Ihr Design für die Produktion verwenden.«

Ich machte ein paar eindeutige Gesten und sagte dann ganz ruhig in den Hörer: »Großartig. Wie kommt's?« – »Wir haben den Leuten von Sears Ihr ursprüngliches Design vorgeführt und unser neues. Außerdem hat ein Designer von Sears am Treffen teilgenommen und gesagt: ›Das Design von Dyson ist brillant, es ist so europäisch, das müssen Sie unbedingt verwenden.‹ Deshalb würden wir das gern machen – wenn Sie zustimmen, James.« Im Juni jenes Jahres lieferte Sears den *Drytech* von Iona an die Einzelhändler aus – genau so, wie ich ihn entworfen hatte.

Ungefähr zu der Zeit, als ich mit der Gestaltung des *Drytech* fertig war, hatten wir uns in groben Zügen auch auf einen Lizenzvertrag für einen Staubsauger geeinigt. Jeffrey Pike, Allan Millman, der Geschäftsführer von Iona, und der Anwalt Wally Palmer kamen nach England, um die Einzelheiten mit mir auszuhandeln. Leider führte mein eigener Anwalt zu der Zeit auch für eine andere Firma Verhandlungen, sodass er mir nicht seine gesamte Aufmerksamkeit widmen konnte und sich die Vertragsausarbeitung hinzog. Die Kanadier hatten nach einer Weile genug und wollten ihre Zeit nicht mit der Besichtigung von Westengland verplempern. Sie wollten den Vertrag immer noch, aber sie schlugen vor, per Telefon und Post weiterzumachen.

Eine Zeit lang schickten wir Papier über den Atlantik und wieder zurück. Dann wurde mein Anwalt krank. Ich weiß nicht, ob er überarbeitet war oder einfach nicht so bissig und widerstandsfähig wie ich. Er verbrachte ein paar Wochen im Bett, danach wurde es immer schwieriger, eine Neufassung des Vertragsentwurfs von ihm zu bekommen.

Ich habe gerade behauptet, ich sei besonders widerstandsfähig gewesen. Das war eine Lüge. Eines Nachts kam meine Frau Deirdre ins Badezimmer und fand mich dort auf dem Boden liegend. Mit den schlimmsten Kopfschmerzen, die man sich vorstellen kann. Am Morgen rief sie einen Arzt, und ich wurde ins Krankenhaus gebracht. Man stach mir eine 15 Zentimeter lange Nadel in die Wirbelsäule, entnahm eine Probe und stellte fest, dass ich mich mit einem Virus infiziert hatte: Meningitis. Von diesem Zeitpunkt an lag ich erst einmal zwei Monate lang flach und schaute mir im TV Kricket an. Bis ich das Virus besiegt hatte, arbeiteten meine Angestellten unermüdlich weiter, und mein Anwalt trödelte herum. Dennoch war der Abschluss des Lizenzvertrages endlich in Sicht. Im November 1987 war das Papier unterschriftsreif.

Wir hatten sozusagen schon die Kugelschreiber gezückt, als am 23. November gegen 18.30 Uhr eine Katastrophe passierte. Ich schloss gerade die Garage ab, als Deirdre aus dem Haus gelaufen kam, um mir zu sagen, dass Allan Millman von Iona am Telefon sei. »Hi James. Ich bin in einer Telefonzelle vor dem Gebäude von Sears in Chicago«, sagte er. »Ich bin gerade da drinnen gewesen. Nun – es gibt da ein kleines Problem.« – »Etwa schon wieder die Gestaltung? Oder ist es der durchsichtige Auffangbehälter? Ich wette, den können sie nicht leiden, weil sie meinen, er sehe schmuddelig aus.« – »Es ist viel schlimmer, James.« Pause. »Sie glauben also, das Gerät würde nicht funktionieren?« – »Oh, sie wissen genau, dass es funktioniert, James. Aber sie haben schon von jemand anderem ein solches Gerät!«

»Was?« Ich war sprachlos. »Die Einkäuferin dort im Gebäude hat einen Staubsauger mit Zyklonentechnologie. Genau wie der, den Sie entwickelt haben. Hergestellt wird das Ding von Amway.« So war das! Erst hatten sie die Lizenz zur Herstellung gekauft. Dann hatten sie behauptet, die Technologie tauge nichts. Dann hatten sie den Vertrag aufgelöst und ihr Geld zurückbekommen. Und jetzt brachten sie selbst einen *Dual Cyclone* auf den Markt. Ich stolperte rückwärts, so schockiert war ich. Meine Frau sagte später, ich sei leichenblass gewesen. Ich hatte ein schreckliches Déjà vu. Es war genau wie einst mit der *Ballbarrow*. Jetzt konnte ich meinen Lizenzvertrag mit Iona wohl vergessen. In jenem Moment dachte ich, mir würde das letzte Hemd ausgezogen.

Es war so unfair: Ich hatte all die Jahre mit der Forschung und der Entwicklung meiner Erfindung verbracht. Ich hatte sie patentieren lassen. Ich hatte mein gesamtes Geld investiert. Ich hatte mir Geld geliehen, Dinge verpfändet und die Zukunft meiner Familie gefährdet. Und nun kam ein riesengroßes Unternehmen mit mehr Geld, als ich mir erträumen konnte, und brachte einfach eine eigene Version des Geräts heraus. Sie waren vor uns auf dem Markt. Sie nahmen für sich in Anspruch, die Ersten mit dem neuartigen Staubsauger zu sein.

Ich legte den Telefonhörer auf, brüllte wie ein verwundeter Löwe und zerschmetterte vor lauter Wut einige Dinge aus dem Haushalt. Sekunden später rief ich meinen amerikanischen Patentanwalt Ian McLeod an und schickte ihn los, um eines jener

Geräte zu besorgen. Er gab sich als Kunde aus und kaufte einen Staubsauger von Amway. Er machte auch Fotos davon, wie die Maschine vorgeführt wurde, und schickte sie mir per Kurier. Seiner Meinung nach wurden mindestens vier meiner Patente verletzt. Das Gerät selbst kam einige Tage später per Post bei mir an.

Es sah scheußlich aus. Aber es hatte ganz offensichtlich einen Doppelzyklon und den von mir erfundenen durchsichtigen Auffangbehälter. Es wurde mit Trockenshampoo verkauft. Auch meine Idee. Selbst wenn das Ding widerlich aussah, hatte man sich an meinen Designprinzipien versucht. Das Gerät sah zweckdienlich aus. Mein Gott, war ich wütend.

Natürlich waren auch die Leute von Iona sauer. Mir liefen kalte Schauer den Rücken hinunter, der große Ärger war noch lange nicht vorbei. Meine Schlacht vor amerikanischen Gerichten begann von neuem, obwohl ich gedacht hatte, das Kapitel sei beendet. Ich fürchtete, mein Zyklon sei dem Untergang geweiht. Und zwar für immer.

Als Erstes ließ der Vorstand von Iona prüfen, wie die Chancen standen, einen Prozess gegen Amway zu gewinnen. Die Kultur Amerikas ist von Wettbewerb geprägt, daher sind Patentfälle in den USA besonders schwer zu gewinnen. Die Gesetze werden meist zum Schutz des Wettbewerbs ausgelegt. Alles, was Wettbewerb verhindert – wie harte Patente – wird vor Gericht tendenziell zu Fall gebracht.

Man sagte uns allerdings, dass wir gute Chancen hätten. Aus einem Grund, der mir nie in den Sinn gekommen wäre. Der Klage wegen Patentrechtsverletzung konnten wir in Amerika eine weitere hinzufügen, wegen »Veruntreuung vertraulicher Informationen«. Ein Geschworenengericht würde möglicherweise für mich entscheiden, wenn ich vortrug, dem Unternehmen Amway geheime Informationen anvertraut zu haben. Das war der Plan für die Schlacht. Allerdings wollte der Vorstand von Iona nun erneut mit mir verhandeln.

»Wir kümmern uns um den Prozess«, sagten sie. »Aber Sie müssen später die Kosten aus ihrer Tantieme begleichen. Da die Lizenz jetzt längst nicht mehr so attraktiv ist, werden Sie weniger als die Hälfte der ursprünglich vereinbarten jährlichen Mindesttantieme bekommen. Aber wenn Sie wollen, können wir den Vertrag immer noch abschließen.« Hatte ich eine Wahl? Ich konnte akzeptieren oder nach einem neuen Lizenznehmer suchen. Einem, der bereit war, gegen Amway anzutreten. Schweren Herzens unterzeichnete ich den geänderten Vertrag, und wir leiteten das Gerichtsverfahren ein.

Aus dem Prozess wegen der *Ballbarrow* hatte ich gelernt, dass auswärtige Anwälte in Amerika selten einen Fall gewinnen. Wir heuerten einen Anwalt aus der Stadt an, in der das Verfahren vor Gericht kam. Iona, *Prototypes Ltd.* und James Dyson verklagten Amway gleich wegen einer ganzen Reihe von Delikten. Darunter Patentrechtsverletzung, Veruntreuung vertraulicher Informationen und – für mich besonders wichtig – persönliche Rufschädigung. Dies ist natürlich meine Version der Geschichte und nicht die von Amway. Die stritten alles ab, reichten Widerklage gegen mich ein und forderten Schadenersatz.

Dennoch war unser Rechtsvertreter, ein sehr cleverer Anwalt namens Dick Baxter, sich sicher, dass wir gewinnen würden. Auch wenn wir zwischendurch auf Nebenkriegsschauplätzen kämpfen müssten. Zu meinem großen Erstaunen hatten wir sogar vor Gericht zu klären, ob uns die Anwälte überhaupt vertreten durften. Die Gegenseite betonte, dass ich »Ausländer« sei. Es kam mir vor, als versuchten sie, den Streit in eine Episode aus »Raumschiff Enterprise« zu verwandeln und mich als Alien darzustellen, vor dem man die Welt schützen müsse. Das kostete uns eine Menge Geld.

Das Verfahren schleppte sich hin. Über Monate, aus denen Jahre wurden. Derweil bekam ich auch anderweitig Schwierigkeiten

1 Ein Alien in Amerika

Der Verkauf lief schlecht, und meiner Meinung nach vermarktete Iona den *Drytech*, der später Fantom hieß, nicht gut. Das Schlimmste war, dass sie am Verkauf der *Drytech*-Modelle verdienten, ich aber nicht. Meine Tantieme wurde von den Anwalts- und Gerichtskosten aufgefressen. Es schien, als sei es das Beste, die Lizenzvereinbarung aufzulösen.

Die Anwaltskosten und Gebühren zahlte ich ja ohnehin selbst, da konnte ich auch gleich einen neuen Lizenzvertrag mit jemand anderem aushandeln. Einem neuen Lizenznehmer, der die Produkte besser vermarkten würde als Iona. Ich hätte eine höhere Tantieme, und nur ein Teil davon würde für die Prozesskosten draufgehen. Meine Anwälte erklärten mir, die Chancen für die Terminierung des Lizenzvertrages stünden gut. Begründung: Das Unternehmen Iona täte nicht genug, um den Fantom zu verkaufen. Im Mai 1989 setzte ich meine Idee in die Tat um.

Der Vorstand von Iona war extrem sauer, was zu erwarten war. Sofort leiteten die Herren vor dem Landgericht in Toronto ein Verfahren wegen widerrechtlicher Beendigung der Lizenz ein. Sie verklagten mich auf zwölf Millionen Dollar Schadenersatz. Mein Schritt war wie eine Wasserstoffbombe gewesen. Wir versuchten schließlich, die Sache außergerichtlich zu regeln. So kam es, dass wir die Lizenzvereinbarung neu aushandelten.

Es dauerte Ewigkeiten. Am Ende kamen wir zu einem fairen Vergleich: Danach trugen beide Seiten die Prozesskosten je zur Hälfte. Auch von eventuellen Gewinnen, die sich aus dem Verfahren ergeben würden, sollten beide Seiten zu gleichen Teilen profitieren. Wir – *Prototypes Ltd.* – bekamen außerdem von Iona die Rechte für eine ganze Reihe von Ländern zurück. Und plötzlich waren wir wieder die besten Freunde.

Nach einer Weile begann das Projekt, Profit abzuwerfen. Ich fing an, mir über eine weitere Ausdehnung des Geschäfts Gedanken zu machen. Ich hatte in Japan und in Amerika erfolgreich Produkte auf den Markt gebracht. Manager der Firma

Johnson Wax hatten in den USA einen Bericht über meinen Prozess in der Zeitung gelesen und waren auf mich aufmerksam geworden. Sie machten mich ausfindig und unterbreiteten mir ein Angebot. »Wir haben von Ihren Schwierigkeiten mit Amway gehört«, sagten sie, »mit uns werden Sie keine haben. Wir möchten eine Lizenz für ihre Technologie, ausschließlich für die Reinigungsindustrie.«

Das war ein tolles Angebot. Iona hatte nur eine Lizenz, um Bürstsauger mit meiner Technologie für den Einzelhandel zu produzieren. Die Manager von Johnson Wax schlugen nun die Produktion eines Tankstaubsaugers und eines Rucksackstaubsaugers vor. Er sollte *Rocket Vac* heißen. Beide Geräte sollten ausschließlich an die Industrie und an Reinigungsunternehmen verkauft werden.

Ich bestand darauf, den Lizenzvertrag im Frank Lloyd Wright Building in Racine, Wisconsin, zu unterzeichnen. Das hatte Symbolkraft. Abgesehen davon hatte ich nicht vor, einen Scheck über 120000 Pfund abzulehnen. Am 29. September 1990 flog ich nach Wisconsin und unterschrieb die Lizenzvereinbarung. Der wunderbare, völlig durchsichtige Tankstaubsauger, den sie dann produzierten, war noch vor Jahresfrist auf dem Markt.

Ende 1990 zog ich Bilanz. Ich hatte jahrelang Schulden wie die Pest am Hals gehabt. Jetzt war ich nicht mehr hoffnungslos verschuldet. In Japan lief mein *G-Force* auch nach drei Jahren noch gut. Er brachte mir jährlich 60000 Pfund ein. Nordamerika hatte ich mit dem *Drytech* erobert. Durch den Vertrag mit Johnson Wax würde mein Zyklonensystem weltweit für die Industrie und Reinigungsunternehmen zur Verfügung stehen.

Die Fliege in der Suppe? Das Gerichtsverfahren saß mir noch immer im Nacken. Es kostete mich 300000 Pfund pro Jahr. Seit drei Jahren. Und es flößte meiner Familie und mir Angst ein

Aber was machte das schon? Das Leben ging weiter. Ich hatte immer noch Lust, den Sprung auf den britischen Markt für Bürstsauger zu wagen. Dort hatte alles begonnen, obwohl ich anfangs nur abgelehnt worden war. Meine Kreise um diesen Markt zogen sich langsam enger.

Ich hatte ein Teppichreinigungsgerät mit Trockenshampoo auf dem Markt. Außerdem ein rosa- und lavendelfarbenes Nischenprodukt, ein Rucksackgerät und einen Tankstaubsauger. Doch als ich einst den Staubbeutel von meinem Hoover Junior gerissen und einen Zyklon aus Pappe an seine Stelle gesetzt hatte, waren mir größere Pläne durch den Kopf gegangen. Dafür wurde es jetzt Zeit.

14

Endlich frei!

Das letzte Puzzlestück passt nicht. Soll ich den Alleingang wagen? Das Ende des Gerichtsverfahrens.

Das letzte Stück des Puzzles fehlte noch, obwohl ein Teil der großen Last bereits von meinen Schultern genommen war. Ich verdiente inzwischen richtig Geld durch die Tantiemen aus diversen Lizenzverträgen, durch die Pauschalzahlungen und durch Honorare für die Gestaltung neuer Produkte. In der Garage entwarfen meine Mitarbeiter und ich emsig Staubsauger und Zubehör für unsere Lizenznehmer. Dann bekam ich Anfang 1991 einen Anruf der Firma Vax. Ich sollte für das Unternehmen einen Bürstsauger für den britischen Markt entwerfen. Die Idee kam vom Vorstand von Iona. Ein Lizenzvertrag mit Vax schien genau in meine Pläne zu passen.

Das Angebot war in Ordnung: 75000 Pfund pauschal vorab. Ich unterschrieb, und wir begannen sofort mit der Gestaltung eines Prototyps. Innerhalb von sechs Monaten waren das Modell und die endgültigen Zeichnungen fertig. Kurz vor Silvester 1991 schickten wir alles zu Vax. Doch die Produktion lief auch nach längerer Zeit noch nicht an. Ich begann, Fragen zu stellen. »Oh, wir mögen das Design des Griffes nicht«, sagten sie. »Er könnte besser sein.« Also erarbeitete ich ein neues Design. Wieder hörte ich eine Weile nichts. Dann fanden sie etwas anderes, das sie geändert haben wollten. So ging es mehrere Monate lang. Im Juli war mir klar, dass die Produktion nie beginnen würde, wenn es so weiterging.

Ich glaube nicht, dass die Herren etwas Boshaftes im Schilde führten. Sie hätten wohl kaum den Lizenzvertrag unterschrieben, nur um meine Technologie vom britischen Markt fernzuhalten. Aber ihr Getüdel und ihre Lustlosigkeit machten mich wütend. Ich muss zugeben, dass mir ein Fehler beim Aushandeln des Vertrags unterlaufen war. Wir hatten keinen Stichtag für die Auszahlung der Mindesttantieme festgelegt. Man darf einen Lizenzvertrag nie ohne einen Stichtag für die Tantieme abschließen, denn dann kann die Lizenz endlos gültig sein, ohne dass man Geld bekommt. So hatte ich auch gegenüber dem Vorstandsvorsitzenden von Vax, Alan Brazier, argumentiert.

»Wir werden so schnell wie möglich mit der Produktion beginnen, James«, hatte er gesagt. »Machen Sie sich keine Sorgen. Ein Stichtag ist nicht nötig.« – »Großartig«, hatte ich erwidert, »wenn die Produktion so schnell wie möglich beginnen soll, können wir den Stichtag auf ein sehr frühes Datum legen.« Doch das wollte er nicht.

Nachdem ich noch einmal ein von Vax angefordertes, völlig neues Design abgeliefert hatte, hörte ich bis September wieder nichts. Dann wurde es mir zu bunt, ich rief Brazier an und sagte nur: »Wenn Sie das verdammte Ding nicht produzieren, werde ich es selbst machen.« – »Das dürfen Sie nicht«, krähte er. »Nur wir sind laut Lizenz dazu berechtigt.« – »Das ist mir völlig gleichgültig. Sie kommen nicht in die Gänge, und ich habe keine Lust mehr zu warten. Ich produziere das Gerät jetzt selbst.« – »Wir werden Sie verklagen«, drohte er. »Das sollten Sie aber schnell machen«, lautete meine Antwort, »denn ich kann schon das Rattern der Fließbänder hören.«

Daraufhin machte Brazier einen großen Fehler. In einem Wutanfall setzte er einen Brief auf und annullierte die Lizenzvereinbarung. Anschließend verklagte uns Vax auf mehrere Millionen Pfund Schadenersatz. Wir reichten Widerklage ein und forderten ebenfalls mehrere Millionen Pfund Schadenersatz, weil sie nicht zielstrebig auf den Produktionsbeginn hingearbeitet hatten. Später schlossen wir einen Vergleich, und unsere Wege trennten sich für immer.

Damals aber hatte ich zwei Gerichtsverfahren am Hals, in denen es um gigantische Summen ging. Irgendwie musste ich mich von meinen Sorgen ablenken. So begann ich mit der Gestaltung eines neuen Tankstaubsaugers für den Einzelhandel. Ich dachte dabei speziell an den britischen Markt. Mein Plan war: Unsere Firma *Prototypes Ltd.* würde die Lizenz an das britische Unternehmen *Dyson Appliances* vergeben, das ich selbst möglichst schnell gründen wollte.

Allerdings hatte ich kein Startkapital, der Prozess gegen Amway verschlang fast mein gesamtes Einkommen. Ohne einen Investor konnte meine Produktion nicht starten. Ich hatte mich einst an einen Mann namens David Williams gewendet, als ich mit der *Ballbarrow* begann. Seine Firma W.C.B. hatte damals die Werkmaschinen für die Plastikwannen gebaut. Die Rechnung hatten wir in Raten beglichen, nachdem der Verkauf der *Ballbarrow* angelaufen war. Er war inzwischen Chef von Linpak, Großbritanniens größtem Plastik verarbeitenden Unternehmen.

Williams und ich einigten uns bezüglich des Staubsaugers auf einen ähnlichen Deal wie damals mit der *Ballbarrow*. Die Rechtsverdreher verzettelten sich wie gewöhnlich mit endlosen Paragraphen und trieben die Kosten hoch. Innerhalb von wenigen Tagen stiegen unsere Anwaltskosten auf 45000 Pfund. Nur, um die Werkmaschinen für die Herstellung bauen zu lassen. Ich begann mich zu fragen, ob ich alles hinwerfen und etwas anderes mit meinem Leben anfangen sollte. Völlig unerwartet geschah dann etwas Wundervolles.

Es war wie in »Der Zauberer von Oz«. Dort bringt der Wirbelsturm die Erlösung für die Munchkins, die putzigen Bewohner des Wunderlandes. Der Sturm reißt das kleine Holzhaus fort, hebt es in die Luft und lässt es auf die böse Hexe fallen. Sehr unangenehm für die Hexe.

Ich war mit meiner Frau Deirdre in den Urlaub gefahren. In der Provence wollten wir unsere Zukunft planen und waren zu dem Schluss gekommen, dass es wohl am besten sei, das Verfahren gegen Amway zu beenden. Das viele Geld, das der Prozess kostete, wollte ich lieber für produktive Zwecke verwenden. Zu dem Zeitpunkt sah es nämlich so aus, als ob das Verfahren noch Jahrhunderte dauern und das Leben aller Beteiligten völlig in Beschlag nehmen würde.

Ich gebe nicht so schnell auf, aber irgendwann kommt ein Punkt, an dem man erkennt, dass man nicht ewig lebt. Ich wollte mehr mit meinem Leben anfangen, als mich um Geld zu streiten und bis in alle Ewigkeit Aussagen vor Gericht zu machen. Deirdre war in dieser Hinsicht oft viel härter als ich. Sie bestand darauf, weiterzukämpfen, weil wir schon so viel Geld dafür ausgegeben hatten. Eines abends saßen wir bei einem Glas Wein zusammen. Wir lauschten dem Klang der Zikaden und waren in einer wundervollen Stimmung. All die Probleme schienen kleiner als sonst zu sein, all die Kämpfe so viel unwichtiger. Dann klingelte das Telefon. Es war Dick Baxter, mein amerikanischer Anwalt.

»Raten Sie mal, was los ist«, sagte er. Ich hatte keine Ahnung. »Wir verhandeln darüber, den Fall beizulegen.« Zu einem konkreten Vergleich war es allerdings noch nicht gekommen. Ich musste noch einmal nach Amerika fliegen, um eine weitere Aussage zu machen.

Am Tag des Abflugs hatte ich schon eingecheckt und war auf dem Weg zum Gate, als mir einfiel, Dick Baxter noch einmal anzurufen. Als er am anderen Ende den Hörer abnahm, blickte ich gerade auf den Bildschirm mit den Abflugzeiten. »Es ist alles vorbei, James. Wir brauchen Ihre Aussage nicht mehr. Wir ...« Die letzten Worte gingen im Knistern der Leitung unter. Ich brauchte sie auch nicht mehr zu hören. Ich grinste vor Erleichterung. Keine Gerichts- und Anwaltskosten mehr.

Zurück am Check-in, ließ ich mein Gepäck wieder aus der Maschine holen und das Geld für mein Ticket erstatten. Dann spazierte ich aus Terminal vier hinaus in den Sonnenschein und holte mein Auto vom Parkplatz. Auf dem Weg nach Hause klangen Baxters Worte immer noch in meinen Ohren.

Dies war mit Sicherheit der wichtigste Tag in meinem Leben, seit ich den Staubbeutel von meinem alten Hoover gerissen hatte. Ich wollte meinen eigenen Staubsauger herstellen, und mein größtes Problem war der Geldmangel gewesen. Es war geradezu ein Geschenk des Himmels, dass ich nicht länger durch Anwaltskosten ausgeblutet wurde. Noch vor wenigen Tagen hatte ich ans Aufgeben gedacht. Jetzt hatten wir einen Deal: Das Gerät von Amway blieb auf dem Markt, und wir wurden gemeinsame Lizenznehmer. Wir verzichteten auf die Klage gegen Amway, sie verzichteten auf die Klage gegen mich, und wir alle – inklusive Iona – konzentrierten uns auf das Staubsaugergeschäft.

In finanzieller Hinsicht fühlte ich mich nicht mehr wie ein Zwerg. Also beschloss ich, die Verhandlungen mit Linpak abzubrechen, weil sie sich endlos hinzogen. Ich wollte doch noch versuchen, den Staubsauger selbst zu produzieren. Allerdings nicht mit dem vollen Risiko einer Verschuldung bis zur Armut. Ich fand es besser, das Geld von anderen einzusetzen und ihnen dafür gewisse Ansprüche einzuräumen. Zuerst wandte ich mich an die Handelsbanken.

Das Echo war unglaublich. Was sie am meisten interessierte, war, wie viel Geld ich selbst einsetzen würde. »Hören Sie doch mal«, sagte ich dann immer. »Alles ist bereit für die Produktion. Wir brauchen nur noch 750000 Pfund für die Werkmaschinen. Ich habe schon 1,5 Millionen Pfund für die Patentierung ausgegeben, und die Patente sind absolut wasserdicht. Ich habe in den letzten zwölf Jahren zwei bis drei Millionen Pfund für die Entwicklung dieses Systems ausgegeben. Als Folge davon sind bereits diverse Produkte mit meiner Technologie in Japan und Amerika auf dem Markt. Es stellt sich überhaupt nicht die Frage, ob die Technologie funktioniert oder ob die Verbraucher darauf anspringen. Wir brauchen nur noch dieses letzte bisschen Geld für den Maschinenpark. Dann können wir auf den Markt gehen.« – »Schön, schön«, sagten die Banker. »Aber wir investieren eine Dreiviertelmillion – und wie viel investieren Sie?« – »Das habe ich Ihnen doch gerade gesagt. Ich habe schon etwa vier Millionen investiert und die letzten zwölf Jahre meines Lebens.« – »Jaja, aber wie viel legen Sie jetzt auf den Tisch?«

Das war die Einstellung von acht oder neun Bankhäusern. Close Bros., Alan Patricoff Associates und Charterhouse Investments, um nur einige zu nennen. Sogar bei 3I war es so, und die sind angeblich die am meisten verehrten Risikokapitalisten. Diese verdammten Erbsenzähler konnten nicht über die bloßen Banknoten hinausblicken. Auch das ist Teil des Vermächtnisses der Thatcher-Generation: Das schnelle Geld gilt mehr als Ideen, Design, Erfahrung und mehr als schon investiertes Geld.

Ich muss zugeben, dass ein oder zwei Banken vages Interesse bekundeten – aber nur, wenn ich mein Unternehmen nicht selbst führen würde. »Dyson, Sie sind ein Designer«, lachten sie verächtlich, »was wissen Sie über das Geschäftemachen?« – »Entschuldigen Sie bitte, ich habe eine ganze Reihe von Geschäften sehr erfolgreich geführt. Während der letzten zwölf Jahre habe ich ein Unternehmen im Bereich Forschung und Entwicklung geleitet, und Sie wissen ja – die sind am schwierigsten zu führen.« – »Darum geht es nicht, Mr. Dyson. Wir sind diejenigen, die jetzt Geld hinlegen, und wir bestimmen, worum es geht.«

Die Türen wurden mir aus den einfältigsten Gründen vor der Nase zu geschlagen. Es war zum Haareausreißen. Diese dämlichen Scheißkerle lagen völlig daneben: zu denken, Designer verstünden nichts von Geschäften oder Marketing oder vom Verkaufen. Aber die Menschen, die Produkte erschaffen, verstehen auch das – und sie verstehen, was die Allgemeinheit will. Männer wie diese Banker aber, die den Machern und Erbauern alle Kraft rauben, richten Großbritannien zugrunde.

Das gilt auch für Regierungsvertreter. Ich hatte vor, mein Gerät in Wales herstellen zu lassen, und bewarb mich bei der Welsh Development Agency. Das ist eine Art regionale Entwicklungsgesellschaft, die dem Ministerium für Wales untersteht und Fördergelder vergibt. Zuerst bekam ich einen altbekannten Satz zu hören: »Wenn es einen besseren Staubsauger geben würde, hätten ihn Hoover oder Electrolux schon erfunden.« Doch als die zuständigen Leute meinen Prototypen sahen, fanden sie ihn toll. Meine Bewerbung musste ich durch eine der vier großen Wirtschaftsprüferfirmen in Cardiff einreichen lassen. Darauf hatte das Ministerium für Wales bestanden. Das kostete mich 20000 Pfund. Meine Zeichnungen wurden auf dem Dienstweg nach oben gereicht, und jeder Erbsenzähler wies sie zurück, bis er den Prototyp sah.

Schließlich wurde mein Projekt dem Minister David Hunt vorgelegt, der für die Förderung zuständig war. Ich war währenddessen leider in Italien und handelte Preise für Maschinen aus. Der Minister lehnte meinen Antrag glatt ab. Mich wunderte das nicht. Haben Sie David Hunt je gesehen? Alle anderen im Ministerium waren offenbar ganz scharf auf den *Cyclone*, aber Hunt bestand auf der Richtigkeit der bekannten Formulierung:

1   Endlich frei!

»Wenn es einen besseren Staubsauger geben würde ...« Außerdem wäre die Finanzierung des Projekts in keinem Fall ausreichend. Auch dies eine Einzelmeinung. Monatelang wurde ich danach vom Ministerium für Wales gedrängt, einen neuen Geschäftsplan einzureichen. Aber ich war unnachgiebig. Entweder sie nahmen meine Bewerbung so, wie sie war, oder sie ließen es bleiben. David Hunt wollte nicht nachgeben. Und so sagte ich zu ihnen – wie James Robertson Justice zu Dick van Dyke im Musical »Tschitti, Tschitti, Bäng, Bäng« –: »Hast 'ne Chance gehabt. Hast se vergeigt.«

Na, dann eben zur Hölle mit der Regierung und den Handelsbanken. Nun musste ich mir also doch Geld leihen. Aber 750 000 Pfund – so um den Dreh – waren verdammt viel. Mein erster Darlehensantrag bei der örtlichen Lloyds Bank war von der Zentrale in Swansea glatt abgewiesen worden. Aber ich hatte sehr viel Glück und lernte einen ungewöhnlichen Bankberater namens Mike Page kennen. Er legte gegen die Entscheidung Widerspruch ein und verschaffte mir tatsächlich ein Darlehen: 600 000 Pfund. Mein Haus in Bath und mein Haus im Londoner Stadtteil Chelsea dienten als Sicherheit. Ich kann nur noch einmal sagen, wie erstaunt ich über Deirdres Bereitschaft war, noch einmal unser Heim aufs Spiel zu setzen. Nach allem, was sie schon mitgemacht hatte. Jetzt mussten nur noch die Werkmaschinen bestellt werden, und die Produktion des Staubsaugers konnte losgehen.

Der wunderbare Mr. Page rückte natürlich nicht mehr als eine halbe Million Pfund raus, ohne gesehen zu haben, wofür wir es ausgeben wollten. Zwar wollten wir ursprünglich einen Nasstrockenreiniger für Teppiche herstellen, der gegen den von Vax konkurrieren sollte. Immerhin wurden in Großbritannien 800 000 solcher Geräte pro Jahr verkauft. Aber es wurden auch 800 000 Bodenstaubsauger und 1,1 Millionen Bürstsauger pro

Jahr abgesetzt. Letztlich entschied ich mich, einen wunderschönen Bürstsauger herzustellen, der auf den Namen *Dyson Dual Cyclone* hörte.

Das hatte folgenden Hintergrund: Mit der konventionellen Technologie gestaltete sich die Nassreinigung als Albtraum. In der Trockenreinigungsphase musste man einen Staubbeutel im Gerät einsetzen. In der Nassreinigungsphase kam der Beutel wieder heraus, um Platz für ein Überlaufventil zu machen. Und nach der Nassreinigungsphase war es ein riesiger Aufstand, das Wasser auszugießen, die Maschine trocknen zu lassen und einen neuen Beutel einzusetzen. Das Ganze war einfach großer Blödsinn. Uns aber würde er im Handumdrehen 800000 Kunden pro Jahr bringen. Das wussten wir.

Vax hatte ein Drittel des Marktsegments erobert, unser Nass-Trocken-Reiniger war ihrem weitaus überlegen, aber er entsprach nicht wirklich dem ursprünglichen Geist meiner Erfindung. Denn Verbrauchertests hatten gezeigt, dass die Benutzung eines solchen Saugers als schwere Arbeit empfunden wurde.

Und wir hatten entdeckt, dass es für die Teppichreinigung ebenso effektiv war, Trockenshampoo auf das Gewebe zu streuen und es aufzusaugen. Diese Aufgabe aber konnte ein Bürstsauger wunderbar übernehmen. Und zwar ohne all die Nachteile des Nass-Trocken-Systems, wie etwa Wasserränder auf dem Teppich oder Auskippen des Wassers in die Toilette.

Wir hatten uns vom Marktanteil der Firma Vax blenden lassen, uns vom ursprünglichen Prinzip entfernt und waren uns nicht treu geblieben. Es war viel besser, ein dem *G-Force* ähnliches Gerät zu bauen, das seinen Marktwert bereits bewiesen hatte.

Schließlich konnten wir den Staubsauger jederzeit mit Trockenshampoo verkaufen. Die Menschen waren bereits daran gewöhnt, vor dem Saugen Pulver auf den Teppich zu streuen. Besonders erfolgreich war das Pulver Shake'n'Vac, was nichts bewirkte, außer dass es einen leichten Geruch von Reinigungsmittel hinterließ.

Aber wir änderten unsere Pläne einfach aus dem Bauch heraus: keine Teppichspezialreinigung. Zahlen, um die Entscheidung zu untermauern, hatten wir nicht. Wir saßen in der Garage und beschlossen es ziemlich spontan. Und so wurde der *Dyson Dual Cyclone* erschaffen. Wie bei einer menschlichen Schwangerschaft dauerte es noch etwa neun Monate, in denen das neue Modell gestaltet wurde. Im Mai 1992 war es dann so weit: Mein Lieblingskind war reif genug, um auf die Welt losgelassen zu werden.

Viertes Buch:
Doing a Dyson

15

Der Dyson Dual Cyclone

Der Kampf mit dem Oktopus. Der Härtetest. Wir werfen den Dual Cyclone die Treppe hinunter, immer wieder. Keine unnötigen Knöpfe, aber effiziente Extras. Ganz in Silber. Noch ein bisschen Gelb. Ein Behälter bietet Durchblick. Und schließlich: eine neue Designphilosophie.

Das war es, was ich immer gewollt hatte: Einen Staubsauger, den ich ganz allein entwickelt und gestaltet hatte, der mit den neuesten Finessen meiner Technologie ausgestattet war. Der allein unter meiner Führung produziert, vermarktet und verkauft wurde. Zu jenem Zeitpunkt hatte ich ein kleines Team um mich versammelt, das ich aus den Tantiemen bezahlte, die ich aus Japan und Amerika bezog. Ich arbeitete mit den Leuten in der Garage am anderen Ende meines Grundstücks. Dort, wo es noch nicht einmal Strom, Wasser oder Heizung gegeben hatte, als ich eingezogen war. Im Laufe der Jahre hatte ich sie Stück für Stück ausgebaut, eine ziemlich beeindruckende Werkstatt und ein Büro waren entstanden. Das Team setzte sich aus vier Design-Ingenieuren zusammen, die gerade erst das Royal College of Art verlassen hatten: Simeon Jupp, Peter Gammack, Gareth Jones und Mark Bickerstaffe. Alle waren kaum über zwanzig und einfach wunderbar. In ihrer Gegenwart hatte ich das Gefühl, selbst gerade erst dem Royal College of Art entsprungen zu sein. Bei ihnen vergaß ich meine Falten und grauen Haare, die ich in all den Jahren des Kämpfens bekommen hatte.

Außerdem gehörte Judith Hughes zum Team. Sie ist die Art Frau, die alles und jeden organisiert und den Laden zusammenhält. Sie ist findig und unverwüstlich, lustig und nicht unterzukriegen. Sie ist mit einer mächtigen Stimme gesegnet, die selbst stärksten Persönlichkeiten Angst und Bange machen kann. Sie ist der Motor der Firma, war von Anfang an unersetzlich und ist heute noch bei uns.

Es war nicht so, dass ich den Chef gespielt und meine Untergebenen herumkommandiert hätte. Wir waren ein eingeschworenes Team mit der Mission, einen Staubsauger zu gestalten, wie ihn die Welt noch nicht gesehen hatte. Es war verdammt aufregend. Mit diesem Team konnte ich endlich alles verwirklichen, woran ich glaubte: die Verflechtung von Design und Funktion. Ästhetische Perfektion durch die Arbeit des Ingenieurs, anstatt die Technik durch aufgesetzte Ästhetik zu verdecken. Und ich glaubte daran, den Verbraucher in die Lage zu versetzen, an den technologischen Vorzügen eines neuen Produktes Spaß zu haben und sie zu würdigen.

Ein Paradebeispiel dafür, ob ein spezielles Stück Technik Spaß machen kann oder nicht, ist der Teleskopschlauch beim Bürstsauger. Wenn Sie heute den gelben Knopf am Griff Ihres *Dual-Cyclone*-Bürstsaugers drücken, können Sie ein Saugrohr mit integriertem Teleskopschlauch herausziehen. In all den unzugänglichen Nischen, Ecken und Hochlagen zu saugen ist damit völlig mühelos. Ich bin überzeugt davon, dass es den Menschen Spaß macht. Das Feedback der Verbraucher deutet darauf hin, dass dies eine der beliebtesten Funktionen ist. Der Teleskopschlauch hat darüber hinaus dazu geführt, dass der *Dual Cyclone* der erste Staubsauger war, der bei Männern richtig beliebt wurde. Man kann sich aber kaum vorstellen, wie viel Zeit und

Ärger verging, bis der Schlauch so gut funktionierte. Der Grund ist ein Spezialventil. Nur deshalb kann man den Schlauch mit einem Schwupps herausziehen und menschliche oder tierische Hautrückstände sofort und problemlos zum Beispiel von einem hohen Türrahmen saugen.

Beim Gerät von Electrolux war das nicht der Fall. Ich hatte ihnen 1982 mein Modell vorgestellt. 1986 hatten sie ein eigenes Bürstsaugermodell mit ausfahrbarem Schlauch herausgebracht, sich aber nicht um das Ventil gekümmert. Sie hatten das Gerät nur mit einem Schlauch ausgerüstet, um sagen zu können, dass es einen hatte. Die Verkaufsabteilung des Unternehmens machte dann viel Wind um das »Reinigen in höheren Lagen«, wie sie es nannten. Allerdings musste man dazu erst einmal fast eine Minute lang mit dem Schlauch herumfummeln, bevor man loslegen konnte. Die Herren von Electrolux dachten, sie hätten das Charakteristikum in ihr Gerät integriert, aber sie hatten außer Acht gelassen, worum es dabei eigentlich ging: Nämlich die Funktion, sofort und ohne Übergang in höheren Lagen saugen zu können. Es ging darum, das Saugen per Schlauch beim Bürstsauger ebenso problemlos wie beim Bodenstaubsauger zu machen.

Sie behaupteten sogar, ihr Bürstsauger sei der erste, der mit einem Schlauch ausgerüstet sei. Diese Typen wiederholten das in jedem PR-Statement. Na, da habe ich aber schnell einen Riegel vorgeschoben. Die Herren hatten sich einfach die Tatsache zunutze gemacht, dass wir in Europa noch nicht in Produktion gegangen waren, sondern nur in Japan.

Wir hatten alles darangesetzt, das Umschaltventil perfekt zu machen. Es war eine Höllenarbeit, und dadurch waren wir zeitlich ziemlich zurückgefallen. Die Leute von Electrolux waren aber nicht so vom Perfektionismus besessen, und so konnten sie schnellstens etwas Schlauchförmiges auf den Markt bringen. Für uns war es nicht einfach, zu zeigen, wie viel besser unser

Schlauch wegen des Umschaltventils funktionierte. Jedenfalls nicht so einfach, wie etwas bisher nicht Bekanntes auf den Markt zu bringen. Das wussten die Herren von Electrolux ganz genau. Aber auf lange Sicht gesehen hat sich meine Pingeligkeit doch ausgezahlt.

Jede kleine Verbesserung des Designs wird von den Gegnern auf dem Markt stets als Angriffspunkt genutzt. Ein Beispiel: Als Hoover unter unserem Erfolg zu leiden hatte, behauptete das Unternehmen, seine Geräte hätten eine höhere Saugkraft als unsere. Sie versuchten, das zu beweisen, indem sie eine große PR-Show abzogen. Sie präsentierten ein Ding, das sie Saugkraftmesser nannten und das über die Düse des Schlauches gestülpt wurde. Zuerst bei ihrem Gerät, dann bei unserem. Es verschloss die Schlauchöffnung völlig und sollte angeblich den Druck messen. Das Gerät von Hoover hatte das bessere Ergebnis.

Das war klar, denn ich hatte die enorme Saugkraft in Betracht gezogen, als ich den Schlauch, seine Form und seine Größe entwickelte. Ich war zu dem Schluss gekommen, dass er eine ernsthafte Gefahr für Kinder sein könnte. Wenn ein Kind durch die Düse in den Schlauch geschaut hätte, um herauszufinden, was darin vorging, wäre es womöglich um sein Auge geschehen. Also hatte ich die Düse mit Entlüftungsventilen versehen und der Öffnung ein so genanntes Fischmaul gegeben. Darüber hinaus hatte ich die Düse mit einem Gehäuse voller Schlitze umgeben. So kam es dazu, dass der Schlaucheingang weder von einem Kinderauge noch von einem Saugkraftmesser vollständig verschlossen werden konnte. Und das war der Grund, warum unser Gerät bei dem dämlichen Test wegen angeblich mangelnder Saugkraft durchfiel.

Eine Bemerkung am Rande: Bevor ich diese Düsenkonstruktion erfand, hatte ich die Moorfield-Augenklinik in London angerufen, um zu erfahren, wie viel Druck notwendig sei, um ein Auge auszusaugen. Die Krankenschwester am anderen Ende der

Leitung hatte mich zuerst gefragt, ob ich sie veralbern wolle. Dann hatte sie mir aber erklärt, dass ein ziemlich hoher Druck erforderlich sei. Sie wüsste das, da sie die Düse ihres eigenen Staubsaugers häufiger ans Auge halte. Bizarr.

Erfinden ist ein kontinuierlicher Prozess. Erfindungen erzeugen weitere Erfindungen. Tatsächlich werden so die meisten Erfindungen gemacht. Nur äußerst selten wird etwas aus dem Nichts erfunden. So war es auch in meinem Fall. Der *Dual Cyclone* war der Grundstein, mein erster Staubsauger, aber während seiner Weiterentwicklung in den nächsten zwölf Jahren machte ich nebenbei Dutzende weiterer Erfindungen.

Mein kleines Team und ich preschten jetzt volle Kraft voraus, um einen Bürstsauger mit Zyklonentechnologie zu produzieren. Wir wollten die Zeit wettmachen, die wir in der konzeptionellen Sackgasse bei der Gestaltung eines Nass-Trocken-Reinigers vergeudet hatten. Im Dachgeschoss der Garage war unser Büro. Dort gestalteten wir jedes Detail am Computer. Im Erdgeschoss war unsere »Fabrik«, dort bauten wir unsere Modelle. Wir waren nur Designer und Ingenieure, ein phantastisches Umfeld. Niemand quatschte dumm dazwischen. Keine Verkäufer, keine Werbefachleute, keine Marketingmanager, die sich einmischten und uns in ihre Richtung drängten. Wir konzipierten das Produkt unserer Träume. Ohne Marktforschung, ohne Zielgruppen analysiert zu haben.

Es war – um es deutlich zu sagen – wie der feuchte Traum eines Designers. Es war einzigartig, das, was wir taten, machte man einfach nicht. Einfach eigene Wege gehen und zum Beispiel Werkmaschinen für eine Million Pfund bestellen. Es war schon fast unzüchtig. Niemand wusste, worauf wir eigentlich hinauswollten. Gelegentlich hatten wir Probleme mit der Glaubwürdigkeit oder Kreditwürdigkeit. Als wir die Werkmaschinen bestellten, sollten wir – wie meistens – im Voraus und bar bezahlen. Nur so waren die konventionelleren Geschäftspartner zu beruhigen.

Wir waren selbst auf dem besten Wege, ebenfalls Geschäftsleute zu werden. Wir verwandelten uns und überschritten Grenzen. Als wir die Werkmaschinen bestellten und den Herstellern Instruktionen gaben, hatten wir uns auf den Weg gemacht, meinen alten Traum zu verwirklichen. Den Traum, dass Designer ein Unternehmen führen. Doch vorher mussten wir das Produkt noch gestalten.

Das Gehäuse unseres Staubsaugers gestalteten wir ähnlich dem des *G-Force*, aber ich wollte, dass das neue Gerät mehr nach Luftfahrttechnik aussah. Es sollte nicht so grobschlächtig wirken, und die Innereien sollten – im Gegensatz zu der rosaroten Maschine aus Japan – nicht zu sehen sein.

Als Erstes machten wir uns daran, das gesamte Leitungssystem im Gehäuse zu verstecken. Dadurch sah die Maschine eleganter aus, nicht mehr wie ein Oktopus aus dem Weltall, der mit sich selbst kämpft. Außerdem gestalteten wir das Gerät so, dass Zyklon und Auffangbehälter mehr hervorstachen. Dadurch wurde das Element des technologischen Fortschritts stärker betont.

Hunderte von kleinen technischen Verbesserungen am Zyklon und am Bürstkopf folgten. Darüber hinaus konzentrierten wir uns darauf, die Anzahl der Schrauben, Nahtstellen und Einzelteile zu reduzieren. Der Sinn des Ganzen: Wir wollten uns bei der Funktion auf das Wesentliche konzentrieren, und die Form sollte dem möglichst entsprechen. Außerdem hatte das Ganze einen finanziellen Aspekt. Je weniger Teile unser Staubsauger hatte, desto weniger Werkmaschinen benötigten wir. Jede Spezialmaschine zur Prägung eines einzelnen Teiles kostete schließlich etwa 20 000 Pfund.

Unser Produkt sollte auch noch einen alten Traum von mir erfüllen. Ich hatte ihn gehabt, seit ich als Jugendlicher in den fünfziger Jahren die Geschicke des Comic-Helden Dan Dare verfolgt hatte: Unser Gerät sollte aussehen, als handele es sich um ein Ausrüstungsstück der NASA. Also sollte es unzerstörbar sein. Daher nutzten wir für das Gehäuse ABS, Plastik mit sehr hohem Butadiengehalt (Gummigehalt). Für den durchsichtigen Auffangbehälter nutzten wir Plastik namens Polykarbonat. In unruhigen Gegenden wird es öfter statt Glas als Fensterscheibe genutzt. Selbst Ziegelsteine und Baseballschläger können dem Material nichts anhaben. Mr. Blair würde den Einsatz dieses Materials vermutlich als Null-Toleranz-Design bezeichnen.

Bei meinem Streben nach Unverwüstlichkeit konnte ich außerdem auf meine Erfahrungen zurückgreifen, die ich bei der Entwicklung von zwei Staubsaugern für die Reinigungsindustrie gesammelt hatte. Für unseren Lizenznehmer Johnson Wax hatte ich ja mehr als ein Jahr damit verbracht. Beide Geräte wurden unter dem Namen Vectron bekannt. Die Tank-Staubsauger-Version fand ich besonders erfreulich, denn der Auffangbehälter war völlig durchsichtig, und man hatte rundum freien Blick auf die Zyklonentechnologie. Das Ding sah aus wie der kleinere und intelligentere Bruder von R2D2 aus »Der Krieg der Sterne«.

Ein Staubsauger für die Industrie muss natürlich extrem belastbar sein. Er wird sein Leben lang, tagein, tagaus, acht Stunden lang benutzt. Dort, wo er eingesetzt wird, ist es viel schmutziger als im durchschnittlichen Haushalt, und der Schmutz ist hartnäckiger. Für derartige Bedingungen konstruierte ich auch den *DC01*, der daher auch bei Reinigungsfirmen sehr populär wurde.

Vermutlich kennt jeder Ingenieur den Hammertest – auch wir verbrachten viel Zeit damit, auf unsere Maschinen einzudreschen. Aber wir hatten noch eine viel gemeinere Testmethode. Der Fußboden der Garage bestand aus Marmor und die Treppe vom Dachgeschoss hinunter aus Gusseisen. Zahllose *Dual Cyclones* hatten ein trauriges Schicksal. Im Rückblick erscheint diese Testmethode allerdings ein wenig bizarr und kindisch. Jedenfalls wuchtete einer von uns das Ding über das Geländer, sie donnerten die gusseiserne Treppe hinunter und krachten anschließend auf den Marmor. Dabei kauerten wir zusammen und hielten uns – wie Soldaten im Schützengraben – die Ohren zu, denn es gab einen Höllenlärm. Vermutlich löste es auch irgendwie unsere Anspannung, denn wir arbeiteten viele, viele Stunden. Dem Fußboden tat es allerdings nicht gut.

Damals baute ich auch unsere erste Testvorrichtung. Es war ein Roboterarm, der den Staubsauger fest im Griff hatte und ununterbrochen auf einem Stückchen Teppich hin und her schob: 24 Stunden am Tag, sieben Tage die Woche, monatelang. Der Mechanismus lieferte wertvolle Erkenntnisse über die Belastbarkeit der Maschine. Allerdings waren wir ein wenig besorgt, es könne Feuer ausbrechen, denn das Gerät saugte die ganze Nacht lang, während wir schliefen, und auch das Wochenende über, wenn niemand in der Werkstatt war.

Eine Löschvorrichtung konnten wir uns nicht leisten, so konzipierten wir selbst eine: Es war ein überlanger Schlauch, der im Garten an einen Wasserhahn angeschlossen war. Wir führten ihn an der Wand entlang und klebten ihn an die Decke. Das Schlauchende war verschlossen und direkt über der Testvorrichtung platziert. Den Wasserhahn ließen wir immer offen. Die Idee dahinter: Falls die Testvorrichtung überhitzte oder einen Kurzschluss auslöste, würde es einen Brand geben. Das Feuer würde den Plastikschlauch schmelzen lassen, das Wasser freisetzen und so das Inferno löschen. Glücklicherweise fanden wir nie heraus, ob unsere Konstruktion funktionierte.

Sobald wir Belastbarkeit und Ausdauer der neuen »Raumfahrttechnologie« sichergestellt hatten, mussten wir dafür sorgen, dass jeder überflüssige Schnickschnack an dem Gerät verschwand. Es sollte keine dämlichen Schalter, Knöpfe oder Skalen für Duftspender oder die Einstellung auf die Teppichhöhe geben.

Das Design von Staubsaugern und den meisten anderen Haushaltsgeräten ist in den letzten Jahren von solchem sinnlosen, ablenkenden Schnickschnack geplagt worden. Faule Designer versuchen dabei, langweilige Technologie und schlecht gestaltete Produkte interessanter aussehen zu lassen, ihnen vermeintlich futuristische Vorteile einzuhauchen. Die Japaner etwa hatten auf einer Höheneinstellung für Teppiche bestanden, weil sie Funktionsfetischisten sind. Aber ich wusste, dass solche Dinge überflüssig sind, und ich wollte so etwas an meinem *DC01* nicht haben.

Für uns war es leicht, den Schnickschnack wegzulassen. Wir arbeiteten als Designer völlig unabhängig von jeder Verkaufs- und Marketingabteilung und gestalteten das Produkt so, wie wir es für ideal hielten. Allerdings wollten Einzelhändler stets wissen, wo denn die Einstellung auf die Teppichhöhe sei. Wir erklärten ihnen dann immer, dass wir einen frei schwebenden Bürstkopf entworfen hatten, der sich automatisch an den Teppichflor anpasste. Natürlich passte er sich ebenso an Stein- oder Holzfußboden an. Mit irgendeinem Mumpitz zu Verkaufszwecken war der *DC01* jedenfalls nicht ausgerüstet.

Unser Staubsauger hatte auch keine automatische Kabelaufwicklung, denn bei einem Bürstsauger ist es wesentlich schneller, wenn man das Kabel selbst um die Haken am Griff legt. Bei einem Bürstsauger sind solche Kinkerlitzchen nur eine potenzielle Fehlerquelle.

Natürlich gab es auch keinen Fußhebel, um den Bürstsauger aus seiner vertikalen Stellung zu lösen. Stattdessen konstruierten wir einen Rahmen, dessen Schwerpunkt so lag, dass das Gerät im Winkel von 45 Grad genau ausbalanciert war. Das ist der natürliche Winkel für das Staubsaugen. Wenn man die Maschine in einem geringeren Winkel losließ, richtete sich der Sauger von selbst wieder auf. Um das Gerät aus der vertikalen Stellung zu lösen und anzukippen, musste man nur mit dem Fuß auf den Bürstkopf drücken. Zu diesem Zweck schufen wir auf beiden Seiten muschelförmige Einbuchtungen. Denn Linkshänder sollten bei unserem Staubsauger auch ihren linken Fuß benutzen können.

Der ausziehbare Schlauch des Bürstsaugers war mit dem Fahrgestell verbunden. Wenn man sich beim Saugen mit Schlauch zu weit entfernte, kippte das Gerät deshalb nicht um. Man zog es vielmehr hinter sich her. Zwei große Räder sorgten dafür, dass der *Dyson* besonders beweglich war und keine Schrammen hinterließ. Außerdem erleichterten die Räder das Treppensteigen mit Staubsauger wesentlich.

Das gesamte Zubehör, wie Aufsätze zum Autoreinigen, Bürsten, schmale Düsen für enge Ritzen etc., wurde im Gerät integriert. Man konnte sie einfach in dafür vorgesehene Halterungen am Staubsauger stecken, sodass sie immer parat waren und nicht in irgendwelchen Schränken lagen und vergessen oder verloren wurden. Alle Extras waren jederzeit griffbereit.

Was den NASA-Look des Staubsaugers betraf, so war die Farbe wohl das Wichtigste. Wir wollten, dass das Gehäuse aussah, als ob es aus Aluminium sei. Das signalisierte unserer Ansicht nach am besten, dass es sich um ein High-Tech-Produkt handelte. Aluminium wäre aber viel zu schwer und zu teuer gewesen. Wir nahmen deshalb fast durchsichtiges Plastik und sprenkelten Aluminium hinein. Auf diese Weise bekam das Plastik einen metallischen Look.

Aluminium ist ein sehr guter Verbindungsstoff und lässt sich gut in Plastik mischen, aber zu Anfang hinterließ es Adern an den Stellen, wo die Aluminiumströme aufeinander trafen. Es sah aus wie die Fettmarmorierung von Rindfleisch. Das Problem lösten wir, indem wir den Fluss des Aluminiums per Computer analysierten und ihn stoppten, bevor es zur Aderbildung kam.

Außerdem setzten wir Gelb ein. Dafür hatten wir drei Gründe: Erstens betonte es das Design, zweitens hatte das niemand vor uns getan, sodass es unser Markenzeichen werden konnte. Drittens sah das Produkt damit einfach gut aus.

Darüber hinaus dachten wir: Gelb ist eine Signalfarbe. Es wird für Warnschilder auf Baustellen oder für Schutzhelme benutzt. Sogar in der Natur signalisiert die Farbe bei Tigern und Wespen »Achtung – Gefahr«. Das unterstrich nur die Botschaft, wie effektiv unser Gerät war. Diese Maschine war wie ein Raubtier.

Der High-Tech-Charakter unseres Staubsaugers wurde auch dadurch betont, dass wir bestimmte Farben nicht bei der Gestaltung einsetzten, zum Beispiel langweilige, spießige Blautöne. Der freche, glitzernde Look setzte sich klar von dem Image biederer Häuslichkeit ab. Manche Verbraucher wurden dadurch anfänglich vielleicht abgeschreckt, aber es war wichtig, gleich zu Beginn dieses neue Gefühl zu vermitteln.

Das Silber und das Gelb wurden zu einem wesentlichen Wiedererkennungsmerkmal für den *DC01*, so wie es das Rosa und das Lavendel für den *Cyclon* und den *G-Force* gewesen waren. Als die Öffentlichkeit gerade erst begann, auf den *DC01* aufmerksam zu werden, fragten viele Menschen in den Geschäften nach dem »silbernen und gelben Staubsauger«.

Unsere Konkurrenten kicherten in der Anfangsphase noch über die Farbgebung. 1996 aber, als wir ihr Marktsegment abgeräumt hatten, brachten Hoover, Electrolux und Miele gleichzeitig Modelle mit gelben Teilen auf den Markt. Unsere Technologie durften sie nicht kopieren, so mussten sie sich eben damit begnügen. Die Öffentlichkeit ließ sich aber nicht täuschen. Niemand kauft ein Haushaltsgerät nur wegen der Farbe, sondern weil es effektiv arbeitet.

Die Farbgebung erfolgte also aus rein gestalterischen Gründen. Aber das Letzte, was ich wollte, war ein überfrachtetes Design. Die Funktion stand im Vordergrund. Ich kann es gar nicht oft genug wiederholen: Den besten Look bekommt man, wenn man das Design aus der Funktion heraus entwickelt. Die Rippen an der Vorderseite des Griffs etwa dienten dazu, die hässliche Kurve des inneren Aluminiumschlauchs spielerisch in die sanftere Form des Gehäuses übergehen zu lassen. Außerdem verstärkten sie jene Stelle am Griff ganz wesentlich. Der Nebeneffekt davon ist ein Look, der an die Kühllamellen am Zylinderkopf eines Motorrads erinnert.

Ein anderes Beispiel: Der elektrostatische Vormotorfilter siebt Kohlestaubpartikel aus der Luft, die durch die Abnutzung der Motorbürsten entstehen. Das gilt für Partikel bis zu 0,1 Mikron (ein Mikron ist ein Millionstel Meter). Andere Staubsauger blasen diese Teilchen in den Raum hinaus. Für den »Design-Effekt« des runden gelben Filters sorgt die kleine gelbe Flosse darauf. Ihre Rundung steht im Gegensatz zu den anderen Kurven und bricht die Symmetrie. Der Filter lässt sich leicht hineinschieben und herausziehen. Das macht vor allem das Reinigen leichter. Der Vorgang ähnelt aber auch dem Einschieben einer Videokassette in den Recorder oder dem Einlegen einer CD-ROM. Das erzeugt einen zusätzlichen Eindruck von High-Tech.

Der Behälter war natürlich durchsichtig. Das war vielleicht das wichtigste Charakteristikum des Staubsaugers. Die Idee hätte von Brunël sein können: So konnte man erkennen, wie sich der Wirbelsturm drehte und wo der Schmutz hinflog. Man sah, wie das Ding funktionierte. Viele potenzielle Lizenznehmer hatten sich gegen diese Idee gesperrt. Auch Iona in Amerika hatte getönte Behälter produziert, weil die Herren meinten, die Maschine sehe sonst schmuddelig aus.

Auch die Einzelhändler waren oft dieser Ansicht. Die von der Kaufhauskette John Lewis zum Beispiel regten an, einen getönten Behälter zu produzieren, weil er anständiger aussehe. Wir produzierten für sie Anfang 1994 tatsächlich erst einmal einen Behälter aus Plastik, das aussah wie Rauchglas. Wenig später aber meldeten sie sich wieder bei mir und erklärten, ein durchsichtiger Auffangbehälter wäre ihnen doch lieber.

Der Anblick eines durchsichtigen Staubsaugers voller Schmutz zog einfach die Blicke potenzieller Käufer auf sich. Die *Ballbarrow* war ja auch in jedem Laden aufgefallen, weil der Anblick so merkwürdig und das Gerät dennoch so zweckmäßig war. Es wäre wohl auch sehr schwer gewesen, den Durchschnittsbürger von einem unglaublichen, geheimnisvollen Vorteil des Staubsaugers zu überzeugen, wenn er ihn nicht sehen konnte. Dann hätte es ja ebenso gut ein hinterlistiger Verkaufstrick sein können, wie der Verbraucher sie von anderen Herstellern gewohnt war. Aber wenn der Kunde auf eine lange Reihe tadellos aussehender Staubsauger blickt und am Ende auf diesen besonders schrillen mit viel Schmutz darin, wird er wohl nicht an der Funktion zweifeln, oder?

Ein anderer Pluspunkt des durchsichtigen Behälters war der Effekt, den ich als »das Prinzip des deutschen Klos« bezeichne. Im Gegensatz zu britischen oder amerikanischen Toiletten haben deutsche Kloschüsseln einen Sockel. Man kann sich die Scheiße noch mal anschauen, bevor man sie wegspült. Das gleiche Prinzip gilt bei Staubsaugern: Es ist beruhigend, zu sehen, dass zehn Minuten Saugen im Wohnzimmer keine verplemperte Zeit waren. Wenn man den Schmutz im Behälter mit eigenen Augen sieht, weiß man: Das war die Zeit wert.

Damit nicht genug der Vorteile: Gelegentlich saugt man aus Versehen etwas auf, das man nicht wegwerfen will. Zum Beispiel Kleingeld, Briefmarken, Kappen von Kugelschreibern oder auch Springmäuse. In einem durchsichtigen Behälter wird man sie nach dem Saugen mit großer Wahrscheinlichkeit sehen. Mit dem Gerät kann man sogar verloren gegangene Dinge wiederfinden. Eine Frau, die bei uns in Frankreich zu Gast war, meinte zum Beispiel, sie hätte ihren Verlobungsring mit Diamanten am Pool verloren. Ich saugte daraufhin eine Weile im Garten herum, und nach etwa zehn Minuten sah ich, wie der Ring um den Zyklon herumwirbelte (Warnung: Ahmen Sie das zu Hause besser nicht nach).

Man weiß nie genau, wie ein Design-Charakteristikum auf die Menschen wirkt. Alles Mögliche kann dabei herauskommen. Ein Journalist fragte mich einst: »Der Bereich, in dem all der Schmutz gesammelt wird, ist durchsichtig. Die Überbleibsel werden außen herum vorgeführt, das klassische Design wird quasi umgekehrt. Ist das eine Art postmoderne Anlehnung an den Architekturstil, der von Richard Rogers mit dem Centre Pompidou begründet wurde? Wo die Klimaanlagen und Fahrstühle, die Innereien also, selbst zu einem Charakteristikum des Designs gemacht werden?« Ich antwortete darauf: »Nein. Er ist durchsichtig, damit man sehen kann, wann er voll ist.«

Es wird allerdings immer Menschen geben, die Innovationen heruntermachen. Einige kamen damit einfach nicht klar. Mein Lieblingszitat zu dem Thema stammt von einem Verbraucher, dessen Meinung in einer Ausgabe der TV-Sendung »The Money Programme« ausgestrahlt wurde. Der Interviewer fragte ihn, was er davon halte, dass der Behälter des *DCO1* durchsichtig sei. Der Befragte gab eine sehr britische Antwort: »Irgendwie ist das nicht richtig. Sie wissen schon, was ich meine.«

Im Laufe der Jahre bin ich immer wieder gefragt worden, wie meine Philosophie in Bezug auf Design und Erfindungen lautet. Gelegentlich habe ich versucht, meine diesbezüglichen Gedanken zu Papier zu bringen. Es ist schwierig, sie auf wenige simple Thesen zu reduzieren, in meinem Kopf schwirren sehr viele Ideen herum – ein merkwürdiger Brei aus allem, was ich gesehen und gelernt habe. Meine Philosophie könnte aber in etwa so lauten:

I.) Gute Ideen
Niemand hat je eine gute Idee gehabt, weil er auf sein Zeichenbrett starrte. Machen Sie das also nicht. Mir hat diesbezüglich immer Francis Bacons Gleichnis von der Spinne und der Biene gefallen: Eine Spinne arbeite nur mit dem, was ihr selbst zur Ver-

fügung steht, und sei nur mit sich selbst beschäftigt. Daher produziere sie nur Gift. Eine Biene aber verarbeitet alle möglichen Rohmaterialien aus der Natur. Deshalb produziert sie Honig. So oder ähnlich lautet die Analogie. In dem Schulfach, in dem sie vorkam, bin ich wohl durchgefallen.

Jedenfalls kam Bacon stets auf Ideen, weil er in der Landschaft herumspazierte und die Natur beobachtete. Und nicht dadurch, dass er in seinem Arbeitszimmer saß. Also gehen Sie los und schauen Sie sich um. Wenn Sie eine Idee haben, halten Sie daran fest und schreiben Sie sie auf. Wälzen Sie die Idee hin und her, bis sie schlüssig ist. Sitzen Sie nicht herum. Erwarten Sie nicht, dass die Erleuchtung zu Ihnen kommt. Denken Sie aber auch daran, dass Bacon an Lungenentzündung starb, weil er damit experimentierte, Hühnchen einzufrieren.

II.) Alltägliche Produkte

Es ist zwar schwieriger, bereits ausgereifte Produkte zu verbessern. Wenn man das aber geschafft hat, braucht man keinen neuen Markt zu erschließen. Auch hier gilt: In einem Vakuum zu sitzen und auf Ideen zu warten bringt nichts. Testen Sie gängige Produkte aus Ihrem Haushalt. Machen Sie eine Liste von den Dingen, die Ihnen daran nicht gefallen. Ich entdeckte an meinem Hoover Junior auf Anhieb etwa zwanzig Details, die mich störten.

III.) Neue Technologien

Es mag selbstverständlich klingen. Dennoch: Viele Menschen schreiben mir und erklären, sie hätten etwas »erfunden«. Oft ist das Ding dann zwar nützlich und interessant, aber nur eine Abwandlung von bereits bestehender Technologie – und kann deshalb von jedem ohne rechtliche Folgen kopiert werden. Nur wenn man eine wahrhaft neue Technologie erfindet, kann man sie durch ein Patent schützen lassen. Und nur dann darf sie niemand kopieren.

1 Der Dyson Dual Cyclone

Was auch immer Sie in Ihren Träumen erschaffen: Sie werden feststellen, dass irgendjemand irgendwo schon einmal etwas Ähnliches gemacht hat. Davon müssen wir ausgehen. Ihr Job als Antragsteller auf ein Patent ist es nun, herauszuarbeiten, wie originell und einzigartig Ihr persönlicher Beitrag im Gegensatz zu anderen ist. Das ist oft extrem schwierig, besonders beim Patentamt der USA. Überhaupt können Mitarbeiter von Patentämtern sehr widerspenstige Menschen sein. Stellen Sie einen Antrag auf ein Patent, wird Sie das etwa 20000 Pfund kosten. Und nur, wenn der Antrag schon beim ersten Versuch durchgeht. Das geschieht aber nur selten.

Ich hatte es einst mit einer besonders schwierigen Beamtin zu tun, als ich eine meiner Erfindungen in den USA patentieren lassen wollte: Sie war immer wieder krank geschrieben. Wohl wegen irgendwelcher psychischer Probleme. Zuerst war sie wie ich der Meinung, meine Technologie sei einzigartig und ebnete damit den Weg für die Registrierung des Patentes. Sechs Wochen später aber bekam ich eine schriftliche Ablehnung und musste wieder von vorn anfangen. So ging das mehrfach. Nur die Registrierung dieses einen Patents durch diese eine Beamtin kostete mich 150000 Pfund.

In jedem Fall ist es teuer, etwas patentieren zu lassen. Es macht also nur Sinn, Patentanträge in Ländern zu stellen, in denen es eine große Anzahl von Verbrauchern oder große Hersteller gibt. Wegen Verstoß gegen das Patentrecht kann man nämlich nicht nur dort verklagt werden, wo das Produkt verkauft wird, sondern auch dort, wo man es herstellt. Ich konnte mir zum Beispiel nicht den Luxus leisten, meinen Zyklonenstaubsauger in Mexiko patentieren zu lassen.

Es ist extrem schwer, den Nachweis zu erbringen, dass eine Technologie wirklich neu ist. Überall können »frühere Kunstwerke« lauern. So nennen Fachleute Technologien oder Teile davon, die schon in anderen Patenten registriert sind. In den meisten Erfindungen sind irgendwo »frühere Kunstwerke« versteckt. Es kommt dabei nicht darauf an, ob etwas je gebaut wurde – es muss nur jemand die Idee gehabt haben. »Frühere Kunstwerke« müssen noch nicht einmal patentiert sein – die Idee muss lediglich veröffentlicht sein.

Die tragische Geschichte vom Windsurfer ist ein gutes Beispiel. Die Idee des Surfbretts mit Segel stammt ursprünglich von ein paar Jungen aus Kalifornien, die einfach einen Mast auf einem Brett befestigten. Das Problem: Mit dem Segel kippte auch das Surfbrett um. So kamen die Jungen darauf, einen Mast mit Universalgelenk einzusetzen. Außerdem hatten sie eine andere Idee: Bei einem Boot wird das Segel durch ein Seil gehalten, die Jungen setzten dafür einen Gabelbaum ein. Sie entwickelten dieses Gefährt ganz nach dem Prinzip Edisons (Schritt für Schritt), und es wurde ein riesiger Erfolg. Und dann klagte jemand gegen das Patent.

Es stellte sich heraus, dass irgendein Scheißkerl zehn Jahre zuvor einen Brief an ein Segelmagazin geschrieben hatte. Darin wurde ein Mast mit einem beweglichen Gelenk am unteren Ende beschrieben. Eine Skizze hatte der Schreiber beigefügt. Ein Patent hatte er nicht beantragt. Er hatte auch einige geringfügige Probleme der Konstruktion nicht gelöst. Dennoch: Es war ein »früheres Kunstwerk«. Das Segelmagazin hatte es veröffentlicht, und zehn Jahre später wurde deshalb der Patentantrag des Windsurfers abgeschmettert. Jeder durfte die Erfindung ohne rechtliche Folgen kopieren.

Etwas Ähnliches geschah mir selbst, als der von mir erfundene Teleskopschlauch an Bürstsaugern von Electrolux auftauchte. Ich konnte dagegen nichts unternehmen. Im Zusammenhang mit dem ursprünglichen Patentantrag hatte ich nämlich herausgefunden, dass irgendein Dummlackel in den zwanziger Jahren in Amerika die Rückseite eines Bürstsaugers mit einem Schlauch versehen hatte. Das Ding hatte nie funktioniert und war auch nie produziert worden. Aber es reichte aus, um sechzig Jahre später die Patentierung meiner perfekt funktionierenden Version zu verhindern.

Patente haben aber noch einen weiteren Haken. Die Kosten enden nicht mit der Registrierung. Auch danach muss man enorme Summen zahlen, um sein Patent Jahr für Jahr zu erneuern. In manchen Ländern und in manchen Fällen werden bis zu 2000 Pfund pro Jahr fällig. Dieses Geld haben Sie vermutlich nicht übrig, wenn aus Ihrer Erfindung noch kein lukratives Geschäft geworden ist.

In Großbritannien sind die Patentgebühren nicht so hoch wie in manchen anderen Ländern, dennoch können es aber bis zu 400 Pfund pro Jahr sein.

Meiner Meinung nach ist eine Erfindung ein kreatives Kunstwerk, wie ein Buch oder ein Lied, und für deren Copyright muss man ja schließlich auch nicht jährlich Gebühren zahlen. Warum sollte das Patentamt das Recht haben, mir mein Patent zu stehlen, wenn ich mir die Erneuerungsgebühr nicht leisten kann? Schließlich knallt dort nur ein Breitschädel einen Stempel auf ein Stück Papier.

Das Behörden-Establishment argumentiert, die Gebühren seien ein Anreiz, der verhindere, dass jemand auf einem technologischen Durchbruch sitze und ihn nicht nutze. Das ist patentierter Müll. Im wahrsten Sinne des Wortes. Die Sache ist ganz klar gegen kleine Erfinder und zugunsten der Großunternehmen angelegt, für die diese Gebühren unbedeutend sind. Ich finde, dass dies eine Frage der Menschenrechte ist. Deswegen bin ich, während ich dieses Buch schreibe, gerade dabei, das britische Wirtschaftsministerium vor dem Europäischen Gerichtshof zu verklagen.

IV.) Das Prinzip Edisons

Ingenieurskunst ist für mich eine Frage des Geisteszustands. Oder zumindest der Arbeitsmethode. Man *kann* innerhalb von sechs Monaten zum Experten für was auch immer werden. Allerdings sollte man sich vor Projekten hüten, die zu viel Mathematik voraussetzen, und sich lieber an Aufgaben halten, die man empirisch lösen kann. Mit ein wenig Querdenken kann man es zu enormen Durchbrüchen bringen. Dieser Ansatz führt oft zu weiteren Erfindungen. Weil ich über ein Problem im Zusammenhang mit der *Ballbarrow* nachdachte, ist der *Dual Cyclone* entstanden.

Testen Sie Ihre Erfindung immer und immer wieder. Glauben Sie nur, was Sie mit eigenen Augen sehen. Verlassen Sie sich nicht auf Formeln oder die Meinung anderer Leute. Vor der öffentlichen Meinung oder der Marktforschung werden Sie gelegentlich flüchten müssen. Marktforschung kann immer nur rückwirkend funktionieren – aber niemals erklären, was in der Zukunft geschehen wird.

V.) Ständige Revolution

Dies ist keine Proklamation der marxistisch-leninistischen Geschichtstheorie. Vielmehr eine Aufforderung, ständig alles noch einmal zu überdenken, jeden Aspekt und jede Funktion der Erfindung immer wieder zu verbessern. Man darf nicht zufrieden sein, bis man absolut jedes Problem gelöst hat. Machen Sie das, und Sie können sicher sein, dass Sie jeden Gegner ständig und zuverlässig übertreffen. Wenn man Funktionsprobleme auf jeder Ebene mit größtmöglicher Perfektion löst, so wird dies nicht nur zu größerer Zufriedenheit der Verbraucher führen. Es werden sich daraus auch weitere Patente ergeben.

Und weitere Patente sind lebenswichtig. Patente gelten nur für 20 Jahre, was nicht so lang ist, wie es sich anhören mag. Man muss sich nur anschauen, wie sich Qualcast und die anderen

Unternehmen auf Luftkissen-Rasenmäher stürzten, als das Patent von Flymo ausgelaufen war. Ich wäre heute in einer ähnlich gefährlichen Lage, wenn ich nach meiner ursprünglichen Erfindung nicht mehr weitergemacht hätte. Doch ich habe die Technologie mit der Zeit immer weiter verfeinert und mehr als 100 Patente gesammelt. Viele davon sind Patente, die die Verbesserung der Zyklonentechnologie betreffen. Dadurch wird die Exklusivität unserer Produkte immer neu gesichert. Es gibt nur einen Weg, den Besitz an einer Erfindung nicht zu verlieren: Man muss ihre Stärken ständig ausbauen.

VI.) Ausdrucksvolles Design

Es ist wohl inzwischen klar: Das Wichtigste ist, was in einer Maschine steckt. Man darf nicht damit beginnen, sich über das Äußere Gedanken zu machen. Dann ist das Projekt von Anfang an zum Scheitern verurteilt. Stellen Sie sich vor, Sie sind ein Computerdesigner. Sind Ihre ersten Überlegungen, ob die Tasten des Keyboards kreuzförmig, mit Grübchen, violett und an den Ecken flauschig sind? Ob sie leicht nach Hagebutten duften? Dann werden Sie es wahrscheinlich nie zu einem Patent bringen.

Haben Sie dagegen erst einmal die Technologie geschaffen, so können Sie ein Design gestalten, das diese Technologie hervorhebt. Ein gutes Design, das aus der Funktion des Produkts entstanden ist, wird erkennen lassen, warum dieses Produkt besser ist und warum man es kaufen sollte. Wenn es »nach etwas aussieht«, bedeutet dies: Das Design spiegelt Funktion und Leistungsfähigkeit des Geräts wider.

Eines meiner großen Vorbilder, Sir Alec Issigonis, glaubte Folgendes: Beim Design geht es nicht nur darum, einen Stil zu entwickeln. Es geht darum, neue Technologien zu integrieren, um die Funktion zu verbessern. Er erfand 1959 den Mini – einen Design-Klassiker der Nachkriegs-Ära. Bei diesem Auto war nicht nur das Aussehen wichtig für den Erfolg – sondern auch die Platz sparende Lage des Motors, die Ölversorgung für Maschine und Getriebe usw. Der Look betonte die technologischen Fortschritte. »Wenn man einem Auto nur ein Image verpasst, ist es schnell veraltet«, sagte Issigonis. Er sollte Recht behalten. Sein Mini wurde mehr als dreißig Jahre lang produziert.

Produkte können nur schön sein, wenn sie auch gut funktionieren. Nur dann kann man die Form aus der Funktion heraus bestimmen. Dann kann man auf Teufel komm raus anders sein. Dann kann man seine Erfindung in den Farben Orange und Rot, Rosa und Lavendel oder in Silber und Grau gestalten. Sie können sogar noch weiter gehen. Bringen Sie den Verbraucher ruhig zum Lachen, das ist nicht verkehrt. Wir hatten Fotos publiziert, auf denen wir in der *Ballbarrow* saßen. Oder Aufnahmen, auf denen Deirdre, Sam und ich *Dual Cyclones* durch den Garten schoben. Ein Produkt kann auch einen menschlichen Aspekt haben. Der *DC01* sieht mit all seinen Rippen und Flossen zwar wie ein Ausrüstungsstück für die Raumfahrt aus, aber ein wenig entsteht auch der Eindruck, er würde leben und atmen. Beim *G-Force* wurde das noch durch die rosige Farbe und die Windungen der Schläuche betont. Vom *DC02* wurde gesagt, er sehe aus wie ein großes Insekt. Wenn man ihn im Haus hinter sich herzieht und ihn aus den Augenwinkeln betrachtet, sieht er fast aus wie ein Haustier-Roboter aus der Zukunft.

Durch konventionelles Aussehen verkauft sich ein Produkt nicht besser. Wie soll der Kunde auch wissen, dass es sich grundsätzlich von allen anderen Produkten unterscheidet, wenn es genauso aussieht? Hätte ich die herkömmliche Gestaltung von Staubsaugern übernommen, würde meine wundervolle Technologie vermutlich noch heute unbeachtet und ungeliebt in einem Lagerhaus verstauben.

VII.) Ausdauer und Überzeugung
Schmerzlich, aber wahr: Wenn man aus der Reihe tanzt, stößt man die Menschen vor den Kopf. Das Establishment herauszufordern ist eine schwierige Aufgabe. Es dauert länger, als man sich vorstellen kann. Zehn Jahre lang Entwicklungsarbeit? Haben Sie darauf Lust? Dann die Verhandlungen: Immer steht alles auf des Messers Schneide, die Existenz hängt am seidenen Faden. Dazu braucht man Mumm.

VIII.) Totale Kontrolle
Sie hatten einen Geistesblitz. Nun kommt die Arbeit. Die Erfolgschancen sind am größten, wenn der Vater der Idee (oder der Dickkopf) bis zum Schluss selbst die Führung behält. Während der Forschungs- und Entwicklungsarbeit, während der Versuche und des Baus der Prototypen. Bei den technischen Zeichnungen, dem Kauf der Werkmaschinen, der Produktion, beim Marketing und beim Verkauf: Bis Ihr Produkt in den Häusern der Verbraucher gelandet ist, müssen Sie selbst die Fäden in der Hand halten.

Ich habe es schon oft gesagt: Ich maße mir nicht an, besonders clever, sondern schlicht hartnäckig zu sein. Meine Hartnäckigkeit hatte mir nun endlich meinen eigenen Zyklonen-Staubsauger eingebracht.

Ich war 31 Jahre alt gewesen, als ich den Staubbeutel von meinem alten Hoover gerissen und mit einem Zyklon aus Cornflakesschachteln ersetzt hatte. Den ersten voll funktionsfähigen, visuell perfekten *Dyson Dual Cyclone* nahm ich am 2. Mai 1992 in Augenschein. Es war mein 45. Geburtstag. Wir trugen ihn auf unseren Schultern herum wie den Helden eines internationalen Rugby-Spiels in Twickenham. Anschließend machten wir in unserem Haus bei stimmungsvollem Licht Fotos von dem Staubsauger. Ganze Filme verschossen wir. Er war Spitzenklasse. Das wussten wir.

16

Jetzt legen wir richtig los

Zum Spottpreis von einer Dreiviertelmillion. »Dyson« – klingt doch ganz nett, oder? Italiener haben die besten Werkmaschinen. Willkommen in Wales. Das Ding wird tatsächlich gekauft.

Wundervoll war er, der selbst gemachte Staubsauger. Ob er auch dem Durchschnittsgeschmack entsprechen und auf dem Markt für Haushaltsgeräte einschlagen würde, war eine offene Frage. Bevor das Gerät endlich verkauft werden konnte, musste nur noch die Produktion anlaufen. Nur noch?

Ein Produktionsdurchlauf sollte etwa 40 000 Pfund kosten. Ich brauchte nun erst einmal eine gefüllte Kriegskasse, denn allein die Werkmaschinen kosteten 900 000 Pfund. Okay, ich hatte die 600 000 Pfund von der Lloyds Bank, allerdings läuft die Markteinführung eines Produkts nie planmäßig ab. Es kann alle möglichen Probleme und Verzögerungen geben. Am besten stellt man sich schon im Voraus darauf ein. Aber ich hatte eine Idee, wie ich zu Geld kommen konnte.

Das japanische Geschäft ging mir immer mehr auf die Nerven. Apex und Alco, die 1988 die Lizenz übernommen hatten, zahlten mir nie mehr als die garantierte Minimal-Tantieme. Darüber hinaus war ich in den letzten sechs Jahren ständig zwischen England und Japan hin- und hergeflogen, um mir ihre Notizzettel mit den darauf gekritzelten Bilanzen zu erkämpfen. Ihre Verhandlungsmethoden hatten mich ziemlich mürbe gemacht, und so langsam verlor ich den Kampfgeist.

Mal abgesehen davon, dass das ewige Reisen mich von meiner Familie fern hielt und unglücklich machte – es machte mich auch krank. Ich brauche sehr viel Schlaf, ich bin nicht wie Maggie Thatcher. Wenn ich nicht zehn Stunden geschlafen habe, bin ich zu nichts zu gebrauchen. So litt ich fürchterlich unter Jetlag. Die negativen Auswirkungen steigerten sich im Laufe der Zeit. Mindestens einmal im Monat flog ich nach Japan oder Nordamerika, manchmal auch mehrfach. Je öfter ich wegen der Zeitverschiebung unter Schlafentzug litt, desto angespannter, übellauniger und aufbrausender wurde ich. Ich konnte mich kaum noch konzentrieren.

Nur durch die Einnahme von Temazepam kam ich damit klar. Aber ich wachte trotzdem noch um drei in der Nacht auf. Ich dachte dann, es sei zehn Uhr, und musste noch eine Pille schlucken, um schlafen zu können. Zuerst half es auch. Aber dann musste ich das Mittel auch zu Hause noch nehmen. Das Zeug hat aber Auswirkungen auf die Denkfähigkeit. Nur einfach zu zählen fiel mir schon schwer. Und das für lächerliche 60 000 Pfund pro Jahr, was sich niemals ändern würde. Es lohnte sich einfach nicht mehr, mit den Japanern Geschäfte zu machen. Also machte ich einen Ausverkauf für sämtliche Rechte an der Produktion meiner Technologie in Japan – gegen eine Abfindung in der ordentlichen Höhe von 750 000 Pfund.

Ich hätte eigentlich noch mehr bekommen müssen, aber ich hatte es eilig, denn ich wollte mit meiner eigenen Produktion beginnen. Es war aber eine schmerzhafte Angelegenheit für mich, fast so etwas wie ein Initiationsritus. Schließlich hatte mein Deal mit Apex alles andere erst möglich gemacht. Doch der Ausverkauf bedeutete zumindest, dass ich nun in Großbritannien voller Zuversicht antreten konnte.

Eine Firma musste natürlich noch gegründet werden. Das Kapital aus dem Verkauf der japanischen Rechte würde nach allseitiger Einschätzung aber erst im nächsten Jahr zur Verfügung stehen. Deshalb – Sie können es im Firmenregister in London nachschlagen – betrug der Gesamt-Aktienwert der neu gegründeten *Dyson Appliances* 2000 Pfund. Ich denke, der Aktienwert des Unternehmens lag nach fünf Jahren bei etwa 300 Millionen Pfund. Das ist eine Zuwachsrate von fast 15000000 Prozent. Ist doch ganz ordentlich.

Die Summe, die man bei der Gründung in seine Firma steckt, wird von anderen Unternehmen meist als Indikator dafür angesehen, wie zuversichtlich man sein Geschäft angeht. Wann immer wir Werkmaschinen bestellen, eine Werbeagentur anheuern oder einen Subunternehmer beschäftigen wollten, schauten die erst mal ins Firmenregister. Dann sahen sie, was unser Wert war, und dachten: »Hey, das sieht aber nicht gut aus.« So mussten wir immer alle Rechnungen im Voraus und in bar bezahlen.

Die Gründung der Firma und ihr Name waren aber dennoch von entscheidender Bedeutung. Ich wollte schließlich gegen diese riesengroßen multinationalen Konzerne antreten. In dem von diesen gesichtslosen Firmen-Konglomeraten beherrschten Dschungel hatte ich einen großen Vorteil: Ich war der Besitzer meines Produkts und persönlich für alles verantwortlich, was ich meinen Kunden verkaufte.

Das drückte ich auch mit den Namen meiner Firma und meines Produkts aus. Natürlich hatte ich die Absicht, noch weitere Produkte zu entwerfen. Auch die sollten mit mir persönlich identifiziert werden. *Dyson* ist zwar kein besonders häufiger Name, aber er hat nur zwei Silben und klingt ganz nett. Dass ich das denke, ist doch klar, oder? Außerdem ist er eindeutig britisch.

So hatte ich meine Firma gegründet, geborgtes Geld auf der Hinterhand und ein Produkt der Spitzenklasse, das in der Garage wartete. Auf dieser Grundlage machte ich mich im Frühjahr 1992 auf den Weg nach Italien, um die Werkzeugmaschinen zu bestellen. Die erfreuliche Qualität italienischer Werkmaschinen hatte ich ja schon kennen gelernt, als ich für Rotork an dem *Cyclon* arbeitete. Nachdem es mit englischen Werkzeugbauern damals nicht geklappt hatte, hatte ich mich wie erwähnt an Zanussi gewendet.

Das Unternehmen hatte, als der Vertrag unter Dach und Fach war, Aufträge an diverse Subunternehmer verteilt, die in der Region des Hauptsitzes in Oderzo bei Venedig angesiedelt waren. Es ist schon ein großer Auftrag, nur eine Prägemaschine herzustellen. Wir aber brauchten etwa vierzig, zu viel für eine einzelne Firma. Diesmal ließ ich Zanussi links liegen und wandte mich direkt an die kleineren Unternehmen. Ende Juni hatte ich Verträge mit siebzehn oder achtzehn voneinander unabhängigen Werkzeugbau-Firmen abgeschlossen. Jede sollte zwei Maschinen für mich bauen.

Werkzeugbauer sind in mehr als einer Hinsicht wie Bauunternehmen. Wie auch immer ihr Kostenvoranschlag aussehen mag: Jedes Mal, wenn man auch nur die kleinste Änderung am Auftrag vornimmt, geht der Preis hoch. Das scheint wohl ein Teil ihrer Finanzplanung zu sein. Selbst wenn die Änderungen durch den Auftraggeber dazu führen, dass die Werkmaschinen kleiner und einfacher werden, werden die Hersteller ihren Preis verdoppeln. Zumindest muss man damit rechnen.

Ich stand damals allerdings mit dem Rücken zur Wand und konnte es mir nicht leisten, auch nur einen Penny mehr als die eingeplanten 900000 Pfund auszugeben. Ich machte meinen Designern klar, dass ich absolut keine Änderung mehr dulden würde, sobald die Maschinen bestellt waren. Veränderungen mussten wir dann eben vornehmen, sobald die Maschinen in

England angekommen waren. Daher bekamen die Italiener keine Chance, den Preis zu erhöhen. Beliebt machte ich mich damit bestimmt nicht.

Ich muss aber sagen, dass es großen Spaß macht, mit Italienern zusammenzuarbeiten. Sie reagieren auf jede Anfrage damit, dass sie einem Honig um den Mund schmieren. Englische Werkzeugmacher oder Bauunternehmer dagegen atmen bei jeder Anfrage, jedem Änderungswunsch oder jeder kleinen Schwierigkeit erst mal tief ein, sagen »na, na« und schütteln den Kopf. Fragt man dagegen Italiener: »Können Sie das noch größer machen?«, oder: »Können Sie das so und so machen, obwohl das noch nie gemacht worden ist?«, lautet die Antwort stets: »Natürlich!«

Ende November waren meine Maschinen aus Italien fertig. Nach den Maßstäben der Werkzeugbauer ist das schnell. Es gab nur ein paar kleine Störungen. Die italienischen Lastwagenfahrer blockierten die Straßen, und die italienischen Zöllner streikten. Aber wir ließen unsere Lastwagen umdrehen und den Schleichweg durch Österreich nehmen. Um Weihnachten herum kamen sie in Großbritannien an.

Die Werkmaschinen sollten in Wales aufgebaut werden. Wir hatten einen Vertrag mit einer neuen amerikanischen Firma namens Phillips Plastics geschlossen, die dort ansässig war. Sie sollte die Prägung unserer Staubsaugerteile übernehmen. Es hatte schon eine gewisse Ironie: Die Firma hatte ihre Fabrik mit Hilfe von zwei Millionen Pfund aus dem Förderfonds des Ministeriums für Wales gebaut – der Behörde, die mir selbst einige Zeit vorher die finanzielle Unterstützung verweigert hatte. Ich vermute, dass sich das Ministerium entschlossen hatte, nicht uns, sondern Phillips Plastics zu fördern, weil es ein amerikanisches Unternehmen war. Die Behördenvertreter prahlen nämlich gern damit, wie viele amerikanische und japanische Unternehmen sie ins Land holen.

Wer will denn auch in Unternehmen aus dem eigenen Land investieren? Die Entscheidung war besonders schwer nachzuvollziehen. Eine Bedingung für die Förderung durch das Ministerium ist, dass der Empfänger durch seine Aktivitäten keine anderen Jobs in Großbritannien gefährden darf. Zu jener Zeit wurden 60 Prozent aller Staubsauger ins Vereinigte Königreich importiert, daher gefährdeten wir auf keinen Fall britische Jobs. Aber es gab zu jener Zeit in Großbritannien jede Menge Plastikhersteller, und jedes dieser Unternehmen hatte potenziell unter der neuen Konkurrenz durch Phillips Plastics zu leiden.

Wie dem auch sei, ich gab der Firma den Auftrag, unsere Staubsaugerteile in ihrer brandneuen Fabrik zu prägen. Außerdem war im Vertrag festgelegt, dass das Unternehmen unsere Geräte auch zusammenbauen sollte. Das war für sie ein netter kleiner Nebenverdienst, und uns machte es das Leben leichter. Die walisischen Arbeiter waren schnell. Die Werkzeugmaschinen wurden kurz nach Weihnachten in der Fabrik aufgebaut, und Ende Januar 1993 rollten die ersten *DC01* vom Fließband. Jetzt gab es nur noch eine Frage: Wie würde die Öffentlichkeit auf das Produkt reagieren?

Die Abnahme der ersten tausend Geräte, die in Wales das Licht der Welt erblicken sollten, war uns schon im Juli 1992 von den Great Universal Stores zugesagt worden. Das war die größte Versandhausgruppe in Großbritannien, zu der unter anderem die Unternehmen Brian Mills, Choice, Janet Fraser und Kay's gehörten. Die Unternehmensgruppe ist vor allem im Norden Englands aktiv und bietet Ratenkauf an.

Die ersten Modelle des *DC01* zu verkaufen war ebenso aufregend, wie sie vom Fließband rollen zu sehen. Ich war zu diesem Zweck nach Manchester gefahren, um mich dort mit dem Chefeinkäufer der Great Universal Stores, Brian Lamont, zu treffen. Im Gepäck hatte ich einen Staubsauger in einem großen Koffer aus Kohlenfaserstoff mit Stahlverschlüssen. Er sah aus wie ein Sarg. Es war so ein Koffer, wie ihn Rockbands für den Transport ihrer Ausrüstung benutzen.

Das Treffen war nicht so witzig. Ich habe Verkäufern in diesem Buch bisher keinen großen Rang zugestanden, doch immerhin verkauften die britischen Versandhäuser 20 Prozent aller Staubsauger. Der Anteil von Great Universal Stores daran betrug mindestens die Hälfte. Lamont hatte zwar für jemanden, der finanziellen Scharfsinn besitzt, einen unglücklichen Namen (wegen des gleichnamigen, glücklosen oder auch unfähigen Finanzpolitikers). Aber er war ein munteres Kerlchen. Ich musste ihn einfach beeindrucken.

Der Mann nahm seinen Job sehr ernst. Das führte dazu, dass wir stundenlang miteinander verhandelten. Zuerst einmal glaubte er nicht, dass das Gerät zur Reinigung von Teppichen fähig war. Aber ich hatte vorsichtshalber etwas Reinigungspulver namens Zorb-it-up mitgenommen. Er schlug vor, ich solle losziehen und schnell ein paar Flaschen Ribena kaufen. Das ist ein Erfrischungsgetränk, das hauptsächlich aus dem Saft schwarzer Johannisbeeren besteht. Er würde derweil ein Stück Teppich für einen Test besorgen.

An einer Tankstelle angelte ich mir einen Karton des Getränks, eilte in sein Büro zurück und kippte das Zeug auf den Teppich. Dann streute ich das Zorb-it-up-Pulver darauf und saugte alles fort. Nicht einmal der Hauch eines Flecks blieb zurück. »Hmmm«, sagte Lamont, »der Staubsauger ist ganz offensichtlich sehr gut. Aber sagen Sie mir mal etwas anderes, James: Warum sollte ich denn die Geräte von Hoover oder Electrolux aus meinem Katalog werfen? Ich weiß doch, dass sie sich gut verkaufen, denn es sind etablierte Marken. Warum sollte ich sie durch dieses unbekannte *Dyson*-Dingsbums ersetzen?«

Nach dem Herumrasen in Manchester für ein paar Kartons Saft und sechs Stunden Verhandlungen war ich nicht in der

Stimmung, mir dumm kommen zu lassen. Ich verlor die Fassung und tat, was ich dann immer mache, die Wahrheit sagen. »Weil Ihr Katalog stinklangweilig ist, Brian. Darum.« Er lachte. »Sie sind ganz schön frech. Okay, dann nehmen wir Ihre Dinger mal.« Lamont war unser erster Kunde und bestellte 1000 Stück. Allerdings unter der merkwürdigen Bedingung, dass wir in unserem PR-Material die Geschwindigkeit des Wirbelsturms in der Zyklonkammer nicht erwähnen durften. Er fürchtete, das könne den Hausfrauen Angst einjagen.

Natürlich war der *Dual Cyclone* wundervoll, aber für Lamont war es trotzdem eine bemerkenswert mutige Entscheidung. Vor allem, weil er das Gerät nur auf meine Versprechungen hin in seinen Katalog aufnahm, dass wir es im Januar liefern würden. Doch die Produktion von Versandhauskatalogen hat einen langen Vorlauf, sodass man mindestens sechs Monate vor Erscheinen über die Aufnahme eines Produkts darin entscheiden muss – und damit auch über die Bestellung.

Nach diesem ersten Erfolg kamen wir auch zum Abschluß mit der Firma Littlewoods, die unser Gerät ebenfalls in ihren Katalog aufnahm. Andere Unternehmen wie Grattans meinten, sie hätten schon genug Staubsauger im Programm. Aber wir hatten für den Moment erst einmal genug Aufträge und konnten uns auf die Produktion stürzen.

Mit den Einzelhändlern wollte ich erst einmal noch nichts zu tun haben, um zu vermeiden, dass unsere Konkurrenten früher von der bevorstehenden Markteinführung unseres Produkts Wind bekamen als unbedingt nötig. Doch als die Werkmaschinen bereits auf dem Weg von Italien nach Wales waren, also kurz vor Produktionsbeginn, bekamen wir einen Auftrag über 250 Staubsauger vom Kaufhaus John Lewis. Deren Einkäufer Ian Thompson war ganz wild auf das Gerät.

Kurz darauf kamen die Dinge richtig in Bewegung. Nachdem wir das Produkt auf den Markt gebracht hatten, suchte ich die

Leute vom Kundenservice der Eastern-and-Southern-Elektrizitätswerke auf. In ihren Geschäftsstellen werden auch elektrische Haushaltsgeräte verkauft. Sie wurden unsere ersten Großkunden. Eastern and Southern stimmten aber nur unter der Bedingung zu, unser Gerät zu vertreiben, dass wir in ihrem Einzugsgebiet Fernsehwerbung machten. Die Werbeagentur, die den Spot drehte, mussten wir wieder mal im Voraus und bar bezahlen – wegen der geringen Kreditwürdigkeit. Wir hatten keine andere Wahl, denn das Geschäft mit Eastern and Southern war für uns enorm wichtig. Andere Vertriebsketten wie die der Elektrizitätswerke South Eastern, Scottish Power und Scottish Hydro folgten. Nur unsere lokalen Versorgungsbetriebe Southwestern Electricity Board bestanden auf dermaßen lächerlichen Preisnachlässen für unsere Staubsauger, dass wir nie mit ihnen ins Geschäft kamen.

Im April 1993 kam dann eine große Bestellung von der Firma Rumbelows herein, und die Zukunft sah ziemlich rosig aus. Doch um auf dem Markt richtig einzuschlagen, brauchten wir Handelsketten wie Curry's und Comet. Die waren aber nur an großen Namen interessiert. So mussten wir uns für den Moment erst einmal mit unseren Anfangserfolgen begnügen und daraus eine gesunde Basis entwickeln. Die Handelsketten wollten wir später erneut angehen.

Bei der Gründung unseres Unternehmens hatten wir nie an eine Bedrohung durch die eigenen Hersteller gedacht. Doch genau das passierte.

Die Hitparade der Verkaufszahlen

Phillips treibt ein böses Spiel. Auch ein Anreiz. Unsere eigene Fabrik.
Die Einzelhändler sind zurückhaltend. Die Verkaufszahlen schießen in die
Höhe. Wir beeindrucken die großen Handelsketten. Wir bezwingen die
Eiger-Nordwand. Wir werden Nummer eins. Goodbye, Hoover.

Phillips Plastics, die neue Tochterfirma eines großen amerikanischen Konzerns, hatte einen einzigen Auftrag zur Prägung von Maschinenteilen – den von uns. Ansonsten war ihre Fabrik völlig leer. Mit etwa 40 Staubsaugerteilen, die sie für uns prägten, hatten wir Jobs in der Region geschaffen und damit ihre Förderung aus dem Entwicklungsfonds für Wales gerechtfertigt. Sie verdienten sogar noch zusätzlich Geld dadurch, dass sie unser Produkt zusammenbauten. Für sie war es ein Supergeschäft.

Traurigerweise war ihre Qualitätskontrolle völlig unbrauchbar. Wir mussten zeitweise bis zu fünf unserer eigenen Inspektoren nach Wales schicken, um die Produktion zu überwachen. Es bestand die ernsthafte Gefahr, dass Staubsauger auf den Markt kamen, die nicht der Qualitätsnorm entsprachen. Für den Ruf eines Unternehmens ist das immer schlimm, aber in den ersten Monaten einer Firma ist das potenziell tödlich.

So sorgten wir in der ersten Hälfte des Jahres 1993 selbst dafür, dass die Qualitätsstandards eingehalten wurden. Die Verkaufszahlen entwickelten sich gut. Im Mai hatten wir so etwa 12 000 Staubsauger unter das Volk gebracht. Am 27. Mai aber trafen die großen Bosse von Phillips Amerika in Wrexham ein. Ganz kurzfristig wollten sie mit mir sprechen. Ich war zu der Zeit in London und hatte nur eine Stunde Zeit. Die Amerikaner kamen, sahen und schacherten.

»Wir müssen den Preis für den Zusammenbau der Teile verdoppeln«, dröhnten sie. »Und wir werden den Preis für die Plastikteile um 16 Prozent erhöhen müssen.« – »Eins nach dem anderen, meine Herren«, sagte ich darauf. »Warum wollen Sie den Preis für den Zusammenbau verdoppeln?« – »Weil wir dabei draufzahlen.« – »Sie wollen also sagen, dass Sie im Grunde eine Formengießerei sind und Teile prägen und nicht zusammenbauen wollen. Sehe ich das richtig?« – »Genau.« – »Und Sie sind sich sicher, dass Sie nicht zum alten Preis weiter Teile zusammenbauen wollen?« – »Stimmt genau.«

»Schön. Wir werden sie selbst zusammenbauen. Dann zahlen Sie nicht mehr bei Arbeiten drauf, die Sie ohnehin nicht ausführen wollen. Offen gestanden sind Sie darin auch nicht besonders gut. Okay. Und nun kommen wir zu den zusätzlichen 16 Prozent auf die Teile.« Sie schauten mich mit offenem Mund an: »Sie werden die Teile nie selbst zusammenbauen können.« – »Das ist mein Problem. Machen Sie sich darüber mal keine Sorgen.«

Daraufhin verzogen sie sich – und schauten ziemlich belämmert drein. Einige Tage später erhielt ich einen Brief. Da sie die Teile nicht mehr zusammenbauen würden, wollten sie nun die Prägung auch nicht mehr übernehmen. Ich bin mir sicher, der Brief war nur aus einem Wutanfall heraus entstanden. Sie wollten mir wohl Angst machen, damit sie die Teile doch noch zu einem überhöhten Preis zusammensetzen konnten. Aber eins hatten sie nicht bedacht: Ich hatte die Nase voll von diesen superschlauen amerikanischen Geschäftspraktiken. In dieser Phase des Spiels wollte ich ihnen keine Chance geben, mich über den Tisch zu ziehen.

Also holte ich tief Luft und sagte: »Okay. Schön und gut. Dann werde ich eben eine andere Firma finden, die das Prägen übernimmt.« Doch innerlich dachte ich: »Jesus Christus. Was für ein Albtraum.« Mein Entschluss wurde nur noch dadurch bestärkt, dass sie sich anschließend als außergewöhnlich unfair erwiesen. Ich hatte das schon geahnt.

»Ach, übrigens, Mr. Dyson«, sagten sie, »statt der 16-prozentigen Erhöhung für die Prägung werden wir ab sofort um 32 Prozent erhöhen müssen. Es wird also keine Lieferungen zum alten Preis mehr geben. Außerdem wollen wir den neuen Preis rückwirkend festlegen. Sie werden also rückwirkend ab Januar noch die Differenz zum neuen Preis zahlen müssen. Außerdem müssen wir von Ihnen rückwirkend ab Januar den doppelten Preis für das Zusammensetzen der Teile verlangen.«

Schönen Tag noch. Das war einfach unglaublich unfair, wir beendeten unsere Geschäftsbeziehungen. Das Wichtigste war nun, die Produktion so schnell wie möglich anderweitig in Gang zu bringen. Zuerst mussten wir die Werkmaschinen an einen anderen Ort verfrachten. Wohlgemerkt, diese Maschinen hatten 900 000 Pfund gekostet. Wir boten an, die Maschinen nach und nach abzuholen. Dadurch hätte Phillips die Chance gehabt, andere Aufträge finden zu können und wir eine andere Fabrik. Das war der Punkt, an dem sie versuchten, uns zu erpressen. Sie wollten erst das gesamte Geld sehen, bevor wir auch nur eine Schraube abholen durften.

»Nun hören Sie mal«, sagte ich zu ihnen. »Sie können uns ebenso gut erpressen, wenn Sie nur noch eine unserer Werkmaschinen haben. Dazu brauchen Sie nicht alle 40. Wir können das Ding wohl kaum bauen, wenn ein Teil fehlt. Also lassen Sie uns mal die Maschinen abholen. Ich werde alles bis auf den letzten Penny bezahlen, bevor ich die letzte abtransportieren lasse. Schicken Sie mir die Rechnung.« Schließlich stimmten sie zu, und wir unterschrieben einen Vertrag, bei dem die Worte sehr sorgfältig gewählt waren. Inklusive Zeitplan für den Abtransport der Maschinen sowie für die restliche Produktion. Also holten wir in mehreren Schüben unsere Werkmaschinen ab, während sie auf den verbliebenen noch Teile für uns prägten.

Schon in der Phase des Zeitplans, in der wir die ersten 30 Werkmaschinen abholen wollten, verwehrten sie uns den Zutritt zur Fabrik. Sie brachen die Vereinbarung. Wieder einmal musste ich vor Gericht gehen. Wir wandten uns an das Landgericht in London, um eine Eilverfügung zu erwirken. Sie präsentierten daraufhin angeblich offene Rechnungen in Höhe von 71 000 Pfund.

Schließlich wurde entschieden, dass wir 71 000 Pfund beim Gericht hinterlegen mussten. Phillips hatte uns die Maschinen sofort auszuhändigen. Weitere Anhörungen wurden anberaumt. Jahre später habe ich mit Phillips einen Vergleich geschlossen und die Sache beendet, mein Geld also erst viel später vom Landgericht zurückbekommen.

(Wieder einmal vor Gericht. Bin ich wirklich so ein Streithansel? Ich glaube nicht. Aber ich frage mich oft, ob irgendetwas an meinem Verhalten zu all diesen Prozessen führt. Ich gehe eigentlich in allen Lebensbereichen Auseinandersetzungen aus dem Weg. Aber wenn man ganz klar im Recht ist, bleibt einem manchmal nur dieser Weg. Manchmal muss man eben das Rechtssystem nutzen, um sein Eigentum zu schützen.)

Im Juni bekamen wir endlich alle Werkmaschinen zurück. Nach einem langweiligen, kurzen, aber teuren Prozess, während dessen wir die Produktion hatten einstellen müssen. Nun stellten wir fest, dass unsere Maschinen beschädigt waren. Sie waren weder geölt noch gewartet worden. Mehr noch: Man hatte die Drähte und Schläuche zerschnitten. Wirklich erbärm-

Die Hitparade der Verkaufszahlen

lich. Es gelang uns aber, alle Maschinen zu reparieren. Danach bereiteten wir uns darauf vor, sie zu einer Firma namens EM Plastics in Portsmouth zu transportieren. Das Unternehmen sollte die Herstellung fortführen.

Doch es warteten noch weitere Rückschläge auf uns. Während der 20 Tage, die bis zur Entscheidung des Gerichts vergingen, hatte EM Plastics einen anderen Auftrag angenommen. Also mussten wir die Werkmaschinen erst einmal an einem sicheren Ort zwischenlagern. Wir machten das vorerst bei einer kleinen Firma namens Electromagneil. Irgendwie musste die Produktion aber weitergehen. So verfrachteten wir unsere Maschinen wenig später an so verschiedene Orte wie Chess Plastics in Droitwich und BM Plastics in Birmingham. Außerdem nach Hemel Hempstead, Portsmouth, Deutschland, Holland, Frankreich und Italien. Und wir hatten beschlossen, den Bau der Staubsauger in einer eigenen Fabrik fortzusetzen.

Der Immobilienmakler Rob James war brillant und fand innerhalb von zwei Wochen das ideale Gelände für uns. So bezogen wir ein altes Lagergebäude der Post in Chippenham. Es trug den Namen Bumpers Farm. Wir schlossen einen Mietvertrag über drei Jahre ab, die Miete betrug etwas mehr als drei Pfund pro Quadratmeter. Zuerst war es ein merkwürdiges Gefühl, dort zu arbeiten, denn wir waren von achtzehn Rolltüren umgeben, durch die einst die Postautos abgerauscht waren. Im Winter war es deshalb ziemlich zugig. Aber im Sommer konnten wir bei offenen Türen arbeiten, was wundervoll war.

Schon im Dezember wurde das Gebäude aber viel zu klein für uns. So stellten wir zusätzlich sechs Baucontainer mit Fenstern, vier einfache Container und ein großes Bierzelt für den Wareneingang auf. Das Zelt hatte zwei hohe Spitztürme, die von weit her zu sehen waren. Die örtlichen Taxifahrer nannten es Madonna, wegen der Ähnlichkeit mit den spitzen BHs von Jean-Paul Gaultier, die sie damals trug.

In der Nacht auf Samstag, den 28. Juni, rollte unsere gesamte Ausrüstung über die Autobahn in Richtung Chippenham. Vier Tage später begann die Produktion, das war ein kleines Wunder. Vierzehn Mitarbeiter standen am Fließband und setzten die Teile zusammen, die nun aus halb Europa kamen. Nach der frustrierenden Zwangspause bauten wir jetzt wenigstens wieder Staubsauger.

Seit März hatten wir kein Cash-Flow-Problem mehr gehabt, und nun hatten wir die totale Kontrolle übernommen und bauten die Geräte selbst. Die Qualität war nun viel besser, wir produzierten mehr und auch viel schneller. Schon zwei Wochen nach dem Einzug in Chippenham konnte ich bekannt geben, dass wir 100 Stück pro Tag fertigten. Worauf Jubel durch die gesamte Fabrik hallte.

Am 1. Juli 1993 jedenfalls war der große Tag: Ich hielt einen *Dual Cyclone* in den Armen, der von meinen eigenen Leuten in meiner eigenen Fabrik gebaut worden war. Es war wundervoll. Fünfzehn Jahre waren vergangen, seit ich ihn an einem regnerischen Abend im Oktober 1978 auf dem Weg nach Hause erdacht hatte.

Die Verkaufszahlen stiegen weiter, unsere Verkaufsstellen erwiesen sich als sehr gut. Die großen Ketten wie Comet oder Curry's zeigten aber immer noch kein Interesse, weil mein Name noch nicht bekannt genug war. Der Einkäufer von Comet war für mich noch nicht einmal zu sprechen. Für uns aber waren diese Ketten entscheidend.

Auf dem Markt für Haushaltsgeräte ist der Markenname sehr wichtig. Das wurde zumindest allgemein angenommen. Aber ich wusste, dass man diesen Mythos zerstören konnte. Der Markenname spielt nur eine Rolle, wenn zwei Produkte identisch sind. Die Marke ist nicht wichtig, wenn eines der Produkte die bessere Technologie oder das bessere Design hat. Hoover zum

Beispiel hatte sich viel zu lange auf seinen Namen verlassen. Eine einfache Sache, solange alle Produkte gleich waren. Wenn ihre Geräte mit denen von Panasonic oder Electrolux identisch waren, warum also nicht das mit dem bekannten Namen kaufen?

Doch als der *Dyson* die Bühne betrat, wurde die Bedeutung von Markennamen erschüttert. Denn der *Dyson* bot dem Verbraucher etwas Besseres. Zum ersten Mal, seit Männer mit Zylindern aus dem Haus gegangen und mit Pferden zur Arbeit geritten waren. Plötzlich hatte der Verbraucher ein anderes Auswahlkriterium als den Markennamen. Wir gingen sogar so weit, unseren eigenen Markennamen nicht besonders hervorzuheben, um diese These zu untermauern. Wenn man Cornflakes oder Cola verkauft, spielt der Markenname eine Rolle. Er sollte aber völlig unbedeutend sein, wenn es um eine Technologie geht.

Dennoch: Bei Curry's oder Comet sagten die Leute immer noch: »Uns persönlich gefällt das Zyklonensystem ja, aber Vax hat gerade einen neuen Bürstsauger herausgebracht. Wir haben uns für den entschieden, weil der Name bekannter ist.« Die Träger der großen Namen taten natürlich alles, um diesen unfairen Wettbewerbsvorteil zu erhalten. Sie platzieren eigenes Personal in den Geschäften, um die Geräte vorzuführen. Diese Menschen werden dafür bezahlt, dass sie ein bestimmtes Produkt an den Kunden bringen. Gekleidet sind sie aber meist wie die Angestellten des Geschäftes, in dem sie sich befinden. Sie geben vor, ganz normale Verkäufer zu sein.

Ich erinnere mich an einen bestimmten Vorfall. Deirdre und ich gingen in Edinburgh in ein Geschäft. Wir wollten herausfinden, was geschehen würde, wenn wir vorgaben, einen Staubsauger einer bestimmten Marke kaufen zu wollen. Eine winzig kleine Verkäuferin mit schottischem Akzent und rollendem »r« flötete: »Ich kann Ihnen den Hoover empfehlen.« – »Nein danke.

Seit dem gebrochenen Versprechen mit den angeblichen Freiflügen will ich mit Hoover nichts mehr zu tun haben«, antwortete ich. »Och, da machen Se sich mal keine Sorgen«, erwiderte sie darauf, »allen Betroffenen wurde am Ende Geld angeboten.« – »Nein, ich möchte lieber ein Gerät von Electrolux, bitte.« – »Der Hoover ist aber besser.« – »Electrolux.« – »Der ist nicht sehr verlässlich. Der Hoover hat auch eine Qualitätsgarantie ...« – »Sagen Sie mal, arbeiten Sie zufällig für Hoover?« – »Nun ...« Ich war nicht überrascht. Sie war eine hinterlistige alte Kuh. Und sie roch nach Hoover-Beuteln.

Ich entdeckte darüber hinaus, dass die Hersteller nicht nur ihre Marionetten in den Geschäften platzieren. Sie verhökern ihre Staubsauger auch mit Preisnachlässen an das Verkaufspersonal, das damit »auf den richtigen Weg« gebracht werden soll. Ich probiere diese Methode daraufhin ebenfalls aus. Mir wurde gesagt, dies sei ein »cleverer Trick«. Damit wollte man wohl andeuten, dass so etwas seit Jahren und unter der Hand geschehe. Ich fand daran vor allem eines clever: Dem Personal der Einzelhändler gefiel mein Produkt besser als das der anderen Hersteller. Sie kauften es mir in großen Stückzahlen ab und verkauften es mit großer Überzeugung weiter.

Einige Verkäufer blieben allerdings die Sklaven der Wirtschaftskapitäne. Da die Dinge in unserer Fabrik jetzt gut liefen, machte ich es mir zur Angewohnheit, inkognito bei Einzelhändlern anzurufen, die unseren Staubsauger verkauften.

Zu Anfang hatte ich hauptsächlich die Befürchtung, dass Kunden in ein Geschäft gingen, nach einem Staubsauger fragten und automatisch einen Hoover vorgesetzt bekamen. Meine Sorge war allerdings unbegründet: Zwar brüsten sich die Leute von Hoover damit, dass 80 Prozent aller Kunden in Großbritanniens Geschäften nach einem Hoover fragen. Aber sie erwähnen nicht, dass nur 17 Prozent der Kunden die Läden auch mit einem Hoover verlassen.

Jedenfalls bekam ich an einem Wintertag im Jahr 1993 Wind von einer Geschäftspraktik in einem Kaufhaus in Bristol, die »Switch-Verkauf« genannt wird. Das bedeutet: Der Kunde fragt nach einem bestimmten Produkt, das Verkaufspersonal versucht aber, ihm sein bevorzugtes Produkt aufzuschwatzen. Normalerweise hätte ich gedacht: Man kann nicht immer gewinnen. Aber dies war einigen meiner engsten Freunde und Verwandten im Westen Englands passiert. Ich war der Meinung, dass sie nur das Beste verdient hätten – den *Dyson*. Also ging ich inkognito selbst in das Kaufhaus.

Im Kaufhaus John Lewis angekommen, erklärte ich: »Ich hätte gern einen Bürstsauger.« Dabei versuchte ich, möglichst nicht wie ein Staubsaugerhersteller auszusehen. »Was können Sie mir denn über diesen erzählen?« Ich zeigte auf den *Dyson*. »Auf keinen Fall«, sagte der Verkäufer. Nennen wir ihn mal Gary. »Das englische Ding wollen Sie bestimmt nicht. Das sind nur Spielereien von Designern, und er ist zerbrechlich wie die Liebe einer Frau. Dieser ist viel besser. Der Sebo. Das ist deutsche Wertarbeit. Bestimmt.«

»Warum sollte ich den nehmen?« – »Der ist aus besserem Plastik gemacht«, sagte Gary. »Was für eine Art Plastik ist es denn?« – »Keine Ahnung, aber er ist besser als der *Dyson*.« – »Wer sagt das?«, fragte ich mit engelsgleichem Lächeln. »Der Vertreter von Sebo.« – »Tja, also, Gary«, sagte ich daraufhin und kniff die Augen zusammen, um die Buchstaben auf seinem Namensschild besser lesen zu können. »Falls es Sie interessiert: Der Sebo ist aus Polyäthylen mit hoher Dichte gemacht. Wie Abwaschschüsseln. Das Material kostet 600 Pfund pro Tonne. Der *Dyson* ist aus ABS und Polycarbonat hergestellt. Das kostet 3500 Pfund pro Tonne. Mit anderen Worten: Fast sechsmal so viel. Wir benutzen das Material, weil es unzerstörbar ist.

Dyson ist ein lokaler Hersteller, Gary. *Dyson* hat Kunden ins Kaufhaus John Lewis gelockt, die einen *Dyson* kaufen wollen.

Und Sie erzählen denen nun, sie sollen einen Sebo kaufen, der aus minderwertigem Plastik gemacht ist. Mal ganz abgesehen von der veralteten Technologie. Ich habe übrigens ein berechtigtes Interesse an der Sache. Ich bin James Dyson und habe dieses verdammte Ding selbst gebaut.«

Gary schlich daraufhin davon, um den Manager zu holen (der ist inzwischen ein Freund von mir und hat das Kaufhaus John Lewis in Bristol zur erfolgreichsten Verkaufsstelle für unser Produkt gemacht). Er schlug vor, ich solle zwei Wochen später noch einmal ins Kaufhaus kommen und ein Verkaufstraining mit dem Personal machen. Ich nahm zu dem Training dann einen Sebo mit. Ich erklärte den Verkäufern, warum ich Polycarbonat verwendet hatte.

Eine der Verkäuferinnen fühlte sich von meiner Predigt irgendwie herausgefordert und holte einen Hammer. Ich bat sie, auf den *Dyson* einzuschlagen. Das tat sie. »Jetzt noch mal richtig«, sagte ich. Sie schlug immer härter zu. Die Schläge prallten einfach ab. »Jetzt den Sebo«, sagte ich schließlich. Er zerbarst beim ersten Schlag.

Unsere Verkaufszahlen stiegen in den Jahren 1993 und 1994 ständig an. Aber 50 Prozent des Markts waren für uns immer noch versperrt, weil die Einzelhandelsketten Comet und Curry's unser Produkt nicht verkauften. Aus weiteren 15 bis 20 Prozent waren wir ebenfalls ausgeschlossen, weil die unabhängigen Geschäfte unseren Staubsauger nicht führten. Es war verzwickt. Wir mussten sehr hohe Verkaufszahlen erreichen, um in diesen Läden vertreten zu sein – aber solange wir nur 30 Prozent der Verbraucher erreichten, war das ziemlich schwierig.

Die Marktforschung für die Staubsaugerindustrie wird in Großbritannien von einer unabhängigen Firma namens GFK Lektrak durchgeführt. Alle Hersteller sind diesem Marktforschungsinstitut angeschlossen. Wir stiegen im Laufe des Jahres bis auf den zehnten Platz in der Hitparade der Verkaufszahlen. Also wandten wir uns wieder an die beiden großen Einzelhandelsketten.

Gegen Ende 1994 konnten wir den Leuten von Curry's endlich die Zahlen vorlegen, die bewiesen: Unser Modell verkaufte sich in den Geschäften, in denen wir vertreten waren, fünfmal besser als jedes andere. Es war die fünfte Anfrage, und sie mussten zugeben, dass wir einer der großen Mitspieler auf dem Markt waren, und bestellten endlich unsere Staubsauger. Comet folgte wenig später.

Ihre Zurückhaltung uns gegenüber hatte drei Gründe. Wir waren ihrer Ansicht nach zu klein, um mit den multinationalen Konzernen konkurrieren zu können, die ihre Lieferanten waren. Unser Produkt war so anders und ungewöhnlich, dass sie fürchteten, damit einen blöden Eindruck zu machen. Und: In einer Branche, in der sich alles um Preisnachlässe und Niedrigpreise dreht, erschienen hohe Verkaufszahlen aussichtslos, denn unser Gerät war doppelt so teuer wie alle anderen.

Kurz gesagt: Von einem Staubsauger erwarteten sie nur einen großen Namen auf der Vorderseite und ein paar farbliche Varianten zur Auswahl. Wir aber hatten keinen großen Namen und boten keine Variationen. Bloß einen kleinen Aufsteller, der erklärte, was an unserem Gerät anders war. Wir erwarteten, dass sich unser Produkt allein wegen der technologischen Vorteile und des originellen Designs von selbst verkaufte.

Sobald aber die beiden Ketten unser Gerät im Sortiment hatten, gingen die Verkaufszahlen so steil nach oben wie die Eiger-Nordwand. Curry's und Comet erkannten bald, dass die Kunden die Geräte nicht zurückbrachten, sondern sehr zufrieden waren. Sie machten deshalb immer mehr Werbung für unseren Staubsauger. Sie akzeptierten nun auch unsere Aufsteller für die Verkaufsstellen, auf denen der Unterschied zu anderen Geräten er-

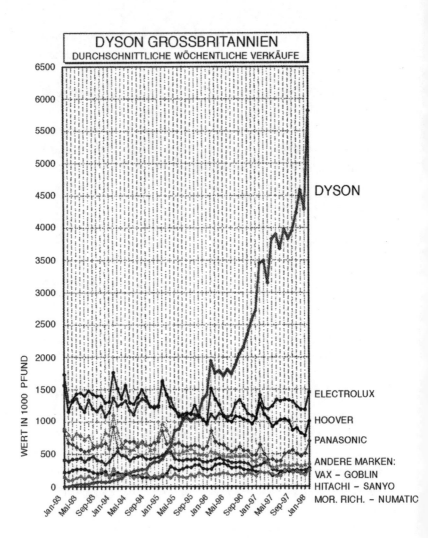

läutert wurde. Und sie bestellten immer mehr. Sie hatten erkannt, dass die Kunden mit dem Gefühl nach Hause gingen, eine richtige Entdeckung gemacht zu haben. Diese führten die Verbraucher dann ihren Freunden vor, die wiederum zu Kunden wurden.

Anders ausgedrückt: Wir verkauften die Mercedes- und Porsche-Modelle auf dem Staubsaugermarkt in Stückzahlen des Ford Escort. Den Leuten von Hoover blieb nichts anderes übrig, als von einer »vorübergehenden Phase« zu sprechen und den *Dual Cyclone* als Nischenprodukt zu bezeichnen.

Ab Juni wurden unsere Geräte auch von Argos verkauft, und im September setzten wir mehr Staubsauger ab als jeder andere Hersteller, obwohl unser Modell doppelt so viel kostete. Innerhalb von sechs Monaten waren wir von Rang zehn auf Platz eins aufgestiegen. Wenn unser Staubsauger jetzt noch ein Nischenprodukt war, was waren dann die Geräte von Hoover – vom Sturm gebeutelt?

Lebt wohl, ihr Staubsaugerbeutel

Der Dyson Dual was, bitte? Der Wert der Berichterstattung und der richtige Weg. Ein bisschen Werbung hat noch niemandem geschadet. Schlechte Werbung und gute Werbung. Man muss selbst die Führung übernehmen, in jeder Hinsicht. Keinen Penny für die Agenturen.

Es ist schon erstaunlich: Viele Menschen überrascht die Tatsache, dass der *Dual Cyclone* der meistverkaufte Staubsauger in Großbritannien ist. Sie sagen dann, sie hätten keinen und sie hätten auch noch nie einen im Haus anderer Leute gesehen. Ich wünschte, meine Konkurrenten wären auch so naiv. Ich wünschte, dass GFK Lektrak nicht die Beweise für meinen Erfolg veröffentlichen würde, denn die anderen Unternehmen bekommen diese Statistik natürlich auch. Ich würde sie viel lieber übertrumpfen, ohne dass sie davon wissen. Dann würden sie nicht so hart zurückschlagen – mit ihren schäbigen Bonusprogrammen und miserablen Werbegeschenken, ganz zu schweigen von den Kampagnen, die uns namentlich angreifen.

Hoover zum Beispiel verschickte Broschüren an die Einzelhändler, in denen zu lesen war, dass ihre Geräte mehr Saugkraft hätten als unsere. Als Beweis dafür gaben sie den miesen Saugkraftmesser an, den ich bereits erwähnt habe. Sanyo platzierte sogar Anzeigen, in denen behauptet wurde, ihre Geräte hätten mehr Saugkraft als ein *Dyson*. Das war schon außergewöhnlich.

Nicht nur, weil es falsch wahr. Sondern auch, weil sie uns so benutzten, wie gewisse Autohersteller in Großbritannien den Namen Porsche nutzen, um auf ihr eigenes Produkt aufmerksam zu machen. Sie stellen ihn als Meilenstein für Kraft und Exzellenz vor und bringen ihren eigenen Namen damit in Verbindung. Die Ikone unter den Autos wird genutzt, um sich in ihrem Glanz zu sonnen. Das ist eine alte Werbemethode. Ich hatte aber bis zu jenem Zeitpunkt nie gehört, dass ein riesiges Unternehmen wie Sanyo versucht hätte, etwas von dem Prestige eines kleinen, jungen Unternehmens wie unserem auf sich zu ziehen. Es entbehrt auch nicht einer gewissen Komik. Sanyo deutete nur darauf hin, wie schnell wir zu dem Porsche unter den Staubsaugern geworden waren.

Die Menschen hören also, wie schon gesagt, immer wieder, dass *Dyson* mehr verkauft als jede andere Marke, sowohl stück- als auch wertmäßig. Sie hören, dass der *DCO1* oder der *DCO2* auf Platz eins der Verkaufsliste stehen. Dennoch fragen viele Menschen: »Warum habe ich dann noch nie einen gesehen?« Es gibt 22 Millionen Haushalte in Großbritannien. Wenn wir also 1,5 Millionen Staubsauger (im Jahr 1997) verkaufen, so heißt das, dass immer noch 14 von 15 arme, staubige Haushalte ohne einen *Dual Cyclone* bleiben.

Sie könnten statistisch gesehen 21 Haushalte besuchen, in denen zusammen vielleicht 50 Ihrer Freunde leben, und mein silbergelbes Raubtier von Staubsauger hätten Sie immer noch nicht gesehen. Außerdem muss man in Betracht ziehen, dass die Menschen, die Anschaffungen machen, meist zwischen 25 und 45 Jahre alt sind. Damit wird die Wahrscheinlichkeit noch geringer, einen *Dyson* zu Gesicht zu bekommen. Und wie oft gehen Sie in ein Geschäft für Haushaltswaren? Wenn Sie es tun, wie oft schauen Sie sich dann Staubsauger an? Falls Sie es machen, werden Sie einen *Dual Cyclone* unter 40 Geräten sehen. Woher wissen Sie dann, dass der Staubsauger, der am besten aussieht, sich besser verkauft als die anderen 39? Wir reiten ja nicht großspurig auf unserer Marktposition herum.

Ganz anders Hoover, die ihren Spitzenplatz auf der Bestsellerliste jahrelang als Grund dafür genannt haben, warum sie ihr Produkt verkauften. Das ist meiner Meinung nach kein Grund. Die Leute von Hoover hatten geglaubt, sie würden die konservativen britischen Verbraucher mit der Deklaration »Wir sind die Nummer eins« ansprechen. Ich glaube aber nicht, dass die Verbraucher sich wie Schafe benehmen, wenn es um das Einkaufen geht. Groß- und Einzelhändler allerdings schon.

Die Leute von Hoover hatten geglaubt, sie könnten mit ihrem Marketing eine Mentalität ansprechen, die sich so formulieren lässt: »Etwas Neuem darf man nicht vertrauen.« Hoover ist ein sehr konservatives Unternehmen, und die Tatsache, dass es auf Platz eins lag, beeindruckte vor allem die eigenen Manager. Die Verbraucher waren aber nicht an einem konservativen Unternehmen interessiert, dessen Manager sich vor allem auf die Brust schlugen. Wir hatten den Mythos zerstört, dass der Markenname von Bedeutung war. Es wäre heuchlerisch gewesen, jetzt selbst mit einer solchen Werbung herauszukommen, in der unsere überragende Stellung auf dem Markt betont wurde.

Ein anderer Grund dafür, dass wir still und leise abräumten, war folgende Tatsache: Unser Profil wurde weniger durch Werbung geprägt als durch journalistische Berichterstattung über uns. Das ist nicht nur billiger, sondern auch viel effektiver. Redaktionellen Beiträgen wird nämlich mehr Objektivität und Wahrheitsgehalt beigemessen als bezahlter Werbung.

Berichterstattung in den Medien sticht zwar nicht so hervor wie Werbung, ist aber effektiver, weil potenzielle Käufer sie ansprechender finden. Man kann Berichterstattung auch nicht kontrollieren. Man kann Journalisten nicht dazu zwingen, über ein Produkt zu schreiben. Sie nehmen mich und meine Staubsauger, wie wir sind – und ich kann nur hoffen, dass wir ihnen gefallen. Dieser Umstand macht redaktionelle Beiträge glaubwürdiger als Werbung.

Ein Vorteil eines ungewöhnlich aussehenden Staubsaugers ist, dass er leichter das Interesse von Journalisten weckt. Ein Produkt, das wirklich anders ist, hat so etwas wie eine eigene Persönlichkeit. Das wird ein bloßer Abklatsch eines Miele- oder Panasonic-Modells nie haben. Der Job eines Journalisten ist es, Dinge aufzuspüren, welche in Zukunft besonders spannend sind – und zwar als Erster oder zumindest möglichst früh. Das trifft auf die Bereiche Design und Technik ebenso zu wie auf die Wirtschaft. Die Journalisten machen das auch sehr gut. Ein einziger Artikel kann eine ganze Bugwelle von Berichterstattung auslösen. Dadurch erlangt man eine Bekanntheit und Glaubwürdigkeit, die durch Werbung nie zu erreichen ist. Denn Werbung funktioniert nur so lange, bis der Kunde erkennt, dass man ihm etwas verkaufen will.

Wir haben sehr viel Glück gehabt, denn die Journalisten haben sich sehr schnell auf den *Dual Cyclone* gestürzt. Zuerst haben sie ihn ausprobiert und im Wirtschaftsteil darüber geschrieben. Danach haben sie ausführlich über das Produkt, seine Technologie und seine Vorteile berichtet. Diese Tatsache hat – mehr als alles andere – dazu geführt, dass der Staubsauger gekauft wurde.

Die Macht der Presse hatte ich bereits kennen gelernt, als ich die *Ballbarrow* auf den Markt brachte. Damals hatte ich überhaupt kein Geld für Werbung. Aber eine kleine Pressemitteilung führte dazu, dass Graham Rose von der Sunday Times anrief. Das war sozusagen der Stapellauf für das Produkt, denn daraus entwickelte sich eine Lawine von Berichterstattung. Als Folge davon wurde über das Produkt auch in bestimmten Fernsehsendungen berichtet, was wiederum zu weiterer Berichterstattung über die *Ballbarrow* in der Presse führte. Diesmal nicht im Wirtschaftsteil, sondern in den Nachrichten oder im Vermischten. Von so etwas hatte ich damals nicht einmal geträumt.

Ein gutes Beispiel dafür, wie sich Berichterstattung in steigenden Verkaufszahlen auswirken kann, ist der Skandal um Hoover und die Freiflugtickets. Das ganze Geschrei im Jahr 1993 beweist nur allzu gut, dass es so etwas wie schlechte Publicity nicht gibt. Die gesamte Branche prangerte zu jener Zeit das Unternehmen an, sorgte damit letztlich aber für endlose PR in Presse und Fernsehen zugunsten von Hoover.

So ziemlich jeder Bericht begann nämlich mit den Worten: »Außergewöhnlich ist die Tatsache, dass ein so mächtiges, etabliertes, respektiertes und erfolgreiches Unternehmen wie Hoover den Verbrauchern so etwas angetan haben soll.« Bei den potenziellen Käufern von Staubsaugern kam hauptsächlich die Botschaft an, Hoover sei ein »respektierter und erfolgreicher« Hersteller von Staubsaugern (bei den Menschen, die hinter Werbegeschenken und Freiflugtickets her waren, sah es natürlich anders aus).

Schaut man sich die Verkaufszahlen aus jener Zeit an, so stellt man fest, dass der Umsatz von Hoover genau an dem Punkt in die Höhe schoss, als die Firma wegen ihrer Torheit von den Medien am meisten verspottet wurde (das Unternehmen behauptet zwar, dadurch 45 Millionen Pfund eingebüßt zu haben, aber ich glaube ihnen kein Wort). Der Anstieg des Verkaufs war allerdings nur kurzfristig von Vorteil, denn langfristig gesehen wurde der Ruf der Firma erheblich beschädigt. Wer in Großbritannien heute an Hoover denkt, dem fällt sofort das Schlagwort »Freiflug-Skandal« ein.

Verglichen mit der kostenlosen Berichterstattung in den Medien funktioniert Werbung leider nicht immer. Man muss viel Geld investieren, und es gibt keine Garantie, dass man dadurch auch welches einnimmt. Die Werbung kommt entweder an oder eben nicht. Wir hatten ein besonders schwerwiegendes Problem. In Großbritannien war der Name Hoover mehr oder weniger zu einem Synonym für Staubsauger geworden. Den Namen *Dyson* hätten wir zwar mit gewaltigen Werbeetats berühmter machen können – dadurch hätten wir nicht automatisch mehr verkauft. Das konnte nur objektive Berichterstattung bewirken. Was immer die Werbung auch ausrichten kann – seriöser Journalismus kann es besser.

Zu mies will ich die Werbung aber auch nicht machen. Ich muss zugeben, dass man nicht einfach ein Produkt auf den Markt bringen und hoffen kann, jemand werde schon darüber schreiben. Aber eine größere Werbekampagne hatte ich mit Sicherheit nicht geplant, bis Eastern and Southern die Bedingung stellten, wir müssten in ihrem Einzugsbereich Fernsehwerbung machen, wenn sie unsere Geräte in ihren Läden führen sollten. Für den Fernsehspot brauchte ich eine Werbeagentur.

Ich hatte in jener Branche zwei gute Freunde: Al Randall, einen Fotografen und Filmemacher, und Georgia Loizou, eine Stylistin und Produzentin. Al hatte unter anderem Werbespots für BMW gedreht. Ich hatte auch schon mal mit ihm zusammengearbeitet – damals hatte ich einen Roboterhund für ihn gebaut, den er für einen Hundefutterspot brauchte. Ich fragte die beiden um Rat, und sie verwiesen mich an eine Agentur namens Evans, Hunt, Scott.

Ich traf mich mit Ken Scott und mochte ihn sofort. Auch Hunt war ein ganz netter Kerl. Daraufhin sprach ich in der Agentur mit einem Account-Manager über meine Vorstellungen. Der wiederum delegierte die Angelegenheit an die Kreativen in der Agentur, die zwei Teams bildeten und mehrere Entwürfe für einen 30-Sekunden-Spot produzierten.

Alle waren schrecklich, aber mir lief die Zeit davon, und ich musste einen der Spots nehmen. Wir modelten ihn noch ein wenig nach einer Idee von Al um. Darin kam ein echter Wirbelsturm aus den USA vor, und es wurden Bilder des Zyklons im *DC01* eingeblendet. Darüber gelegt war die Stimme eines Sprechers, der irgendetwas von der gebändigten Kraft des Wirbelsturms erzählte.

Die endgültige Fassung war meiner Meinung nach immer noch völlig unzureichend. Sie stellte den Zyklon als Schnickschnack dar, und das Produkt war von dem anderen Mist auf dem Markt nicht mehr zu unterscheiden. Von den Vorteilen der Technologie wurde überhaupt nicht geredet. Der Spot kostete zwar nur 32 000 Pfund – aber das war weggeworfenes Geld. Immerhin waren Eastern and Southern dadurch zufrieden gestellt. Nachdem das Ganze abgewickelt war, sprach ich noch einmal mit Al.

»Diese Agenturarbeit ist für mich einfach nicht das Richtige«, sagte ich. »Ich will gar nicht mit Kontaktern und Account-Managern und solchen Figuren reden. Ich will direkt mit den Kreativen reden und ihnen erklären, was ich erreichen will. Zu Besprechungen tauchen sie aber nicht auf. Wahrscheinlich, weil sie so kreativ sind. Tatsächlich sind sie aber überhaupt nicht kreativ. Sie machen das Schlimmste, was man tun kann, sie sitzen einfach nur am Zeichentisch und warten auf eine Idee. Man braucht aber Dialog und Auseinandersetzungen, um kreativ zu sein.«

»Unter all den kreativen Menschen, die ich kenne, machen die Werber den größten Lärm um Kreativität«, fuhr ich fort. »Und weißt du was? Sie sind nicht im Geringsten kreativ. Im Vergleich zu meinen Designern, die wirklich etwas schaffen, sitzen diese Clowns nur herum und sind völlig unbrauchbar. Darüber hinaus verdienen sie auch noch wesentlich besser als meine Leute. Ich könnte kotzen. Ich weiß nur eins: Diese Branche kann ich nicht weiter unterstützen.« Am Ende meiner Predigt fügte ich hinzu: »Ich brauche jemanden, der nicht in eine

Agentur eingebunden ist und sich einfach mit mir hinsetzt und alles durchspricht.«

Al verstand genau, was ich meinte. Wenig später stellte er mir einen Hünen aus Yorkshire vor, Tony Muranka. In der Fabrik in Chippenham hockte ich mich mit Tony zusammen, und eine Woche lang sprachen wir von morgens bis abends über meine Philosophie, meine Ziele und alles, was eben gesagt werden musste. So mussten wir den Verbrauchern zum Beispiel erklären, warum Staubsaugerbeutel inadäquat sind und was am Zyklonensystem besser ist. Einfach nur den Heiligen Geist auf dem Staubsaugermarkt vorzustellen, war nicht genug.

Dies war schließlich die radikale Verbesserung des traditionellen Produkts. Man musste den Menschen auch erklären, warum das Herkömmliche mangelhaft war. Es genügte einfach nicht, zu sagen: »Der *Dual Cyclone* bietet Ihnen zu jeder Zeit 100 Prozent Saugkraft.« Die Menschen wussten schließlich nicht, dass ihr alter Staubsauger das nicht bot. Wir mussten klar machen, dass ein Staubsaugerbeutel die Saugkraft vermindert. Dann konnten wir den Leuten auch nahe legen, dass eine Verbesserung notwendig war.

Und so entstand unser Slogan »Lebt wohl, ihr Staubsaugerbeutel«. Im Rückblick erscheint es schon etwas erbärmlich, dass sich zwei erwachsene Männer eine ganze Woche lang hinsetzten, um eine Werbekampagne für ein Produkt mit so vielen Vorteilen zu entwerfen – nur um sich am Ende auf das zu konzentrieren, was dieses Produkt nicht mehr hatte.

Der Slogan »Lebt wohl, ihr Staubsaugerbeutel« ist oft als »nicht erklärend genug« kritisiert worden. Ich hasse diesen Ausdruck. Warum erklärten wir den Verbrauchern wohl nicht, dass die Maschine auch chemisch reinigen kann, wie sie Treppen hochkommt, wie die Umschaltautomatik auf das Saugen mit Schlauch funktioniert? Es gibt darauf zwei Antworten: Man kann dem Verbraucher nicht mehr als eine Botschaft zur Zeit vorsetzen, sonst verwirrt man ihn und verliert sein Vertrauen. Außerdem mussten wir auf jeden Fall klarstellen, dass unser Gerät das Problem gelöst hatte, unter dem alle anderen litten.

Uns wurde auch vorgehalten, es sei unromantisch, sich auf den verpesteten Beutel zu konzentrieren. Wir fanden das aber ausgesprochen sexy. Ein Beispiel: Es gab eine wunderbare Anzeige, entworfen von Tony Muranka, mit Text von Ken Mullen und fotografiert von meinem Freund Al Randall. Diese Anzeige lief in Zeitschriften wie Marie Claire, Interiors und vielen anderen. Darin waren 119 Staubsaugerbeutel zu sehen, aufgehängt auf einer Wäscheleine wie Unterhosen. Das sollte zeigen, wie lächerlich sie doch waren. Unter jeder Staubsaugertüte stand »Verzieh dich«, »Verpiss dich« oder etwas Ähnliches. Also sinngemäß: »Leb wohl«.

Unser erster Fernsehspot nach dem Flop mit der Agentur war nach einem einfachen Muster gestrickt: Eine Frau – kein schlankes, glamouröses Model, sondern der Typ »Frau von Nebenan« – kommt auf die Kamera zu und sagt: »Schauen Sie sich das an. Ein Staubsaugerbeutel. Wussten Sie, dass die verstopfen? So sehr, dass sie einen Saugkraftverlust von 50 Prozent haben, wenn Sie nur ein Zimmer gesaugt haben?«

Dann zerreißt sie den Beutel, wirft ihn fort und sagt: »Der neue *Dyson* braucht keinen Beutel. Deshalb bietet er 100 Prozent Saugkraft. Zu jeder Zeit. Den Beutel können Sie wegwerfen.« Daraufhin saugt die Frau die Stücke mit dem *Dyson* auf, und man sieht sie im Behälter herumwirbeln. Eine Stimme aus dem Off sagt: »Der neue Staubsauger von *Dyson*. Wir haben Lebt wohl zu den Beuteln gesagt.« Mit dem Spot wollten wir keine Preise gewinnen, sondern Staubsauger verkaufen. Es ist immer schwer zu sagen, wie effektiv so etwas ist. Bei den Versandhäusern, die unser Gerät verkauften, führte er jedenfalls zu leeren Lagern.

Am lustigsten fand ich, dass die Leute von Miele sich über den Werbespot beschwerten. Die Manager informierten die britische

Fernsehaufsicht ITC darüber, dass der *Dyson* in dem Werbespot unmöglich die großen Stücke der zerrissenen Tüte aufgesaugt haben könnte. Die Aufsichtsbehörde entschied aber zu unseren Gunsten. Wir bewiesen nämlich nicht nur, dass der *Dyson* dazu in der Lage war, sondern auch, dass das Gerät im TV-Spot live gesaugt hatte. Der Angriff von Miele war ein erstes Beispiel dafür, dass sie von nun an ständig versuchen sollten, uns niederzumachen. Indirekt war es auch ein Beweis dafür, wie unsicher sie wegen ihrer eigenen Geräte waren.

Der zweite Fernsehspot für den *DC02* war etwas humoristischer. Ein Pantomime spielte einen Mann im Anzug, der versucht, den Staubbeutel zu finden, aber schließlich aufgibt und sich davonschleicht. Und das war's dann auch, was TV-Werbung betraf. Aber für Zeitungen und Zeitschriften entwarfen wir noch eine lustige Anzeige. Wir führten die Sache mit dem Schmutz ins Absurde: Auf dem Foto sieht man einen großen Dreckhaufen. Es wird der visuelle Eindruck erweckt, dass er stinkt. Dabei wird besonders auf Pollen, Viren, Ausscheidungen von Staubmilben und Tierhaare hingewiesen. Die Bildunterschrift lautet: »Die Beweise gegen Staubsauger mit Beuteln türmen sich immer höher auf.« Wir wollten damit »das Prinzip des deutschen Klos« extrem überzeichnen. Außerdem wurde damit klar, was unser Gerät vollbringen konnte.

Weitere Puzzlestücke der Werbung für den *Dyson* waren unsere Broschüren. Wer in einem Geschäft nach einem *Dyson* fragte, bekam ein Faltblatt, auf dem das Gerät, seine Bauweise und alle Vorteile gegenüber herkömmlichen Staubsaugern erklärt wurden. Es gab weder Superlative noch Überredungsversuche, sondern einfach nur Fakten.

Und schließlich gab es da noch die kleine Broschüre mit meiner Geschichte. Format und Größe waren den Büchern von Beatrix Potter abgeschaut. Es war Tony Murankas genialste Idee: Wenn die Verbraucher 200 Pfund für einen Staubsauger ausgeben sollten, der von einem Menschen erfunden, entwickelt und gestaltet worden war, dann sollten sie auch wissen, wer dieser Mensch ist. Muranka meinte, es sei ein Verkaufsargument, dass ich Brite sei, ein ganz normaler Kerl, der auf dem Lande in Malmesbury wohnte, sich für Staubsauger interessierte und sie entwickelte. Das solle man den Leuten ruhig klar machen.

So kam es dazu, dass wir diese kleine Broschüre produzierten. Es waren nur ein paar hundert Worte darin, aber sehr nett von Tonys Freund Nick Rootes geschrieben. Es war die Geschichte des *Dual Cyclone*, in etwa eine Kurzfassung dieses Buches. Wir überzeugten die Einzelhändler davon, dass es gut sei, an jeden *Dyson* eine der kleinen Broschüren zu hängen. Das Resultat: Das gesamte Verkaufspersonal las die Geschichte und kannte deshalb die Details. Und die Kunden lasen meist aus Neugier die kleine Broschüre, obwohl sie wegen eines anderen Haushaltsgerätes in das Geschäft gekommen waren.

Insgesamt haben wir aber in den ersten Jahren nie viel Werbung gemacht. Aufgrund meiner frühen Erfahrungen mit der Branche habe ich es zum eisernen Gesetz gemacht, niemals einen Auftrag an eine Werbeagentur oder an eine Marketingfirma zu vergeben.

Im Zeitalter der Werbung ist die Verlockung zu werben nur allzu groß. Das ist jedoch verplemperte Zeit und verplempertes Geld. Jetzt, wo unser Geschäft auf sicheren Beinen steht und die Kasse voll ist, bekomme ich immer mal wieder Anfragen von einer der großen Agenturen. Ich werde immer wieder darin bestärkt, dass ich Recht hatte, sie so lange links liegen zu lassen. Das beste Beispiel war die unwürdige Art und Weise, wie Saatchi & Saatchi um einen Vertrag mit *Dyson* buhlten. Ich teilte ihnen mehrfach mit, dass ich nicht interessiert sei. Dennoch schickten sie mir einen Vorschlag für einen TV-Werbespot. »Wir haben uns etwas Brillantes einfallen lassen«, teilten sie mir mit. »Das ist definitiv *die* Werbung für Ihren Staubsauger.«

Lebt wohl, ihr Staubsaugerbeutel

Der Spot handelte von einem Mann, der auf einem Teppich zwei Häufchen Schießpulver auftürmt. Den einen saugt er mit einem *Dyson* auf, den anderen mit einem herkömmlichen Staubsauger. Dann hält der Mann ein Zündholz an die Stelle, wo der *Dyson* gesaugt hat. Nichts geschieht. Daraufhin hält er das Streichholz an die Stelle, wo das andere Gerät gesaugt hat, und es fliegt in die Luft. Und manche Menschen zahlen für so etwas auch noch. Diese Affen!

Dieser Spot erklärte auch nicht im Geringsten, was einen *Dyson* von einem Gerät der Konkurrenz unterscheidet. Es war nur ein ermüdender Abklatsch von früheren Spots. In der Agentur hatte irgendein Kreativer mit Pferdeschwanz versucht, witzig zu sein, und überhaupt nicht verstanden, worum es ging. Diesen Spot konnte man für jedes x-beliebige Reinigungsgerät einsetzen. Tatsächlich ist das mit kleinen Abwandlungen inzwischen auch regelmäßig geschehen.

Das Problem ist Folgendes: Als das Marketing irgendwann in den fünfziger Jahren als separates Handwerk entstand, wurde es schnell zu dem Bereich des Managements erhoben, nach dem sich alle anderen zu richten haben. Das war so weit noch in Ordnung, weil Marketing damals in der Fabrik begann und ein Prozess war, der sich bis zum Endverbraucher fortsetzte, ein empfindliches Wechselspiel zwischen Produzenten und Konsumenten. Doch dann löste sich das Marketing von seinem Ursprung. Es wurde beweglich im Sinne von unabhängig. Agenturen entstanden, die nichts anderes machten. Langsam, aber unvermeidlich wurde Marketing völlig losgelöst von Design und Produktion.

Der »Kreative«, der sich den Spot mit dem Schießpulver ausdachte, hatte unmittelbar vorher wahrscheinlich Klopapier an den Mann gebracht und nebenbei noch sechs Monate lang an einer Kampagne für Enthaarungscreme gearbeitet. Vielleicht war seine nächste Aufgabe, eine Methode zu finden, wie man

Käse populär macht. Wie um alles in der Welt sollte er wissen, wie man Staubsauger verkauft? Besonders, wenn es um Geräte ging, wie sie die Welt noch nicht gesehen hatte?

Der moderne Marketingspezialist hat weder die Zeit noch die Lust, sich Wissen über die Erfindung und Herstellung des Produkts anzueignen, das er für die Verbraucher attraktiver machen soll. Er wendet nur seine Allerwelts-Fertigkeiten an, um noch mehr von einem Zeug zu verkaufen, von dem es eh schon genug gibt. Und die Menschheit langweilt sich langsam zu Tode. Ein Artikel des Kolumnisten Jeremy Bullmore in der Zeitschrift *Marketing* vom Dezember 1995 erklärte die traurigen Zusammenhänge besser, als ich es je könnte. Er ist Aufsichtsratsmitglied der Guardian Media Group und der WPP Media Group:

»Wer wird vernachlässigt? Der Erfinder, jawohl. Der Designer, der Ingenieur, der Chemiker, der Brauer, der Fachmann. Die Leute, die in das Produkt vernarrt sind. Die bereitwillig akzeptieren, dass Kochen wichtig ist. Die ihren Kick dadurch bekommen, dass sie ein noch besseres Steak anbieten. Früher wurden Autokonzerne von Menschen geführt, die Autos liebten. Sie wussten, wie man gute Autos baut, und sie versuchten, sie immer noch besser zu machen.

Einzelhandelsgeschäfte wurden von Menschen geführt, die ihre Läden liebten. Vor etwas mehr als hundert Jahren war ein Mann namens George Stafford Parker verrückt nach Füllfederhaltern. Dann wurden die Unternehmen immer größer und komplexer, und diese besessenen, in die Produkte vernarrten Enthusiasten kamen damit nicht mehr klar. Sie benötigten Hilfe von Finanzexperten, Rechtsanwälten, Marketingexperten und Werbefachleuten.

Von diesem Moment an hatten die eigentlichen Erschaffer der Produkte in unserem Land immer weniger zu sagen. Beim unaufhörlichen Aufstieg der Marketingmanager ist – ohne dass sie etwas dafür könnten – nichts herausgekommen. Ich denke sogar, der Niedergang des Produktionssektors und der Aufstieg des Servicesektors hängen zum Teil mit der Entflechtung von Herstellung und Marketing zusammen.«

Mit anderen Worten: Wenn Sie etwas herstellen, verkaufen Sie es lieber selbst – wie wir es machten. Deshalb lief auch absolut nichts falsch. Nur den Marktanteilen aller anderen, denen ging es wirklich an den Kragen.

19

Familienzuwachs

Ein Schwesterchen für den Zyklon. Die Geschichte wiederholt sich auf die schönste Art. Ich habe einen Dyson gesehen, auf einer Treppe. Der Dyson Absolute. Der Dyson De Stijl. Der Dyson Antarctica. Weitere Entdeckungen folgen.

Er beherrschte den Markt jetzt völlig, im Oktober 1994 hatte der *DCO1* in Großbritannien den höchsten Umsatz bei den Bürstsaugern. Im Februar 1995 wurde er zum meistverkauften Modell. Wir hatten uns etabliert, und die Zeit war reif für einen Bodenstaubsauger.

Die Menschheit teilt sich ganz klar in zwei Gruppen, Schieber und Zieher. Das ist sowohl genetisch als auch kulturell bedingt. Einmal festgelegt, lassen sich die Menschen nicht mehr ändern. Mit anderen Worten: Wir haben eine Prädisposition entweder für Bürstsauger oder für Bodenstaubsauger. Dies betrifft tendenziell ganze Nationen und Kontinente.

Auf dem europäischen Festland zum Beispiel sind die Menschen geradezu fanatisch auf Bodenstaubsauger festgelegt. Bis in alle Ewigkeit werden sie ihren Staubsauger hinter sich herziehen und ihr Teleskoprohr vor sich herschlenkern. In Japan ist es ebenso, aber in Amerika steht man auf steife Besenstiele, sprich

Bürstsauger. Ich vermute, dass Amerika der beste Absatzmarkt für Bürstsauger ist, weil es das erste Land war, in dem es Teppichböden gab. Dafür ist ein Klopfsauger besser geeignet als ein einfacher Sauger.

Großbritanniens Bevölkerung teilt sich Fifty-Fifty. Die Liebhaber von Bodenstaubsaugern leben vor allem im Großraum London und im Süden. Je weiter man nach Norden vordringt, desto beliebter werden Bürstsauger. Schottland wird völlig von diesen Geräten beherrscht.

Nicht nur die Geographie spielt eine Rolle, vor allem wird die Vorliebe dadurch bestimmt, welchen Staubsauger die eigene Mutter benutzt hat. War sie eine Schieberin, wird man wahrscheinlich selbst auch schieben. Zog sie lieber einen hinter sich her, wird man selbst auch lieber ziehen. Wie das im Einzelnen in der DNA festgelegt ist, muss noch erforscht werden.

Es wird aber vermutet, dass die Veranlagung direkt von der Mutter auf das Kind vererbt wird. 90 Prozent der Bürstsauger-Fans stammen von Bürstsauger-Müttern ab. Vielleicht ergibt sich dieses Bild aber nur, weil es für die Zeit vor der sexuellen Revolution kaum Statistiken über staubsaugende Väter gleich welcher Neigung gibt.

In einer Zeit, in der es mit dem Adel abwärts geht und das House of Lords langsam überflüssig wird, ist die entsprechende Neigung aber zukunftsweisend. Schließlich gibt es diesbezüglich keine Bevorzugung der Erstgeborenen wie im Feudalsystem – und die Neigung wird auch an uneheliche Kinder vererbt. Für uns war es jedenfalls wichtig, auch die anderen 50 Prozent des Marktes in Großbritannien anzuzapfen. Wir hatten die Wahl zwischen dem Versuch, die Vererbungslehre umzukrempeln, und dem Bau eines Bodenstaubsaugers.

Ich hatte natürlich schon immer daran gedacht, auch einen Bodenstaubsauger zu produzieren. Aber es war wichtig, die Öffentlichkeit erst einmal an die Vorstellung eines Bürstsaugers mit Zyklonentechnologie zu gewöhnen. Die Menschen können immer nur eine neue Botschaft bzw. ein neues Produkt zur Zeit verkraften.

Ich musste aber in Betracht ziehen, dass der Bürstsauger meine Aktivitäten fast ausschließlich auf Großbritannien begrenzte. In den USA verkaufte schließlich Iona meine Technologie. Wenn ich meinen Umsatz ausweiten wollte, musste ich also über die Grenzen hinausschauen. Es war Zeit, die Welt auf den *DCO2* vorzubereiten.

Ich hatte von Anfang an gewusst, dass die Technologie auch in horizontaler Position funktionieren würde, wenn der Zyklon flach lag. Schon Anfang der achtziger Jahre hatte ich nämlich nur zum Spaß ein grobes Modell zusammengeschustert. Damals fand ich die einzige Schwierigkeit heraus: Wenn man den Behälter aus der horizontalen Lage löste, bestand die Gefahr, dass der ganze Staub auf den Boden fiel.

Meine Lösung: Das Gehäuse konnte man aufklappen wie ein Jagdgewehr – ich hatte es mit einem Scharnier konstruiert. Und die Öffnung der Zyklonenkammer zeigte nach oben. Einmal in Produktion gegangen, würde das Gehäuse mit Scharnier ein wesentliches Wiedererkennungsmerkmal sein.

Alle anderen Bodenstaubsauger hatten nämlich eine identische Form und sahen wie Handtaschen aus Plastik aus – wie schreckliche Schachteln. Man hatte nicht den geringsten Versuch gemacht, mit dem Design die Funktion auszudrücken. Die Gestaltung ließ kaum erkennen, dass es überhaupt Maschinen waren, sondern sie verhüllte die wahre Natur der Geräte, weil man sich ihrer schämte. Wenn man die Dinger öffnete, kam natürlich wieder nur ein mieser Beutel zum Vorschein.

Als ich den *DCO2* plante, war ich einmal bei einer Examensfeier am Royal College of Art. In der Zwischenzeit war ich einer der Prüfer für Produktdesign geworden. Ich bot einigen der Absolventen Jobs an, das war mir zur Gewohnheit geworden. Einer derjenigen, die ich anheuerte, war ein brillanter Ingenieur und Produktdesigner namens Andrew Thompson. Seine Abschlussarbeit war genial gewesen: ein Fahrrad, das sich zusammenklappen ließ.

Er hatte eine Eins verdient, bekam sie aber nicht. Ich hängte mich sofort an ihn ran. Er sollte der Mann werden, der mir bei der Gestaltung des Bodenstaubsaugers helfen würde. Wir beide begannen sofort mit der Arbeit, und bald war das Team mit Simeon Jupp, Peter Gammack, Alex Knox und Mark Bickerstaffe komplett.

Ich war mir dessen damals noch nicht bewusst, aber die Geschichte wiederholte sich. Andrew arbeitete jetzt so für mich, wie ich 25 Jahre zuvor für Jeremy Fry gearbeitet hatte. Vielleicht war ich sogar deshalb so eingenommen von ihm, weil er eben keine Eins für ein so gutes Design bekommen hatte. So wie ich einst für den *Sea Truck* nur eine 2,1 bekommen hatte. Zum Zeitpunkt, als Andrew zu uns stieß, hatte ich lediglich eine Testvorrichtung. Der Spaß und die Spielereien standen uns noch bevor.

Der Markt für Bodenstaubsauger war aber noch leichter anzugreifen als der für Bürstsauger. Ein Bürstsauger ist ein Klopfsauger, er kann mehrere Dinge. Ein Bodenstaubsauger aber hat nur eine Fähigkeit, er schlürft den Staub auf. Früher wurden diese Geräte deshalb sehr bezeichnend »Saugreiniger« genannt. Ein Bodenstaubsauger steht und fällt mit seiner Saugkraft. Ein Staubbeutel, der ihm die Kraft nimmt, ist das Letzte, was er braucht.

In den meisten Punkten war die Technologie die gleiche wie beim *DC01*. Wir waren aber zu dem Schluss gekommen, dass der Vormotorfilter und der Nachmotorfilter besser sichtbar gemacht werden sollten. Wir platzierten sie jetzt so, dass auf jeder Seite einer zu sehen war, wenn man den Staubsauger zum Ausleeren des Behälters öffnete. Dadurch würden die Benutzer an einen gelegentlichen Wechsel erinnert.

Mit Hilfe einer jungen Absolventin der Universität Bath gestalteten wir nun ein Modell, das noch mehr nach Raumfahrttechnik aussah als der *DCO1*. Sie hieß Connie Yuen und war Expertin für Aerodynamik. Die Presse und der Handel machten um das erfolgreiche Design noch mehr Wirbel als bei unserem ersten Modell.

Das Kernstück jeder revolutionären Erfindung ist meistens eine spezielle Idee. Doch ich bin überzeugt davon, dass Erfindungen selbst zu Erfindern werden. Mit anderen Worten: Aus Erfindungen gehen immer neue Erfindungen hervor. Das ist fast wie eine Reproduktion per Zellteilung, die sich dann weiterentwickelt. Wenn man gerade dabei ist, ein Produkt zu gestalten, können nämlich sehr interessante Dinge geschehen.

Was beim *DCO2* jeden begeisterte und ihm zusätzliche Aufmerksamkeit in der Presse bescherte, war Folgendes: Er konnte auf Treppenstufen »sitzen« und diese sogar »erklimmen«.

Wieder einmal zeigte sich: Wenn ein Produkt gewisse »menschliche« Qualitäten hat, schafft das eine Komik, die Journalisten und Verbraucher unwiderstehlich finden. Das ist ein Design-Konzept, das weit über die Elektrobranche hinaus gilt. Ein einfacher Kniff kann große Wirkung haben. Wenn man das Gerät mit einem rechten Winkel an der Unterseite gestaltet, klammert es sich quasi an jeder Treppenstufe fest – so, wie ein krabbelndes Kind klettert.

Auf diese Idee kamen wir nur durch Querdenken. Mit einem Bodenstaubsauger war das Reinigen von Treppen schwieriger als mit einem Bürstsauger. Einen Bodenstaubsauger kann man nicht mit einem ausziehbaren Schlauch versehen. Sie erinnern sich: Der *DCO1* hat einen Schlauch, den man mehrere Meter weit ausziehen kann. Das Gerät bleibt unten stehen, und man reinigt Stufe für Stufe mit dem Schlauch.

Unser neues Gerät musste ganz klar auf Treppenstufen stehen bleiben können, da sein Schlauch nicht ausziehbar war. Die meisten Verbraucher balancierten bis dahin ihren Bodenstaubsauger auf jeder Treppenstufe herum, was eine prekäre Angelegenheit ist. So erdachten wir eine Struktur, die sich jeder Form und Größe von Stufen anpassen würde. Der Schwerpunkt war stets gut ausbalanciert, sodass die Maschine sehr stabil auf der Kante hing. Wir bauten mehrere Modelle mit dieser Form und stellten fest, dass es gut funktionierte. Ebenfalls entdeckten wir, dass sich der Staubsauger – nach ein paar kleinen Veränderungen – gut am Schlauch die Treppe hochziehen ließ. Er sah aus wie ein Haustier an der Leine.

Wir nahmen noch weitere Verbesserungen vor: Ein großer Griff über das gesamte Gehäuse hinweg statt eines kleinen spiddeligen bewirkt, dass man sich nicht mehr ganz nach unten bücken muss – gut für den Rücken. Ein Rohr mit zwei Gelenken ermöglicht, in jeder denkbaren Position zu saugen, und verringert die Belastung des Handgelenks. Durch ein Extrafach für zusätzliche Bürsten und Düsen wurde das Gerät sehr wendig – denn wer braucht schon außen angebrachte Zusatzteile, wenn man den Sauger über Treppen schleppt? Alle diese Erfindungen kamen zum Kern des Gerätes, der Zyklonentechnologie, noch dazu.

Nichtsdestotrotz machten die Großhändler erst einmal wieder einen großen Tanz um das Gerät. Der Markt für Bodenstaubsauger war nicht so auf Hochpreisprodukte ausgerichtet wie der Markt für Bürstsauger. Der *DCO1* zum Preis von 200 Pfund war etwas mehr als doppelt so teuer wie alle anderen Geräte dieser Kategorie. Der *DCO2* kostete ebenfalls 200 Pfund, doch das war das Dreifache vom Preis eines durchschnittlichen Bodenstaubsaugers. Ich erinnere mich daran, dass sich ein Großhändler weigerte, ihn ins Sortiment aufzunehmen: »Diesmal haben Sie sich übernommen, Dyson.« Tatsächlich lief aber alles bestens. Der *DCO2* kam im März 1995 auf den Markt. Acht Monate später war er in Großbritannien bereits der Bodenstaubsauger mit dem höchsten Umsatz. Im März 1996 war er auch der meistverkaufte Bodenstaubsauger. Bingo.

Im darauf folgenden Jahr begann ich, Variationen des silbergelben Designs herauszubringen. Meine Technologie war jetzt eindeutig als die Beste anerkannt, und ich fühlte mich endlich sicher genug, es auch mit anderen Farbkombinationen zu versuchen. Der *DCO2* war für diese Abwandlungen am besten geeignet, weil er so völlig anders als alles Herkömmliche aussah.

Im Juli 1996 brachten wir den *DCO2 Absolute* heraus. Die Räder, das Gehäuse des inneren Zyklons, der Schlauch und die Düse waren violett. Der Rest des Gerätes war der silbergelben Tradition verpflichtet. Mehrere Elemente des Designs wurden so hervorgehoben. Doch beim *Absolute* drehte es sich um mehr als nur um Farbvariationen. Wir hatten bereits sicher gestellt, dass unsere Geräte die sauberste Luft von allen Staubsaugern auf dem Markt wieder hinausbliesen. Sie war ja nicht gezwungen, durch verstopfte und verschmutzte Poren in den Raum zu gelangen. Hunderte von Asthmatikern hatten sich bereits schriftlich bei uns bedankt und geschrieben, der *Dyson* hätte ihr Leben verändert. Aber wir wollten noch mehr tun.

Ich wandte mich an einen Hersteller für Klimaanlagen, der mit Bakterien vernichtenden Beschichtungen gearbeitet hatte. Nach mehreren Ausbrüchen der Legionärskrankheit war nämlich entdeckt worden, dass sich Bakterien in Klimaanlagen heftig vermehren. Ein Filter fängt sie zwar auf, doch können sie sich darauf immer noch vermehren und in den Raum gelangen. Also beschichteten wir unsere Filter mit »Bactisafe«, das Bakterien vernichtet. Diese Schicht klebten wir auf einen HEPA-Filter, der mikroskopisch kleine Partikel aufnehmen kann. Das System war vom Versuchslabor für chemische Kriegsführung in Porton Down getestet worden und eigentlich für Gasmasken gedacht. Wir entwickelten also einen Filter, der nicht nur Pollen und andere gesundheitsschädigende Partikel aufnahm, sondern der

Familienzuwachs

auch gefährliche Mikroben wie Salmonellen und Listerien abtötete. Das war der *Dyson Absolute*.

Die nächste Weiterentwicklung war der *Dyson De Stijl*, dessen Farbgestaltung noch verrückter war. Mein Sohn Jacob ist auch Designer und hatte eines unserer Modelle mit den Farben Rot, Violett und Gelb besprüht. Es sind die Farben der De-Stijl-Bewegung, einer 1917 gegründeten Richtung der Moderne, die Verbindungen zur Bauhaus-Bewegung hatte. Sie benutzten Farbe, um Strukturen hervorzuheben, jede andere Art von Verzierung lehnten sie ab. Mein Sohn hatte die Idee gehabt, weil wir gerade einen De-Stijl-Stuhl erworben hatten. Daraufhin besprühte er mit diesen Farben einen Staubsauger als Geschenk für seine Freundin. Uns gefiel das so gut, dass er sich gleich noch einen zweiten für uns vornahm.

In den nächsten Wochen kamen dauernd Leute zu Besuch, alle fanden das Modell einfach toll. So brachten wir Ende 1996 eine limitierte Auflage von 20000 *DC02 De Stijl* heraus. Er kostete 249 Pfund und war etwas teurer als die Standardmodelle. Er war mehr für Designinteressierte gedacht, dem Geschmack der Allgemeinheit entsprach das Produkt weniger. Aber es war eine ausgezeichnete Ergänzung unserer Produktpalette.

Unsere Staubsaugerfamilie bekam noch mehr Nachwuchs, als *Dyson* 1996 die Solo-Expedition von Sir Ranulph Fiennes in die Antarktis sponserte. Beim Bürstsauger ersetzten wir die gelben Teile durch hellblaue und nannten das Gerät *Dyson Antarctica Solo*. Beim Bodenstaubsauger machten wir das Gleiche, darüber hinaus ersetzten wir die silbernen Teile noch durch weiße. Diese Farbkombination erwies sich als enorm populär, und die Modelle waren schnell ausverkauft, auch wenn Sir Ranulph Fiennes seine Expedition wegen Krankheit abbrechen musste.

Das Ganze hatte damit begonnen, dass Sir Ranulph mir eines seiner Bücher geschickt hatte, mit der Widmung: »Von einem britischen Pionier für einen anderen.« Das war äußerst schmeichelhaft gewesen, mal abgesehen davon, dass das Buch sehr spannend war. Er war auf mich aufmerksam geworden, weil seine Frau ihn losgeschickt hatte, um in Minehead einen Staubsauger zu kaufen. Er war von einem Verkäufer auf den *Dyson* hingewiesen worden und hatte zuerst gesagt, er wolle kein britisches Gerät. Dann hatte er die kleine Broschüre mit meiner Geschichte an dem Gerät entdeckt und war bekehrt worden. So wurde dieses Gerät letztlich zum »teuersten« Staubsauger, den ich je verkaufte.

Kurz nachdem sein Buch bei mir eingetroffen war, hatte Sir Ranulph selbst angerufen und erklärt, er wolle gern persönlich vorbeikommen und ein Viertelstündchen mit mir über seine bevorstehende Expedition in die Antarktis plaudern. Ich war mir nicht klar darüber, was er eigentlich von mir wollte. Bis er mir kurz vor Ende unseres Gespräches erzählte, seine letzte Expedition habe mehr als eine Million Pfund zur Hilfe von Multiple-Sklerose-Kranken eingebracht. Ich war sofort Feuer und Flamme.

Wir hatten seit drei Jahren nur Geschäfte gemacht, viel Geld eingenommen, und ich hatte mir schon die Frage gestellt, ob ich nicht noch etwas anderes machen könnte. Sir Ranulphs Timing war sozusagen perfekt. Ich hatte beide Elternteile durch Krebs verloren und wollte etwas für die Krebsforschung tun. Die Zusammenarbeit mit Sir Ranulph Fiennes gefiel mir außerordentlich gut. Es war nicht nur eine großartige Methode, um Geld für die Krebshilfe zu sammeln, er ging auch genau wie ich an die Sache heran. Was er machte, beruhte nicht auf einzelnen brillanten Eingebungen, vielmehr arbeitete er bei seinen Expeditionen hart und kontinuierlich auf sein Ziel hin. Über lange Zeit musste er große Entbehrungen hinnehmen.

Zuerst einmal spendete ich 1,44 Millionen Pfund an Breakthrough, die britische Stiftung für Brustkrebs-Patientinnen. Das Geld sollte mehr der Forschung als der Betreuung zugute kommen, weil ich selbst auch einen Hang zur Forschung habe. Darüber hinaus produzierten wir 100000 *Antarctica Solo* und überzeugten jeden Händler davon, einen Teil seines Gewinns ebenfalls der Krebshilfe zu spenden. Alle waren sofort dazu bereit und spendeten Summen zwischen fünf und zehn Pfund pro verkauftem Staubsauger.

So eröffneten wir uns durch Kreativität und ein paar kleine kosmetische Operationen neue Märkte. Aber es gab immer noch Grenzen, die es zu überschreiten galt. Mit dem *DCO2* konnten wir zwar nicht über das Wasser gehen, aber wir wollten zumindest den Ozean überqueren. Darüber hinaus wollten wir noch einmal Neuland erschließen und mit unserer Produktion ein Zeichen setzen. Und da sich das Leben in Zyklen abspielt, gingen wir wieder dorthin, wo alles begonnen hatte.

20

Eulen nach Athen?

»Und der Preis für den besten Staubsauger geht an den ... wenn ich doch bloß den Umschlag aufbekommen würde ... DC02.« Der Dual Cyclone wird zum Mythos. Mr. Rutter und Mr. Hoover legen ein schreckliches Bekenntnis ab. Japan – das erstaunliche Land. Der gewagte Weg ins Unbekannte. Der Dyson in Australien. Le Dual Cyclone. Ganz wie in Amerika. Noch mehr Staubsauger.

Kurz nachdem der *DCO2* auf den Markt gekommen war, gewann er die ersten Preise. Beim Design-Establishment waren unsere Modelle schon seit einiger Zeit beliebt gewesen, aber als der Bodenstaubsauger herauskam, ging es richtig los. Schon meine Bürstsauger-Technologie hatte Anerkennung geerntet: Der *G-Force* war das einzige Haushaltsgerät, das seit 1990 ständig im Victoria and Albert Museum in der Ausstellung des 20. Jahrhunderts zu sehen war. Im Design Museum in der Londoner Butler's Wharf war es ebenfalls in der Dauerausstellung zu sehen. Darüber hinaus auch im Science Museum in London und im Boijmans Museum zu Rotterdam. Außerdem hatte der *G-Force* 1989 bei der Welt-Design-Ausstellung in Nagoya, Japan, den Preis für das beste Design gewonnen.

Der *DCO2* aber gewann ständig Preise. 1995 von der Tageszeitung Daily Mail, die ihm den Ideal Home Award verlieh, gefolgt vom Preis für das beste Produktdesign von der Chartered Society of Designers. 1996 gewann das Gerät den Preis von Industrial Design America, die Auszeichnung des britischen Verbraucherverbandes für Produktdesign und die Trophäe von DBA-Marketing Week Evershed. Nicht zu vergessen die Auszeichnung des Design Council für Produktdesign und eine weitere vom Design Council für den ersten Platz auf der DBA-Marketingliste. Es folgten noch eine Nominierung für den Preis für Innovation und Design der Europäischen Gemeinschaft im gleichen Jahr, den ich schließlich Ende Januar 1997 auch noch gewann.

Abgesehen von den Preisen machte unsere Produktion gewaltige Fortschritte. Im August 1995 mussten wir unsere Fabrik in Chippenham verlassen. Sie war einfach zu klein geworden – wir konnten dort nicht mehr als 30000 Geräte pro Woche fertigen. Mein alter Hochschullehrer Tony Hunt und ein Wunderkind von Architekt namens Chris Wilkinson hatten ein phantastisches neues Fabrikgebäude für uns entworfen, aber wir expandierten so schnell, dass es schon zu klein für uns war, bevor es überhaupt gebaut wurde. So zogen wir in unsere Fabrik in Malmesbury.

Wilkinson und Hunt waren aber schon im Herbst 1996 wieder für uns im Einsatz. Sie sollten die Fabrik vergrößern und die Innenfläche von circa 8000 Quadratmetern verdreifachen. Glücklicherweise hatten wir 8 Hektar Land zur Verfügung. Wir wuchsen so schnell, dass wir uns auf Inventar im Baukastensystem verlegten. Ich wollte, dass jeder Mitarbeiter einen riesengroßen Arbeitstisch hatte – schließlich wurden die Tischplatten 3,60 Meter mal 1,20 Meter groß und boten jeweils Platz für zwei Mitarbeiter, die sich gegenüber saßen. Die Container entwarf ich aus Kästen von 60 mal 60 Zentimetern selbst. Von diesen Arbeitsplätzen hatten wir 1997 bereits 180. Unser Angestellter Derek machte praktisch nichts anderes, als Tische für neue Mitarbeiter zu bauen.

Auch andere nahmen zur Kenntnis, wie schnell wir wuchsen. 1996 benannte der Marketing Council unsere *Dyson Appliances* als eines der zehn am schnellsten expandierenden Unternehmen Großbritanniens. Unser Umsatz stieg von 3,5 Millionen Pfund im Jahr 1993 auf 85 Millionen Pfund 1996. Unsere alten Rivalen waren darüber natürlich nicht glücklich. Wir steigerten unseren wertmäßigen Anteil am Staubsaugermarkt in Großbritannien bis Februar 1997 auf 42,5 Prozent. Hoover hatte damals 13,6 Prozent, Electrolux 14,7 Prozent. Die Alteingesessenen der Branche versuchten aber immer noch, uns klein zu machen.

Als wir im Bürstsaugergeschäft wertmäßig auf Platz eins lagen, sagten die Leute von Hoover: »Aber wir verkaufen mehr Geräte.« Dann übertrafen wir sie auch darin. Das gleiche Muster gilt auch im Bereich der Bodenstaubsauger: 1997 verkauften wir 12,3 Prozent aller Bodenstaubsauger in Großbritannien und haben in diesem Marktsegment einen wertmäßigen Marktanteil von 25,2 Prozent. Insgesamt gesehen belegen wir die beiden ersten Plätze auf dem Staubsaugermarkt. Nur der *DCO1* verkauft sich noch besser als der *DCO2*.

Aber die Multis versuchten immer wieder zu tricksen. Im März 1995 behauptete Hoover in der Werbung, die Nummer eins zu sein, obwohl wir nachweislich schon mehr verkauften. Ihre Begründung: Sie hätten in den letzten zwölf Monaten mehr verkauft. Wir beschwerten uns über die Werbung, weil sie in der Aussage das Präsens benutzten. Sie hätten sagen sollen: »Wir sind die Nummer eins gewesen.« Die Aufsichtsbehörde für Werbung entschied aber trotzdem gegen uns.

Wir hatten sie in den jeweiligen Marktsegmenten nach Stückzahlen und wertmäßigem Umsatz geschlagen. Nun versuchten es die Hooveraner mit einem anderen Trick, dem Anteil ihrer Marke am gesamten Staubsaugermarkt. So konnten sie noch für eine Weile behaupten, sie verkauften mehr Staubsauger als wir. Doch 1996 nahmen wir auch diese Hürde und verkauften am Jahresende insgesamt mehr Staubsauger als sie mit all ihren Modellen zusammen. Um genau zu sein: Bis 1997 betrug der weltweite Umsatz mit Staubsaugern aus meinen Patenten insgesamt zwei Milliarden Pfund. 1996 machten allein die Geräte der Marke *Dyson* einen Umsatz von 85 Millionen Pfund.

Ach, das schnöde Geld. Darum sollte es ja eigentlich nicht gehen. Wir schlugen alle großen Hersteller, wir gewannen alle Preise, und wir produzierten, was die Menschen wirklich wollten. In gewisser Weise wurden wir zu Volkshelden, und die großen Konkurrenten fingen an, sich vor Angst ins Hemd zu machen. Die Leute von Miele zum Beispiel haben gegen fast jede unserer Zeitungsanzeigen Beschwerde eingelegt. Und alle haben unsere Farbgestaltung und die nicht patentierten Charakteristika kopiert. Electrolux zum Beispiel hat ein Modell herausgebracht, das unserem so weit ähnelt, wie nur irgend möglich ist. Hoover hat sich fast überschlagen mit Werbekampagnen.

Besonders hat mich eine Ausgabe der TV Sendung The Money Programme amüsiert. Darin wird Mike Rutter, der bei Hoover für das europäische Geschäft zuständig ist, in die Ecke gedrängt. »Wir sind seit 1919 auf dem britischen Markt«, sagte er und versuchte wie gewöhnlich, sich auf 80 Jahre alten Lorbeeren auszuruhen. »Während dieser Zeit haben wir zwölf oder dreizehn Konkurrenten wie Sternschnuppen aufsteigen und schnell wieder verschwinden sehen«, fuhr er fort. »*Dyson* gehört auch in diese Kategorie.« Dazu sage ich nur: »Huhu, Mike! Wir sind noch immer da!«

Auch der geschäftsführende Direktor von Electrolux wurde in der Sendung aufgefahren: »Unsere Tests haben gezeigt, dass an diesem Produkt nichts Neues ist. Es ist mit Sicherheit nicht besser als die Geräte von Electrolux« (das ist vermutlich auch der Grund, warum sie seitdem immer wieder versucht haben, meinen Staubsauger zu kopieren). Daraufhin erklärte der Moderator: »Eigentlich hatten wir jetzt vor, die Ergebnisse unabhängiger Tests von allen Geräten zu präsentieren. Die Firma *Dyson* war damit einverstanden. Hoover, Electrolux und Panasonic leider nicht.« Warum wohl?

Wie Hoover denn auf die Erfolge von *Dyson* reagieren wolle, fragten die Fernsehleute. Mr. Rutter erklärte, das Unternehmen wolle einen Bürstsauger in Gelb herausbringen. Und dann zog er richtig vom Leder. »Mit neuer Technologie kann man auf zweierlei Art umgehen«, sagte er. »Erstens: Man kann sie bei seinen Produkten anwenden.« Eine andere fiel mir nicht ein. Ich war wirklich neugierig. »Zweitens kann man sie im Panzerschrank verschwinden lassen und damit sichergehen, dass niemand von der Konkurrenz sie nutzt.« Wie bitte? Er fuhr fort: »Ich bereue durchaus, dass die Firma Hoover die *Dyson*-Technologie nicht hat. Wir hätten sie bis in alle Ewigkeit liegen lassen und nicht eingesetzt.« Wenn etwas typisch für die Einstellung der großen britischen Hersteller gegenüber neuer Technologie war, dann das. Man kauft sie dem Erfinder ab und lässt sie verschwinden. Notfalls kann man sie wieder hervorholen. Aber nur, wenn es gar nicht anders geht.

Jedenfalls entwickelte der *Dyson* sich langsam, aber sicher zum Mythos. Carl Gardner, der Herausgeber der Zeitschrift Design, erzählte mir einmal, jemand hätte gesagt, er wolle »einen *Dyson* machen«. Damit habe derjenige gemeint, er wolle seine Erfindung selbst entwickeln, gestalten, herstellen und vermarkten. Tony Blair nannte meine Erfindung sogar eine Inspiration für alle jungen britischen Designer. Selbst Prinz Charles sympathisierte wegen der langen Durststrecke mit mir: »Das ist eine sehr britische Geschichte«, meinte er, »die besten Ideen will niemand zur Kenntnis nehmen.«

Die britische Presse scheint meine beiden Staubsauger besonders faszinierend zu finden. Das beste Beispiel – oder wenigstens das witzigste – stammt aus der Rubrik »Ratgeber« der Zeitschrift The Spectator vom 24. Februar 1996:

Eulen nach Athen?

»Wie kann ich meine Dinner-Partys lebhafter machen? Ich bin immer total nervös, wenn ich Gäste habe, und ich weiß nicht, worüber ich mit ihnen reden soll.«

Antwort: »Warum bringen Sie ihre Gäste nicht bei der Ankunft damit in Stimmung, dass Sie einen *Dyson*-Staubsauger vorführen? Erstaunlich wenige Briten haben mit diesem Supersauger Erfahrungen sammeln können. Die Menschen sind aber immer wieder hocherfreut, wenn sie Zeuge davon werden, wie dieses versoffene Zyklonengerät Berge von Ausscheidungen verschlingt und sie dann in seinem durchsichtigen Behälter vorführt. Eine solche Demonstration wird jede Party in Schwung bringen. Die Gäste können sich anschließend darauf freuen, dass sie für den Rest ihres Lebens – oder zumindest bis sie es langweilig finden – ein Gerät von *Dyson* in ihrem eigenen Heim benutzen können. Damit können sie den eigenen Müll in überaus befriedigender Weise entsorgen.«

Beim Erfolg meiner Staubsauger sticht eine Tatsache besonders hervor. Es ist ein schmerzhaftes Paradoxon, dass man gegen eine Wand von Nationalismus anrennt, wenn man außerhalb Großbritanniens ein britisches Produkt verkaufen will. Die Deutschen, die Japaner und die Amerikaner trauen ausländischen Herstellern einfach nicht. Sie kaufen lieber Waren aus dem eigenen Land. In Großbritannien aber ist die Reaktion genau umgekehrt.

Niemand will bei uns Produkte aus dem eigenen Land kaufen. Okay – solange es um Bier, Whisky oder Käse geht, bekommen die Leute Tränen in den Augen. Aber versuchen Sie mal, ihnen britische Technologie zu verkaufen! Dann schreien alle nach den deutschen, japanischen oder amerikanischen Produkten! Die Briten haben als Hersteller technischer Geräte überall den gleichen schlechten Ruf. Aber ich habe Anfang 1995 bewiesen, dass es auch anders geht.

Den Herstellern meines *G-Force* in Japan hatte ich aus reiner Höflichkeit eine Broschüre geschickt, als der *DC02* auf den Markt kam. Ich wusste, dass die Japaner Bodenstaubsauger bevorzugen, und dachte, es würde sie vielleicht interessieren. Kaum geschehen, marschierte eine Delegation von zwölf Personen bei mir in der Fabrik auf. Ich konnte nur annehmen, dass sie auf die technischen Zeichnungen scharf waren.

Laut Lizenzvereinbarung waren sie berechtigt, ihre eigene Version des *DC02* zu bauen. Ich hatte sogar schon Kopien von den Zeichnungen machen lassen. Doch dann überraschten sie mich mehr als in all den Jahren zuvor, in denen ich ihre Marotten genossen hatte. »Wir wollen *DC02* kaufen«, sagten sie. »Kaufen?« – »Ja. Sie bauen. Wir importieren.« Das war alles. Der härteste Markt der Welt tat sich einfach so vor mir auf. Er platzte auf wie das Gehäuse eines Sebo-Staubsaugers unter einem Hammerschlag.

Es gab einige kleine Verzögerungen, die durch ihren fanatischen Perfektionismus entstanden. Darin waren sie mir immer noch um Lichtjahre voraus. An jenem Tag nahmen sie einige Vorführmodelle mit und beschwerten sich wenig später über Fingerabdrücke auf den Teilen. So etwas erkennen Japaner aus tausend Metern Entfernung, während wir es nicht einmal unter einem Mikroskop sehen. Daraufhin führten wir eine neue Firmenstrategie ein. Jedes Teil, das angeliefert wurde, mussten die Mitarbeiter erst einmal gründlich polieren. In der Fabrik wurden von nun an weiße Handschuhe getragen, und alles wurde in Plastiktüten verpackt.

Ich habe noch nie einen Japaner gesehen, der bei sich zu Hause ein neues Haushaltsgerät auspackt. Ich vermute aber, dass sie als Erstes weiße Handschuhe anziehen und dann die Maschine aus der Verpackung nehmen, wie eine Hebamme ein Baby holt. Ich vermute, sie legen das Gerät auf einen Tisch mit weißem Tischtuch und nehmen es eine Zeit lang genau unter

1 Eulen nach Athen?

die Lupe. Dann legen sie die Hände auf die Hüften und sagen: »Aaah, keine Fingerabdrücke.« Wie sonst hätten sie wissen können, dass die Fingerabdrücke auf den ersten Geräten unsere gewesen waren.

Nachdem dieses Problem gelöst war, gab es kein Halten mehr für die Japaner. Sie gaben meinem Gerät einen neuen Namen: »*Mr. J.*«, das war natürlich sehr schmeichelhaft für mich. Meine kleine Broschüre wurde ins Japanische übersetzt, und sie verpflichteten sich, 200000 Staubsauger pro Jahr abzunehmen. Das Geschäft brachte ungefähr 30 Millionen Pfund pro Jahr ein.

Ursprünglich hatten sich meine Geschäftspartner vorgestellt, das Modell *Mr. J.* etwas kleiner zu gestalten als den *DC02*, weil Japaner kleine Geräte mögen. Sie hatten zwei verschiedene Modelle im Sinn. Aber bald entschlossen sie sich, das Ding so zu nehmen, wie es war. Im Juli 1995 verschifften wir die ersten Geräte. Soweit ich weiß, waren wir die ersten britischen Hersteller, die elektrische Geräte nach Japan exportierten, und wir machen das noch immer. Die Japaner waren es gewesen, die als Einzige in mich investierten. Nun wurden sie die ersten Kunden von *Dyson Appliances* in Übersee.

Fast tausend Jahre hatte es gedauert, bis Malmesbury bezüglich technologischer Entwicklungen wieder ins Rampenlicht rückte. Zuletzt war das im Jahr 1006 der Fall gewesen. Ein Benediktinermönch hatte damals Flügel auf seinen Rücken geschnallt, war vom Turm der Abtei gesprungen und das erste Luftfahrtopfer geworden, das den Weg in die Annalen fand. Irgendwie ist es schon merkwürdig, dass ausgerechnet in diesem mittelalterlichen Städtchen in der Grafschaft Wiltshire der Mythos von der Unzulänglichkeit britischer Elektrogeräte zerstört wurde und nun gigantische Mengen von Staubsaugern ausgerechnet ins Mutterland der Elektrogeräte geliefert werden.

Die Tatsache, dass wir nun nach Japan exportierten, machte uns noch zuversichtlicher. Ich vermutete, dass ich einen Anteil von etwa 20 bis 30 Prozent am gesamten Staubsaugermarkt in Großbritannien übernehmen konnte. Rund um den Erdball unterscheiden sich die Geräte und Bedürfnisse kaum. Daher gab es keinen Grund, warum wir in anderen Ländern nicht ebenso erfolgreich sein sollten. Mal von allem anderen abgesehen: Irgendwie war es auch unsere moralische Verpflichtung als Briten, das Bild von der britischen Industrie zu korrigieren.

Aber ich wollte nicht einfach nur exportieren. Wir hatten Großbritannien dadurch erobert, dass wir anders waren und unser Geschäft anders führten als alle anderen. Das Gleiche galt, wollten wir im Ausland erfolgreich sein. Wir benötigten erst einmal ein gutes Vertriebsnetz, was auch von Vorteil war, wenn wir weitere Produkte herausbringen würden.

Also mussten wir in jedem Land, für das wir uns entschieden, eine Tochterfirma aufbauen. So konnten wir unsere eigene Firmenphilosophie ebenfalls exportieren. Der Nachteil war, dass dies Zeit und Geld kostete. Wir konnten auch nicht mit jedem x-beliebigen Unternehmen zusammenarbeiten, sondern nur mit solchen, die die Philosophie von *Dyson* verstanden und danach handelten.

Mein erster Gedanke war Frankreich. Es liegt Großbritannien quasi gegenüber, und ich besaß dort ein kleines Bauernhaus, das ich mit dem ersten Geld aus dem Verkauf des *Dual Cyclone* erstanden hatte. Die Franzosen legen Wert auf Stil und wissen gutes Design zu schätzen – siehe Eiffelturm, Citroën und Concorde. Der Markt ist zwar nicht so groß wie der deutsche, aber immerhin so groß wie der britische. So begann ich mit den ersten zaghaften Vorbereitungen für die Eroberung Frankreichs.

Zu diesem Zeitpunkt aber, Anfang 1996, bekam ich einen Anruf von Ross Cameron. Cameron hatte meinen Deal mit Johnson Wax für die Reinigungsindustrie in Amerika eingefädelt, war aber Australier. Bei Johnson Wax war er inzwischen weltweit für die Technologie zuständig, und er teilte mir mit, dass sein Unternehmen die Produktion von Staubsaugern einstellen würde. Also würden unsere Geschäftsbeziehungen enden.

Er selbst bedauere sehr, dass Johnson Wax im Staubsaugergeschäft nicht mehr mitmischen wolle. Die Geräte seien für ihn so etwas wie seine erste Liebe. Er habe auch keine Lust mehr, ständig geschäftlich um den Erdball zu fliegen. Ich hatte sofort die richtige Lösung parat: »Warum bauen Sie nicht *Dyson Australia* auf?«, fragte ich. Ein paar Tage später rief Ross wieder an und sagte nur: »Okay.« Er ist so ein Typ. Er verließ Johnson Wax wenige Tage später und gründete im März 1996 *Dyson Australia*.

Ross war genau das, was wir für unser Unternehmen brauchten, ein hartnäckiger, starrköpfiger Macher. Als ich ihn kennen lernte, war er gerade dabei, sich am unteren Ende eines sehr steilen Abhanges ein Haus bauen zu lassen. Die Bauarbeiter weigerten sich, die Steine dort hinunterzubringen, das sei zu schwierig und zu gefährlich. Ross fackelte nicht lange und schleppte mit seinen zwei jungen Söhnen jeden einzelnen Ziegelstein selbst den Hang hinunter. Mit den Händen, jeden Morgen, bevor er bei Johnson Wax zur Arbeit antrat. Ein Macher eben.

Da er für den Autohersteller British Leyland Australia gearbeitet hatte, verfügte er über gute technische Kenntnisse.

Ich traf genau die richtige Wahl, Ross war einmalig. Ein Jahr später funktionierte das Marketing- und Vertriebsnetz von *Dyson Australia* wunderbar. Ross hatte vier oder fünf Mitarbeiter für den Verkauf, und selbst am Wochenende war er an seinem Privatstrand in einem Vorort von Sydney über das Mobiltelefon erreichbar. Bereits nach einem Jahr ging der *Dual Cyclone* in Australien weg wie warme Semmeln.

In Frankreich lief das Geschäft etwas langsamer an – wie das in Frankreich eben so ist. Zu Anfang verkaufte ich direkt an Einzelhändler. Die Ketten Darty und Boulangère wurden sehr schnell Kunden. Was nur wieder zeigt, dass Wandel und revolutionäre Technologie in anderen Ländern viel schneller aufgegriffen werden als in Großbritannien. Bald verkaufte auch der Conran Shop in Paris das Gerät. Das war für unsere PR sehr nützlich, denn die Zeitschrift Elle Décoration sucht dort häufig Inspirationen. Auch das Kaufhaus Galeries Lafayette wurde unser Kunde. Zu Beginn wickelte ich das Geschäft mit Frankreich noch direkt aus Malmesbury ab.

Was bleibt noch zu erwähnen? Der *Dyson* hat Großbritannien fast völlig erobert. Japan ist auch auf den Zug gesprungen, Australien ist auf dem Vormarsch. Von Frankreich aus hat die Invasion Europas begonnen. Und Nordamerika haben wir mit unserer Technologie einnehmen können, müssen sie aber nicht selbst verkaufen. Und ich brauchte mein Dasein nicht in Flugzeugen über dem Atlantik zu fristen. Iona, die ihren Firmennamen sogar in Fantom Technologies geändert hatten, deckte auch den letzten Winkel Amerikas ab. Aber, wie wir schon bald sehen sollten, nichts währt ewig.

Fünftes Buch:
Die Zukunft
beginnt heute

Eine neue Geschäftsphilosophie

Sooft ich nach meiner Designphilosophie gefragt werde, so oft werde ich dabei auch nach meiner Geschäftsphilosophie ausgehorcht. Viele sehen den großen finanziellen Erfolg des Produkts und wollen wissen, wie ich das gemacht habe. Er ist nicht nur durch den qualitativen Unterschied des Staubsaugers begründet. Es ist schwierig, aus der täglichen Arbeit und den Abläufen in einem Unternehmen eine Geschäftsphilosophie zu destillieren. Denn man weiß nie genau, wie man etwas macht, man tut es einfach. Nach der Philosophie zu fragen ist etwa so, als fragte man ein Pferd danach, wie es geht. Ich werde daher beschreiben, was wir anders als andere Unternehmen machen. Daraus können die Leser vielleicht selbst unsere Philosophie erkennen.

Jeder baut am ersten Arbeitstag einen Staubsauger

Dies trifft auf alle Mitarbeiter zu, von der Putzhilfe bis zum Aufsichtsratsmitglied wie dem früheren Handelsminister Richard Needham, der 1995 als Berater für den Export zu uns stieß. Das macht nicht nur Spaß, es unterstreicht auch meine Überzeugung, dass jeder jede Aufgabe lösen kann. Außerdem stellt es sicher, dass jeder im Unternehmen weiß, wie ein Staubsauger zusammengesetzt wird, wie er funktioniert und warum er aufgrund seines Designs besser ist.

Jeder Mitarbeiter nimmt seinen selbst gebauten Staubsauger mit nach Hause und benutzt ihn. Dadurch kann jeder sehen, dass das Gerät auch gut für die Umwelt ist und erkennt die raison d'être des Unternehmens. Wer seinen Staubsauger behalten will, muss allerdings 20 Pfund bezahlen. Auch das sollte nämlich jeder wissen: Nichts gibt es umsonst! Alle Mitarbeiter sollen jedenfalls das gesamte Produkt verstehen, auch wenn sie nur an einem Teil davon arbeiten mögen. Das ist auch das Kernstück des nächsten Punktes der Geschäftsphilosophie:

Ein ganzheitliches Verständnis von Design
Als wir 1995 in das neue Fabrikgebäude in Malmesbury zogen, gaben wir dem aufstrebenden Architekten Chris Wilkinson den Auftrag, im und am Fabrikgebäude Veränderungen vorzunehmen. Dazu gehörten kecke Markisen aus Stahlrohr und Blech als Schattenspender für die Büros.

Meine Frau Deirdre entwarf ein Farbschema aus Flieder, Lavendel und Violett für die Innendekoration, und wir bauten High-Tech-Schreibtische, wie ich sie bereits beschrieben habe. Wir kauften darüber hinaus Vitra-Bürostühle für jeden Angestellten. Sie sind von Antonio Citterio gestaltet worden und kosten 400 Pfund pro Stück. Die Stühle sind schließlich die wichtigsten Möbel in jedem Büro. Und bei *Dyson* sorgen wir auch gut für den Allerwertesten der Mitarbeiter.

Wir haben Großraumbüros, damit unsere Mitarbeiter leicht miteinander kommunizieren können, was gut für den Teamgeist ist. Die Grafiker und Techniker sitzen im geographischen Zentrum des Großraumbüros. Das spiegelt die Tatsache wider, dass Ingenieurskunst und Design das Kernstück der Firma sind. Es gibt zwischen den einzelnen Abteilungen aber keine Mauern, Zäune, Wassergräben oder Minenfelder. Es herrscht totale Bewegungs- und Meinungsfreiheit.

Ich hoffe, auf diese Weise bei allen Mitarbeitern das Bewusstsein für Design zu wecken. Sie sollen ermuntert werden, selbst kreative Beiträge zu liefern.

Ingenieurswesen und Design werden nicht getrennt

Designer nehmen an der Entwicklung der Produkte teil, Ingenieure leisten Beiträge zur visuellen Konzeption. In anderen Unternehmen gestalten Designer nur das Aussehen eines Produkts. Vielleicht gestalten sie gelegentlich sogar mal ein einzelnes Teil. Die Ingenieure gestalten die Technik des jeweiligen Produkts. Testingenieure testen das Produkt, Modellbauer bauen die Modelle, Maschinisten bringen sie zum Laufen. Bei *Dyson* gibt es keine Trennung dieser Disziplinen. Bei uns macht jeder Mitarbeiter einer Abteilung alles. So verstehen alle, was sie tun und welche Auswirkungen das hat. Es besteht absolute kreative Freiheit. Und das geht noch weiter.

Jeder kann kreativ und sachkundig sein

Zumindest sollte jeder das Gefühl haben, zu kreativen Beiträgen ermutigt zu werden. In der Praxis kommen natürlich die meisten Ideen aus der Abteilung, die sich mit der Sache beschäftigt, manchmal aber eben auch von anderen. Die Idee, die Telefonnummer unserer Hotline auf den Griff der Geräte zu drucken, kam zum Beispiel von Jackie aus der Serviceabteilung. Als es Probleme mit den Dichtungen eines Motors gab, hatte Pete, ein weiterer Mitarbeiter aus der Serviceabteilung, eine Idee. Wenn man die Schrauben wie bei einem Zylinderkopf anordnet und nacheinander anzieht, funktioniert die Dichtung hundert Prozent.

Keine Memos – niemals

Rundschreiben sind vor allem eine Methode, den schwarzen Peter an jemand anderen weiterzugeben. Man drückt sich vor einem Problem und delegiert Verantwortung. Zweitens erzeugen Memos weitere Memos, Memos, die auf die Memos Bezug nehmen, die auf die Memos Bezug nehmen, und so geht das ewig weiter. Drittens, und das ist das Wichtigste: Niemand liest sie.

Fortschritt entsteht durch Dialog und Auseinandersetzung. Spricht man mit Menschen, hören sie zu. Durch Monologe werden sie nur monomanisch. Memos sind Schund, hirnlos, und man verliert sie nur. Mir ist es lieber, wenn meine Mitarbeiter weniger arbeiten, dafür aber besser. Ein Rundschreiben ist zwar schneller als ein Dialog, führt aber auch viel leichter zu Missverständnissen.

Übrigens, Mitteilungen über Computer sind das Letzte und E-Mails sind das Allerletzte. Ich mache mir noch nicht einmal die Mühe, sie zu lesen. Ich denke darüber nach, ob ich sie in meiner Firma nicht verbieten soll.

Niemand trägt Anzüge oder Krawatten

Jedes Unternehmen braucht ein Image. Je kleiner und weniger etabliert die Firma ist, desto wichtiger ist das Image. Mir geht es dabei nicht um etwas Nebulöses und nicht Greifbares wie etwa den Ruf, besonders skrupellos, charmant oder effektiv zu sein. Ich spreche von einem sichtbaren, konkreten Bild, das die Besucher sich einprägen und mitnehmen können. Dieses Bild des Unternehmens, die Philosophie des Unternehmens, soll sich bei den Menschen einprägen, noch bevor sie wissen, was man ihnen verkaufen will, ein einfaches Motiv.

Bei uns werden eben keine Anzüge getragen. Vielleicht messe ich diesem Umstand mehr Bedeutung zu, als angemessen ist. Es sollte auch nicht zum Zwang werden, denn dann wäre diese Praxis auch eine Art Uniformierung, und die wollen wir ja gerade vermeiden.

Das grundlegende Prinzip lautet: Ich will nicht, dass meine Angestellten wie Geschäftsleute denken. Ich will nicht, dass sie mit mir oder jemand anderem an einem Tisch sitzen und den gleichen Mist von sich geben, den man von einem Geschäftsmann erwarten kann. Sobald sie wie Geschäftsleute denken, werden sie nämlich glauben, dass es in unserem Unternehmen vor allem um Geld geht. Genau das aber ist nicht der Fall. Ich will mit Geschäftsleuten überhaupt nichts zu tun haben, denn sie sind Schreibtischtäter, die die Kreativität unterdrücken.

Ich trage die Kleidung, die mir gefällt, da gibt es nichts zu diskutieren, und das scheint mir auch der beste Weg, meine Angestellten davon abzuhalten, Anzüge zu tragen. Dies ist meine Art, ihnen meine tief sitzende Überzeugung vom Anderssein um des Andersseins willen weiterzugeben.

Ein Mann in Jeans und T-Shirt kann sich nicht hinter einer Fassade verstecken. Er ist bezüglich der Kleidung nicht zur Konformität gezwungen und wird sich auch sonst nicht genötigt fühlen, sich zu verstecken. Daher wird er sich tendenziell auch weniger anbiedern, sondern seine Meinung sagen. Mit Jasagern können wir nichts anfangen. Wir wollen, dass unsere Mitarbeiter radikal denken und dementsprechend reden.

Eine Nebenwirkung ist natürlich, dass Menschen sofort erkennen, welche Art von Firmenkultur wir haben, was das Image des Unternehmens prägt. Für mich persönlich ist die Tatsache, dass ich keine Anzüge und Krawatten trage, geradezu symbolisch. Es drückt visuell aus, dass ich anders bin. Ich verstecke mich nicht, ich bin immer authentisch.

Für mich wurde die Vorstellung, keine Anzüge mehr zu tragen, Mitte der achtziger Jahre fast zur Zwangsvorstellung. Den Floh hatte mir eine Freundin namens Diane Bauer ins Ohr gesetzt. Auf dem Weg zu einem Geschäftstreffen erwähnte ich, dass ich Anzüge hasste. Sie schaute mich verblüfft an und sagte: »Dann trag doch keine.«

Das setzte ich während eines Treffens mit dem Management der Firma Millikan um. Das war damals die größte amerikanische Firma in Privatbesitz. Ich musste einer Gruppe von 24 Managern einen Vortrag halten. Unter Geschäftsleuten der amerikanischen Ostküste wurde man damals schlichtweg nicht ernst genommen, wenn man keinen Anzug nebst unaufdringlicher Krawatte trug.

Ich aber marschierte ohne Anzug in den Konferenzraum. Mehr noch: Ich zog mein Jackett aus, warf es auf den Boden und erklärte den Herren, das Tragen von Krawatten schränke die Bewegungsfreiheit des Kehlkopfs ein, und setzte noch einen drauf: »Das führt in fortgeschrittenem Alter nachweislich zu beschleunigter Taubheit.« Vierundzwanzig der mächtigsten Männer Amerikas zogen ihre Jacketts aus, nahmen ihre Krawatte ab und entspannten sich. Die Amerikaner sind schon komisch. Wenn sie zum Beispiel am Samstag ins Büro gehen, tragen sie ausnahmslos Jeans, Turnschuhe und scheußliche Holzfällerhemden. Im Grunde ist das auch eine Uniform. Genauso seelenlos und beengend wie ein Anzug. Vor allem für die Kreativität.

Einmal habe ich eine sehr merkwürdige Geschichte über ein Unternehmen und die Kleiderordnung gelesen. Ich glaube sogar, es war IBM. Die Firma verteilte an alle Mitarbeiter T-Shirts mit dem Firmenlogo. Die Angestellten waren hin und her gerissen zwischen ihrer Loyalität zum Unternehmen und der Dankbarkeit gegenüber dem großzügigen Vorstandsvorsitzenden, der die T-Shirts verteilen lassen hatte. Die Mitarbeiter wollten zwar nicht zu leger aussehen, dennoch zogen sie die T-Shirts an – über Anzug oder Kostüm!

Vielleicht messe ich alldem wirklich zu viel Bedeutung bei. Man weiß ja nie genau, warum sich Menschen so verhalten, wie sie es nun mal tun. Aber mir scheint es eben so, dass Uniformen nur Konformität, Zucht und Ordnung fördern. An Einrichtungen wie der Armee und den Gefängnissen kann man das sehr gut erkennen. Mag sein, dass Uniformen in dieser Hinsicht nützlich sind, aber ich bereite mich nicht auf einen Krieg vor.

Bezüglich der Abneigung gegen Anzüge bin ich aber nicht völlig verbohrt. Den einen oder anderen Nonkonformisten gibt es schon. Gewöhnlich kommen neue Angestellte aus reiner Gewohnheit mit Anzug und Krawatte zur Arbeit. Aber nach sechs bis acht Wochen verschwinden sie dann. Die Anzüge und Krawatten, nicht die Mitarbeiter.

Ein Anzug ist im Grunde wie die Lederkleidung eines Motorradfahrers oder die feuerfeste Kleidung eines Feuerwehrmannes, er dient nur dem Schutz. Die Menschen ziehen ihn an, weil man dann aussieht, als sei man ein seriöser Mitarbeiter, zuverlässig und habe einen klaren Kopf. Wenn man so aussieht, nehmen andere Menschen an, dass man es auch ist, und dann kommt man selbst bei völliger Unfähigkeit noch durch.

Kommen Sie aber zu Vorstandsbesprechungen in Unterhosen, müssen Sie schon verdammt gut sein, um Erfolg zu haben.

Mir ist es jedenfalls lieber, wenn meine Angestellten durch ihre Fähigkeiten glänzen und nicht durch ihre Kleidung. Aus diesem Grund stelle ich Hochschulabgänger ein, die noch keine Berufserfahrung haben. Ich will Freidenker mit revolutionären Ideen, die eine Firma weiterbringen können.

Ich selbst trage aus dem gleichen Grund keinen Anzug. Ich will, dass die Menschen mich nach anderen Gesichtspunkten beurteilen als nach den Dingen, die ich anziehe, um nicht zu frieren. Das Ganze ist inzwischen eine regelrechte Kultur des Nonkonformismus geworden.

Wer unsere Firma besucht hat, denkt auf dem Heimweg daran, wie entspannt und wie anders wir sind. Im Zug nach Hause knöpfen solche Besucher dann die Weste ihres Zweireihers aus grünem Chintz auf, ziehen vorsichtig die Hosenbeine hoch, damit sie am Knie nicht ausbeulen, und sagen sich: »Na, das war doch mal ein erfrischend anderes Unternehmen.«

Ich will aber nicht verschweigen, dass ich einst selbst im Anzug zur Arbeit ging, am Tag, als Prinz Charles unsere Fabrik besichtigte. Sie sollten jetzt aber keine vorschnellen Schlüsse ziehen. Ich tat es nicht, weil ich etwa ein unterwürfiger Royalist wäre. Meine Frau Deirdre bestand vielmehr darauf, dass ich mich in Schale warf – damit Seine königliche Hoheit sich nicht so fehl am Platze fühlen müsse.

Keine Firmenkantine – sondern ein Café
Wir arbeiten in der Fabrik in zwei Schichten, von 10 Uhr bis 19 Uhr gibt es immer Mitarbeiter, die gerade Pause machen. In der näheren Umgebung gibt es keine Restaurants, also haben wir unser eigenes. Wir wollten einen Treffpunkt haben, an dem sich die Angestellten in zwangloser Atmosphäre gegenseitig besser kennen lernen können. Ich könnte eine Kantine und alles, was nach Massenverpflegung aussieht, nicht ertragen. Ich wollte etwas mit einem Touch von Conran und – soweit das im Süden Englands überhaupt möglich ist – frische italienische Küche.

Ich bin auch nicht der Typ fettbäuchiger Geschäftsmann, der sich täglich in seiner Limousine zu einem vierstündigen Mittagessen mit Rindersteak und Rotwein fahren lässt – um dann zurückzukehren und den Nachmittag mit Rülpsen und Furzen zu verbringen. Ich esse wie jeder andere auf dem Fabrikgelände, deshalb wollte ich eine freundliche, gebildete Dame, die Salate und Nudeln anrichtet.

Wie der Zufall es wollte, gab es in Malmesbury einen Antiquitätenladen, der gleichzeitig ein Delikatessengeschäft war. Was ihr Mittagessen betraf, fuhr meine Sekretärin Judith Hughes völlig auf diesen Laden ab. Ich hatte übrigens schon immer vermutet, dass Antiquitätenhändler Feinschmecker sind. Wer in Bezug auf Kunstobjekte Geschmack beweist, weiß meistens auch gutes Essen zu schätzen. Dieser merkwürdige Antiquitäten-Feinkostladen lieferte die Idee für unser Café: ein Restaurant, das von Antiquitätenhändlern geführt wird. Eine Dame namens Jane, die mit Leinen und Bettwäsche handelte, übernahm die Leitung und heuerte noch weitere Antiquitätenliebhaber an. Gute frische Rohkost wurde gleich um die Ecke angebaut. Tiefkühlkost kommt nicht auf den Tisch.

Unsere Mitarbeiter waren keinesfalls erfreut. Sie wollten Eier und Speck, Pasteten und Pommes, Bratwürste und Pommes. Was sie nicht wollten, waren Fusilli-Nudeln mit Pesto, Auberginengratin, Chicoree, Kirschtomaten, Fenchel, gedünsteten Fisch, Schnecken, Kiwis, Orangensuppe und Fruchtsalate. Die Ablehnung war aber von kurzer Dauer: Schon nach ein paar Tagen verkaufte Jane 450 Mittagessen an begeisterte Mitarbeiter. Die gingen nicht mehr voll gestopft an die Arbeit zurück und wurden nicht mehr von Cholesterin tyrannisiert. Ihre Haut strahlte Gesundheit aus, und bald hatten sie sportliche Figuren wie die Bademeister von Baywatch. Falls Sie je nach Malmesbury kommen – ich empfehle Ihnen das Reisgericht mit Fisch und Eiern.

Angestellte sollen dazu ermutigt werden, grundsätzlich anders zu sein.

Dies ist Teil meiner »Kampagne gegen Brillanz«. Menschen müssen nicht brillant sein und groß herauskommen. Nur sehr wenige Menschen sind wirklich brillant, und diese verplempern meistens auch nur ihre Zeit und werden absolut überbewertet. Man muss nicht brillant sein, um ein Problem lösen zu können. Es funktioniert ebenso gut, wenn man unkonventionell und hartnäckig ist. Wer nicht unkonventionell ist, sollte sich ganz bewusst dumm stellen, um nicht in vorgegebenen Bahnen denken zu müssen – da draußen gibt es nämlich mindestens fünf Millionen Menschen, die das schon tun.

Denken Sie unlogisch. Dann werden die Menschen zwar die Hälfte der Zeit über Sie lachen, aber die andere Hälfte der Zeit werden Sie auch sehr interessante Ideen haben. Seien Sie ein wenig verrückt und rütteln die Leute wach. Wir alle können das gebrauchen.

Methodisch gesehen macht das Sinn. Um einen Ausspruch von Sherlock Holmes etwas abzuwandeln: Wenn man das Logische ausgeschlossen hat, muss das, was übrig bleibt, die Lösung sein – ganz gleich, wie unlogisch es sein mag. Also warum nicht sofort damit beginnen? Vermutlich halte ich das aber nur für richtig, weil ich mir nie die Mühe mache, etwas bis zum Ende logisch zu durchdenken. Jedenfalls versuchen wir bei allen Mitarbeitern den Sinn dafür zu wecken, anders zu sein. Um es noch einmal zu betonen: Wir wollen nicht, dass sie sich benehmen wie Geschäftsleute. Sie sollen sich wie normale Menschen benehmen und den Kunden wie einen Freund behandeln.

Auch nach dem Verkauf Verantwortung für das Produkt übernehmen

Ein Kunde hat das Recht, jederzeit die Nummer der Hotline auf dem Griff des Geräts anzurufen. Hat der *Dyson* noch Garantie, wird bis zum nächsten Morgen – falls notwendig – ein fabrikneues Gerät geliefert. Kostenlos. Sobald die Garantie abgelaufen ist, hat der Kunde immer noch das Recht, die Hotline anzurufen und den Staubsauger reparieren zu lassen. Wir lassen ihn per Kurier sofort abholen und wieder abliefern.

Wir setzen auch keine Techniker für den Service ein, die auftauchen, wann es ihnen beliebt, erst mal nach einer Tasse Tee fragen, sich am Hintern kratzen und sagen: »Sie brauchen einen neuen Staubsauger, dieser ist hinüber.« Es mag sich so anhören, als ob unsere Art von Service teuer wäre. Aber die Verbraucher wollen nicht nur echte Innovationen, sondern auch guten Service. Wenn den Leuten klar wird, dass wir ihnen sofort ein neues Gerät schicken, sind sie ausgesprochen dankbar. Zuerst sind sie immer stinkwütend, wenn sie anrufen. Irgendetwas funktioniert nicht, und ihr Gerät war schließlich sehr teuer. Später sind sie aber immer ganz glückselig, weil sie einen neuen Staubsauger bekommen.

Hochschulabgänger ohne Berufserfahrung einstellen

Der Grund dafür ist, dass sie noch nicht verbogen und verdorben sind. Sie sind noch nie in einen Anzug gezwungen worden. Sie sind noch nicht in das Gedankenkorsett einer Firma gesteckt worden, bei der es nur um kurzfristigen Profit und Vorruhestand geht. Wir machen alles anders als andere Unternehmen, und es ist einfacher, Hochschulabgängern diesen Weg nahe zu bringen. Wir bringen sie dazu, etabliertes Gedankengut in Frage zu stellen. Es ist wesentlich schwieriger, jemanden mit Berufserfahrung umzuerziehen. Zwar fehlt es unseren Mitarbeitern manchmal an Fachwissen, aber wir haben inzwischen einen Kader von talentierten und erfahrenen Managern, die das ausgleichen. Wir haben eine besonders gute Mischung aus Energie und Intelligenz – und genau das macht *Dyson* so stark.

Ursprünglich hatte ich Hochschulabgänger angeheuert, weil ich zu schätzen wusste, was Jeremy Fry einst für mich getan hatte. Er hatte mir schließlich einen Job gegeben, als ich noch Student war. Sobald ich mein Examen gemacht hatte, gab er mir mit dem *Sea-Truck*-Projekt völlig freien Spielraum. Er vertraute mir von Anfang an die Geschäftsführung an. Ich hatte es genossen, nach dem Prinzip »Learning by Doing« vorzugehen, statt von Vorgesetzten belehrt zu werden. Es hatte mir das Gefühl gegeben, ein Pionier zu sein, und ich hatte davon sehr profitiert.

Ich hatte daher Absolventen des Royal College of Art eingestellt, als ich die Firma *Prototypes Ltd.* gründete, um den Staubsauger zu entwickeln. Inzwischen arbeiten in Malmesbury etwa zwanzig Absolventen der Kunsthochschule. Es ist mir nie der Gedanke gekommen, dass sie versagen könnten, was sie auch nie getan haben.

Als ich *Dyson Appliances* aufbaute, stellte ich Hochschulabgänger für die Abteilungen Grafik, Marketing, Produktion, Werkzeugbau und Export ein. Ihre Begeisterung und ihre Intelligenz, ihr Erfindergeist und ihre Ideen sind bei diesem Abenteuer meine schönste Belohnung gewesen. Inzwischen sind unsere Mitarbeiter freilich schon alte Hasen, ihr Durchschnittsalter liegt bei 25 Jahren.

Die Konkurrenten versuchen oft, unseren Erfolg klein zu reden, und sagen, wir würden uns nur gut vermarkten. Nun, unser gesamtes Marketing ist von Rebecca Trentham aus dem Stand heraus konzipiert worden. Sie hat in Oxford Sprachen studiert und fing gleich nach dem Examen bei uns an. Sämtliche Produkte sind von Berufsanfängern entwickelt und gestaltet worden, die gerade erst die Hochschule verlassen hatten.

Die Atmosphäre, die diese jungen Leute verbreiten, während sie selbst das Geschäft erlernen, hätten wir niemals gehabt, wenn wir alte Haudegen angeheuert hätten. Nicht vergessen sollte man auch, dass es billiger ist, junge Arbeitslose einzustellen, als die meisten anderen Arbeitskräfte. Das ist in der Anfangsphase eines Unternehmens, wenn das Geld knapp ist, sehr hilfreich. Ihr Gehalt steigt aber schnell – wenn auch nicht so schnell, wie sie es vielleicht gern hätten.

Die Mitarbeiter als ebenbürtig behandeln

Gewöhnlich spreche ich während eines Arbeitstages mit fast allen Mitarbeitern. Einmal im Monat spreche ich sie zusammen an. Da wir extrem schnell expandiert haben, halte ich der Frühschicht um 13.45 Uhr einen Vortrag, der Spätschicht um 14.05 Uhr und den Büroangestellten um 17.00 Uhr. Meistens spreche ich etwa zehn Minuten. Ich rede über alles Mögliche – von Marketingfragen über die Aktivitäten unserer Konkurrenz und das internationale Geschäft bis zu Änderungen im Management und den Erwerb von Immobilien.

Als wir uns zum Beispiel für die Ein-Mann-Expedition von Sir Ranulph Fiennes in die Antarktis engagierten, stellte ich ihn allen Mitarbeitern vor, und er hielt ihnen einen Vortrag. Das war sicher mal eine angenehme Abwechslung zu meinem Gequassel.

Wir sprechen auch andere Dinge an wie die Kantine – oder besser das Café –, Schichtänderungen und Rentenfragen. Ich vermute, dass alle guten Unternehmen das machen. Im Anschluss an meinen Vortrag können die Mitarbeiter Fragen stellen. Wir haben aber auch Arbeitskreise, die für etwas schüchterne Angestellte sicher ein geeigneteres Forum sind. Darüber hinaus gibt es einen Briefkasten, in den jeder Vorschläge und Ideen einwerfen kann. Jeder Brief wird von mir persönlich beantwortet.

Ich verbringe auch viel Zeit damit, in der Fabrik herumzuwandern. Es wäre aber ein Fehler, sich der Illusion hinzugeben, dies allein würde schon Kommunikation bedeuten. Denn meist sind es immer dieselben Menschen, die auf mich zukommen und ihre Meinung äußern.

Der Vorteil, wenn man regelmäßig Versammlungen organisiert und Reden hält: Man nimmt sich gezielt Zeit, um wichtige geschäftliche Dinge mitzuteilen oder soziale Belange zu klären. Man spricht auf gleicher Augenhöhe mit ihnen und kann immer spüren, wie es aufgenommen wird. Manchmal ist die Atmosphäre sehr positiv und fröhlich, wenn die Nachrichten nicht so gut sind, ist sie eher angespannt.

Die Versammlungen sind auch eine gute Gelegenheit, um unsere Philosophie in die Tat umzusetzen. Ich denke, man kann es schon Philosophie nennen und nicht einfach Firmenpolitik, denn es geht darum, wie Mitarbeiter sein sollten, und nicht, wie sie bestimmte Dinge ausführen sollen.

Ein Beispiel: Bei diesen Versammlungen erinnere ich meine Mitarbeiter häufig daran, dass die Fließbänder nicht zu schnell laufen sollen. Die Geschwindigkeit allein ist nicht wichtig, auch die gefertigten Stückzahlen sind nicht alles. Das einzig Wichtige ist, dass die Arbeit sorgfältig und aufmerksam ausgeführt wird. Bei neuen Arbeitern am Band, die andere Arbeitsmethoden gewöhnt sind, tritt manchmal eine unangenehme Mentalität zutage. Sie arbeiten den ganzen Tag lang mit hohem Tempo, um möglichst hohe Stückzahlen zu produzieren, ohne dabei auf Sorgfalt und Qualität zu achten.

Das Feedback von meinen Arbeitern zum Thema »Produktion« konzentriert sich bei den Versammlungen meist auf die Qualität der Teile, die wir von den Zulieferern bekommen. So werden diese monatlichen Zusammenkünfte zu einem wichtigen Schmelztiegel von Ideen. Das Management berichtet über Verhandlungen und Absprachen mit Subunternehmern, die Arbeiter berichten über ihre Erfahrungen mit der gelieferten Ware bezüglich der Verarbeitung. Das hat sich als so nützlich erwiesen, dass wir planen, zu den Versammlungen in Zukunft Vertreter der Zulieferer einzuladen.

Jedes Gerät wird von Hand zusammengebaut
An unseren Fließbändern gibt es nur wenig Automatisierung. Das ist ziemlich ungewöhnlich. Es ist aber auch die Gewähr für sehr hohe Flexibilität. Wir können die Abläufe verändern, mehr Leute an die Bänder stellen, die Reihenfolge des Zusammenbaus verändern, sogar das Design anders gestalten, in kürzester Zeit. Wir sind zwar mehr als andere von den Fertigkeiten unserer Fachkräfte abhängig, aber dafür sind wir immer offen für Veränderungen – was unter anderen britischen Herstellern grundsätzlich auf Ablehnung stößt.

Wir sind auch stolz darauf, dass bei uns alles noch mit den Händen gemacht wird. Wir glauben, dass es besser ist, als Roboter einzusetzen. Es stehen keine schweren, schmutzigen Maschinen in der Halle herum. Sie ist mehr wie eine Werkstatt im mittelständischen Handwerk – und zwar eine sehr moderne.

Der Schwerpunkt unserer Arbeit liegt nicht darin, Einzelteile herzustellen, wir verbringen lediglich viel Zeit damit, die vielen Zulieferer zu kontrollieren. Der Schwerpunkt unserer Tätigkeit ist das Gestalten und Zusammenbauen von Staubsaugern. In unserer sauberen, ruhigen Fabrik können wir uns alle auf das Entwickeln, das Testen und die Qualitätskontrolle konzentrieren. Das macht unsere Kunden glücklich und unser Geschäft zum Erfolg.

Wir bezahlen unsere Mitarbeiter gut
Wir zahlen nicht nur gute Löhne und Gehälter – wir zahlen darüber hinaus auch wöchentlich eine Prämie für jeden Mitarbeiter, der an jedem Arbeitstag der Woche anwesend war. Das ist eine Belohnung für die Loyalität und Zuverlässigkeit der Belegschaft. Jeder bekommt eine Lebensversicherung und eine Betriebsrente, zweiundzwanzig Tage Urlaub pro Jahr, Krankengeld, und der Freitag ist ein kurzer Arbeitstag. Das Firmencafé wird stark subventioniert, sodass den Angestellten ein gutes warmes Mittagsessen noch nicht einmal zwei Pfund kostet. Außerdem gibt es einen kostenlosen Firmenbus von und nach Chippenham.

Japanische Einflüsse
Oberflächlich betrachtet mögen einige unserer Ideen sehr japanisch anmuten. Zumindest sind sie nicht sehr britisch. Bei uns werden aber keine abgedroschenen japanischen Ideen umgesetzt wie Leibesübungen und Mantras, Wegfall von Feiertagen und chronische Anwesenheitspflicht. Wir bieten lediglich Betriebssport an. Außerdem habe ich bei ein oder zwei Punkten aus unserer Firmenphilosophie gewisse Ähnlichkeiten mit der japanischen Kultur festgestellt, ohne dass mir das zu Anfang klar war.

Zunächst ist die ständige Weiterentwicklung zwecks Innovation zu nennen. Wie die Japaner sind wir nie zufrieden mit dem Produkt und versuchen, es ständig zu verbessern.

Wir nehmen auch Beschwerden sehr ernst und beheben alle Probleme und Fehler, selbst wenn sie entstanden sind, weil ein

Kunde die Betriebsanleitung nicht richtig gelesen hat. Mit dem Feedback von Verbrauchern gehen wir sehr sorgfältig um und nutzen es, um in die Zukunft zu schauen und neue Wege zu gehen. Wir sind uns – wie die Japaner – darüber im Klaren, dass die Stärke unseres Unternehmens nicht in der Stärke des Vorstandes und der Manager liegt, sondern in den Fähigkeiten, der Intelligenz und vor allem der Begeisterung aller Mitarbeiter. Darüber hinaus fasziniert uns das Produkt. Das grenzt an eine Zwangsvorstellung. Wir mögen zwar keine so besessenen Produkt-Fetischisten wie die Japaner sein, aber wir bestehen darauf, dass unsere Produkte perfekt, aufregend und schön sind. Nur dadurch bleiben wir im Geschäft.

Die Behandlung von Zulieferern

Wir stellen an unsere Zulieferer vier ganz klare Anforderungen: Sie müssen liefern: a) was wir bestellen, b) in der vorgegebenen Zeit, c) korrekte Stückzahlen, d) in der angeforderten Qualität. Das wünsche ich mir jedenfalls.

Lassen sie uns bezüglich einer Anforderung hängen, wird ihr zukünftiges Geschäft mit uns darunter leiden. Wichtiger noch ist, dass unser Geschäft ebenfalls darunter leiden wird. Aber nur einer muss unzuverlässig sein, und schon stehen alle Fließbänder still. Das wiederum demoralisiert die Belegschaft.

Leider sehen Zulieferer meist nur den zahlungskräftigen Abnehmer ihrer Waren in uns. Nach dem Motto:»Also, Dyson, wir haben einen Lastwagen voller Plastikteile zu deinem Vorarbeiter geschickt – wo bleibt das Geld?« Natürlich sind nicht alle so.

Wir haben einige sehr gute Zulieferer, die am Erfolg unseres Unternehmens teilhaben. Sie sind die Messlatte, an der ich andere messe und aussuche. Ein gutes Beispiel für das, was ich will, ist die Einstellung von Adrian Hill von der Firma Belpar Rubber. Im November 1992, als die Werkzeugmaschinen fertig waren, flog er nach Italien, um mir dort beim Zusammenbauen der ersten Probeprägungen zu helfen. Seine Firma hatte alle Gummiteile hergestellt, und er wollte unbedingt sicherstellen, dass sie einwandfrei funktionieren. Er wollte, dass seine Firma alle Anforderungen erfüllte, die an sie gestellt wurden. Er bestand darauf, selbst dabei zu sein, als die Gummiteile zum ersten Mal getestet wurden. Belpar ist ein erfolgreiches kleines Familienunternehmen. Es gehört seit jenem Zeitpunkt zu den wichtigsten Zulieferern von *Dyson*.

Je mehr wir expandierten, desto größer wurde auch das Heer von Zulieferern, das wir brauchten, um die Technologie und die Qualität zu verbessern. Ich bin deshalb David Brown von Motorola in Swindon dankbar, dass er mir im September 1995 das Qualitätssicherungsprogramm seiner Firma vorgestellt hat. Es wird Sixth Sigma genannt. Mit diesem exzellenten Programm haben wir erreicht, dass von einer Million zugelieferter Teile nur noch sechs Ausschuss sind. Das Programm beinhaltet die Qualitätssicherung sowohl bei Neugestaltung der Teile auf unserer Seite als auch bei den Zulieferern, die einer rigorosen Qualitätskontrolle unterliegen. Von den Zulieferern sind wir abhängig, und das wissen sie.

Viele von ihnen vertrauten uns in der Anfangsphase. Sie vertrauten auf unseren Erfolg. Sie verließen sich darauf, dass unseren anfänglich kleinen Bestellungen größere folgen würden. Sie reagierten schnell und gut auf die steil ansteigende Nachfrage und die Änderungen in unserem Design. So ist es nur angemessen, dass sie an unserem Erfolg teilhaben.

Unsere Beziehung zu den Einzelhändlern ist ähnlich. Anfangs verlangten wir auch von ihnen, darauf zu vertrauen, dass aus einer kleinen Firma mehr werden würde. Die Einzelhändler und Versandhäuser sind unsere direkten Abnehmer, und wir sind abhängig von ihrem Personal, von dessen Fähigkeiten und von dessen Begeisterung für unser Produkt. Denn das Personal verkauft das Produkt an den Endverbraucher.

Wir begrüßen es, wenn diese Menschen unsere Staubsauger selbst kaufen und benutzen, wir fördern es sogar. Wir wünschen uns, dass sie unsere Verkaufsschilder an den Staubsaugern befestigen, auf denen die Geräte erklärt werden. Nur so können Kunden sich ein Bild von der Technologie machen. Uns ist auch bewusst, dass wir die Einzelhändler im Gegenzug bei der Öffentlichkeitsarbeit und Werbung unterstützen müssen.

Und damit ist alles über die Geschäftsphilosophie von *Dyson* gesagt. So machen wir es, und ich glaube, es ist gut so. Jedenfalls war es erfolgreich. Eine Warnung noch: All dies wäre völlig unerheblich, wenn wir einen Staubsauger mit Beutel verkaufen wollten.

Auf zu neuen Ufern

Der größte und verrückteste Markt der Welt. Nachahmer bekommen ihr Fett weg. Viele Zyklone machen das Leben leichter. Der DC07 bekommt berühmte Freunde. Roboter machen Spaß. Eine neue Waschmaschine. Ein neuer Anfang.

Im Jahr 2002 angelangt, hatte ich weltweit zehn Millionen Staubsauger im Wert von drei Milliarden US-Dollar verkauft. In 24 Ländern gab es Niederlassungen von *Dyson*. Es war Zeit, mit dem Zyklonen-Staubsauger das zu tun, was jeder großartige britische Export vom Fernsehgerät bis zu den Beatles getan hatte: Amerika erobern.

Wir Briten rühmen uns gern unseres Erfindergeistes, und wir haben ja auch die eine oder andere gute Idee gehabt. Tatsache ist aber: Wann immer ich in »früheren Kunstwerken« wühle, um herauszufinden, wer welche Patente besitzt, ist der ursprüngliche Patenthalter fast immer ein Amerikaner. Aus diesem Grund lasse ich meine Patente stets zuerst in Amerika registrieren, bevor andere Länder folgen.

Amerika ist auch für mein Gerät der perfekte Markt. In Amerika gibt es mehr Teppichboden als irgendwo sonst in der Welt. Der Marktanteil für Bürstsauger – wie den *DC01* – beträgt

Auf zu neuen Ufern

67 Prozent. Sechs von sieben Bürstsaugern, die in der Welt verkauft werden, gehen in den USA über den Ladentisch. Der siebte wird in Großbritannien verkauft. Wenn der *Dyson* in Amerika nur halb so erfolgreich wie in Großbritannien wäre, würden wir in den Vereinigten Staaten jedes Jahr drei Millionen Staubsauger verkaufen. Das ist doch ein angenehmer Gedanke. Das ist auch der Grund, warum ich mir immer gesagt habe: Wenn die Zeit und mein Produkt reif sind und mein Unternehmen stark genug ist, werde ich wieder in die Vereinigten Staaten gehen. Es gibt ganz vernünftige Antworten auf die Frage, warum das erst zehn Jahre nach dem Verkauf meines ersten *Dyson Dual Cyclone* passierte.

Am wichtigsten ist wohl die Schließung der Firma Fantom Technologies im Dezember 2001. Das bedeutete, dass ich meine Geräte nun ohne juristische Folgen in Amerika verkaufen kann. Die Lizenzvereinbarung, die wir einst getroffen hatten, enthielt nämlich eine Klausel, die mir verbot, auf dem amerikanischen Markt mit dem Unternehmen zu konkurrieren. Auch wenn ihr Modell Thunder meine Technologie nur in der frühesten, primitivsten Form nutzte. Außerdem litt das Gerät auch an einer furchtbar umständlichen Gestaltung.

Der Lightning, eine spätere, leichtere Version, war auch nicht viel besser. Die letzten zwei Jahre, bevor das Unternehmen Konkurs anmeldete, hatte ich versucht, Fantom zu erwerben. So wollte ich meinen *Cyclone* auf den amerikanischen Markt bringen. Aber sie verlangten einen dermaßen lächerlichen Preis, dass nichts daraus wurde.

Es war also nicht überraschend, und ich vergoss auch keine Krokodilstränen, als Fantom Ende 2001 die Tore schloss. Das Produkt hatte immer furchtbar ausgesehen, seine Werbung hatte einen nichts sagenden Slogan: »Die Reinigungskraft von zwei Zyklonen.« Auf dem amerikanischen Markt für Bürstsauger erreichte das Gerät nie mehr als 5 Prozent. Ich habe dies nie öffentlich kritisiert, solange es die Firma gab, aber es hat mich sehr enttäuscht, und ich wurde dadurch nur noch in meinem Entschluss bestärkt, eines Tages Amerika mit einem eigenen Gerät in Angriff zu nehmen.

Das Ende der Konkurrenzausschluss-Vereinbarung hätte zu keiner besseren Zeit kommen können. In Europa und Australien lief das Geschäft sehr gut, und die meisten meiner in diesem Buch erwähnten Gerichtsprozesse waren inzwischen abgeschlossen.

Wir hatten die Produktion der Staubsauger inzwischen von Malmesbury nach Malaysia verlegt. Dort machen zuverlässige Lieferanten und ein besseres Klima für Hersteller die Produktion wesentlich effizienter als im Vereinigten Königreich. In Großbritannien siecht die Industrie nämlich immer noch vor sich hin. Was einer kurzsichtigen Regierungspolitik zu verdanken ist und der Tatsache, dass man immer noch nach dem schnellen Geld strebt. Die Qualität der Produktion in Malaysia jedenfalls ist unvergleichlich. Das ist der wahre Grund für die Verlegung. In den Fabriken, in denen unser Gerät produziert wird, lassen Sony und Hewlett-Packard ebenfalls herstellen. Dieses Produktionsniveau ist genau das, was wir brauchen, um in Amerika erfolgreich zu sein. Die Forschungs- und Entwicklungsabteilung unseres Unternehmens bleibt aber in Großbritannien. Es war auch sehr wichtig, dass wir ein neues, brillantes Produkt in Amerika herausbringen konnten. Der *DC07*, auch als *Root⁸Cyclone* bekannt, ist der beste *Dyson* und damit der beste Staubsauger, den es bis dato gab.

Die Sache war nämlich die: Im Gegensatz zu Großbritannien hatte ich in Amerika die Menschen nicht davon überzeugen müssen, dass sie ein Gerät ohne Beutel kaufen sollten. Dort gab es bereits ein derartiges Marktsegment. Ich glaube, die Teppichreinigungsgeräte ohne Beutel hatten einen Anteil von 19 Prozent am Gesamtmarkt. Aber der Begriff war vom Handel geprägt worden und bedeutungsleer. Ich hingegen hatte nicht so hart gearbeitet, weil ich nur den Beutel loswerden wollte. Ich wollte die Probleme loswerden, die damit verbunden sind. Und das konnte nur der einzigartige *Dyson Cyclone* vollbringen. Neben den wenig berauschenden Geräten von Amway und Fantom gab es noch die Antworten auf meine Technologie von Hoover (»Wind-Tunnel«), Dirt Devil (»Vision«) und Eureka (in Europa Electrolux). Das Traurige daran ist, dass diese Geräte keine effektiven Zyklonsysteme haben, sondern sie haben nur keinen Beutel. Stattdessen haben sie große schmutzige Filter, die wie ein Staubbeutel funktionieren und auch ähnlich ineffizient sind. Sie verstopfen, und das Gerät verliert an Saugkraft. Wie der alte Hoover Junior, wie jedes alte popelige Gerät, bevor es den *Cyclone* gab.

Auch in Europa hat es in den letzten Jahren schwache Imitationen gegeben. Ich kann damit leben. So bekam ich ein Branchenmagazin namens Electrical Retailing Times in die Hand und sah darin einige Fotos eines angeblich beutellosen Staubsaugers mit Zyklonsystem. Es wurde von Electrolux hergestellt, hatte einen durchsichtigen Behälter und einen Zylinder in grellen Farben. Es sah scheußlich aus.

Die Hersteller achteten in der Betriebsanleitung sehr genau darauf, nicht zu behaupten, das Gerät habe zwei Zyklonen. Das hätte nämlich unsere Patente verletzt. Sie nannten es statt dessen ein »duales Reinigungssystem« und wiesen auf die »Zyklonenkassette« hin. Die Formulierungen waren so gewählt, dass die Worte »Dual« und »Cyclone« niemals nebeneinander standen.

Das Gerät, das sie *nicht Dual Cyclone* nennen, hat eine Außenkammer und eine Art Sieb, so ähnlich wie das *Sieb* beim *Dual Cyclone*. Innen befindet sich eine separate Kammer mit einem Zyklon. Auf der Rückseite befindet sich ein sehr großer Filter, der einer Windel ähnelt, sehr viel Staub aufnimmt und sehr leicht verstopft. Dadurch verringert sich die Saugkraft wie bei jedem alten Sauger aus der Ära vor dem *Dual Cyclone*. Uns wurde auch zugetragen, dass die Leute von Electrolux in der Branche behaupteten, das Gerät sei »genau wie ein *Dyson*«. Ist es aber nicht – und deshalb begann ein neuer Gerichtsprozess.

Allerdings wurde der nicht von uns angestrengt, sondern von Electrolux. Sie fühlten sich unter anderem durch einen Zeitschriftenartikel verunglimpft, in dem ich angeblich gesagt haben sollte, ihr Gerät funktioniere nicht. Tatsächlich hatte ich gesagt, es funktionierte nicht so, wie ein Zyklon es tun sollte. Der Staub rauscht nämlich hindurch und verstopft den Filter auf der Rückseite, sodass die Leistung nur die eines Staubsaugers mit Beutel ist. Aber die Journalistin, eine frühere Angestellte von AEG (die Firma gehört jetzt zu Electrolux), hatte sehr selektiv zitiert. Nun trat sie als Zeugin für Electrolux auf.

Im Gerichtssaal waren neben Electrolux Vertreter eines anderen Konkurrenten anwesend – Miele. Sie hofften vermutlich, dadurch ein wenig Publicity abzubekommen. Aber der Prozess löste sich am Ende in Luft auf.

Ehrlich gesagt hatte ich keine Nachahmer erwartet. Ich hatte mich so an die Hersteller gewöhnt, die meine Anstrengungen mies machten und unsere Staubsauger schlecht redeten. Sie sagten immer wieder, dass an der Zyklonentechnologie nichts Neues sei und Staubbeutel viel besser wären. Daher ging ich davon aus, dass sie selbst keine derartigen Geräte bauen würden. Das wäre doch wohl zu dreist, oder?

Sie entschuldigten ihre schändliche Kehrtwendung mit Geschwafel über den Marktsektor: »Dyson hat einen Marktsektor ohne Beutel erschlossen, und wir wollen einen Anteil davon.« Oder: »Es scheint, dass die Verbraucher jetzt Geräte ohne Beutel kaufen. Daher wollen wir ihnen auch Staubsauger ohne Beutel anbieten.« So, so. Und als wir einst unseren ersten Staubsauger auf den Markt gebracht hatten, wollte die Konkurrenz die Worte »ohne Beutel« als Kennzeichen eines Defizits hinstellen.

Ein Motiv bei der Nachahmung meiner Geräte war bei Electrolux vermutlich Folgendes: Sie wollten Zyklonenstaubsauger grundsätzlich diskreditieren. Sie behaupteten, man könne bei ihrem Dualsystem die Vorzüge der neuen und der alten Technologie genießen. Der Staubbeutel sei für behutsames Reinigen im Haus, der Zyklon für groben Schmutz in der Garage oder Dreck aus dem Garten. Damit sagten sie indirekt, ein Zyklon wäre ein minderwertiges Hilfsmittel.

Besonders belustigend war jedoch, dass sie in Anzeigen behaupteten, eine neue Technologie geschaffen zu haben: »Wenn eine neue Technologie entwickelt wird, wer perfektioniert sie? Electrolux natürlich. Sagen Sie Ihrem Beutel Lebewohl und heißen Sie das neue Zyklonsystem willkommen.« Und worin bestand diese neue Technologie? Es war die Möglichkeit, zwischen einem Beutel und einem Zyklon hin und her zu schalten. Sehr originell. Wirklich revolutionär. Das ist ungefähr so, als wenn nach der Erfindung des Autos jemand käme und sagte: »Moment mal, ich habe ein Auto erfunden, das auch von Pferden gezogen werden kann.«

Hoover versuchte ebenfalls, unseren Staubsauger nachzuahmen (Hoover Europa ist gemeint, das heute zu Candy gehört; Hoover Amerika gehört zu Maytag). Das Management verkündete etwas wie: »Als großer Anbieter von Haushaltsgeräten müssen wir in jedem Marktsegment ein Angebot machen.« Im Jahr 1999 brachten sie das Modell »Triple Vortex« heraus. Sie behaupteten, es basiere auf einer Technologie, die bei der Förderung von Nordseeöl angewendet werde. Diese sei von einer Forschungsgesellschaft im britischen Loughborough entwickelt worden. In der Tat hatte dieses Forschungs- und Entwicklungsunternehmen einige Jahre zuvor mit unseren Ingenieuren Kontakt aufgenommen. Sie verletzten unser Patent, und wir verklagten sie.

Hoover Europa behauptete, unser Patent wäre ungültig. Damit kamen sie vor Gericht allerdings nicht durch. Stattdessen wurde die Firma in allen Punkten für schuldig befunden, die *Dyson* gegen sie erhoben hatte. Das Gericht entschied, dass Hoover ganz bewusst Teile des *Dual-Cyclone*-Staubsaugers kopiert hatte. Schon im Mai 1999 hatten unabhängige Wissenschaftler herausgefunden, dass der Vortex V2000 mehr als 200-mal so viel Staub ausstieß wie der *Dyson DC04*. Während des Gerichtsverfahrens gaben die Vertreter von Hoover dann zu, dass ihr Zyklonenstaubsauger bewusst als Staubausstoßer konstruiert sei. Zudem hatte der Vortex auch weniger als die Hälfte der Saugkraft des *Dyson DC04*.

Hoover verlor den Prozess in Großbritannien. Die Firma musste uns vier Millionen Pfund zahlen, die Anwalts- und Gerichtskosten tragen und auf viele weitere Millionen Pfund verzichten, denn Hoover musste den Triple Vortex vom Markt nehmen. Es war einfach wundervoll, nach all meinen Kämpfen entschied ein britisches Gericht, dass große Konzerne, die anderer Leute Ideen stehlen, nicht ungestraft davonkommen.

Jedenfalls rückte ich nun auf diesem Marktsegment ohne Beutel mit meinem *Root^{8}Cyclone* an, der neuesten Fassung des ursprünglichen Zyklonenstaubsaugers.

So entdeckten wir zum Beispiel, dass die Zentrifugalkraft in kleineren Zyklonen größer ist. Das liegt daran, dass die Luft dann durch eine engere Kurve gesaugt wird. Dies hat aber Grenzen. Wenn man versucht, alles durch einen kleinen Zyklon zu pressen, ist ein gewaltiger Druckverlust die Folge. Die Lösung sind viele kleine Zyklone. Der enge Radius jedes einzelnen kleinen Zyklons sorgt für größere Effektivität bei der Filtration, die Vielzahl der Zyklone sorgt für ausreichend Luftstrom und wenig Druckverlust. Beim *DC07* wird der Luftstrom geteilt und fließt durch sieben Zyklone, kommt dann am unteren Ende aber wieder zusammen. Auf diese Weise haben wir die ohnehin beachtliche Saugkraft noch einmal um 50 Prozent erhöht.

Weitere Verbesserungen folgten. Der Auffangbehälter bekam einen Druckverschluss, sodass man ihn besser entleeren kann. Der Rumpf wurde leichter gemacht. Außerdem bekam das Gerät eine spezielle Düse zum Reinigen von Ecken, ein beidseitig verwendbares Rohr und waschbare Filter, die so lange funktionieren wie das Gerät.

Vom *Root^{8}Cyclone* gibt es drei Versionen. Das Standardmodell ist silbergelb und sieht aus wie eine neue, farbenfrohere, stärkere Inkarnation des *DCO1*. Wenn der *DCO1* Obi Wan Kenobi ist, dann ist dieses Modell Luke Skywalker. Alle Modelle sind rigorosen, knallharten Tests unterzogen worden, wie man sie außerhalb der Grundausbildung der U.S. Marines nicht erwarten würde. Als Ergebnis haben die drei mindestens doppelt so viel Saugkraft wie jeder andere Staubsauger auf dem amerikanischen Markt.

Außerdem sehen sie selbstverständlich auch großartig aus. Ein japanischer Journalist sah sie einst und sagte: »Ach, Sie kopieren den iMac.« Er könnte nicht falscher gelegen haben. Schon 1995 kaufte nämlich Jonathan Ive, der Designer des iMac, einen *Dyson*. Später schickten wir auch Steve Jobs einen unserer Staubsauger. Die beiden kamen erst drei oder vier Jahre danach mit dem iMac heraus. Ich bin überzeugt davon, dass sie damals auch schon mit durchsichtigem Plastik herumspielten. Aber die Reihenfolge, wer was wann herausbrachte, war andersherum. Die Amerikaner liebten natürlich das Design des iMac. Das lässt für uns nur Gutes ahnen.

Und damit kommen wir zu dem Teil meiner Geschichte, in dem ich versuche, die Amerikaner vom Wert meiner harten Arbeit zu überzeugen. Im Frühjahr 2002 war ich ziemlich zuversichtlich, die großen Einzelhandelsketten davon überzeugen zu können, mein Lieblingskind in ihren Geschäften zu verkaufen. Schließlich hatte sich der *Dual Cyclone* bereits auf den meisten bedeutenden Märkten bewiesen.

Meine erste Station war natürlich Wal-Mart, das größte Einzelhandelsunternehmen der Welt. Es ist eine großartige Firma, effizient und trotz ihrer Größe gut geführt. Erstaunlicherweise sind die Manager sehr bescheidene Leute. Ich weiß, dass ich amerikanische Geschäftsleute bisher meist als dreist, laut, selbstbewusst und gelegentlich überschwänglich charakterisiert habe. Ich stehe auch zu dieser Aussage. Das war das Bild, das sich mir bot, als ich ein relativ kleiner Fisch im Haifischbecken war. Aber die Leute von Wal-Mart waren so bescheiden, dass ich völlig überwältigt war. Es war volkstümlich und hausbacken. Nur etwa fünf der Manager hatten in ihren Büros überhaupt Fenster. Es war genau das Gegenteil von dem Bild, das wir zum Beispiel von Enron hatten. Ich vermute in diesem Gegensatz auch den Grund dafür, dass Wal-Mart das am meisten respektierte Unternehmen der Welt ist und Enron es schon vor seinem Crash nicht war.

Ich verbrachte einen tollen Abend mit Lee Scott, dem Vorstandsvorsitzenden von Wal-Mart, und übernachtete sogar bei ihm zu Hause. Wir redeten vor allem über Trüffel, besonders weiße Trüffel. Er liebt sie, und auf meinem Grundstück in Frankreich wachsen sie wild. Unglücklicherweise arbeitet der Gärtner, der wusste, wo sie zu finden waren, nicht mehr für mich. Ich habe keine Ahnung, wie man sie findet. Vielleicht verkauft Wal-Mart ja irgendwann Trüffel-Schweine.

Natürlich sprachen wir auch über Staubsauger. Die Leute von Wal-Mart fanden den *Cyclone* klasse. Aber sie wollten sich nicht darauf festlegen, ihn in ihr Sortiment aufzunehmen, bis klar war, wie er sich in Amerika verkaufte. Ich war ein wenig überrascht. Vor zehn Jahren hatte ich erstmals versucht, die Einzelhändler davon zu überzeugen, ihn ins Sortiment zu nehmen, und konnte nicht beweisen, dass er sich verkaufen würde. Jetzt konnte ich das schon. Aber das Management war der Meinung, der amerikanische Markt sei völlig anders als der europäische.

Nach Wal-Mart hörte ich die gleiche Geschichte noch von anderen Einzelhändlern. Bis zum erbrachten Verkaufsbeweis würden sie es nicht in ihre Geschäfte aufnehmen. Als Grund wurden die Kosten bei der Einführung des neuen Produkts angeführt. Man muss die neue Ware in das Computersystem eingeben, das Verkaufspersonal schulen, die Verkaufsstellen darauf einrichten. Vor allem aber geht es um den Ruf der Einkäufer. Sie wollen sich keinen Fehler leisten, und es wäre einer, wenn sich das Gerät nicht verkauft. Unglücklicherweise kann man nicht erkennen, ob es sich verkaufen lässt, bis man mit dem Verkauf beginnt.

Schließlich organisierten wir ein Treffen mit David Keilly, dem Chef des Einkaufs von Best Buy. Das ist die beste Einzelhandelskette für Elektrogeräte in Amerika. Er nahm anschließend einen *Root⁸Cyclone* für zwei Wochen mit nach Hause, probierte ihn aus und sagte, er sei absolut erstaunlich.

Würde er ihn also ins Sortiment aufnehmen? Nein. David wollte wie alle anderen Beweise dafür, dass der *Root⁸Cyclone* sich verkaufen lassen würde. Aber er war aufgeschlossener als alle anderen. Ich gab die Hoffnung nicht auf. Eine Einkäuferin namens Stacy Silk war richtig scharf auf den *Cyclone* und lehnte sich weit aus dem Fenster. Ich war mir sicher, es sei nur eine Frage der Zeit, bis sich das Unternehmen dafür entscheiden würde. Die Einkaufsabteilung war nämlich reorganisiert worden, und David sagte im Grunde nur: »Hören Sie mal, wir haben im Moment noch nicht einmal einen Chefeinkäufer, also lassen Sie uns erst mal abwarten.«

Der neue Chefeinkäufer stellte sich als ein Kerl namens Matt Carter vor. Er war der gleichen Meinung wie Stacy, sie entschieden sich für unser Produkt. Best Buy nahm es in seine 600 Geschäfte auf, und als wir am 1. Oktober im Conran Shop in New York unsere offizielle Markteinführung feierten, verkaufte sich der Staubsauger schon zehnmal besser, als die Leute von Best

Buy erwartet hatten. Unterstützt wurde dies wohl auch durch einen Bericht der New York Times vom 29. August. Unser Gerät wurde mit Staubsaugern von Miele und Hoover verglichen und zum Sieger erklärt.

Das Management von Hoover war nicht gerade glücklich über den Bericht in der New York Times. Das wurde mir jedenfalls zugetragen. Sie sind nie glücklich, wenn ich sie schlage, und sie machten einen Riesenwirbel darum. Ich genieße das. Ich liebe es, wenn die amerikanischen Konkurrenten sich aufregen, so wie meine britischen Rivalen es jahrelang gemacht haben. Ich war auch besonders erfreut über einen Artikel in der Zeitschrift Forbes. Darin wird David Ristenbatt vom Ristenbatt Vacuum Cleaner Service aus Lancaster, Pennsylvania, zitiert. Er sagt: »Dyson? Wer ist das? Wenn ich Hoover wäre, würde der nicht zwischen meinen Beinen herumlaufen wie ein kleines Kind.«

Diese Art von Gewäsch klingt wie Musik in meinen Ohren. Es erinnert mich an Mike Rutter und all die anderen Herren von Hoover, die einfach nicht hören wollten, die nicht glauben wollten, dass sich die Dinge ändern. Es erinnert mich daran, wie wundervoll aufregend es war, als David in den neunziger Jahren gegen Goliath anzutreten. Das ist es, wofür es sich zu kämpfen lohnt. Das ist es, wofür ich lebe.

Innerhalb weniger Wochen hatte Amerika den *Cyclone* offenbar ins Herz geschlossen. Die Modedesignerin Tara Subkoff bat um 25 neue *DC07*, mit denen ihre Models bei der New Yorker Fashion Week ausgestattet werden sollten. Wir kamen dem Wunsch natürlich gerne nach. Es kam noch besser.

Bei den Emmy Awards 2002 erhielten alle Nominierten einen Gutschein für einen *Dyson*, mit unserer Telefonnummer darauf. Ziemlich rasch rief ein Mitarbeiter von Courteney Cox an und bestellte ein spezielles Modell. Als nächster meldete sich David Schwimmer, und schon bald waren alle Schauspieler der Serie »Friends« mit einem *Dyson* versorgt. Zu schade, dass die Show nicht mehr produziert wird. Man hätte die schrillen Apartments der »Friends« so wunderbar saugen können.

Bill Clinton ist ebenfalls ein Fan des *Dyson*. Er kam zum Kongress der Labour Party als Gastredner nach Blackpool. Er war recht früh eingetroffen und stand mit dem britischen Finanzminister Gordon Brown und einigen anderen politischen Schwergewichten in der Gegend herum. Mit dabei war auch Alan Leighton, ein Aufsichtsratsmitglied von *Dyson*, der zuvor Aufsichtsrat von Wal-Mart gewesen war. Also standen alle um Bill Clinton herum, traten von einem Fuß auf den anderen und wussten nicht, was sie sagen sollten. Alan erzählte Bill Clinton, dass er Hillary kenne. Clinton fragte daraufhin, ob er noch bei Wal-Mart sei. Alan antwortete, er sei jetzt Aufsichtsrat von *Dyson*. Clinton sagte daraufhin: »*Dyson*? Ich habe vor kurzem gesehen, wie ihr Staubsauger in New York auf den Markt gebracht wurde.«

Selbst die Königin von England ist ein Fan. Ich weiß es, weil mir im Buckingham-Palast der Orden des Commander of the British Empire verliehen wurde. Wenn man auf dem roten Teppich zur Verleihung schreitet, verkündet ein Mann in formeller Kleidung den Namen und wofür man den Orden bekommt. In meinem Fall waren das Verdienste um die britische Industrie. Ich verneigte mich also vor Ihrer Majestät, um mir diesen großen runden Orden um den Hals hängen zu lassen, und sie sagte: »Was genau machen Sie eigentlich, Mr. Dyson?« Ich antwortete, dass ich der Hersteller der *Dyson*-Staubsauger sei. »Oh, wirklich?«, erwiderte sie. »Wir haben hier Dutzende davon.«

Wie viele Fans wir auch hatten, so brillant unser Staubsauger auch war, eines konnte er noch nicht: Sich ohne Hilfe eines Menschen bewegen. Deshalb dachten wir nun über Roboter nach. Wenn es wiederkehrende Klagen über meine Staubsauger geben sollte, dann vermutlich deshalb, weil man die Geräte im Haus herumschieben muss, was auf Dauer langweilig wird.

Schließlich leben wir im Jahr 2003. Sind wir noch immer Höhlenmenschen?

Wie dem auch sei, wir begannen jedenfalls mit der Arbeit am *DC06* (er hat eine frühere Seriennummer als der *Root^{8}Cyclone*, ist aber noch nicht auf dem Markt). Dieser Staubsauger nimmt Ihnen das Saugen ab. Es ist kein Gerät zur Einsparung von Arbeitskraft wie die Innovationen der industriellen Revolution. Es ist ein Mittel zur Abschaffung der Arbeit schlechthin.

In Amerika gibt es ein Gerät, das »The Romba« heißt. Es ist so etwas wie ein Blech mit Handfeger für 200 Dollar. Ich behaupte nicht, dass es ein besonders schlechtes Gerät ist, aber meiner Meinung nach ist es kein Staubsauger. Es saugt kaum. Es rollt einfach nur im Zimmer herum und fegt herumliegende Dinge in seinen Behälter. Meiner Ansicht nach ist das verschwendetes Geld.

Der *DC06* dagegen ist ein echter Saugroboter. Er hat drei interne Computer, mehr als 2000 elektronische Teile, 27 separate Schaltkreise, mehr als 70 Sensoren, seine Software umfasst 22873 Programmzeilen, und in einer Sekunde erfüllt er 200 Teilaufgaben gleichzeitig. Der *DC06* ist der erste *Dyson*, den ich nicht mit meinen Händen bauen konnte.

Inzwischen ist der Roboter fertig. Er ist die Verwirklichung eines Traums. Unsere früheren Staubsauger machten das Saugen leichter und effizienter, mit diesem Gerät braucht man überhaupt nicht mehr zu saugen. Das ist der Gipfel der Rationalisierung.

Schon früher hat es Versuche gegeben, so etwas zu bauen. Es gibt zum Beispiel einige Roboter-Rasenmäher. Bei einem von ihnen muss man eine Leitung als Begrenzung um die gesamte Rasenfläche legen. Stößt der Mäher jedoch gegen einen Baum, einen Springbrunnen oder die Leiche eines Wiesels, kommt er damit nicht klar und lässt Teile des Gartens einfach aus. Bei einem anderen Gerät muss man einen Draht um alles im Garten legen, was nicht gemäht werden soll. Das Resultat ist, dass der Mäher ausweicht, nach Belieben kreuz und quer über den Rasen rumpelt, bis er keine Lust mehr hat. Er mäht nicht gleichmäßig, und das Ganze ist eine furchtbare Energieverschwendung.

Der *DC06* hingegen ist ein Meisterwerk. Die vielen Sensoren teilen ihm mit, wo Gegenstände im Raum stehen und wie weit er von ihnen entfernt ist. So kann der Roboter stoppen, bevor er eine Vase aus der Zeit der Ming-Dynastie umkippt, oder aber auch, bevor er eine Treppe hinunterfällt. Die Sensoren teilen dem Gerät ebenfalls mit, wo es schon gewesen ist. So gesehen ist der Roboter intelligenter als ein Mensch. Wir wissen nie, wo wir schon gesaugt haben. Wir saugen meist in Serien von sternförmigen Mustern und überqueren dabei eine bestimmte Stelle mehrfach. Das Programm lässt den Roboter vier Entscheidungen in jeder Sekunde treffen – mehr als manche Hersteller von Elektrogeräten in ihrem ganzen Leben schaffen.

Momentan kann der Roboter wegen der Akkus nur einen Raum zur Zeit reinigen, aber die Batterie-Technologie schreitet voran. Das Wesentliche aber ist die Bequemlichkeit – vermutlich wird man ihn öfter Staub saugen lassen, als man es selbst getan hat. Stellen Sie sich vor, Sie bekommen Gäste und haben nur noch wenig Zeit. Sie sind also in der Küche und kochen oder nehmen vielleicht ein Bad, und der *DC06* saugt derweil das Wohnzimmer – herrlich!

Und stellen Sie sich vor, Sie bemerken plötzlich, dass Ihr Tischtuch schmutzig ist und Sie kein sauberes Hemd mehr haben. Sie wollen beides schnell in die Waschmaschine stopfen, da fällt Ihnen ein, dass ein Durchlauf mehr als zwei Stunden dauert. So viel Zeit haben Sie nicht. Selbst wenn es so wäre, könnten Sie nicht sicher sein, dass bei der Wäsche alle alten Kaffee- und Suppenflecken entfernt werden.

Doch dann werden Sie daran erinnert, dass Sie kürzlich eine neue Waschmaschine von *Dyson* gekauft haben, die das Gewebe so gründlich reinigt wie bei der Handwäsche. Vor allem wäscht sie gründlicher als jede andere Maschine bei 40 Grad (bei dieser Temperatur wird generell am häufigsten gewaschen). Hurra. Der Abend ist gerettet.

Okay, die Szenerie ist ein bisschen blöd. Aber ich habe mich über Waschmaschinen in den letzten Jahren fast ebenso geärgert wie über Staubsauger à la Hoover & Co. Hauptsächlich, weil sie angeblich so verdammt lange brauchen, um unsere Wäsche zu waschen, es in Wirklichkeit aber nicht tun.

Man stopft sein Zeug hinein, geht fort, kommt wieder, und es hängt nur in einer heißen Pfütze herum. Die Waschmaschine ist kaum mehr als ein Heißwasserboiler. Die Reinigung würde ohne starke Wasch- und Bleichmittel nicht funktionieren. Die Kleider weichen bei dieser Art von Wäsche stundenlang in der Lösung ein. Aber lange Einweichphasen reinigen die Kleidung nicht, denn die Gewebefasern können sich nicht für das Waschmittel öffnen. Die Wäsche ist also nicht effektiv.

Wir entdeckten, dass eine Handwäsche von 15 Minuten verschmutzte Kleidung besser reinigt als 67 Minuten in der leistungsfähigsten Waschmaschine jeder Klasse. Nachdem wir dieses Geheimnis gelüftet hatten, kam mir folgende Idee: Wenn wir die Effizienz verdoppeln könnten, würden wir auf dem Weg zu einer schnelleren, besseren Maschine sein.

Außerdem wollte ich mal etwas völlig Neues machen. Seit 17 Jahren hatte ich nichts anderes gebaut als Staubsauger. Es ist ein Markt mit extrem harter Konkurrenz, man tritt gegen multinationale Konzerne an, und die meisten Menschen in meiner Position hätten sich auf diese Aufgabe konzentriert. Mir aber war immer klar gewesen, dass unsere Firma viel attraktiver sein könnte, wenn wir verschiedene innovative Produkte anbieten würden.

Staubsauger sind toll, und ich liebe sie. Aber wenn wir den Trick mit der Innovation gleich zweimal abziehen könnten, wenn wir bei der Waschmaschinentechnologie ebenso einschlagen könnten wie bei den Staubsaugern, dann wäre der Nutzen für das Unternehmen gewaltig. Es wäre wesentlich mehr als eine Verdoppelung des Erfolgs. Ich mag Markenzeichen eigentlich nicht, denn ich denke, jedes Produkt sollte nur durch seine eigene Qualität gerechtfertigt sein. Dennoch könnte der Name *Dyson* nicht nur ein Synonym für die besten Staubsauger sein, sondern ganz allgemein zum Synonym für die besten elektrischen Haushaltsgeräte werden.

Wie aber verdoppelt man die Wirkung einer Handwäsche? Warum reinigt man die Wäsche mit der Hand so viel besser? War es das Rubbeln? War es das Schrubben? War es das Umrühren? Oder das Auswringen? Wenn ja, wie sollte man es am besten nachahmen? Die Antwort auf alle unsere Fragen fanden wir fast zufällig. Ein Prototyp, an dem wir arbeiteten, produzierte plötzlich bemerkenswerte Resultate. Wir hatten sehen wollen, was passierte, wenn sich die Trommel viel schneller als üblich drehte. Wenn mit mehr als 60 Umdrehungen pro Minute geschleudert wird, kleben die Kleider durch die Zentrifugalkraft an der Innenseite der Trommel fest. Es geschieht nicht viel, bis das Schleudern beendet ist und sie zu Boden fallen. Das war ein Problem.

Wir führten alle möglichen Tests durch, um herauszufinden, warum die Maschine so gut war. Des Rätsels Lösung: Das Durchbiegen des Gewebes verbesserte die Reinigung. Dadurch konnte das Wasser möglichst effektiv durch die Fasern der Kleidung fließen und dabei den Schmutz mitnehmen. Wir bauten eine Maschine mit zwei Trommeln und testeten alle möglichen Variationen. Schließlich versuchten wir es mit zwei Trommeln, die in gegensätzliche Richtungen rotieren, und testeten das Gerät auf die festgelegten Industrienormen hin. Das Ergebnis war gewaltig.

Die Kleider werden auch nicht so zerknittert wie bei herkömmlichen Geräten, weil sie nicht ständig gegen die Decke der

Trommel geschleudert werden und dann wieder herunterfallen. Die zwei Trommeln replizieren also die Wirkung von zwei Händen, welche die Kleider kneten, drehen und wringen. Und zwar in allen denkbaren Richtungen. Dadurch setzen sie die Moleküle aus den Fasern frei. Zum Beispiel von Ketchup, Talg, Farbe, Schlamm, Gras, Bier, Kaffee, zerquetschten Würmern, saurem Regen, Eiern, Eiter, Käse, Orangensaft, Teer, Schnodder, Leim, Fledermauskot, Hustenauswurf, Grasschlieren von abgewischten Kricketbällen, Lippenstift, Make-up, Schokolade, Marmelade, Öl, Tinte, Currysoße, süßsaurer Soße und dem erbrochenen Frühstück eines Babys.

Unser System ist für die Reinigung von Schmutz und Flecken einfach hervorragend. Es führt zur effektiveren Wäsche bei niedrigeren Temperaturen, kürzeren Durchläufen und größeren Ladungen, nämlich 6,8 Kilo. Man kann zum Beispiel knapp 14 Kilo Wäsche bei 40 Grad Celsius in nur 2 Stunden und 18 Minuten waschen. Eine herkömmliche Maschine mit einem Fassungsvermögen von 5 Kilo braucht dafür 5 Stunden und 54 Minuten.

Wie schon beim Staubsauger habe ich auch hier neben der grundsätzlichen Fortentwicklung der Technologie viele weitere Verbesserungen vorgenommen. Die Maschine selbst kann man nicht größer machen, weil die Lücken für Waschmaschinen in Einbauküchen und Hauswirtschaftsräumen genormt sind. Doch unsere Trommeln sind größer und fassen statt der üblichen 60 Liter nun 95 Liter Wasser. Die Aufhängung haben wir durch ein Kugellager verbessert, das für Rennwagen entwickelt wurde. Dadurch konnten wir auch den Durchmesser der Trommeln erweitern. Aufgrund der sanften Ausbuchtung nach vorn hat die Maschine auch eine größere Tiefe als andere. Darüber hinaus haben wir die Luke viel größer gestaltet, sodass man die Maschine leichter beladen kann. Eine Bettdecke für zwei Personen geht problemlos hindurch.

Außerdem haben wir die Gummigamasche entfernt, in die bei traditionellen Maschinen die Luke gedrückt wird. Sie wird dauernd schleimig und widerlich. Dieses übergroße Kondom war ebenso abstoßend wie ein Staubbeutel und musste einfach verschwinden. Möglich wurde dies durch eine doppelte Tür, eine am Gehäuse der Maschine, eine an der Trommel.

Ein weiterer Mangel herkömmlicher Waschmaschinen sind die Regler, weil sie allesamt an der Vorderseite angebracht sind. Man muss sich nach vorne beugen oder in die Hocke gehen, um ein Programm zu wählen. Wir haben stattdessen ein angewinkeltes, wasserdicht versiegeltes Armaturenbrett eingeführt, man kann die Regler von oben sehen. An der Rückseite sind zwei fest installierte Räder, die Maschine steht absolut stabil. Mit einem Hebel, den man an der Vorderseite unter der Maschine hervorzieht, lässt sie sich leicht bewegen. Außerdem gibt es eine Kleingeldfalle, in der sich Münzen sammeln, die aus Hosentaschen fallen. Aufgrund der durchsichtigen Abdeckung kann man erkennen, ob sich schon ein kleines Vermögen angesammelt hat.

Ich war mir nicht sicher, wie sich das Gerät verkaufen würde. Für uns waren Waschmaschinen Neuland, und wir kamen mit einem Produkt auf den Markt, das wesentlich teurer war als ein durchschnittliches Gerät. Doch ich wurde angenehm überrascht. Besonders Menschen, die schon einen Staubsauger von *Dyson* besaßen, fanden die Waschmaschine offenbar sehr interessant. Ich bin aber noch vorsichtig mit Aussagen über Verkaufstrends. Noch sind wir mit diesem Produkt in der Anfangsphase.

Wir Menschen brauchen Zeit, um uns an neue Ideen zu gewöhnen. Aber die Waschmaschine macht sich ebenso gut wie einst der Staubsauger. Im Marktsegment der teuersten Waschmaschinen hat sie eine beherrschende Stellung eingenommen. Dieser Erfolg geht vielleicht auch darauf zurück, dass es einfach ist, der Öffentlichkeit zu erklären, warum zwei gegeneinander rotierende Trommeln besser waschen. Jedenfalls ist es einfacher, als das Problem der Staubbeutel und den Saugkraftverlust zu erklären. Viele Menschen haben das bis heute nicht verstanden, obwohl sie ihren *Dyson Dual Cyclone* lieben.

Im Zusammenhang mit der Waschmaschine gab es auf jeden Fall erste Zeichen der Loyalität zu einer Marke. Ich hatte noch nie zuvor die Erfahrung gemacht, dass Menschen meine Produkte kauften, nur weil mein Name darauf stand. Doch wer einen *Dyson*-Staubsauger besitzt, kommt vielleicht zu dem Schluss, dass die *Dyson*-Waschmaschine die beste ist. »Er hatte Recht mit den Staubsaugern«, so könnte die Kaufmotivation aussehen, »dann können wir es ja auch mal mit der Waschmaschine versuchen.« Ich werde mich aber nicht auf meinen Lorbeeren ausruhen und erwarten, dass allein mein Name die Produkte verkauft. Das würde Apathie und Stillstand bedeuten. Und dagegen laufe ich Sturm. Aber Vertrauen auf Seiten der Konsumenten ist auch nicht zu verachten.

Doch wir reden die ganze Zeit von England, wo man mich kennt. Andernorts fange ich beim Nullpunkt an – wie ich es in Deutschland getan habe.

Sturm gegen den Stillstand

Deutsche Inspiration. Frischer Wind in einem traditionsgeprägten Markt. Investitionen in die Zukunft. Auszeichnungen. Der Leiter des Forschungs- und Entwicklungszentrums hat das Buch nicht gelesen?! Und wie geht's weiter?

Es war klar, dass Deutschland eine harte Nuss sein würde – ein Land, das für seine Haushaltsgeräte, manchmal aber auch für seinen erstickenden Konservatismus berühmt ist.

Mich hat deutsches Design immer fasziniert, besonders die Bauhaus-Bewegung. Eine Produktvorstellung von *Dyson*, die vor kurzem in Japan stattfand, gab mir wieder Gelegenheit, diesem Enthusiasmus zu frönen. Wir haben die drei klassischen Formen vier Meter hoch gebaut, einen Kubus, einen Kegel und eine Kugel, und schmückten sie mit *Dyson*-Staubsaugern. Diese drei für das Design grundlegenden Formen waren auch ein Kernpunkt meines Produktdesigns – die Kugel im *Ballbarrow*, der Kubus in der *CRO1*-Waschmaschine, und der Kegel ist natürlich das Kernelement unser patentierten Zyklonentechnologie.

Aber zurück ins Jahr 1998 – es galt, eine weitere spannende Herausforderung anzunehmen. Konnten wir den Deutschen wirklich etwas von britischem Ingenieurwesen erzählen?

1998 verteilten sich rund zwei Drittel der Umsätze im Handel auf deutsche Traditionsmarken wie Miele, Bosch/Siemens und AEG. Über 600 verschiedene Modelle standen zur Auswahl. Wer die Wahl hat – die Wahl zwischen 600 nicht funktionierenden Modellen! –, hat die Qual.

Anfangs ernteten wir dieselben Reaktionen wie in Großbritannien – Ablehnung der konservativen Handelsketten oder Kaufhäuser – »*Dyson* ist unbekannt, keiner kauft britische Produkte« und so fort. Natürlich war auch unser Preis ausschlaggebend. Ein herkömmlicher Staubsauger kostete 1998 durchschnittlich 220 Mark, unserer das Zweieinhalbfache. Aber ich war überzeugt davon, dass die Deutschen eine Investition, die für die Schaffung innovativer und überlegener Produkte nötig ist, unter den Europäern am meisten schätzen würden.

So starteten wir unseren Feldzug in Deutschland, indem wir eine Niederlassung in Köln gründeten. Wie in allen anderen Märkten boten wir überlegene Produkte und sehr guten Kundenservice, kommuniziert mit klaren Fakten und ohne Marketing-Schnickschnack. Und, natürlich, Ausdauer und Starrköpfigkeit. Der Einstieg in den deutschen Markt würde bei weitem mehr einem Marathonlauf denn einem Kurzstreckenrennen gleichen – das war allen von Anfang an klar, und es hat sich erwiesen, dass wir damit richtig lagen!

Von großer Bedeutung war unsere Präsenz auf der damals größten internationalen Hausgerätemesse »Domotechnica« im Februar 1999. Wie erwartet, belächelten die Wettbewerber uns als radikalen Emporkömmling herablassend. Aber die Leute wurden aufmerksam – *Dyson* sorgte nicht nur auf der Messe für Wirbel, sondern auch in den Läden und den Wohnungen in ganz Deutschland.

Heute, sechs Jahre nach dem offiziellen Start, hat sich *Dyson* fest etabliert. In der Premiumpreisklasse ist *Dyson* mit über 50

Prozent wertmäßigem Marktanteil klarer Marktführer im Bodenstaubsaugermarkt. Gut gemacht, British Engineering!

Und – wer hätte das gedacht – seit 2001 versuchen zahlreiche Hersteller, die Verbraucher mit Me-Toos zu beglücken. Mit beutellosen Staubsaugern, die vorgeben, wie ein *Dyson* zu funktionieren, ohne dass sie in der Lage wären, unsere patentierte Zyklonentechnologie zu kopieren. Es ist nicht verwunderlich, dass diese Geräte nicht gut funktionieren – sie lassen Ihnen vielleicht etwas mehr Geld in Ihrer Tasche, aber auch eine Menge mehr Dreck in Ihrem Zuhause.

So gibt es in Deutschland inzwischen sage und schreibe mehr als hundert beutellose Modelle. Aber wir trauen unseren Verbrauchern zu, zwischen einer schlechten Kopie und dem patentierten Original zu unterscheiden. Nach wie vor ist *Dyson* die einzige Firma, die von sich behaupten kann, konstante Saugkraft zu bieten. In Großbritannien würden uns 90 Prozent der Verbraucher an Freunde und Familie weiterempfehlen, und unsere Kundentreue ist doppelt so hoch wie die von Miele.

Interessanterweise hat Miele die Bedrohung durch *Dyson* von Anfang an erkannt. 1998 hat Miele für einen britischen TV-Sender einen Leistungsvergleich von Miele- und *Dyson*-Staubsaugern arrangiert, wobei passenderweise »vergessen« wurde, die rotierende Bürste des *Dyson* anzuschalten. Stern TV war so fasziniert davon, dass eine große Haushaltsgerätemarke wie Miele *Dyson* als angemessenen Wettbewerber ansah, dass sie den Test nochmals durchführten. Dieses Mal waren beide Geräte komplett angeschaltet, Roberto Blanco schob den Miele und ich den *Dyson*. Millionen verfolgten diesen zweiten Test, und eine Dame aus dem Publikum entschied deutlich für *Dyson*!

Neue Produkte und echte Innovationen sind der Motor für Wachstum und nachhaltigen Erfolg. Seit dem Start im Jahr 1998 hat *Dyson* in Deutschland sechs neue Baureihen eingeführt, einschließlich des *DC11*, den man auf diesem Buchumschlag sieht –

konstante Saugkraft mit einer revolutionären Lösung des Aufbewahrungsproblems. Die Markteinführung des *DC11* fand in der Münchener Pinakothek der Moderne statt, einem Museum, das ich für eines der besten Designmuseen der Welt halte. Es ist ein schönes Gebäude mit einer außergewöhnlichen Sammlung historischen und zeitgenössischen Industriedesigns, die von Professor Florian Hufnagl geleitet wird. Mit seinen internationalen Designpreisen und seiner Präsenz bei Designshows in der ganzen Welt hat sich der *DC11* dieses Standortes als würdig erwiesen.

Besonders freut es mich zu bemerken, dass führende Designinstitutionen die Qualität unserer Produkte immer erkannt haben. So wurden der *DC05* Motorhead und der *DC05 hard floors* mit dem »iF design award« bzw. dem »red dot award: product design« ausgezeichnet. Beide Modelle wurden in diesem Jahr vom Rat für Formgebung für den Designpreis der Bundesrepublik Deutschland vorgeschlagen. Im März dieses Jahres hat auch unser *DC07* den »iF design award 2004« erhalten.

Ebenfalls in diesem Jahr wurde der *DC08 Animalpro* von der Stiftung Warentest ausgezeichnet. Er wurde mit der Gesamtnote »gut« bewertet und glänzte im Saugtest mit Standarddüse als bestes Gerät.

Mehr als ein Drittel unserer Angestellten in Großbritannien sind Ingenieure und Wissenschaftler. Sie sind es – einige von ihnen arbeiten schon seit Beginn bei mir –, die *Dyson* zu dem Erfolg gemacht haben, für den wir stehen – wenngleich man gelegentlich sogleich wieder auf den Boden der Tatsachen zurückgeholt wird. Simeon Jupp, der 1998 als frisch diplomierter Ingenieur zu mir stieß und heute der Leiter des Forschungs- und Entwicklungszentrums ist, wurde vor kurzem in einem Gerichtsverfahren gefragt, ob er dieses Buch gelesen hat. Natürlich erwarteten wir eine positive Antwort und waren ziemlich erstaunt, als er antwortete, dass er seinen Namen im Index gesucht und diese Passagen mit großem Enthusiasmus gelesen habe. Ich hoffe, dass Sie, im Gegensatz zu meinem langjährigen Kollegen, eine weitaus größere Zahl inspirierender Passagen finden werden!

Letztes Jahr haben wir unser zehnjähriges Bestehen gefeiert, in diesem Jahr haben wir unseren zwölfmillionsten Staubsauger verkauft. In Deutschland haben wir außerdem die Ziele erreicht, die wir uns zu Beginn gesetzt haben – aber der Marathon geht weiter. In den nächsten zwei Jahren werden wir eine Reihe neuer Produkte einführen – Produkte, die zeigen, was gutes Design und Leidenschaft für neue Technologien wirklich bedeuten.

Index

AEG 168, 169, 338, 353
Air Power Vacuum Cleaner
 Company 153, 155, 156
Alfatech 168
Amway Corporation 186
Apex Inc. 194
Arkell, John 31
Arthur Andersen 204

Bacon, Francis 35, 249, 250
Ballbarrow 14, 17, 77, 79, 95,
 96, 98, 103, 105, 106, 107,
 108, 109, 110, 111, 112, 113,
 114, 116, 117, 118, 120, 121,
 123, 124, 125, 128, 132, 134,
 136, 141, 143, 147, 148, 153,
 166, 174, 218, 220, 226, 248,
 254, 256, 283, 284
Bannenburg, John 80
Bauer, Diane 320
Bauhaus 72, 301
Baxter, Dick 220, 227, 228
Beldam, Robert 114, 122, 152
Best Buy 343
Bickerstaffe, Mark 236, 297
Black & Decker 151, 167, 168,
 175, 177, 178, 179, 180, 185
Blair, Tony 242, 308
Bloom, Harold 56

Boijmans Museum 304
Booth, Hubert Cecil 128
Bosch 353
Brannan, John 113, 117, 118,
 120
Braun 72, 200
Brazier, Alan 225, 226
British Vacuum Cleaner
 Company 129
Brown, David 332, 363
Brown, Michael 33, 137
Brown, Tony 34
Bruce-Lockhart, Logie 23, 41,
 42
Brunël, Isambard Kingdom 16,
 53, 56, 59
Byam Shaw Art School 49

Cameron, Ross 312
Candy 339
Cantona, Eric 198
Carter, Matt 343
Carter, Rachel 195
Casson, Hugh 50, 56, 79
Charles, Prince of Wales 308,
 322
Citterio, Antonio 317
Clarke, Ossie 49
Cleveland Bridge 83

Clinton, Bill 345
Comet 266, 272, 273, 276, 277
Conair 175, 180, 181
Conran Shop 314, 343
Conran, Terence 71
Curry's 266, 272, 273, 276, 277
Cyclone 193, 200, 230, 335, 337, 342, 343, 344
Cyclotron 142

Darty 313
DCO1 165, 242, 244, 246, 249, 256, 263, 281, 286, 294, 297, 298, 299, 306, 334, 341
DCO2 256, 281, 289, 296, 298, 299, 300, 301, 303, 304, 306, 310, 311,
DCO4 340
DCO6 346, 347, 348
DCO7 334, 336, 340, 344, 355
Deighton, Len 49
Design Council 109, 207, 305
Design Museum 16, 304
Dillon, Lord 48
Drytech 214, 215, 216, 221, 222
Dual Cyclone 9, 11, 13, 14, 15, 16, 17, 33, 54, 78, 85, 106, 113, 116, 130, 136, 160, 165, 169, 172, 174, 180, 188, 202, 205, 218, 232, 233, 236, 237, 240, 242, 254, 256, 257, 265, 272, 279, 280, 281, 282, 283, 287, 290, 304, 312, 313, 335, 337, 338, 340, 341, 352
Dyson Antarctica Solo 301

Eastern and Southern 266, 285, 286
Edison, Thomas Alva 16, 58, 87, 144, 157, 205, 252, 254
Electrolux 11, 14, 128, 131, 149, 151, 168, 169, 170, 207, 230, 238, 239, 246, 252, 264, 273, 274, 306, 307, 308, 337, 338, 339
Elliot, Herb 27
Essie, Tom 172

Fantom Technologies 314, 335
Fiennes, Sir Ralph 301, 302, 327
Filofax 154, 195, 199
Fitch, Rodney 59, 80
Flymo 255
Fry, Jeremy 56, 63, 64, 66, 67, 73, 76, 98, 103, 104, 123, 135, 146, 153, 172, 297, 326
Fuller, Buckminster 44, 50, 51, 52, 53, 56, 57, 59, 63, 64, 66

Galeries Lafayette 314
Gammack, Peter 236, 297
Gardner, Carl 308

Garnett, Andy 76
G-Force 17, 200, 201, 202, 203, 204, 206, 208, 211, 222, 232, 241, 246, 256, 304, 310
Goblin 168, 170
Goldstein, Carl 119
Graham, Rose 110, 283
Grant, Cary 193
Grattans 265

Habitat 71
HEPA 300
Hill, Adrian 331
Hindmarsh, Deirdre 46
Hobbes 35
Hockney, David 49
Hoover 9, 13, 14, 71, 128, 130, 131, 132, 138, 149, 151, 164, 167, 168, 207, 228, 230, 239, 246, 257, 264, 266, 272, 273, 274, 279, 280, 282, 284, 285, 304, 306, 307, 308, 337, 339, 340, 344, 348
Hoover Junior 131, 134, 137, 138, 139, 223, 250, 337
Hotpoint 168
Hughes, Judith 237, 323
Hunt, Anthony 50, 56

iMac 341
Iona 211, 213, 214, 215, 216, 217, 218, 219, 220, 221, 222, 224, 228, 247, 296, 314

Issigonis, Alec 255, 256
Ive, Jonathan 341

Jackson, George 114, 123
Jacob, Sidney 193, 194
James, Rob 271
Jobs, Steve 341
Johnson Wax 222, 242, 312, 313
Jones, Gareth 236
Judson, Whitcomb 56
Jupp, Simeon 236, 297

Kajiwara, Kenji 195
Kanaya, Koyo 200, 212, 213
Kay's 263
Keilly, David 343
Kirby 175
Kirk-Dyson 105, 107, 109, 114, 115, 117, 118, 119, 122, 125, 131, 134, 146, 149, 153
Kirkwood, Stuart 105, 123
Klene-eze 173
Knox, Alex 297

Lamont, Brian 263, 264, 265
Land Rover 76
Leonardo da Vinci 36, 78
Lerner, Paul J. 179, 180, 181
Lewis, John 78, 247, 265, 275, 275, 276
Littlewood, Joan 61, 63
Lloyds 231, 258

Loizou, Georgia 285
Lyons, Sir William 71

Marles, Robert 51
Matthews, Tim 62
Michelangelo 35
Miele 246, 283, 288, 289, 307, 338, 344, 353
Miller, William 183, 184
Millman, Allan 216, 217
Mills, Brian 263
Morphy-Richards 71
Mullen, Ken 288
Muranka, Tony 287, 288, 289
Murray Spangler, James 130

Napoleon 192, 198
NASA 242, 245
Needham, Richard 316
Next 123, 193

Page, Mike 231
Palmer, Wally 216
Panasonic 273, 283, 308
Parker, George Stafford 292
Philips 9
Phillips, Andrew 105, 123, 125
Pike, Jeffrey 213, 216
Pirelli 62
Plascor 117, 118, 119
Potter, Beatrix 289

Price, Vincent 96
Prototypes Ltd 163, 185, 188, 189, 190, 220, 221, 226, 326

Rams, Dieter 72
Randall, Al 285, 288
Richardson, Tony 64, 188
Riley, Bridget 45
Rizutto, Lee 180, 181
Rogers, Richard 249
Root[8] Cyclone 336, 340, 341, 343, 346
Rootes, Nick 290
Roots 147, 148
Ross, Stephen 125
Roth, Stanley 118
Rotork 123, 63, 76, 79, 81, 83, 88, 89, 94, 99, 103, 107, 123, 125, 172, 173, 174, 201, 261
Roundhouse 65, 73, 188
Royal College of Art (RCA) 15, 48, 49, 79, 214, 236, 237, 296, 326
Rubber, Belpar 331
Rutter, Mike 167, 307, 344

Saatchi & Saatchi 290
Sausmarez, Maurice De 45, 47
Sanyo 280, 281
Scarfe, Gerald 49
Schottal 169

Science Museum 16, 304
Scott, Bob 111
Scott, Ken 285
Scott, Lee 342
Scottish Hydro 266
Scottish Power 266
Sea Truck 24, 76, 77, 78, 79, 80, 81, 82, 83, 84, 85, 86, 87, 88, 90, 92, 96, 106, 125, 147, 153, 326
Sears S. 118, 215, 216, 217
Sebo 275, 276, 310
Shopvac 168, 175, 183
Siemens 353
Silk, Stacy 343
Singer 214
Snowdon, Lord 190
St. Mary and St. George's Hospital 40
St. Georges, David 181
Starck, Philippe 16
Subkoff, Tara 344
Sunday Telegraph 110
Sunday Times 110, 283

Thatcher, Margaret 124, 154, 192, 210, 229, 259
Taylor, Gill 108
Thompson, Andrew 297
Thompson, Ian 265
Thunder 335

Trentham, Rebecca 327
Trolleyball 121

Vax 168, 224, 225, 226, 231, 232, 273
Vickers 63
Victoria & Albert Museum 15, 304
Vortex V2000 340
Vorwerk 168, 353

W.C.B. 226
Wal-Mart 342, 343, 345
Waterolla 95, 112, 148
Weallands, John 213
Webster, Stuart 29
Welsh Development Agency 230
Wentworth, Richard 48
Which? 150
Wilkinson, Chris 305, 317
Williams, David 226
Williamson, Nicol 65
Williamsport 184
Wilson, Harold 62
Wood, Ken 71
Wright, Frank Lloyd 222

Yuen, Connie 298

Zanussi 168, 173, 261

Dank an
Kathleen Abdeen, Craig Adam, Paul Adams, Hugo Adams, Paul Adams, David Mark Airey, Jason Alba, Michael Aldred, Paul Aldren, Laura Alemany, Simona Alghisi, Juliette Allaire, Trudie Allen, Sian Elizabeth Allen, Stephen Allen, Mark Allen, Howard Allenby, Naomi Kate Allison, Paul L Ambrose, Stephen Ames, Cheryl Louise Anderson, Stephan Andersson, Patricia Anne Andrews, Mosses Antony, Jonathan Aplin, Paul Appleby, Caroline Elizabeth Armstrong, Robert Arnold, Nicholas Aronson, Morgan Arumugam, Maurice Ash, Jonathan Ash, Giles Ashbee, Paul Ashby, Damien Ashton, Richard Askew, Zoe Aspinall, Anthony James Aspinall, Robert Noel Astwood, Bulent Ates, Paul Atkinson, James Francis Atkinson, Jeff Attewell, Brett Avery, David Andrew Aylen, Bob Ayling, Herrol Ayton, Khairul Azman, David Badger, Martin Bagwell, Christopher Bailey, Bakhtaver Bains, Fiona Alison Baker, Josephine Angela Baker, Natasha Baker, Shaun Baker, Brian Baker, James Ball, David Ball, Gary Ball, Ian James Ballance, Karen Ballantyne, Nigel Bamford, Alian Bancel, Andrew Banks, Paul Barber, Mario Barbieri, Anjali Barbosa, Stephanie Bard, Andrew Bark, Jayne Lillian Barker, Ian Barker, Deborah Barnes, Samantha Barnett, Miriam Baron, Rachel Barrett, Patrick Barthet, Andrew Bartlett, Philip Barton, Matthew Adam Bastin, Adrian Bates, David Bates, Paul Bavin, Tracey Beach, Kirsty Beaulieu, Kevin Beaumont, Melanie Belorgey, Robert Belsten, Richard Bendall, Steven Benfield, Ang Yeu Beng, Michael David Bennett, Nicholas Bennett, Mark Bentley, Sam Bernard, Daniella Bernasconi, Judith Betzen, Timothy Bickley, Gary Bidwell, Dave Bignell, Graham Bilbe, Hisham Bin Abdul Aziz, Arman Bin Alias, Zulifikree Bin Hamzah, Zailan Bin Wagi, Daniel Bird, Garry Birnie, Richard Birt, Joanna Bishop, Amy Bitner, Roderick Black, Thomas Mark Blackburn, Paul Blanche-Harman, Juan Jose Leon Blazquez, Nadine Blythe, Christopher Phillip Boddy, Jason Bohin, Anne Bolton, Paul Bolton, Wendy Susan Bolwell, Alexander Bommer, Sian Elizabeth Bossy, Mark Boucher, Morgane Boucheur, Cheelly Boussetta, Sebastien Bowe, Martin Bowen, Andrew Bowers, Emma Louise Boyne, James Braithwaite, Adrian Bray, Rainer Breinbauer, Bruce Brenner, Elizabeth Bridges, Alan Briggs, Alan Brind, Nadine Brockel, Tiffany Brodribb, Sharon Bromly, John Broom, Nathan Brown, Michelle Brown, David Brown, John Browne, Graeme Bruce, Alexander Peter James Brunskill, Natasha Anne Buggins, Brian Bull, Stephen Bunn, Matthew Burgess, Geoffrey Burlington, Guy Burlington, Ken Burns, Gary Burns, Tanya Susan Bush, Tim Bush, Derek Bushell, Richard Butler, Gwenda Button, Paul Button, Nicholas Buxcey, Nicholas Byatt, Joseph Caine, Louisianax Caliban, David Callaghan, Quantria Callion, Jamie Cameron, Ross Cameron, Max Elliot Campbell-Jones, Alexander John Canning, Julia Carey, Wayne Carpenter, Andrew Nicholas Carpenter, Jesus Carpio, Graham Carter, Mark Carter, David Cartwright, Stephen Cary, Allan Cashatt, Abigail Cassidy, Robert John Cast, Frederic Cathelineau, Stephen Caygill, Petra Cerna, Oliver Henry Sherston Chambers, Sally Champion, James Chan, Nicholas Chandler, Elizabeth Charlton, Maria Charlton, Kevin Chatfield, Robert James Chatt, Tahir Chaudhry, Gan Kun Chee, Harry Cheng, Rob Cherry, Ming Cheung, Matthew Childe, Samantha Kate Chilvers, Samantha Chng, Thong Thye Chong, William Chong, Foo Chee Chong, Sik Chong Peng, Goh Poh Chu, Joanna Church, John Churchill, Joanna Caroline Clark, Sarah Clark, Ryan Clark, Alan Clark, John Clark, Patricia Clarke, Paul David Christopher

Clarke, Matthew Clarke, Simon Clarke, Jonathan Clear, Tracey Clemens, Pamela Cleverly, Justin Murray Cliff, Peter Cline, Kate Cloke, Andrew Clothier, Christopher Coates, Dario Coco, Jennifer Cole, Graham Cole, James Martin Coleman, David Coleman, Jeff Collins, Peter Collins, Charles Collis, Darren Collison, Carmen Colon, Mick Colthup, Shawn Connelly, Daniel Constable, Scott Constable, Renaud Conte-Bourges, Ian Cook, Christopher Cooke, Matthew Cookson, Nicola Louise Cooper, Gina Corbett, Michael Anthony Corry, Helda Costa, Roger Cotterill, Gloria Cotton, Caren Cotton, Simon Cotton, Adrian Cottrell, Robert Coulton, Tammy Ann Cound, Stephen Courtney, Thomas Couston, Ronald Cowell, Jane Marie Cowell, Stephen Cox, Michael Cox, Michael Cox, John Craig, Carol Crawford, Tom Crawford, Sarah Cremin, Angela Cremin, Nancy Maryann Crisp, Nicholas Critchley, Nathan Croft, Darran Crook, Lara Cross, Morwenna Cross, Peter Crossley, Sandra Crowder, Edward Alexander Culley, Brian Cumberpatch, Jason Curle, Julia Curry, Andrew Harry Curson, Alison Megan Curtis, Jamie Curtis, Chris Curtis, Keith Curtis, Darren Curtis, Samuel James Czerpak, Han Ping Dai, Colin George Dale, Garry Dart, Neela Dass, Emile Daurensan, Mike Davies, Gary Davies, Gavin Davies, Charles Davies, Richard Davies, Emma Louise Davies, William Davies, Katrin Davis, Christopher Davis, Alan Davis, Roger Dawe, Andrew Graham Dawson, Paul Dawson, Rosemary Day, Eardly D'Cruze, Hkaren De Stefano, Karen Deacon, Georgina Dean, Nicole Deangelo, Jeannine Delahanty, Ricardo Delgado Rosell, Martin Denning, David Depledge, Jocelyn Dewey, Alix Dewhirst, Alessandro Di Stefano, Ian Dickerson, Ronald Dickson, Stephen Robert Dimbylow, Hans Disco, Georgina Dix, Alfred Dix, Anthony Dodd, Norman Dodds, Shaun Donovan, Paul Douglas, Alan Down, Rachel Louise Dowse, Stephen Paul Doyle, Robert Driscoll, Stephen Drury, Peter Duckett, Roger Dunlop, Lewis Dunlop, Frederic Duseaux, Nigel Dymond, Deirdre Dyson, Emily Dyson, Jacob Dyson, Sam Dyson, Sarah Eacott, Christian Echtler, Robin Eddington, Karina L Edwards, Melinda Edwards, Bronwen Edwards, Emma Edwards, David Alan Edwards, Lesley Elcock, Stuart Elliott, Simon Elliott, John Ellis, Ben Emery, Norbert Emonts, Katarina Engel, Simon English, Caroline Errington, Inibehe David Etuk, Chris Evans, Nick Evans, Peter Evans, Malcolm Everitt, Dominic Andrew Excell, Eric Lim Fah Lin, Hanizah Fahmy, Michael Fairclough, Andrew Fairley, Don Falcone, Peter Fallon, Chaoying Fang, Lim Seoh Fang, Marcus Farci, Matthew Farnfield, Andrew Farr, Russell Farrell, David Farry, Ralph Fawkes, Jan Feinberg, Peter Fereday, Eu Hui Fern, Mathew Fewell, Linzi Field, Nick Field, Peter Finney, Paul Finn-kelcey, Rachael Anne Fisher, Mark Fishlock, Nicholas Fitton, Kate Fitzgerald, Daniel Fitzsimons, Geraldine Flay, Sara Flint, Iain Florence, Martin Folkesson, Thomas Follows, Andrew Forbes, Paul Ford, David Fowler, Darren Geoffrey Fox, Clive Frederickson, Timothy French, Craig Freshwater, Roger Frey, David Fryer, Takahisa Fujita, Howard Fulford, Katsuhiko Fuse, Carl Troy Jonathan Gabriel, Julien Gacheriot, Stuart Galbraith, Amanda Gale, Helen Louise Gallacher, Marta Galvez, Peter Gammack, Jackie Gardiner, Nicholas Gardiner, Lee Gardiner, Alison Garner, Sarah Garrett, James Alexander Garton, Karl Gattinger, Christopher Gay, Michael Gay, Richard David Gearing, Lee Geary, Erich Geisser, Tanya Genever, Stuart Genn, Selena George, Patrick Wilfred George, Andrew Gibbon, Peter Gibbons, Patrick Gibbs, Shirley Gifford, Andrew Giles, James Gill, Lisa Gillies, David Gingell, Emma Gingell, Stephen Gladki,

Paul Glover, Guy Goddard, Brian Goldie, Peter Kenneth Gomer, Roberto Gomez, Beatriz Gomez Lobo, Ricardo Gomiciaga, Bernardo Gonzalez, Sherrilyn Lee Goode, Robert Goodyear, Neil Gordon, Britta Görres, Robert Gow, Alan John Goward, Kristin Gower, John Grace, Chris Graham, Quentin Grandison, Sarah Green, Malcolm Green, Andrew Greenman, Gemma Marie Greenman, Maria Greenslade, Owen Greenway, Stephen Greetham, Lucy Grenfell, Michael John Grey, John Griffiths, Simon Grogan, Eric Grousset, Simon Grover, Christian Gruber, Stephane Guegan, George Anthony Guest, Roberto Gui, Christophe Guillor, Arthur Gurman, Katia Guyon-Lacroze, Peter Gwee, Paul Hackwell, Martin Haigh, Tracey Louise Haines, Michael Hall, John Hall, Glen Hall, Stephen Hall, Henning Haller, Hamada, Terence Hamer, Michael Hamill, Ian David Hamilton, Jason Hammond, Keith Peter Hammond, Charles Hampson, Tina Marie Hampton, James George Hanafin, Saida Hanine, Jenny Hannam, Barry Hansell, Louise Hanson, Naoko Hanzawa, Mie Haraldsted, Clive Hardy, Colin Hare, Christopher Harman, Jason Harraway, Victoria Anne Harries, Thema Harris, Thomas Harris, Lee Jeremy Harris, Victoria Harris, Dorian Harris, Matthew Harrison, Paul Harrison, Gillian Hart, Sheila Hart, Matthew Hart, Heather Hartley, Scott Hartley, Lorraine Ann Harvey, Chris Harvey, Andrew Harvill, Masako Hashimoto, Christopher Haslam, Aziz Hassan, Udo Hattenhauer, David Hauterville, Valerie Hawk, David Hawker, Sarah Louise Hawkes, Jill Hawkins, Philip Hayden, Mark Haywood, Rebecca Hazell, Brian Healy, Marie Heath, Emma-Jane Heatley, Tina Louise Heavens, John Hedges, Melanie Haehnel, Paula Hegarty, Daniel Francis Helps, Ronald Edward Henner, Chris Henry, David Henshall, Steven Herridge, Christiane Herzhauser, Inka Herzer, Stephen Hewitt, Nic Hewson, Richard Hickmott, James Hicks, Miyaska Hideaki, Nezafet Hidouche, Katie Hill, Robert Hill, Peter Hillier, Yvonne Hilton, Graham Hilton, Nigel Hinson, Malcolm Hird, Russell Hird, Michael Hoad, Paul Edward Hobkinson, Christopher Hodgson, Peter Hodsoll, Anne Elizabeth Holder, Peter Hole, Luke Hollingworth, James Holmes, Paul Holmes, Micheal Holmes, Peter James Holmes, Jessie Hook, Matthew Hooper, Ashley Hooper, Graham Hooper, Wynford Hopkins, Moinul Hoque, Ute Hörr, John Hoskins, Richard Howard, Victoria Howell, John Howes, Gordon Howes, Nadine Hubert, Nerys Hucker, Alison Jannette Hudd, Camilla Hudson, Trevor Hudson, Suzanne Hudson, Jazreel Him Huey Chun, Leigh Hughes, Darren Hughes, Paul Hughes, Annie-May Hugo, Sharon Hunt, Howard Hunt, Ian Hunter, Jakir Hussain, Azizur Hussain, Nicola Hutchinson, Peter Hutchinson, Tang Chee Hwee, Daniel Iddles, Douglas Inge, David Ions, Pauline Gwyn Ireland, Melanie Ivory, Lee Ivory, Mark Jackson, Sian James, Clare James, Aled James, Sam James, Robert Anthony James, Karine Jean, Zuhairul Jenal, Thomas Jenkins, Christopher Jennings, Janice Jennings, Marianne Jensen, Yves Jentsch, Mark Johnson, Colin Brian Johnson, Gordon Johnstone, Chris Jones, David Jones, John Jones, Glyn Jones, Samual Edward Joyce, Stephen Jukes, Simeon Jupp, Peggy Kage, Steven Kane, Peter kass, Kiyomasa Kawake, Lisa Kearsley, Eyvette Keenan, Gerard Keenan, Hubertus Jacobus Gerardus Kehrens, Doug Kellem, Paul Kellow, Cheryl Eve Kemp, Andrew Kent, Susan Kilby, Hirotake Kimura, Zena Kindred, Elaine King, Justin King, Anthony King, Sandra King, Emma Kirby, Matthew Kitchin, Jayne Knee, Paul Knight, Joanna Knightley, Keith Knowles, James Darren Knox, Alexander Knox, Angelika Koch, Noriko Kohyma, The Hui Kok, Anton Kooijman, Jan Sylvester Koper, Terry Kosnick, Shinichi Koso, Ananthamurugan Krishnan, Lily Kunz, Keiko Kuroda, Shobhana Kutty, Thirugriariam Lakshamanan, Simon Lambe, Guy Lambert, Riet Lambrecht, Nicola Lamont, Chris Landa-font, Sophie Lane, Simon Lane, Simon Langham, Stephen Last, Carole Latychko, Philip George Laverty, Samantha Law, Elizabeth Susan Law, Tom Lawler, Nicholas Lawton, Christophe Le Provost, Glen Leakey, Rupert Lee, Kenneth Lee, Anne Elizabeth Lee, Margaret Lee, Nigel Leighton, Allan Leighton, Graham Lemon, Koh Boon Leng, Lau Chee Leong, Ian Leppard, Raymond Lesiakowski, Christopher Lesniowski, Joseph James Lethbridge, Andreas Leuthner, Susan Leyfield, Sarah Liddell, Tom Peter Frank Little, Brian Llagan, Elliott Lloyd, Ian Lloyd-Graham, Simon Locke, Gary Lockley, Mark Loder, Michael Colin Loft, Simon Long, Steven Lordes, Pierre Loustric, Steve Lowden, Elizabeth Lucas, Jonathan Luce, Francisco Lucena, Raymond Luke, Malcolm Luker, Laila Lund, Christopher Charles Lunn, Cristian Luput, Kepa Lzaquire, John MacDonald, Elaine Eve Macduff, Linda MacFarlane, Malcolm MacGregor, Michael Charles Mackay-Lewis, James Maddison, Elizabeth Magnussen, Scott Maguire, Cyril Mahabier, Gordon Mair, Negin Mali, Marc Mandel, Saravanan Manian, Graham Mansfield, Georgia Mantekas, Elliot Marsden, Wendy Marselle, Claire Marshall, Jeremy David Marshall, Geoffrey Marshall, Clare Martin, Javier Orbis Martinez, Nicola Maslin, Penny Mason, Kerry Mason, Richard Mason, Mark Mason, Dominic Mason, Toshiyuki Matsumoto, Haruka Matsuoka, Gary Matthews, Albert Mattinson, Deborah May, Clive May, Pamela May, Lindsey Maria Maya, Robert McBeath, Michael McCaffery, Martin McCourt, Andrew McCulloch, Andrew McCulloch, Martin McDermott, Gary McDonald, Janice McDougall, Malcolm McFarlane, Gavan Patrick McGill, Kenton James McKay, Melvyn McKeown, David McKeown, Stuart McLaughlan, David McLeod, Mark McLoughlin, James McManus, Shaun McNamara, Ian McVicar, John McVitie, Zoe McWilliam, Andrew Meadows, Edward Melham, Karin Mellbring, Albert Mendez, John Merchant, Claire Meredith, Richard Messenger, Thomas Meyer, Blair Jane Alison Meyler, Josephine Middleton, Amanda Miles, Edna Miles, Andrew Miller, Alistair Sidney Miller, Alan Miller, David Millers, Andrew Millington, Andrew Mills, Ian Mills, William Milne, Michael Minihan, Dharmindra Mistry, Zoe Mitchell, John Allan Mitchell, Hideaki Miyasaka, Richard Mockridge, Sulaimin Mofti, Alan Harold Henry Mole, Michael Montalbano, Robert Moore, Keith Moore, Frank Morgan, Gary Morgan, Thomas Morgan, David Morgan, Kelly Morgan, Matthew Morgans, Zoe Morris, Julie Morrissey, Christopher Morrow, Benjeman Morse, David Mosdall, George Anopa Munyaradzi Mukomba, James Mullen, Clare Mullin, Stuart Mullins, James Munro, Paul Mussard, Kathryn Louise Mussard, Barry Mussard, Nigel Musty, John Musty, Nicola Mycock, John Myers, Ravi Nanikam, Grant Napier, Charles Naumann, Robert Neale, Victoria Neate, Chris Needham, Richard Needham, David Neill, René Némorin, Rebecca Nenning, Terri Leigh New, Ian Newble, Jenny Newman, Timothy Newton, Shoji Nggano, Kevin Nicholson, Joseph Hugh Nicholson, Frederic Nicolas, Daniela Niederhausen, Adriano Niro, Emily Nixon, Andrew Nixon, Ben Norton, Christopher Nyonyintono, Tom Oakley, Peter John O'Brien, Denis O'Connell, Kevin O'Connell, Michael O'Dwyer, Janine O'Dwyer, Junko Ogawa, Voltaire Ohannessian, Yola O'Hara, John O'Malley, Sean O'Neill, Hoe Seng Ooi, Ralph Oost, Stephen Organ, Chris Osborn, Tony O'Shaughnesy, Naoko Otani, Tomoharu Ouchi, David

Patrick Outred, Tan Woon Owee Kowang, Gareth Owen, Alan Owen, Canan Özen, Andrew Packham, Nigel Palfrey, Suzanne Palmer, Richard Palmer, Philip Palmer, Yamarai Palomino, Margaret Ann Panting, Charles Paradise, Ian Park, Charlie Park, Karen Park, Adam Matthew Parker, Samuel Parker, Richard Parker, Kevin Parker, Graham Parmenter, Gary Pascoe, Robert Edward Pascoe, Lorelei Pascoe, Ross Pascoe, Sian Angharad Payne, Karen Payne, Michael Peace, Gillian Pearce, Stephanie Pearce, Janine Carmen Pearce, Samantha Pearce, Gregory Pearce, Marie Pearse, Mark Pearson, Sebastien Pecheux, Luis Pedrero Morales, Andrew Peedell, Martin Peek, Mandy Pekin, Hermann Peisl, Robert John Pellow, David Pendlebury, Colin Leslie Penfold, The Soon Peng, Ana Perea-Milla, Christopher Perrin, Christopher Simon Perry, Johanne Louise Peters, James Petherbridge, Helen Petie, Dimitri Peucelle, Neil Phillips, Jon Phillips, Christopher Pickersgill, Ellen Piercy, Rebecca Pike, Aniko Pike, Lawrance Pike, Isabelle Pillet, William Pinchin, Poo Bonn Ping, Lamiel Pirard, James Plant, Volker Pluskat, Lea Yuen Pok, Peter Pollak, Edgar Raymond Pollard, Phillip Russell Pollard, Tina Ponter, Graham Poole, Stephen Bernard Poole, Mark Wayne Popkiss, Ivy Porter, Jonathan Porter, Graham Porter, Kirstine Potter, Keith Powell, Peter Prentice, Robert Preston, Louise Price, Timothy Price, Henry Price, Richard Price, Michelle Priestner, Michael John Pringle, Stephen Prosser, Duncan Pudney, Gian Purewall, Roberta Pylypiw, Miles Quance, Andrea Quantrina, David George Quilter, Israel Quintana, Malik Rabahi, Julie Racana, Kumar Rajen, Robert Ramsay, Steve Randell, Liesbeth Rasking, Penelope Rastall, Gareth David Ratcliffe, Peter Rawlings, Tony Rea, Chris Reay, Adam Reed, Paul Reed, Glyn Geoffrey Rees-Jones, David Reid, Chong Ren Pian, Daniel Renshaw, Nathalie Renson, John Rerrie, Virginie Rescourio, Owen Reynolds, Daniel Reynolds, Claire Reynolds, Francessco Rhodio, Geraldine Riccio, Martin Rice, Wayne Richards, Peter Richardson, Guy Richardson, Christopher Richardson, Birgit Riehl, Christley Rigby, Susan Riley, Andres Rinconeno, Mark Ritchens, Neil Ritchie, Carsten Ritter, Kate Louise Rixon, Mohd Rizal, Emma Robbins, Cedric Robert, Natalie Elizabeth Roberts, David Roberts, David Clive Roberts, Veronique Robinson, David Alexander Robinson, Kate Robinson, Jonathan Robinson, Eileen Robinson, Sean Robinson, Vanessa Robinson, Geoff Robinson, Maurizio Rognoni, Paul Rosser, Matteo Rossi, James Ross-smith, Katy Rouncefield, Andrew Rowsell, Miriam Ruggeri, Chris Russell, Joy Russell-Slee, Afra Britt Rust, Mohamad Said Bin Dollah, Benjamin Sales, Anthony Salter, Napiz Samion, Jon Sampson, Andrew Laurence Samways, Jamie Sanders, Roberto Sanders, Alan Sanderson, Sarah-Jane Sanford, Michael Saunders, Toby Saville, Sarah Jayne Sawyer, Colin Edward Sawyer, Beatrix Schäffer, Roland Scheuermann, Xavier Scheurer, Christine Schluchter, Dennis Schmidt, Torsten Schrahe, Anna Schroiff, Erik Schulz, Helen Scott, Nigel Scott, Steven Scott, Lorraine Scott, Louise Scull, Tracey Scully, Paula Searle, Jason Selby, Martin Selman, Vicky Selvamugam, Kathryn Semon, Hing Fook Sern, Timothy Sexton, Benjamin Seymour, Harvey Shackell, Michael Shaner, John Sharma, Adrian John Sharp, Joanna Marie Shaw, Amanda Jayne Sherborne, Susan Gillian Sherwin, Gerard Shevlin, Masashige Shimamoto, Kenji Shimizu, Lok Keh Shin, Darryl Sean Shivnandan, Jeremy Shoosmith, Elle Sichak, Nelly Silva, Kevin Simmonds, Narrinder Singh, Julian Slater, Derek Slaven, Stan Sliva, Clifford Slocombe, Gillian Smith, Martyn Smith, Adam Smith, Gillian Smith, Janet Christine Smith, Simon Smith, Ian

Vivian Smith, Paul Smith, Alan John Smith, Gary Smithers, Laura Snell, Caroline Snell, Vanessa Soburn, Lee Solomon, Neil Soutar, Robert Spackman, Julie Speck, Shaun Speck, Nicholas Spence, Allison Spiller, Anthony Spring, Tiffany Stabou, Brendan Stamp, Alan Starkie, Vanessa Startin-field, Roger Stauber, Heidi Stephens, Victoria Stevens, Evan Stevens, Sharon Stevenson, Paul Stevenson, Neil Stewart, Daniel Stewart, Louis Stickler, Timothy Stickney, Arthur Still, Adam Stinton, Andrew Stokes, Kevin Stokes, Mark Storer, Uwe Störzer, Andrea Strein, Benjamin Strutt, Tracy Stuart, Jocelyn Stuart-Grumbar, Naomi Stubbs, Junpei Suda, Richard Sudbury, Tracey Ann Sumsion, Candice Chernelle Sutton, Rodney Lloyd Sutton, Hirotsugu Suzuk, Andrew Sweeby, Jayne Swift, David Sykes, Louise Talkowski, Susan Tamin, Ivy Tan, Helen Tan, Martin Tanner, Susan Tapson, James Tassi, Lim Tau Tong, Andrea Tavella, Mark Taylor, Jonathan Taylor, Michael Taylor, Linda Jayne Teagle, Tan Woon Teck, Edwin Tee, Bhasker Teli, Pip Temple, Mario Teteros, Bianca Tetteroo, Alan Tew, Trathi Thevi, Stuart Thirst, Gordon Thom, Heather Thomas, David Thomas, Mark Thomas, Martyn Thomas, Bryan Thompson, Derek Thomson, Janet Thornton, Nicola Tilley, Laura Tilley, Robert Tiplady, Julie Titcombe, Paul Tomlinson, Gregory Torris, Martin Townsend, Birgit Trampenau, Stephen Tremlin, James Trentham, Derlina Trevino, Jill Trudgian, Maria Tryan, Colin Tubb, Wong Kong Tuck, Nicholas Dalibor Tuftnell, Ling Ching Tuong, Jennifer Turnbull, Suzanne Kay Turner, Jim Turner, Doug Turner, Paul Turpin, Martin Tweedale, Peter Tyson, Mahmut Ucan, Robert Upton, Jai Uthup, Birgit Valter-Rese, Johan Van Assema, Valerie Van Belle, Mike Van Vliet, Andrew Van Wijn, Mark Vanderstegen-Drake, Miquel Varas, Rui Manuel Nunes Alves Vaz, Gordon Wilson Veitch, Gerlinde Verherbrugghen, Olivier Viaberg, Paul Vincent, Graham Vincent, Corinne Vincent, Susanne Voge, James Von Niebel, Remco Vuijk, Chan Lai Wah, Martin Wakefield, Kevin Walker, Trevor Walker, Steven Walker, Robert Walker, Graham Wall, John Wallace, Stephen Walsh, Richard Walter, Martin Ware, Kevin Warner, Jillette Warren, Jennifer Warren, Robert Watt, Steven Watts, Christian Watzke, Donna Webb, Robert Webb, Loraine Weeks, Andy Wei, Jacqueline Welch, Steve Wellen, Martin Wells, Chong Wen Tong, Jonathan Wenlock, Denise West, Trevor West, Steven West, Craig Westerhoff, Anthony Westlake, Fiona Mary Wheal, Daniel Whear, Jane Elisabeth Catherine Wheeler, Joni White, William White, Hadley White, John White, Carol Whitefoot, John King Whitehead, William Whitehead, Emma Whitehead, Maya Whiteheadnash, Robert Whitehouse, Steven John Wichary, Anthony Widdick, James Widdowson, Stefan Wiedemeier, Jonathan Wild, Arlene Williams, Helen Williams, Marilyn Williams, Kirsty Williams, Mark Andrew Willinger, Mark Willis, John Willoughby, Andrew Wilmot, Lee Wilson, Melanie Susan Wilson, Gregg Stephen Wilson, Matthew Wilson, Matthew Wilson, Paul David Wimbush, Dane Alexander Samuel Winbush, David Winterbottom, Frank Winterwerb, Karsten Wolf, Ben Wood, Ralph Wood, Chris Wood, Peter Woodcock, Sue Woolnough, David Worker, Paul Wright, James Wright, Yeap Kah Wu, Aiichiro Yamaji, Lucy Yap, Stephen Yarnold, Matthew Karl Yates, Seth Yates, Roger Yates, Lisa Cheng Yew Kit, Hiraga Yoshihiko, Kelvin Young, Steven Young, Cheryle Zedak, Maximillien Zeller, Kim Zorniq, Javier Zubizarreta, Jeroen Zwennes